浙江省普通高校"十三五"新形态教材
应用型本科经济管理类专业系列教材

国际商务谈判

主 编 刘睿伣

副主编 王恩江   付丽琴

参 编 李 乐   吕林星   陈晓菲

主 审 李 忠   黄文平

西安电子科技大学出版社

内 容 简 介

    本书以"产教融合，服务经济和社会发展需要"为理念构建框架体系，确定编写模式，以提高学生国际商务谈判的理论知识水平和业务实践能力为目标，以学生能够熟练地完成整个国际商务谈判流程并取得良好谈判效果为落脚点编写而成。全书共分四篇，第一篇为国际商务谈判的基本知识与内容，包括第一和第二章，主要介绍国际商务谈判的基本知识和内容；第二篇为国际商务谈判的基本能力，包括第三至第五章，分别介绍了国际商务谈判的沟通方式和技巧，国际商务谈判中的礼仪，文化差异和主要国家、地区的谈判风格；第三篇为国际商务谈判的基本流程，包括第六至第九章，分别介绍国际商务谈判的准备、开局、磋商和结束，即国际商务谈判的具体环节、策略和技巧；第四篇为国际商务谈判综合实训，包括第十章，提供了国际商务谈判综合实践能力训练，以便让读者全面熟悉和模拟国际商务谈判的整个流程。

    本书可作为高等院校相关专业的教材，也可作为相关领域工作人员的培训和自学教材，还可作为国际商务谈判爱好者的学习参考书。

图书在版编目(CIP)数据

国际商务谈判/刘睿倪主编. —西安：西安电子科技大学出版社，2022.4

ISBN 978-7-5606-6431-6

Ⅰ. ① 国… Ⅱ. ① 刘… Ⅲ. ① 国际商务—商务谈判—高等学校—教材 Ⅳ. ① F740.41

中国版本图书馆 CIP 数据核字(2022)第 049468 号

策　　划	李鹏飞
责任编辑	李鹏飞
出版发行	西安电子科技大学出版社(西安市太白南路 2 号)
电　　话	(029)88202421　88201467　　　　邮　　编　710071
网　　址	www.xduph.com　　　　电子邮箱　xdupfxb001@163.com
经　　销	新华书店
印刷单位	陕西天意印务有限责任公司
版　　次	2022 年 4 月第 1 版　　2022 年 4 月第 1 次印刷
开　　本	787 毫米×1092 毫米　1/16　印张 19
字　　数	450 千字
印　　数	1～3000 册
定　　价	55.00 元

ISBN　978-7-5606-6431-6 / F

XDUP 6733001-1

如有印装问题可调换

前　　言

现代企业的国际商务活动日趋频繁，需要进行谈判和沟通的事务与日俱增，国际商务谈判在国际商务活动中的地位日益凸显，已成为发展国际贸易、参与国际竞争、拓展国际市场、处理国际贸易争端不可或缺的重要手段。与此同时，随着世界经济的快速发展、全球经济一体化进程的不断深入和国际竞争的进一步加剧，国际贸易的环境更加错综复杂。这些都对参与国际商务谈判的人士提出了更新、更高的要求。

编者充分考虑了目前国际商务活动对国际商务谈判人才的实际需求和我国应用型本科教育的发展需要，以"立德树人"为根本出发点，以"大力推行产教融合，协同育人和实践育人"为理念，以国际商务的实际工作对谈判人员的素质与能力要求为导向，以学生国际商务谈判素质和技术技能的培养为目标，以理论够用、注重实际能力素质的培养和锻炼为原则，来安排教材结构和内容。本书在编写模式上，力求突出以下特点：

1. 产教融合，增强针对性

本书的编写团队成员均来自长期从事国际经济与贸易专业教学的一线教师，同时还邀请了浙江省外贸协会、外贸公司中具有国际商务谈判经验的专业人士加入。在编写过程中，我们充分听取和尊重国际贸易管理机构、国际贸易企业和在国际商务工作第一线的工作人员的意见和建议，使本书不仅能恰如其分地满足国际商务谈判实际工作的需要，而且有助于培养学生国际商务谈判的能力和素质，很好地实现了理论知识的传授、实践经验教训的分享和实践能力素质培养的有机结合。

2. 紧贴实际，增加导向性

本书根据国际商务谈判的实践能力需要和基本流程操作的要求设计了四篇内容，即国际商务谈判的基本知识与内容、基本能力、基本流程和综合实训，分十章介绍。各章通过学习目标—相关知识（包含具体知识、知识拓展、微视频、典型案例等）—本章总结—知识强化训练—实践技能训练等环节，实现了知识目标紧抓关键知识点、技能目标紧扣实际工作中的关键步骤和重要环节，使教学过程更加具体、清晰，导向明确，较好地实践了"教、学、做、创、训"一体化的教学理念。

3. 模拟实训，增加操作性

本书在前九章每一章的章末都设有模拟谈判，进行实训考核，并将第十章设计为综合实践能力训练，尽可能地模拟国际商务谈判实践中的真实场景，从给出谈判项目素材、自我确定谈判目标、制定谈判方案到设计脚本、扮演角色、模拟谈判的整个过程，步步深入。这样做有效地增强了教学内容的可操作性，更加符合学生的认识规律，贴合学生将来工作岗位的要求。

4. 信息手段，提升有效性

本书的相关知识点配有二维码，学生通过扫描二维码可以及时地获取该部分知识的视频、课件等电子资料，方便在课前与课后进行预习和巩固。本书创新教材形态，内容编排新颖，是对"国际商务谈判"课程进行教学创新与改革的有力支撑，有助于提升教学的有效性。

本书由浙江财经大学东方学院团队编写。刘睿倪任主编，负责全书的大纲编写、框架设计以及最后的统稿工作；王恩江、付丽琴任副主编；李忠、黄文平任主审。编写人员及具体分工为：刘睿倪编写第一章、第二章、第四章、第五章；王恩江编写第六章、第七章；付丽琴编写第八章和第九章；李乐编写第三章；吕林星和陈晓菲编写第十章。李忠、黄文平、李春华（中国国际贸易促进委员会浙江省分会）、李姿（杭州领聚创海信息咨询有限公司）、李能（浙江中孚环境设备股份有限公司）、成蓉（浙江理工大学）、王淑云（浙江工商大学杭州商学院）、刘嘉（浙江经济职业技术学院）等对本书的大纲、内容和书稿进行了讨论和审阅，并提出了很多具体的意见和建议，同时还有一些外经贸、跨境电商单位和从事国际商务谈判的专业人士对本书的内容设计提出了具体意见和建议，并提供了一些实际操作的案例。因此，本书是从事国际商务谈判教学的一线教师、从事国际商务谈判一线工作的专业人员和有关专家、学者集体智慧的结晶。

在本书编写过程中，编者参阅、借鉴和引用了国内外国际商务谈判方面专家、学者和专业人士的研究成果和实践经验资料，也得到了相关领导、同事和学生们的大力支持和帮助，在此向他们表示诚挚的感谢。

由于时间仓促，再加上编者水平有限，书中难免存在疏漏和不足之处，恳请广大读者、有关专家和从事国际商务谈判的专业人士批评指正，并同我们交流相关信息，以促进本书的日臻完善及这一学科领域的研究和教学改革的不断深入。

意见和建议请发至邮箱：37576745@qq.com。

本书配有课件、教学大纲、学习指导书、各章节教学案例，若有需要，也可发邮件到上述邮箱索取。

编　者
2021 年 12 月

目　录

第三篇　国际商务谈判的基本流程

第一篇

国际商务谈判的基本知识与内容

第一章　国际商务谈判的基本知识

【学习目标】

1. 知识目标

(1) 了解谈判、商务谈判的含义和特征。

(2) 掌握国际商务谈判的含义和特征。

(3) 熟悉国际商务谈判的相关理论。

(4) 掌握国际商务谈判的基本原则、影响因素。

2. 能力目标

(1) 能够区分谈判与商务谈判、商务谈判与国际商务谈判的区别和联系。

(2) 能够利用相关理论分析、解决谈判过程中遇到的实际问题。

(3) 能够灵活运用国际商务谈判的基本原则进行谈判。

3. 素质目标

(1) 树立互利共赢、诚信友善的谈判理念。

(2) 构建理论联系实际的逻辑思维方法。

(3) 培养与人沟通的良好职业素质。

第一节　国际商务谈判的内涵

国际商务谈判是一项集政策性、科学性、技术性、艺术性于一身的社会经济活动。它除了具有一系列国际经济活动的特点以外，同时还具有一般谈判及商务谈判的共性。为了更好地学习国际商务谈判，有必要先来了解一下什么是谈判与商务谈判。

微视频 1-1
谈判与商务
谈判的内涵

在我们的生活、工作、社会交往中充满了各种各样的矛盾和冲突。一般来讲，解决矛盾和冲突主要有三种方式，即退让、武力解决和谈判。

退让意味着一方明显吃亏，利益受损；武力解决则要大动干戈，大家的利益都会有不同程度的损失。因此谈判就成了被人们普遍接受的解决矛盾和冲突的首要方式。在目前国际商务领域中，谈判更是成为化解国际商务冲突、实现各自利益的最重要的方式。

一、谈判的含义和特征

1. 谈判的含义

从字面上理解，谈判包含两部分含义：谈，指的是对话或讨论，就是当事人明确阐述自己的意愿和所要追求的目标，充分发表关于各方应当承担和享有的责、权、利等的看法；判，即分析和评定，是指当事各方努力寻求关于各项权利和义务共同一致的意见，以期通过相应的协议正式予以确认。

谈判泛指一切为了化解矛盾、协调关系和满足利益相关各方的需求，通过磋商而达成一致意见的行为和过程。

简单来说，谈判就是一种沟通，是通过信息交流、讨价还价、相互让步而达成一致意见，从而使各方实现自己利益的行为和过程。其核心是说服对方接受己方的观点或做法，实现己方的利益。因此，这一行为和过程是一个交流信息、相互了解、互谅互让的过程。

2. 谈判的特征

我们可以从以下四个方面来理解谈判的特征：

(1) 谈判的目的性。谈判是有明确目的性的行为，谈判的参与者有着各自独立的、明确的利益需求，参与谈判的目的就是为了实现和满足各自的利益需求，所以在谈判的过程中需要有明确的谈判目标。

(2) 谈判的相互作用性。谈判者利益的实现和满足是相互依赖的，同时又是相互冲突的，这使得谈判过程既是一个信息交换与共享、说服与被说服的过程，也是一个相互影响和相互制约的相互作用的过程。

(3) 谈判的协商性。谈判是在谈判者利益相互依赖和相互冲突的情况下，寻求以各方共识和协调一致的行动来获取比单方行动更有利的结果，即谈判是一个相互协商、寻求达成共识的过程。

(4) 谈判的互惠性。谈判各方在具体谈判进程中的主体地位是平等的，利益是互惠的。如果一方只想达到自己的目的，而不考虑对方的利益，那么就不可能达成一致。谈判就是要实现双赢的目标。但是，由于谈判各方在地位、实力和策略及技巧运用等方面存在差异，谈判的结果必然是不对等的，各方取得的利益也绝对不会一样多，需求满足的程度也绝对不会一样大。

二、商务谈判的含义和特征

1. 商务谈判

随着社会经济的发展，人们之间的经济交往日趋频繁，为实现一定的交易行为或商业利益而进行的谈判迅速发展起来，成为现代社会中谈判的重要形式之一。

商务谈判是指有关商务活动双方或多方为了达到各自的目的，就一项涉及双方或多方利益的标的物的交易条件，通过沟通和协商，最后达成各方都能接受的协议的行为和过程。

这里的商务活动是指商品经济领域中一切有形与无形资产的买卖及各种为社会服务的业务，以及其他由货币度量和充当媒介而相互交换的相关活动。

2. 商务谈判的特征

商务谈判的特征包括以下六个方面：

(1) 商务谈判的主体是相互独立的利益主体。商务谈判的主体必须是独立的利益主体或其代表，只有在这个前提下，他们才会为了实现自己的利益而进行磋商，进行谈判。举例来讲，一个商品买卖业务的谈判，双方虽然为同一交易过程而谈判，但买方和卖方都有自己独立的经济利益需求，买方需要以合理的价格买到商品，卖方需要以合理的价格卖出商品获得一定的资金。

(2) 商务谈判的目的是获得经济利益。商务主体之间交流磋商的目的一清二楚，就是要实现自身的某种经济利益，而一方做出的让步也通常是经济利益方面的让步。因此，经济利益是谈判双方的核心，也是双方谈判的最终目的。

(3) 商务谈判的核心议题是价格。以经济利益为核心必然决定了谈判的中心议题是价格问题。因为价格的高低直接关系到实际所能获得的经济利益的大小。除价格之外的其他交易条件，如产品的质量、数量、交货方式、支付方式等与价格条件存在着密不可分的关系，都可以通过价格的变化来体现。例如，一辆一等品的自行车售价 500 元，同样品牌的二等品自行车售价为 300 元，价格的核心作用就体现出来了。又如，购买一张光盘要 5 元钱，购买三张光盘的总价是 15 元；如果光盘的价格上升 2 元，那么同样购买三张光盘的总价为 21 元。价格差就把数量差折算表现出来了。

(4) 商务谈判是当事人进行协商调整、妥协让步的过程。商务谈判是双方或多方互动操作的过程。谈判双方都有自己的需要，而一方的需要满足又是以另一方的需要不能满足为前提的。因此双方都要做出一定的让步，在不同程度上修改其期望达到的目标，并准备降低某些要求，以便满足对方的期望和要求。

(5) 商务谈判是互惠互利、双赢的。如果谈判不是互惠互利的，一方只想从另一方索取利益，只想满足自己的需要，则这种谈判缺少最起码的基础，谈判的双方也不可能真正坐到一起。谈判的双赢并不意味着绝对的公平，有些谈判者从中获得的好处多，而另一方从中获得的好处少。谈判双方所拥有的实力与技巧的差异，导致了这种不平等的结果，但谈判结果都能保证双方的基本利益。

(6) 商务谈判是产生法律后果的法律行为。谈判双方通过论证自己的观点，反驳对方，说服对方，再经过文字记录，最终达成谈判协议。从这个意义上说，商务谈判的过程实际上也是订立合约的过程，这个合约是双方意志的体现，是双方责、权、利的依据，也是追究对方法律责任、保护自己合法权益的依据。

三、国际商务谈判的含义和特征

1. 国际商务谈判的含义

在谈判、商务谈判的基础上，可以简单地说国际商务谈判就是在国际范围内进行的商务谈判或者在国际商务活动中进行的谈判。

具体来讲，国际商务谈判是指来自不同国家和地区的贸易主体为了达成交易，或实现自己的利益，就交易的各项条件进行沟通、协调和磋商的行为和过程。

微视频 1-2
国际商务谈判的内涵

2. 国际商务谈判的特征

国际商务谈判是国内商务谈判的延伸和发展。因此，国际商务谈判首先具备国内商务谈判的特征。但与国内商务谈判相比，国际商务谈判也有自己的特殊性，具体表现在以下几个方面：

(1) 国际性。国际性又称跨国性，是国际商务谈判的最大特点。其谈判主体属于两个或两个以上的国家或地区，谈判者代表了不同国家或地区的利益。国际商务谈判的结果会导致资产的跨国转移，因而会涉及国际贸易、国际结算、国际保险、国际运输等一系列问题。国际商务谈判要以国际商法为准则，以国际惯例为基础。国际商务谈判的这一特点是其特殊性的基础。

(2) 跨文化性。国际商务谈判不仅是跨国的谈判，而且是跨文化的谈判。来自不同国家的贸易主体有着不同的社会、文化、经济和政治背景，谈判各方的价值观、思维方式、行为方式、交往模式、语言和风俗习惯等各不相同。

(3) 复杂性。复杂性是由国际性和跨文化性派生出来的，是指国际商务谈判所面临的环境比国内商务谈判所面临的环境更加复杂多变。从事国际商务谈判的人员将花费更多的时间与精力来适应这种环境的复杂性和多变性。国际商务谈判的这种复杂性也体现在谈判各方文化的差异上，如语言及其方言的差异、沟通方式的差异、时间和空间概念的差异、决策结构的差异、法律制度的差异、谈判认识的差异、经营风险的差异、谈判地点的差异等。

(4) 政策性。由于国际商务谈判常常涉及谈判主体所在国家之间的政治和外交关系，所以政府会经常干预或影响这种商务谈判。在国际商务谈判的整个过程中，谈判者必须贯彻执行国家的有关方针政策，特别是对外经济贸易的一系列法律法规和政策制度，否则这种谈判就毫无意义。

(5) 困难性。国际商务谈判的谈判者代表了不同国家和地区的利益，有着不同的社会文化和经济政治背景，人们的价值观、思维方式、行为方式、语言及风俗习惯等各不相同，使得影响谈判的因素更加复杂，谈判的难度更大。在实际谈判过程中，对手的情况千变万化，作风各异。有热情洋溢者，也有沉默寡言者；有果敢决断者，也有多疑多虑者；有善意合作者，也有故意寻衅者；有谦谦君子，也有傲慢自大、盛气凌人的自命不凡者。因此，每一场国际商务谈判都是一次涉及知识、技能、智力、毅力和财力物力的综合较量。

第二节　国际商务谈判的构成要素和类型

一、国际商务谈判的构成要素

在国际商务谈判的实践中，谈判的类型可以多种多样，谈判的进程可长可短。但任何一个谈判都存在着不可缺少的构成要素。国际商务谈判和其他谈判一样，都是由以下六个要素构成的。

1. 谈判主体

谈判主体就是谈判当事人。一般来讲，谈判当事人常常具有双重性：一是谈判的代表者，即谈判的个体或团队；二是谈判组织，即谈判者所代表的组织。在谈判中，既要重视谈判组织的需要，又要重视谈判代表的需要，两者不可偏废。

2. 谈判客体

谈判活动要有谈判标的和议题，即谈判客体。谈判标的，有时也称谈判对象，是指谈判的事物，如贸易型谈判的标的是买卖的货物，服务型谈判的标的是服务的内容。谈判议题是指谈判中谈判双方共同关心并希望解决的问题，比如价格、品质、交货方式、交货时间、合作条件、合资条件、利润分配等方面的问题。谈判就是围绕这些问题展开的。

3. 谈判目的

只有谈判主体和客体，而没有谈判目的，就不能构成真正的谈判活动，只能称作闲谈。正因为谈判各方鲜明的目的性，才会使得谈判活动具有较强的冲突性和竞争性；而闲谈则不涉及各方的利害关系，也不会导致双方的对立或竞争。

4. 谈判行为

谈判活动是通过谈判双方的谈判行为来进行的。有谈判的主体、客体和目的，而没有谈判行为，显然只是谈判的构想，而不是谈判的现实。谈判行为是指谈判主体的言行举止或具体活动，是决定谈判结果的主要因素。

5. 谈判环境

谈判活动都是在特定的环境下进行的，受到环境的具体制约，脱离了具体的环境去谈论谈判没有任何意义。这种环境包括了外部的大环境，如政治、经济、文化、市场、竞争等，也包括了谈判的小环境，如时间、地点、场所、交往空间等。

6. 谈判结果

一项完整的谈判活动必须要有谈判结果，并对谈判结果进行评估。无论谈判成功与否，都需要有相应的结果，没有结果，则意味着谈判活动还没有结束。有些谈判旷日持久或相持不下，但只要没有明确的谈判结果，那么谈判就有继续的可能。谈判活动不了了之，只能称为"不完整的谈判"，应尽力避免。

二、国际商务谈判的类型

在目前的国际商务活动中商务谈判的种类复杂纷繁，我们可以按照不同的标准把它划分成不同的类型。不同类型的商务谈判，有不同的特点和要求，其准备方式、人员安排、策略运用等都是不同的。因此，对国际商务谈判类型的恰当判断，是谈判成功的开始和基础。

1. 按参与主体的数量划分

按参与主体的数量可将商务谈判划分为双方谈判与多方谈判。

(1) 双方谈判。双方谈判是指只有两个当事方参与的谈判。例如，在商品买卖谈判中一个买方和一个卖方参与的谈判或设备的租赁谈判中只有一个设备的出租方和一个设备的承租方参与的谈判。这种谈判如发生在国家或地区间则往往被称为双边谈判。

(2) 多方谈判。多方谈判是指三个或三个以上的当事方共同参与的谈判。例如，在合资企业设立的谈判中，有分别来自不同国家的甲、乙、丙、丁四个出资人为设立企业而进行的谈判。这种谈判如果发生在不同的国家或地区之间也被称为多边谈判。

双方谈判和多方谈判由于参与主体的数量不同，其特点也不同。一般来说，双方谈判的主体简单，涉及的责、权、利划分清晰明确，易于把握。多方谈判由于谈判主体多的原因，责、权、利可能相互交叉，错综复杂，谈判中要考虑和协调各方的利益和要求，谈判的把握较难，进程也较长。

2. 按参与谈判的人员数量划分

按参与谈判的人员数量可将国际商务谈判划分为"一对一"谈判、小组谈判和大型谈判。

(1) "一对一"谈判。项目小的商务谈判往往是"一对一"式的。出席谈判的各方只有一人，是一种最困难的谈判类型，对谈判人员有较高的要求。这种谈判中，每一方谈判者只能各自为战，没有助手的及时帮助和同事间的密切配合。因此，参与谈判的人员必须是全能型的，需要具备该项谈判所涉及的各个方面的知识(包括贸易、金融、技术、法律和文化习俗等方面的知识)。在安排参加这类谈判的人员时，一定要选择有独立性、决断力、判断力强，善于单兵作战的人作为谈判者，而性格脆弱、优柔寡断的人是不能胜任的。规模大的谈判，有时根据需要也可在首席代表之间安排"一对一"的单人谈判，以磋商某些关键问题或微妙敏感问题。

(2) 小组谈判。小组谈判是一种常见的谈判类型，一般较大的、情况比较复杂的谈判项目，各方由几个人组成谈判小组参加谈判，谈判组内成员之间有分工、有协作，取长补短，各尽所能，相互配合，可以大大缩短谈判时间，提高谈判效率。

(3) 大型谈判。大型谈判基本上是有国家、省、市级或重大项目的谈判。由于关系重大，有的会影响国家的国际声望，有的可能关系着国计民生，有的将直接影响到地方乃至国家的经济发展速度、外汇平衡等。所以在谈判全过程中，必须准备充分、计划周详并组成一支强有力的谈判团队，配备阵容强大的、拥有各种高级专家的顾问团队或咨询团队及智囊团队。这种类型的谈判程序严密、时间较长，议题较多，通常分成若干层次和阶段进行。

3. 按谈判所在地划分

按谈判所在地可将国际商务谈判划分为主座谈判、客座谈判、主客座轮流谈判和第三地谈判。

(1) 主座谈判。主座谈判是指在自己所在地进行谈判，自己所在地包括自己所居住的国家、城市或办公所在地。主座谈判会给主方带来不少便利之处，如熟悉的工作和生活环境，利于谈判的各项准备，便于问题的请示和磋商等。所以主座谈判人谈判起来很自如，底气十足。但是，作为东道主，必须懂得礼貌待客。除了可以换来信赖，礼貌还是主座谈判者的一张有力王牌，它会促使客座谈判人员积极思考主座谈判人的各种要求。

(2) 客座谈判。客座谈判是指在谈判对手所在地组织的谈判。到客场谈判时，客方会受到各种条件的限制，如客居时间、上级授权的权限、远距离通信的困难等。因此，客方首先必须注意要"入境问俗""入国问禁",要了解东道主国家不同的文化、风俗和国情,以免做出会伤害对方感情的事。第二,客方要审时度势,争取主动,面对谈判对手,要灵活应对,认真分析谈判背景、主方的优势与不足,以便正确运用并调整自己的谈判策略,发挥自己的优势,争取满意的谈判结果。

(3) 主客座轮流谈判。主客座轮流谈判是一种谈判地点在谈判各方互易的谈判。谈判可能开始在卖方,继续谈判在买方。主客座轮流谈判适用于大宗商品或成套项目的买卖等比较复杂的谈判。主客座轮流谈判中应注意以下两个方面的问题。①确定阶段性的利益目标,争取不同阶段的最佳谈判效益。主客座轮流谈判说明交易比较复杂,每次换座谈判必定有新的理由和目标。谈判人员在利用有利条件或寻找有利条件、创造有利条件时,应围绕阶段性的利益目标的实现可能性来考虑。②换座不换帅。在谈判中换人尤其是换主谈人或首席代表是不利于谈判的。但在实际中这种情况仍经常发生。例如,主谈人的上级认为其谈判结果不好或主谈人表现不够出色,为了下阶段的利益目标而易帅。无论出于什么原因,易帅都会给谈判带来不利影响,使对方产生不快。而新的主谈人也并不一定能完全达到原定目标。因为谈判已经展开,原先的基础条件已定,对方不会因你易帅而改变立场。避免主帅更换的最好方法是在谈判中配备好主帅和副帅,有两个主谈人就可以应付各种可能,以确保谈判的连贯性。

(4) 第三地谈判。第三地谈判是指在谈判双方以外的地点进行的谈判。第三地作为谈判地点表现为其不存在倾向性,双方均无东道主的地域优势,策略运用的条件相当,双方谈判地域环境较为公平。但是,第三地谈判会增加谈判的成本,而且双方首先要为谈判地点的选择和确定而谈判,地点确定本身就比较复杂。第三地谈判通常为相互关系不融洽、信任程度不高的谈判双方所采取的形式。

4. 按在交易中的地位划分

按交易的地位可将国际商务谈判划分为买方谈判、卖方谈判和代理谈判。

(1) 买方谈判。买方谈判是指以求购商品、服务、技术、证券和不动产等的身份参加的谈判。买方谈判的主要特征如下:①情报性强。大凡买主采购的谈判,首先会大量搜集有关信息,如技术水平、市场价格等,以确定自己的谈判目标。这种搜集信息的工作贯穿于谈判的整个过程,尤其是在谈判的准备阶段和开始阶段。②压价狠。没有买方在谈判中不压对方价格的,即使是老客户,买方也总要以种种理由追求更优惠的价格。③以势压人。"买主是上帝",买方往往会有"卖方有求于我"的优越感,甚至盛气凌人。同时,买方常常以挑剔者的身份参与谈判,品头论足、吹毛求疵均在情理之中,尤其是当市场上有多个供货渠道时更是如此。只有在市场短缺或卖方垄断的时候,买方才有可能"俯首称臣"。

(2) 卖方谈判。卖方谈判是指以供应商品、服务、技术、证券和不动产等的身份参加的谈判。卖方谈判的特征如下:①主动性强。由于卖方关注公司和个人利益、市场占有率、收益、投资回报等问题,所以谈判的主动性较强。②虚实相映。在谈判时,卖方的表现往往是态度诚恳、交易心切、软中带硬、待价而沽、亦真亦假、似明若暗。己方为卖方时,应注意运用此特征争取好的卖价;而当对手为卖方时,也应注意识别哪些是实,哪些是虚。③紧疏结合。卖方谈判常表现为时而紧锣密鼓,似急于求成;时而鸣金收兵,观察动静。

采取这种形式，有利于克服买方的压力和加强卖方的地位。

(3) 代理谈判。代理谈判是指受人委托参与的谈判。代理有两种情况：一种是只有谈判权而无签约权，另一种是全权代理资格。代理谈判有如下特征：①谈判人权限观念强。一般都谨慎和准确地在授权范围之内行事。②谈判地位超脱、客观。由于不是交易的所有者，只是以代理人的身份参加谈判，因此谈判地位超脱、客观。③谈判人的态度积极、主动。由于是受人之托，为表现其能力和取得佣金，谈判人一般都态度积极、主动。

5. 按谈判的态度划分

按谈判的态度可将国际商务谈判划分为软式谈判、硬式谈判和原则式谈判。

(1) 软式谈判。软式谈判也称让步型谈判，即谈判者准备随时做出让步，达成协议，回避一切可能发生的冲突，追求双方满意的效果。采取这种谈判方法的人，看重的是双方友好关系的建立与维持，而看轻利益获取的多少。在软式谈判中，一般的做法是提议—让步—磋商—达成协议。

当然，如果双方都能以"关系"为重，以宽容、理解的态度，互谅互让、友好协商，那么无疑会减少谈判的时间和成本，提高谈判的效率。然而由于利益的驱使，各方谈判者的出发点、价值观等的不同，在遇到一些问题时一方采取强硬态度，而另一方一味地退让，只会使让步方受到伤害，最终往往达成不平等甚至是不合理的协议。因而，在实际的商务谈判中，极少采取软式谈判，一般只限于双方的合作关系非常好并有长期的业务往来关系的谈判。

(2) 硬式谈判。硬式谈判也称立场谈判，这种谈判视对方为劲敌，强调谈判立场的坚定性，强调针锋相对，认为态度越强硬取得收获的可能性越大，获得的利益也就越多。在硬式谈判中，如果双方都把注意力集中到维护自己的立场和否定对方的立场上，忽略对方的谈判要求和条件，就会导致双方关系紧张，谈判也往往容易陷入僵局，旷日持久，无法达成协议。而且，这种谈判即使达成某些妥协，也会由于某方的让步而消极履约，甚至想方设法撕毁协议。总之，由于硬式谈判双方态度僵硬，忽略了双方的真实利益，不注意寻求双方利益的共同点，因此很难达成协议。

(3) 原则式谈判。原则式谈判则要求谈判双方尊重对方的基本要求，寻求双方利益上的共同点，积极设想对双方都有利的方案。当双方发生利益冲突时，坚持以公平的原则来做评判，吸取软式谈判和硬式谈判之所长而避其之所短，强调公正原则和公平价值。

在原则式谈判中，在谈判双方对立立场的背后，存在着共同性利益和冲突性利益。人们常常会因为对方的立场与自己的立场对立，而认为对方的全部利益与自己的利益都是冲突的。但事实上，在许多谈判中，深入地分析双方对立的立场背后所隐含的或代表的利益，就会发现双方的共同性利益要多于冲突性利益。如果双方都能认识到并看重共同性利益，调节冲突性利益就比较容易了。

上述三种谈判方式都是对谈判方式的比较理论化的划分。在实际谈判中，谈判方式的运用是比较复杂的，有时需要综合两种或三种方式。如何选择正确的方式，应视具体情况而定，概括来讲需要注意以下几种情况：

(1) 是否要与对方继续保持业务关系。如果与对方还需要保持长期的业务关系，而且有以往的业务经历，应采取原则式和软式谈判相结合的方法；反之，如果是一次性的、偶然的业务交易，或者本方认为双方没有必要再往来下去，则可以采取硬式谈判。

(2) 双方实力对比情况。如果谈判的双方实力接近，可以采取原则式谈判方法；如果本方谈判实力大于对方，则可以考虑适当增加硬式谈判的比例，尽可能地为本方争取更多的利益。

(3) 看该笔交易的重要程度。如果该笔交易很重要，可以采取原则式与软式谈判相结合的方法；如果该笔交易不是很重要，可以采取原则式与硬式谈判相结合的方法。

(4) 谈判成本和时间方面的限制。如果谈判花费的时间长，而且在人力、物力等成本上支出较多，就应该考虑采用软式谈判方法，或视具体情况而定。

6. 按谈判的沟通方式划分

按谈判的沟通方式可将商务谈判划分为口头谈判和书面谈判。

(1) 口头谈判。口头谈判是指谈判人员面对面直接用口头语言交流信息和协商条件。这种谈判方式的优点是：当面进行陈述和解释，相对直接、灵活，便于双方谈判人员交流思想感情。在某些谈判中，有些交易条件的妥协让步完全是出于情感上的原因。一般情况下，在口头谈判中，即使实力再强的谈判人员也难以保持交易立场丝毫不动摇，或者拒绝做出任何让步。此外，面对面的口头谈判，有助于双方对谈判行为的发展变化做出准确的判断。谈判人员不仅可以通过对方的言谈，分析、把握其动机和目的，还可以通过直接观察对方的面部表情、姿态动作了解其意图，审查对方的为人及交易的诚信程度，避免做出对己方不利的决策。口头谈判适用于内容比较复杂、交易条件多变，而双方又缺乏必要了解的谈判。口头谈判也存在某些缺点，比如：利于对方察言观色，用来推测己方的谈判意图；易于受到对方的反击，从而动摇谈判人员的信心和意志。

(2) 书面谈判。书面谈判是指谈判双方不直接见面，而是通过电报、电传、互联网、信函等方式进行商谈。这种谈判方式的好处在于，在阐述自己的主观立场时，用书面形式比口头形式显得更为坚定有力。在向对方表示拒绝时，书面谈判要比口头谈判方便易行，特别是在双方已经建立起个人交往的情况下更是如此。书面谈判也有缺点：由于信函、电报、电传等所能传递的信息量有限，不利于双方谈判人员的相互了解。谈判人员仅凭各种文字资料，难以及时、准确地把握对方对谈判中出现的各种问题的反应，而不能及时准确地采取应对策略，因而谈判的成功率较低。一般来说，书面谈判适用于交易条件比较规范、明确，内容比较简单，谈判双方彼此比较了解的谈判或双方试探性的谈判。

7. 按谈判的内容划分

按谈判的内容可将商务谈判划分为商品贸易谈判和非商品贸易谈判。

(1) 商品贸易谈判。商品贸易谈判是指供求双方就商品买卖成交的条件进行的谈判，如机械设备、农产品、日用生活品的买卖谈判等。

(2) 非商品贸易谈判。非商品贸易谈判是指除商品贸易之外的其他一切经济性质的交易谈判，如投资、工程项目、技术贸易、租赁业务、信贷业务、旅游服务、会务服务、合资合作企业、劳务输出或引进的谈判等。随着社会经济发展水平的提高，非商品贸易谈判业务迅速增长。

第三节　国际商务谈判的主要理论

正确的谈判理论对谈判实践有重要的指导作用。没有理论的指导，谈判实践就容易偏离正确的方向。国际商务谈判涉及的主要理论有行为学理论、心理学理论、需要层次理论、三方针理论、公平理论、博弈论、结构论、黑箱理论等。

一、行为学理论

（一）行为学理论主要内容

1. 行为学理论的产生

行为学是 20 世纪中期兴起的理论思潮和边缘学科，它借助数学、生物学等自然科学和人类学、心理学等社会科学的各项研究成果，得出了一些较有价值的分析结论，这些结论反过来又被应用到经济学、管理学、人类学、生物学等的研究中。行为学对这些学科的发展起到了重要的指导作用。

微视频 1-3
行为学理论

2. 行为科学的定义

《美国管理百科全书》给行为科学下的定义是："行为科学是运用研究自然科学那样的实验和观察的方法，来研究在一定物质和社会环境中的人的行为和动物(除了人这种高级动物之外的其他动物)的行为的科学。"

3. 行为学的定义

研究人类行为规律的科学称为行为学，归属于管理科学。行为是生命的特征，而生命由躯体和灵魂组成。躯体是生命组成的有形因素，属于医学和生命科学研究的范畴。灵魂是生命组成的无形因素，属于行为学研究的范畴。它是以组织行为规律为研究对象，研究组织体系中人的行为与心理表现。针对组织行为的特征，找出特定组织环境下的组织行为共性，可以为企业管理提供有益启示。

（二）行为学理论在国际商务谈判中的应用

根据行为学的研究，任何事物的运动都有其内部原因和外部原因，人的行为也不例外，影响人的行为的因素也可以从内、外两个方面去寻找。影响人的行为的内在因素主要包括生理因素、心理因素、文化因素和经济因素。其中，生理因素包括遗传因素、体质状况、生理需要、生物节律等方面。心理因素涉及包括感觉、知觉、思维和认识在内的心理活动过程，包括价值观、理想、信念和态度在内的个性倾向性心理特征以及包括气质、性格和能力在内的个性非倾向性心理特征。文化因素包括个人所接受的文化教育、专业技术、职业道德观念、礼仪等。经济因素主要指个人所处的经济地位。影响人的行为的外在环境因素主要包括组织的内部环境因素和组织的外部环境因素。其中，组织的内部环境因素涉及群体、领导和整个组织三个方面。群体方面包括人际关系、信息沟通、内聚力、冲突与气氛等；领导方面包括领导素质、领导作风与方法、激励方法与制度等；整个组织方面包括组织设计、组织结构、规章制度、工作设计、组织文化、组织变革、绩效考核等。组织的外部环境因素包括条件因素和人群团体因素。条件因素主要涉及国内及国际的经济、社会文化、政治法律、自然地理等；人群团体因素包括的内容比较多，如家庭、亲友、产权所有者、竞争者、客户、供应商、各级政府、群众团体等。

从影响人的行为的诸因素可以看出，行为学理论在国际商务谈判中有着非常广泛的应用，从谈判开始前的环境因素分析、信息搜集，到谈判人员的配备和管理、谈判方案的制订、谈判桌上的双方争斗、商务谈判的礼仪等，都离不开行为学理论研究成果的指导。也可以这样说，从全局的角度看，行为学理论是对国际商务谈判影响最大的一门科学。

国际商务谈判实验就是通过模拟场景训练，使谈判者掌握影响自己和对手谈判行为的因素和规律，从而应用到真正的谈判中。

二、心理学理论

（一）　心理学主要内容

从心理学理论的发展史可以看出，心理学研究起步较早，流派众多，研究成果比较丰富。这里主要介绍在中国颇有影响的奥地利的精神病医学家弗洛伊德及其学生荣格和阿德勒的理论。

微视频 1-4
心理学理论 1

1. 弗洛伊德的精神分析学说

弗洛伊德认为，人的个性是一个整体，在这个整体之内包含着彼此关联且相互作用的三个部分。这三个部分分别称为本我、自我、超我。由于这三部分的相互作用而产生的内在动力，支配了个人的所有行为。

本我是人格结构中最原始的部分，从人出生日起便已存在。构成本我的成分是人类的基本需求，如饥、渴、性。本我之需求产生时，个体要求立即满足，故而从支配人性的原则角度来看，支配本我的是唯乐原则。例如，婴儿每感饥饿时即要求立刻喂奶，决不考虑母亲有无困难。

自我是个体出生后，在现实环境中由本我中分化发展而产生，由本我而来的各种需求，若不能在现实中立即获得满足，就必须迁就现实的限制，并学习到如何在现实中获得需求的满足。从支配人性的原则看，支配自我的是现实原则。此外，自我介于本我与超我之间，对本我的冲动与超我的管制具有缓冲与调节的功能。

超我是人格结构中居于管制地位的最高部分，是由于个体在生活中，接受社会文化道德规范的教养而逐渐形成的。超我有两个重要部分：一为自我理想，是要求自己行为符合自己理想的标准；二为良心，是规定自己行为免于犯错的限制。因此，超我是人格结构中的道德部分，从支配人性的原则看，支配超我的是完美原则。

弗洛伊德认为，本我寻求满足，自我考虑到现实环境的限制，超我则按社会规范来衡量是非善恶。他指出，本我、自我和超我三者不是分立的，而是彼此相互作用而构成的个性整体。本我的冲动与欲望应该在适宜现实条件下，为社会规范所允许下，得到适当的满足。

2. 荣格的分析心理学说

荣格是弗洛伊德的杰出的学生，与弗洛伊德强调无意识的作用，把性视为支配人类一切行为的动机不同，其理论强调下列三点。第一，承认潜意识是支配行为的内在因素，但主张潜意识有两种：一种叫作个人潜意识，是由个人压抑自己的意识经验而形成的，另一种叫作集体潜意识，是由人类多代遗传演化积累而形成的。两种潜意识一同支配人的行为。第二，个性的发展并不取决于人本能的冲动，而是由个人为达到自我实现的内在潜力所引导。第三，自我才是个性结构的核心，而自我又取决于两种"态度"或倾向，一种为外向，一种为内向。

荣格认为，当一个人的兴趣和关注单指向外部客体时，就是外向人格；而当一个人的兴趣和关注点指向主体时，就是内向人格。在他看来，任何人都具有外向和内向这两种特征，但其中一种可能占优势，因而可以确定一个人是内向还是外向。荣格还认为，人的心理活动有思维、情感、感觉和直觉这四种基本功能，结合两种心理倾向可以构成 8 种人格类型：

(1) 外向思维型。此种类型的人的思想特点是一定要以客观的资料为依据，以外界信息激发自己的思维过程。科学家是外向思维型，他们认识客观世界，解释自然现象，发现自然规律，从而创立理论体系。荣格认为，达尔文和爱因斯坦这两位科学家在思维外向方面得到了最充分的发展。外向思维型的人，情感压抑，缺乏鲜明的个性，甚至表现为冷淡和傲慢等人格特点。

(2) 内向思维型。此种类型的人除了思考外界信息外，还思考自己内在的精神世界，他们对思想观念本身感兴趣，会收集外部世界的事实来验证自己的思想。哲学家属于这种类型。荣格指出，德国哲学家康德是一个标准内向思维型的人。内向思维型的人具有情感压抑、冷漠、沉溺于玄想、固执、刚愎和骄傲等人格特点。

(3) 外向情感型。此种类型的人的情感符合于客观的情境和一般价值。荣格指出，外向情感型的人在"爱情选择"上，表现得最为明显。他们不太考虑对方的性格特点，而是考虑对方的身份、年龄和家庭等方面。外向情感型的人，思维压抑，情感外露，爱好交际、寻求与外界和谐。

(4) 内向情感型。此种类型的人的情感由内在的主观因素所激发。内向情感型的人，思维压抑，情感深藏在内心，沉默，力图保持隐蔽状态，气质常常是忧郁的。

(5) 外向感觉型。此种类型的人头脑清醒，倾向于积累外部世界的经验，但对事物并不过分地追根究底。外向感觉型的人，寻求享乐，追求刺激，他们一般是情感浅薄的、直觉压抑的。

(6) 内向感觉型。此种类型的人远离外部客观世界，常常沉浸在自己的主观感觉世界之中。外向感觉型的人，知觉来自外部世界，是客观对象的直接反映；内倾感觉型的人知觉深受自己心理状态的影响，似乎是从自己的心灵深处产生出来的。他们艺术性强，直觉压抑。

(7) 外向直觉型。此种类型的人力图从客观世界中发现多种多样的可能性，并不断地寻求新的可能性。他们对于各种尚孕育于萌芽状态但有发展前途的事物具有敏锐的感觉，并且不断追求客观事物的新奇性。外向直觉型的人，可以成为新事业的发起人，但不能坚持到底。荣格认为，商人、承包人、经纪人等通常属于这种类型的人。

(8) 内向直觉型。此种类型的人力图从精神现象中发现各种各样的可能性。内向直觉型的人，不关心外界事物，脱离实际，善幻想，观点新颖，但有点稀奇古怪。荣格认为，艺术家属于内向直觉型。

3. 阿德勒的个体心理学说

阿德勒也是弗洛伊德的学生，后因与其老师的观点不同而分道扬镳。阿德勒不过分注重生物或本能的因素，而是强调人个性发展中的社会因素，形成了人格理论。

人格是在战胜自卑和追求优越的过程中形成和发展的。

微视频 1-5
心理学理论 2

人天生自卑，因为其生下来是弱小、无力的，完全依赖成人，由此产生自卑。但是，正是自卑促使人们去努力克服自卑，追求成功，成为人格发展的动力。但是，若被自卑所压倒，则产生自卑情绪，导致神经症人格，即抑郁、悲观、消沉。

人类有追求优越与完美的倾向。每个人都有相同的追求优越的最终目标。追求优越也是双重性的。适度追求，会促进个人发展，对社会有益。过分追求，走极端，则会产生优越情绪，以自我为中心、自负，忽视别人和社会习俗，缺乏社会兴趣。

个体如何追求优越取决于其独特的生活环境和不同的生活方式，由此会发展出不同的行为特征和习惯，即所谓的生活风格。生活风格的发展和自卑感有密切关系。如果一个儿童有某种生理缺陷或主观上的自卑感，那其生活风格将倾向于补偿或过度补偿那种缺陷或自卑感。例如，身体瘦弱的儿童可能会有强烈的愿望去增强体质，因而锻炼身体、跑步、举重，这些愿望和行为便成为其生活风格的一部分。生活风格决定了我们对生活的态度，形成了我们的行为模式。

阿德勒把人分为四种类型：

(1) 支配型。这一类型的人倾向于支配和统治别人，缺乏社会意识，很少顾及别人的利益，他们追求优越的倾向特别强烈，不惜利用或伤害别人以达到自己的目的。他们需要通过控制别人而让自己感到强大和有存在的意义。在儿童期，他们在地板上打滚、哭闹，希望父母向他屈从。而他们作为父母时又要求孩子服从，说："因为我说了要这样。"这样的人容易发展成虐待者、违法者和药物滥用者等。

(2) 索取型。这种类型的人相对被动，很少努力去解决他们自己的问题，依赖别人照顾他们。许多富裕或有钱的父母对他们的孩子采取纵容的态度，尽量满足孩子的一切要求，以使他们免受"挫折"。在这样的环境下生长的孩子，很少需要为自己努力做事，也很少意识到他们自己有多大的能力。他们对自己缺乏信心，而希望周围的人能满足他们的要求。

(3) 回避型。这样的人缺乏必要的信心解决问题或危机，不想面对生活中的问题，试图通过回避困难从而避免任何可能的失败。他们常常是自我关注的、幻想的，他们在自我幻想的世界里感受到优越。

(4) 社会利益型。这样的人能面对生活，与别人合作，为别人和社会服务，贡献自己的力量，他们常常生长于良好的家庭，家庭成员相互帮助、支持，人与人之间彼此理解和尊重。

(二)　心理学在国际商务谈判中的应用

谈判或许是个人所做的事情里最困难的一种。从事国际商务谈判的人除了需要精通商务知识、技术知识外，还必须具备许多其他专业知识，其中一个就是心理学知识。因为谈判总是在人与人之间进行的，所以在某种程度上，左右谈判结果的是人。因为谈判是人类的一种行为，并且是一种复杂的、高级的行为，所以要取得谈判的成功，不仅要研究谈判本身，更要研究参与谈判的人。

尽管人类的行为看起来错综复杂，但却是可以预测、可以理解的。人的行为中有各种各样的可预测因素，并有着可认识的内在规律。如果我们把个人的行为看作是一个大的群体行为的组成部分，那么在一定的条件下，就不难对群体行为做出预测。

所以，尽管各种各样的国际商务谈判千变万化，各种各样的谈判者复杂难辨，但我们仍然可以用与谈判有关的心理知识去分析、判断对方的内心世界，并从中获得对谈判各种可能性的洞察能力，从而在谈判中占据主动地位，争取谈判的最后成功。

(三)　谈判的心理学现象

与谈判有关的心理学现象有"文饰""压抑""移置""投射""角色"等。

(1) 文饰心理。一个人用对自己最有利的方式来解释一件事情，就是文饰心理在起作用。

(2) 压抑心理。一个人在自己有意识的思想中，排斥那些使他感到厌烦的或痛苦的情感和事物，就叫"压抑"。

(3) 移置心理。人们往往迁怒于无辜者，拿他们当出气筒或替罪羊，这就是"移置"。

(4) 投射心理。一个人把自己的动机加在别人的头上，就是在"投射"。

(5) 角色心理。角色心理又称"角色"扮演心理，是指这样一种行为方式，即一个人有意识地掩盖自己的真面目，有意识地扮演成另一种人。

由此可以认识到，国际商务谈判中，人们总是会自觉或不自觉地产生上面讲到的种种心理和行为。老练的谈判家能把坐在对面的谈判对手一眼望穿，猜测出对手在思考什么，将如何行动和为什么行动。通过国际商务谈判实验，有助于提高谈判者洞悉谈判心理的能力。

根据心理学原理，通过想象练习可以提高"彩排者"的能力，有时甚至比实际行动更有效。人的深层心理或神经系统根本无法区分实际行动所获得的经验和想象中获得的经验有何差异，因此只要正确地进行思想练习和实际演习，就能取得成效，提高谈判能力。

三、需要层次理论

人与人之间发生的任何谈判都是为了满足人的"需要"。

(一)　需要层次理论的主要内容

需要层次理论是由美国著名社会心理学家、人格理论和比较心理学家马斯洛(A.Maslow)提出的。这是一个受到广泛关注的理论。

微视频 1-6
需求理论 1

马斯洛的需要层次理论把人的需要分成生理的需要、安全的需要、友爱和归属的需要、尊重的需要、自我实现的需要五个层次。1954年，在《激励与个性》一书中，他又在尊重的需要后面增加了认知的需要和求美的需要，把人的需要分成七个层次。这些需要，按其重要性排列依次是：

(1) 生理的需要。生理上的需要是人们最原始、最基本的需要，也是级别最低、最具优势的需要，如对食物、水、空气、性、健康的需要。若不满足，则有生命危险。这就是说，它是最强烈的、不可避免的最底层需要，也是推动人们行动的强大动力。当一个人为生理需要所控制时，其他一切需要均退居次要地位。

生理需要未满足时人的特征：什么都不想只想让自己活下去，思考能力、道德观明显变得薄弱。例如，当一个人极度需要食物的时候，会不择手段地抢夺食物；人们在战乱的时候是不会排队领面包的。

(2) 安全的需要。对安全的需要要求劳动安全、职业安全、生活稳定，希望免于灾难，未来有保障等。安全需要比生理需要高一级，当生理需要得到满足以后就要保障这种需要。每一个在现实中生活的人，都会产生需要安全感的欲望、需要自由的欲望、需要防御实力的欲望。

缺乏安全需要的人的特征：感觉自己被身边事物威胁，觉得这个世界不公平或是危险，认为一切都是危险的而变得紧张、彷徨不安，认为一切事情都是恶的。例如，一个孩子因在学校被同学欺负，受到老师的不公平对待，变得不相信这个社会、变得不敢表现自己、不敢拥有社交生活(他认为社交是有危险的)，借此来保障自己的安全。一个成人因工作不顺利、薪水微薄养不起家人而变得自暴自弃，每天用喝酒吸烟来寻找短暂的安逸。

(3) 友爱和归属的需要。这一需要也叫社交需要，包括对友谊、爱情以及隶属关系的需要。当生理上的需要和安全需要得到满足后，社交需要就会突显出来，进而产生激励作用。在马斯洛需要层次中，这一层级是与前二层级截然不同的另一层级。

社交需要未被满足的人的特征：因为没有感受到身边人的关怀，而认为自己活在这个世界上没有价值。例如，一个没有受到父母关怀的青少年，认为自己在家中没有价值，所以在学校里交朋友。他们通常会无视道德观和理性，积极地寻找朋友或是同类。为了让自己融入某些社交圈中，甚至可以给别人牛做马。

(4) 尊重的需要。尊重的需要可分为自尊、他尊和权力欲三类，包括自我尊重、自我评价以及尊重别人。尊重的需要属于较高层次的需要，如对成就、名声、地位和晋升机会等的需要。尊重的需要很少能够得到完全的满足，但基本满足就可产生推动力。

缺乏尊重需要的人的特征：变得很爱面子，或者积极地用行动让别人认同自己，很容易被虚荣所吸引。例如，利用暴力让自己强悍，努力读书让自己成为医生、律师等来证明自己在这个社会上存在的价值，富豪为了自己的名利而赚钱或者是捐款。

(5) 认知的需要。认知的需要又称为认知与理解的需要，是指个人对自身和周围世界的探索、理解及解决疑难问题的需要。马斯洛将其看成克服阻碍的工具。当认知需要受挫时，其他需要的满足也会受到威胁。

(6) 求美的需要。求美的需要是指人对美的生理、心理、精神的需求、欲望。它是人的生命需求的一种表现方式，是人所独有的自由自觉生命活动的本质特征和人的生存、发展的内在机制。人们对于美的需要也是一种基本的需要。例如，希望行动的完美，对于事物对称性、秩序性、闭合性等美的形式的欣赏，对于美的结构和规律性的需要等，都是戏美需要的表现方式。

(7) 自我实现的需要。自我实现的需要是最高层次的需要，是一种衍生性需要，包括针对于真善美至高人生境界获得的需要。只有前面的需要都能满足，自我实现的需要方能产生，如自我实现、发挥潜能等。

缺乏自我实现需要的特征：觉得自己的生活被空虚感推动着，要自己去做一些身为一个"人"应该在这世上做的事，极需要有让自己能更充实的、尤其是能深刻体验到自己没有白活在这世界上的事物，也开始认为价值观、道德观胜过金钱、爱人、尊重和社会的偏见。例如：一个真心为了帮助他人而捐款的人；一位武术家、运动家把自己的体能练到极致，让自己成为世界一流或是单纯只为了超越自己；一位企业家，真心认为自己所经营的事业能为这社会带来价值，为了比昨天更好而工作。

马斯洛认为人们的上述需要基本反映了在不同文化环境中人类的共同特点。人类的需要基本上是由低级到高级以层次出现的，当某一层次的需要得到相对满足时，其激发动机的作用随之减弱和消失，此时更高层次的需要成为新的激励因素。因而，人类的基本需要是一种有相对优势的层次结构。

需要层次理论为摸清谈判对象的动机提供了理论基础，为多种谈判方案的制订提供了理论基础，为谈判谋略和技巧的运用提供了理论依据。

(二) 消费者需求理论在国际商务谈判中的应用

需求价格弹性在国际商务谈判中最大的用途是帮助出口商做出价格决策。在需求有弹性的情形中，适宜采取降价的决策；而在需求弹性小的情形中，则适宜采取提价的决策。非弹性需求的商品一般为生活必需品，提价对消费者的购买行为影响柜对要小一些。

微视频 1-7
需求理论 2

需求收入弹性对于进出口商的经营决策具有重要的意义。因为需求收入弹性表明需求变动与收入变动的关系，为进出口商掌握随收入变动而引起的需求变动趋势，进而为其经营、销售决策提供了有用的分析和预测工具。

按照马斯洛需要层次理论，对于经营者来说，不同消费者的需要是不一样的。不同需要的消费者及消费者市场的划分具体如下：

(1) 生理需要→满足最低需求层次的市场，消费者只要求产品具有一般功能即可。

(2) 安全需要→满足对"安全"有要求的市场，消费者关注产品对身体的影响。

(3) 社交需要→满足对"交际"有要求的市场，消费者关注产品是否有助提高自己的交际形象。

(4) 尊重需要→满足对产品有与众不同要求的市场，消费者关注产品的象征意义。

(5) 自我实现→满足对产品有自己判断标准的市场，消费者拥有自己固定的品牌。

需要层次越高，消费者就越不容易被满足。

(三) 谈判的需要理论

美国谈判学会会长杰勒德·尼尔伦伯格运用行为科学、心理学等原理和知识，在对其数千次的谈判经验进行总结的基础上，提出了谈判的需要理论。他认为，任何谈判都是在人与人之间进行的，之所以要进行谈判都是为了满足某一种或几种需要。这些需要决定了谈判的发生、进展和结局。掌握了谈判的需要理论，能使我们找出与谈判双方相联系的需要，懂得如何选择不同的方法去抵制或改变对方的不良动机。了解每一种需要相应的动机和作用，就能对症下药，选择最佳的谈判方法。

从谈判需要理论分析，任何谈判，无论结果如何，都表现为六种与需要有关的谈判方法。美国谈判学会会长尼尔伦伯格在他的著作《谈判的艺术》中，将这六种方法详述如下：

(1) 谈判者顺从对方需要。谈判者在谈判中根据对方的需要，采取相应的策略，主动为对方着想，促使谈判成功。这种情况下，谈判者要善于分析、发现对方尚未满足的最基本需要，然后思考采取适当的办法去满足双方，促使谈判成功。

(2) 谈判者使对方服从己方的需要。谈判者在谈判中使用各种策略说服对方满足自己的需要，所有的谈判活动都是从满足自身需要出发。这种方法在谈判中比较常见。

(3) 谈判者同时服从对方和己方的需要。在谈判中采用这种方法比较明智，由于这种方法照顾双方的需要，谈判结果容易被双方接受，因此谈判容易成功。但这种方法的难点在于要找到平衡双方利益的方案。

(4) 谈判者违背己方的需要。在商务交往中，有时会出现这样的情况：为了满足对方的需要，不顾己方的需要。比如为了满足老客户的加急订单，不计成本地高价买进原材料，安排加班生产，紧急订舱运输，而并不在价格等其他方面要求对方做出相应补偿。

(5) 谈判者损害对方的需要。在谈判中，当谈判的一方处于非常强势的地位时，为了在交易中得到尽可能多的利益，会采用这种方法。显然这样的做法会对双方的再次合作造成障碍。

(6) 谈判者同时损害对方和己方的需要。这是一种损人不利己的方法，除非有特殊目的，一般不宜采用。但在市场经济的竞争中，有时会发生这种情况。例如，同类企业在商务谈判中竞相压价，甚至不计成本，这既违背了自己的盈利需要，也损害了别人的利益。

四、三方针理论

(一) 三方针理论的主要内容

英国谈判专家比尔·斯科特精心挑选了谋求一致、皆大欢喜、以战取胜三个词来表达他的谈判理论。他极力推崇在友好、和谐的气氛下谋求一致的谈判方针，但也积极主张在谋得己方最大利益的前提下，给对方以适当满足的皆大欢喜的谈判方针和尽力避免种种冲突的以战取胜的方针。

微视频 1-8
三方针理论
和公平理论

1. 谋求一致

谋求一致是一种为了谋求双方共同利益而创造最大可能一致性的谈判方针，可比喻为双方共同制作更大的蛋糕，则每个人分到的蛋糕更多。

2. 皆大欢喜

皆大欢喜是一种使谈判双方保持积极的关系，各得其所的谈判方法。与谋求一致相比，不是把蛋糕做得尽可能大，而是根据不同需要和价值观，分割既定的一个蛋糕。

3. 以战取胜

以战取胜是一种陈旧的谈判方针，是把谈判看成一场尖锐的冲突，谈判各方施展各种手腕和诡计，争个你死我活，但结果往往是两败俱伤。奉行以战取胜谈判方针的人，目的是打败对方，实质是牺牲他人的利益，获得自己的最大利益。其危害主要有以下几个方面：

(1) 失去友谊。

(2) 失去今后与对方合作的机会。

(3) 会遭到对方的抵抗和反击，冒可能失败的风险。

(4) 对方屈从的话，也不会积极履行协议。

(5) 在社会上失去信誉。

因此，谈判高手极少使用该谈判方针。但是，在一次性谈判和一方实力比另一方实力强大得多的情况下，有的谈判人员会采取以战取胜的方针。我们应了解这种方针的危害性，防止受到侵害，并掌握识别和抵抗的技巧。

五、公平理论

(一) 公平理论的基本内涵

美国行为学家亚当斯在 20 世纪 60 年代提出了公平理论。他确定的人们分配公平感公式为

$$\frac{O_p}{I_p} = \frac{O_r}{I_r}$$

式中：O —— 结果(产出)，即分配中的所获；

　　　I —— 投入，即人们所付出的贡献；

　　　p —— 感受公平或不公平的当事者；

　　　r —— 比较中的参照对象。

这可以是具体的他人或群体的平均状态，也可以是当事者自身过去经历过的或未来所设想的状态。

公式两侧相等时，人们就会感到公平、公正。当 $O_p/I_p < O_r/I_r$，人们会觉得吃了亏；反之，如 $O_p/I_p > O_r/I_r$，人们会觉得占了便宜，也会有一种歉疚感，但多数人此时会心安理得。

(二) 人们对不公平感的消除

为了要消除已产生的不公平感，人们一般采取以下几种方式进行调整：

(1) 从实际上扩大自己所得的 O 或增大对方的贡献 I，并减少自己付出的 I_p，或减少对方所得的 O_r。但实际上，除 I_p 外，其他三种情况自我都不能控制。

(2) 改变参照对象，以避开不公平。改变参照对象，可以很快消除人们的不公平感。俗语称"比上不足，比下有余"，就是指改变参照对象后，人们的心理状态趋于平衡。

(3) 退出比较，以恢复平衡。在现实生活中，人们的不公平感的产生多是在参照物的比较下形成的，所以，消除不公平的最简单的办法就是退出比较。比较物消失后，不公平感也就随之消失。

总之，不公平感的形成，在很大程度上是人们的一种心里感觉，而且参照物十分重要，

要消除不公平感也应从这些方面入手。

(三) 公平的判定标准

1. 关于公平的四种分配方案的理论讨论

在西方文化中，人们对公正的研究主要考虑两个方面：一是把什么样的因素投入对公正的运算；二是采取什么样的分配方式。

对谈判中的公正问题可以用对策论的专家们经常讨论的一个例子：在两位谈判当事人之间——穷人和富人之间，如何公正地分配 200 美元。

显然，公正是有多重标准的。同样是 200 美元的例子，人们可以用年龄大小、地位高低、饥饿程度、先后顺序、资历深浅等作为标准，制定出各种形式的 "公正" 分配比率。所以在具体的谈判中用何种标准也是一个重要的问题。

对于穷人和富人如何"公正"地分配 200 美元的问题，不同的标准分配的结果是不一样的。以心理承受的公平为标准时，150：50；以实际需要的补偿原则为标准时，50：150(给穷人分多的一份)；以平均分配为标准时为 100：100；以实际所得平等为标准时按 142：58分配(富人在拿到 142 美元之后需纳税 84 美元，最后实际所得 58 美元)。

2. 朴素法和拍卖法

公平或公正有两种分配方法，即朴素法和拍卖法。朴素法由哈佛大学的谈判专家们提出。他们通过对遗产继承的研究，以遗产继承者对所继承遗产的评估期望值，得出一种公正分配遗产的方法。

拍卖法以类似于公开递升拍卖的方式处理所有遗物，然后分配者再平分全部拍卖所得。

公平理论的基本内涵对于我们理解并处理谈判活动的各种问题有重要的指导意义。由于选择的角度与标准不同，人们对于公正的看法及所采取的分配方式会有很大的不同，完全绝对的公正是不存在的。谈判就是要对合作中利益的公平分配的标准达成共识。公平感是一个支配人们行为的重要心理现象。如果产生不公平感，会极大地影响人的行动积极性，而且人们会千方百计地去消除不公平感，以求心理平衡。无论是在什么样的公平分配方法中，心理因素的影响作用越来越重要。这是因为在许多情况下，人们对公正的看法取决于心理因素。

六、博弈论

博弈论也称对策论，是研究决策主体(个人、团队或组织)在一定的环境条件和规则下，同时或先后，一次或多次，从各自允许选择的行为或策略中进行选择并加以实施，进而从中各自取得相应结果的过程。

微视频 1-9
博弈论

(一) 博弈论的产生和发展

与博弈论有关的零星研究在 19 世纪初期就出现了，但博弈论的真正发展还是在 20 世纪。20 世纪 20 年代的法国数学家波雷尔用最佳策略的概念研究了许多具体的决策问题。二战期间，博弈论的思想和方法被运用到军事领域中，显示出了其重要作用。

1944 年，冯·纽曼(John Von Neumann)和摩根斯特恩(O.Morgenstern)合作出版了一本名为《博弈论和经济行为》的著作，在该著作中阐发了一些数学模型，提出了一些有用的概念。这本著作的出版标志着博弈论的初步建立。

20 世纪五六十年代博弈论获得了较快发展，一批著名学者如纳什、塞尔腾和海萨尼相继发表了一些产生重要影响的文章，1994 年的诺贝尔经济学奖是对他们成就的极大肯定。

(二)　博弈论的构成要素和类型

1. 博弈论的构成要素

博弈论包括下列几个要素：参与者、策略或行为、信息、支付函数和均衡。

参与者即在所定义的博弈中做出决策、承担结果的个人、团队或组织(也包括国家和国际组织)。

策略或行为指的是各参与者各自可选择的全部策略或行为的集合，即每个参与者在进行决策时可以选择的方法、做法或经济活动的水平、量值等。在不同的博弈中可供参与者选择的策略或行为的数量很不相同，即使在同一博弈中，不同参与者的可选策略或行为也常常不相同，有时只有有限的几种，甚至只有一种，有时又可能有许多种甚至是无限种。

信息指的是参与者在博弈中的知识，特别是有关其他参与者的特征和行动的知识。

支付函数是参与者从博弈中获得的效用水平，对应于各参与者的每一组可能的决策选择。博弈都有一个结果表示各参与者在该策略组合下的所得和所失，即收入、利润、损失、量化的效用、社会效用和经济福利等，可以是正值，也可以是负值或零。

均衡指所有参与者的最优策略或行为的组合。

2. 博弈论的类型

博弈的划分可以从两个角度进行。第一个角度是参与者行动的先后顺序，从这个角度看，博弈可以划分为静态博弈和动态博弈。第二个角度是参与人对有关其他参与人(对手)的特征、战略空间及支付函数的知识。从这个角度看，博弈可以划分为完全信息博弈和不完全信息博弈。

将上述两个角度的划分结合起来，就可以得到四种不同类型的博弈，即完全信息静态博弈、完全信息动态博弈、不完全信息静态博弈、不完全信息动态博弈。博弈的类型不同，博弈的均衡也将不同。

知识拓展 1-1

囚徒困境

3. 不同类型的博弈问题及其在国际商务谈判中的应用

(1) 完全信息静态博弈及其在国际商务谈判中的应用。所谓完全信息静态博弈即各博弈方同时决策，且所有博弈方对博弈中的各种情况下的得益都完全了解的博弈问题。完全信息静态博弈的例子较多，比如说因犯的两难、智猪博弈、齐威王与田忌赛马等。

通常，双方在谈判之前都会广泛地搜集情报，寻找对方的弱点，在谈判中抓住不放。谈判的结果是合同各项条款的综合，因而不能仅关注单个项目的得失。中外不少谈判人员都通过谋略的运用为自己的国家、企业和个人争得了利益和荣誉。

(2) 完全信息动态博弈及其在国际商务谈判中的应用。与静态博弈不同，动态博弈的根本特征是各博弈方不是同时，而是先后、异步进行选择或行动。由于动态博弈所研究的决策问题的参与者的行为有先后次序，且后行为者在自己行为之前能观察到此前其他参与

者的行为，这就意味着动态博弈中各博弈方在关于博弈进程的信息方面是不对称的，后行为的博弈方有更多的信息帮助自己选择行为。一般来说，这是后行为方的有利条件，因为他们可以减少决策的盲目性，有针对性地选择合理的行为。

完全信息动态博弈在国际商务谈判中有非常广泛的应用。比如，在报价阶段，谈判通常都要准备几套行为方案，先报价的一方完成报价以后，还价的一方就可以从事先准备的方案中采取有针对性的策略，而不会盲目选择。

(3) 不完全信息静态博弈及其在国际商务谈判中的应用。不完全信息静态博弈是指在博弈中至少有一个博弈方不完全清楚其他某些博弈方的得益或得益函数。国际经济贸易中的拍卖和投标就属于不完全信息静态博弈。在拍卖交易中，由于各竞拍方只知道自己对拍卖标的的估价，并不知道其他竞拍者的估价，所以每个竞拍者对其他竞拍者的得益是不知道的。在国际公开招标、投标的例子中，由于投标书都是密封递交的，每个投标方在决定各自的标价之前都无法知道其他投标者的标价。

这种类型的博弈中，拍卖的均衡结果是，每个博弈方的最佳选择是他的报价为自己对拍品估价的一半。这种决定拍卖出价的原则实际上反映了博弈方面临的一个基本矛盾，即出价越高拍中的机会越大，但得到的利益就越小，而出价越低拍得的机会就越小，但一旦拍得利益就越大，采用兼顾拍得机会和得益大小的折中方法是其最佳选择。在国际公开招标中，如果投标人数超过两人时，情况就变得比较复杂，可选择博弈论的书籍了解相应的内容。

(4) 不完全信息动态博弈及其在国际商务谈判中的应用。不完全信息动态博弈是指参与人的行动有先后顺序，且后行为者能观察到先行为者所选择的行动；每个参与人对其他所有参与人的特征、策略空间及支付函数并没有准确的认识。对买方来说，经常存在的情况是自己对想要买的商品的真正价值并无十分的把握，这就足以使买方在交易中犹豫不决了。除此之外，买方对卖方的进价更是缺乏了解，因此他无法确定什么价格是卖方真正愿意接受的最低价格，以任何价格成交都无法使其确定交易是否成功。同样，卖方有时也并不真正了解自己所销售商品的价值，比如到底应该加上多少折旧费、多少风险系数、人工费如何确定等。

七、结构论

(一) 谈判的结构理论的主要内容

谈判结构理论是研究谈判过程的理论，代表人物是马什和斯科特。英国谈判学家马什长期从事谈判策略以及谈判的数学与经济分析方法的研究。早在 20 世纪 70 年代初，他便注意到谈判过程各阶段的特点及其对谈判结果的影响。对谈判过程的深入研究使他成为"谈判结构理论"的代表人物。

微视频 1-10
结构论

马什通过对谈判结构的研究，提出了一套纵向谈判结构。他认为，一次商务谈判通常由六个阶段构成，即计划准备阶段、谈判开始阶段、谈判过渡阶段、实质性谈判阶段、交易明确阶段、谈判结束阶段。

1. 计划准备阶段

在谈判之前，应该制订一份比较周详的谈判计划，该计划应满足以下要求：体现本方的初始交易条件和在谈判过程中的变更；各阶段谈判策略的选择与调整。

制订谈判计划的方法可以遵循戴明博士的 PDCA 循环法：

P——Plan，有重点有步骤地制订出实施计划；

D——Do，依照事先的计划进行"预演"；

C——Check，将执行效果与事先的计划进行比较，找出差异，发现问题；

A——Action，总结、巩固已经取得的成就，将其典型化并加以推广。

2. 谈判开始阶段

该阶段提出交易条件或做出本方的反应。可以采取以下三种形式：提出书面的交易条件，不准备再做口头补充；提出书面的交易条件并准备再做口头补充；提出口头交易条件。

3. 谈判过渡阶段

在此阶段主要应解决以下三个问题：对谈判开始阶段的成果及教训进行回顾总结；对下一步谈判的形势进行预测并确定相应的对策；确定终止谈判或继续谈判的原则。

4. 实质性谈判阶段

在此阶段，主要要回答好以下五个问题：

(1) 谈判者怎样重新评价对方让步的条件？

(2) 时间在谈判的战略和战术上的作用如何？

(3) 如何看待并应对、运用威胁？

(4) 在什么情况下应当修正本方的谈判目标？

(5) 本阶段的调整性行动对下一阶段的行动将产生怎样的影响，约束力有多大？

5. 交易明确阶段

当出现以下情况时，谈判者可以认为是交易明确阶段已经开始形成的信号：谈判者开始用承诺性的语言阐明自己的立场；开始讨论具体成交的细节(交货期、售后服务、结算方式等)；谈判者所提建议越来越具体、明确；谈判者不再讨论交易破裂的后果。

6. 谈判结束阶段

在这一阶段，会对谈判的全过程进行一次回顾总结；做出最后让步；对协议进行起草和审定。

在整个谈判过程中，谈判者应围绕这六个相互联系的阶段进行谈判计划的制订与决策、谈判方案的选择与评估、终极目标及谈判目标的确定、谈判环境分析等。

在各阶段，谈判者应充分运用心理学、数理统计学与对策论的知识、方法，对谈判进行必要的数理分析，根据谈判计划与原则、策略的要求，通过一切可能的措施、技巧、规定等正式与非正式手段，实现谈判目标。

作为与马什同时代的英国谈判学家，斯科特曾在英国很多公司和政府机构任谈判顾问，为南非、瑞典、挪威、芬兰、澳大利亚、新西兰和新加坡等国培养了大量的业务谈判能手。他提出了横向谈判结构。这里，横向谈判是指在确定谈判所涉及的主要问题后，开始逐个讨论预先确定的问题，在某一问题上出现矛盾或分歧时，就把这一问题放在后面，讨论其他问题，如此周而复始地讨论下去，直到所有内容都谈妥为止。例如，在资金借贷谈判中，谈判内容要涉及货币、金额、利息率、贷款期限、担保、还款以及宽限期等问题，如果双方在贷款期限上不能达成一致意见，就可以把这一问题放在后面，继续讨论担保、还款等问题。当其他问题解决之后，再回过头来讨论这个问题。这种谈判方式的核心就是灵活、变通，只要有利于问题解决，经过双方协商同意，讨论的条款可以随时调整。也可以采用这种方法：把与此有关的部分一起提出来，一起讨论研究，使得所谈的问题相互之间有一个协商让步的余地，这非常有利于问题的解决。例如，贷款期不能确定，可与利率、还款及宽限期一起讨论磋商，促进问题的解决。

斯科特认为：任何一次商务谈判实际上就是一次运用谈判技巧的实践，而谈判技巧则是谈判者以心理学、管理学、社会学、经济学、政治学、法学等为指导，在长期的实践中逐渐形成的，以丰富实践经验为基础的本能行为或能力。此种本能行为将受到一定的谈判方针的规范和驱动。

（二）　谈判的过程结构理论在国际商务谈判中的应用

马什的纵向谈判和斯科特的横向谈判结构理论被广泛运用。谈判工作者们在实际工作中往往将两者结合起来，即首先按照马什的纵向结构论将谈判划分为若干个阶段，然后在各个阶段按照斯科特的横向结构论策划出基本的谈判方针，进而根据基本的谈判方针去规范和驱动各阶段的谈判。

（三）谈判的实力结构理论及其在国际商务谈判中的应用

谈判的实力结构理论是由霍普金斯大学教授威廉姆·扎特曼提出的。扎特曼认为，现有的谈判理论过于强调谈判者性格的影响。虽然谈判者的性格对谈判的过程及其结果有重要的影响，但在谈判中起决定性作用的往往是谈判的结构，尤其是谈判的实力结构，谈判的实力结构决定了谈判的形式和结果。

1. 谈判的实力结构理论的主要内容

谈判的实力结构理论主要分析了谈判双方之间的实力处在不同结构下的可能结果。实力是与时间和金钱不一致的一种要素。当然，在任何谈判中，若双方在其中一项事情的实力上是对称的，则双方都有权否决谈判协议或合同。

在前面做出让步的谈判者希望谈判对手也能够做出让步以作为回报，如若不然，他们就会有一种被欺骗的感觉，从而在最后拒绝签署谈判合同。更进一步来说，即使除了基本否决权外，谈判者的实力并不均衡，但是他们仍然希望通过互惠实现动态平衡。

由于完全公平的结果和完全平等的谈判方一样在现实中几乎不可能存在，因此，当谈判者将个别的讨价还价变为整体协商的时候，仍然会尽他们最大的努力，将讨价还价的边界推向最优的交换结果，以使他们从谈判中尽量得到最大的收益。

实际上，谈判的实力结构平等可以使双方免于纠缠立场平等问题，而把精力专注于为平等的结果创造更大的收益蛋糕。也就是说，要得到整体收益为正的结果，最重要的不是绝对平等地分配蛋糕，而是进行平等的交换。

2. 谈判力及其来源

谈判力指的是谈判者在谈判中可以借用的、能控制和影响对方的决策行为，以期达到解决问题和赢得谈判的目的的能力。谈判力是谈判者运用包括谈判环境资源、企业内部资源以及谈判者自身资源在内的各种资源的结果。

谈判力的来源有环境条件(如政治、文化、经济、社会、技术等)，组织实力(包括一个企业所拥有的资金、技术、人力资源及企业的市场地位等，企业的规模越大，意味着它可以调动的资源越多，因而就越有竞争力)和人员素质(主要是智商和情商的高低及实际谈判经验的多少，此外谈判者个人拥有的地位、声望、威信等也可以增加其谈判力)。

3. 影响相对谈判力增减的变量(非范围)

有三个变量无论在何种情况下都对谈判力的增减起着决定性的作用，即动机、依赖和替代。这三个变量与谈判力之间的关系可以用下面的公式来表示：

$$P_{(A\sim B)} = \frac{M_B \times D_{B:A}}{S_B} - \frac{M_A \times D_{A:B}}{S_A}$$

$P_{(A\sim B)}$：A 的谈判力相对于 B 的谈判力(A 为己方，B 为对方)；

M_B：由 A 所诱发的 B 的谈判动机；

M_A：由 B 所诱发的 A 的谈判动机；

$D_{A:B}$：A 为获得谈判目标而对 B 的依赖；

$D_{B:A}$：B 为获得谈判目标而对 A 的依赖；

S_A：A 为获得谈判目标所具有的替代或其他选择；

S_B：B 为获得谈判目标所具有的替代或其他选择。

(1) 动机。动机可以解释为获取利益的愿望和激励因素，谈判动机指谈判者希望通过谈判获取利益的愿望与期待。动机与谈判力的增长和下降的关系是：A 或 B 的动机↑，A 或 B 的谈判力↓。

谈判者可以使用各种方法来激发对方的愿望，使自己一方的谈判力增加。常见的方法有：诱导谈判对手和对手的支持者；向对方展示所提供条件的诱人之处；获取第三方对所提供的诱人条件的支持；限定获得所提供条件的时间。

(2) 依赖。依赖是指人们为了生存或者使自己所从事的工作有效进行而对其他人或事物持续不断的和规律性的需求。依赖与谈判力的增长和下降的关系是：A 或 B 的依赖程度越高↑，A 或 B 的力量越小↓。

增加对方依赖程度的策略有：削弱、延迟或抑制对方希望获得的服务或资源；削弱对方独立工作的能力；说服对方支持者阻止对方的行动；使对方放弃继续坚持下去的希望。

(3) 替代。替代指的是谈判一方所能寻求的其他选择方案，以及它为了降低对对方的依赖而采取的行动。替代与谈判力的增长或下降关系是：A 或 B 的替代↑，A 或 B 的力量↑。

一方获得替代的可能性增加的情况有：谈判一方具有不需要依赖对方而独自维持下去的替代选择；谈判一方有能力吸收不断升级的冲突成本；谈判一方在对方向自己的支持者施加不利影响时仍然能够独自坚持下去；谈判一方有能力使用各种支持(例如：专家意见、其他人的说服和关系以及法律的、历史的或道德的先例获得其他的出路)。

八、黑箱理论

黑箱理论包括控制论中的黑箱方法和白箱方法。

黑箱方法指通过考察系统的输入和输出关系来认识系统功能的研究方法，是探索复杂大系统的重要工具。

白箱方法指研究系统的可观性和可控性，通过定量分析找出二者之间的关系。

微视频 1-11
黑箱理论

1. 黑箱的产生

20 世纪中叶，出现了一门新兴学科——控制论。它是由美国科学家诺伯特·维纳创立的。所谓控制，就是运用某种手段，将被控制对象的活动限制在一定的范围之内，或使其按照某种特定的模式运作。

在控制论中，通常把所不知的领域或系统称为"黑箱"，而把全知道的系统称为"白箱"，介于黑箱和白箱之间或部分可察黑箱称为"灰箱"。

一般来说，在社会生活中，广泛存在着不能观测却是可以控制的黑箱问题。黑箱是我们未知的世界，也是我们要探知的世界。要解开黑箱之谜，我们不能打开黑箱，只能通过观察黑箱中的输入、输出变量，寻找、发现规律性的东西，实现对黑箱的控制。

2. 白箱

白箱对于我们来说是已知的世界，所以可以对输入、输出事先确定变数及相互关系，当对系统结构有了深刻的认识时，就可以把这种结构关系以确切的形式表现出来，这就是"白箱"网络。

运用白箱网络来分析谈判，就可以通过已知的系统，将非常不确定的情况加以约束，从而更好地控制谈判局势(见图 1-1)。

3. 灰箱

通常，现实世界的绝大多数问题都是"灰箱"问题，谈判也是如此。

在我们的认识中，对于某个系统已经有了局部的了解，而对于其他方面则是未知的。这就需要我们充分运用已有的知识，探求这个系统过去的历史，尝试用多种方法去掌握它的内部状态。

例如，当我们就一项交易与对方讨价还价时，对方说让利 8%就已经是其极限了。那么，我们是相信还是拒绝呢？这就要根据已知进行判断，破解他的 8%的"灰箱"。

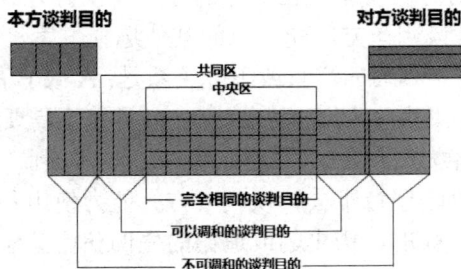

图 1-1　谈判双方的"白箱"网络

第四节　国际商务谈判的基本原则

　　国际商务谈判的基本原则是指在国际商务谈判过程中谈判各方都必须遵守的基本准则和规范，是谈判各方必须坚守的基本底线。充分了解和把握这些原则有助于在谈判中恰如其分地运用谈判的策略和技巧，既尊重和维护对方的尊严和权益，同时也使自己的权益和尊严得到尊重和维护，使谈判顺利进行，达到谈判的目的。

微视频 1-12
国际商务谈判
的基本原则 1

1. 地位平等原则

　　在商务活动中，双方是为了满足各自的利益才坐到一起进行磋商的，没有平等的地位就不可能有真正意义上的谈判。因此，平等原则是参与国际商务谈判的前提条件。这里所说的平等是指谈判双方在法律地位上的一律平等。

　　(1) 谈判桌前无大小。在国际商务谈判中，虽然谈判各方规模有大小、实力有强弱，但在法律地位上都是平等的。当事人均应相互尊重，切忌歧视或轻视谈判对手。

　　因此，在国际商务谈判中，无论谈判各方经济实力相差多么悬殊，组织规模相差多么巨大，只要肯坐下来谈判，其地位都是平等的，这就是所谓的相互平等规则。

　　(2) 谈判各方具有同等的选择权。地位平等原则还表现为谈判当事人对于交易内容及交易条件有同等的选择权。这种权利只有通过平等对话、协商一致才能达成共识，共同遵守。不可否认，在谈判实践中也会出现实力强的一方妥协少，实力弱的一方让步多的情况。

　　(3) 谁都拥有否决权。在国际商务谈判中，不存在一方绝对说了算或少数服从多数的情况。谈判过程中，各方都拥有对谈判条款的否决权，只要一方不想合作，交易便无法达成。正是这种各方均拥有的否决权，使谈判各方处于相对平等的地位。

　　在国际商务谈判中，各方的利益、观念、行为方式会有很大差异，在一些问题上存在巨大分歧，甚至爆发激烈争论亦不足为奇。只有遵循平等自愿的游戏规则，任何一方不可违背对方意愿或把自己的意志强加于人，遇到问题以协商的方式予以解决，谈判才可能取得成功。

2. 互惠互利原则

　　国际商务谈判的最终目的是为了满足跨国商务活动主体的各自利益。在谈判中，不是竞赛，不能一方胜利一方失败，或是一方得利一方亏本。因此，应寻找适当机会让对方明白并能充分考虑己方的利益。与此同时，也必须尽快摸清并关注对方的利益。只有将彼此的利益都考虑到谈判的方案中，找出妥善的解决方法，才可能取得双赢或多赢的谈判结果。这个原则就是人们常说的互惠互利。

　　(1) 寻找共同目标。在国际商务谈判中，往往各方的利益诉求差异很大。面对谈判双方的利益冲突，谈判者应重视并设法找出双方的共同目标，在此基础上应用一些双方都认可的方法来寻求最大利益的实现。每个谈判都有潜在的共同目标，这就意味着商业机会，强调共同目标可以使谈判更顺利。

(2) 摈弃细枝末节。商务谈判是为了谋求利益的一致而进行的协商行为。既然各方愿意坐在一起进行谈判，就说明在相同的事物上均有利益诉求；既然要反复磋商，也说明各自有着不同的利益诉求。在谈判中，各方应把握大的目标原则一致性，对于细枝末节的分歧和不同意见，在不影响大目标实现的前提下，可以适当保留，即为了实现"大同"，容许将不符合自己利益的"小异"存在于谈判协议之中。例如，某中外合资企业在谈判引进一款高档轿车生产技术时，外方希望整体引进，而中方出于降低成本的考虑，提出减少若干高端配置，如卫星导航、电动按摩椅、自动泊车系统等，并加长车身，这显然有违外方希望的"纯血统"要求。但外方考虑到，应当先"求"将该品牌车型布局中国这个"大同"，暂存"减配、加长"这些细枝末节的"异"，双方最终达成共识。

(3) 善于适当妥协。无论是原本利益诉求相差巨大的谈判，还是彼此出于谈判策略的考虑，有意虚晃几枪，都要经过一次次既争取又让步的求同过程。这种求同过程实际上是谈判各方不断妥协的过程。唯有通过妥协，才能消除分歧。有道是"必要的妥协是谈判成功之母，求同存异是打破谈判僵局之舟。"当然，谈判中的妥协并非一味地让步。守住己方的谈判底线(当然，这种底线亦是可以适当调整的)，围绕主要目标，适当放弃一些次要的利益，这种妥协是必要的，也是必须的。因此，有人认为，谈判的过程就是妥协的过程，只不过要事先部署哪些问题可以让步并要把握好妥协的时机，避免无谓的"牺牲"。

3. 诚实信用原则

常言道"人无信不立"，诚信不仅是我们安身立命之本，也是国际商务谈判顺利进行和实现双方长远利益的基础。如果是一个眼光长远、追求卓越的商人，做的不是一锤子买卖，那就必须以诚信为本。

微视频 1-13
国际商务谈判
的基本原则 2

(1) 以诚信换取对方的诚信。在国际商务谈判中讲诚信，绝非原原本本地把本方的谈判方案和底线告诉对方，而是一方面把自己的情况实事求是地告诉对方，不做浮夸和隐瞒，让对方充分了解自己的诚意和真实情况；另一方面也要坦率告知对方自己希望了解的情况，让对方了解你的真实意图和诉求。而不能双方都故弄玄虚，搞"捉迷藏"把戏。当然必要的策略和技巧也是要讲究的。

(2) 以诚信加深信任。在国际商务谈判中，双方在很多时候可能是陌生的，而且各有自己的利益和诉求，相互戒备、提防在所难免，因此如何打破这种戒备、提防，使双方成为相互信任的合作伙伴就成了商务谈判中需要首先破解的一个命题。讲求诚实守信的另一个作用，就是以诚挚的态度，化解对方的心理障碍，打消对方的疑虑，为谈判奠定相互信任的基础。"小胜凭智，中胜凭略，大胜凭德"。如果要想与对方建立持久、牢固和稳定的商务关系，就必须以德服人。靠要小聪明或许能得逞一时，但却会失去别人的信任，损坏自己在圈子内的口碑，最终吃亏的还是自己。

(3) 把握对方诚信度。商务谈判遵循诚信规则，与谈判中运用策略和技巧并不矛盾。二者的关系好比战略方针与战术手段。当然，讲诚信是谈判各方都必须具备的谈判的基础，在人格上应彼此尊重对方，赢得对方的信赖。如果一方讲诚信，另一方不讲诚信，始终让对方揣摩不定其真实意图，甚至总是出尔反尔，就会让人怀疑其谈判诚意，其人格也会打折扣。因此，在谈判中应尽快把握对方的谈判诚意和可信程度，根据对方的诚信度来制定

自己的对策，避免误入对方的圈套。还要注意不同国家的谈判对手有着不同的谈判风格及性格差异，这些都有可能会影响对方诚信度的判断。因此，要凭积累的经验和常识，剔除这些干扰因素，以免造成不必要的误会。

4. 据理力争原则

(1) 言之有据，以理服人。在国际商务谈判中，不管是否有地主之利，也不管公司实力如何，要想在谈判中维护自己的利益，消除对方的疑虑，反驳对方的异议，掌握谈判的主动权，都应当摆出事实依据，做到言之有据，以理服人。比如，在某些谈判中，如果一方单纯强调自己的产品质量有多好，往往会使人产生"王婆卖瓜，自卖自夸"的反感，还不如举出对方国家该行业中的领军人物采购自己产品后获利的事实，以证明本方产品的质量和销路。

(2) 引入客观标准。在商务谈判中由于双方难免产生分歧，而使谈判陷入僵局。这种分歧可能出于双方的情绪情感，也可能是各自使用自己认为的标准互不相让。当谈判各方对某一具体数据争执不休时，应当考虑引入彼此都能接受的客观标准，如国际市场价格、行业标准、国际惯例和通常的做法等。但这些标准必须符合以下三个要求：①具有科学性和权威性；②具有合法性和可操作性；③具有独立于谈判各方主观意志之外的客观性。

只有具备这三个标准才更便于双方的接受和认可。如果双方无法达成共识，也可以寻找一个公正、权威且双方都认可和接受的第三方机构来推荐一个标准。当然，不同的谈判主题和具体的谈判条款，有着不同的客观标准，考虑的因素也各不相同。但是谈判双方应积极地根据谈判内容中双方争议的焦点来寻找这样的标准，以保证谈判的继续进行。

第五节　影响国际商务谈判的因素

在国际商务谈判中，值得谈判者注意的因素总体来说有三方面：环境因素、心理因素和思维因素。其中，环境因素属于客观因素，心理因素和思维因素属于主观因素。

微视频 1-14
影响国际商务谈
判的客观因素 1

一、影响国际商务谈判的客观因素及其应对措施

国际商务谈判是在特定的社会环境中进行的，政治因素、经济因素、法律制度因素、商业习惯因素和宗教信仰因素等都会直接或间接影响谈判。

1. 政治因素

政治环境的变化，通常会对谈判的内容、进程乃至协议的履行产生重要影响。因此，在国际商务谈判中，优秀的谈判者都非常重视对政治环境的分析，特别是会对国际形势、谈判对手国家的政局以及政府之间的双边乃至多边关系等方面的现状及变化趋势进行较为深入的分析，以确保谈判可以顺利进行。

(1) 国家对企业的管理程度。国家对企业的管理体现为对企业经营领域的限定，对企

业生产规模的限定，对企业社会责任的限定，对企业成立、破产的规定。

国家对企业的管理程度会影响参加谈判的企业自主权的大小。如果国家对企业管理程度较高，那么政府就会干预或限定谈判内容及谈判过程，关键性问题可能要由政府部门的人员做出决定；反之，如果国家对企业的管理程度较低，企业有较大的自主权，那么企业人员就可以自主决定谈判的内容、目标，关键性问题就可以自主敲定。

(2) 经济的运行机制。经济运行机制是指市场机体内诸因素相互联系、相互制约、调节市场系统运行和企业经营活动的过程与方式的总称。这些影响因素有商品价格、供求状况、货币流通量等。经济运行机制包括价格机制、供求机制、信贷利率机制、竞争机制等。

(3) 谈判项目与政治之间的联系。国际商务谈判通常是出于纯商业目的的，但有时可能会受到政治因素的影响，如政府或政党以政治目的参与到谈判中，政治因素将影响甚至决定谈判的结果，而商业因素或技术因素要让步于政治因素。涉及关系国家大局的重要贸易项目以及影响两国外交的、敏感性很强的贸易往来时，都会受到政治因素的影响。尤其是集权程度较高的国家，领导人的权力将会制约谈判结果。

(4) 政局稳定性。国家政局的稳定性对谈判有重要的影响。一般情况下，如果政局发生变动或者爆发战争，都将使谈判被迫中止或使已达成的协议变成一张废纸，不能履行合同，造成多方面的损失。

(5) 买卖双方政府之间的政治关系。如果两国政府关系友好，那么合作双方的商务活动是受欢迎的，谈判将是顺利的；如果两国政府存在敌对矛盾，那么双方的商务活动会受到政府的干预甚至被禁止，谈判中的障碍会有很多。

(6) 对手将间谍手段运用到商务谈判中的情况。在国内外市场竞争较为激烈的今天，有些国家和公司在商务谈判中可能会采取一些间谍手段，如在客人房间安装窃听器、偷听电话、偷录谈话内容或者用各种利害关系来诬陷某人等。谈判人员应该提高警惕，防止对方采用各种手段窃取信息，设置陷阱，造成己方陷入被动的局面。

2. 经济因素

经济因素是影响国际商务谈判的另一重要环境要素。由于国际商务谈判发生在不同国家之间，各国的经济环境又各不相同，因此，谈判者应时刻关注谈判对手所在国家的经济形势的变化，对与谈判内容有关的经济形势的变化及时进行深入了解，对这些变化可能会对当次谈判所产生的影响进行评估，并且根据评估的结果来调整谈判计划，以降低己方的风险。

(1) 外汇储备情况。如果该国外汇储备较多，则说明该国有较强的对外支付能力；如果外汇储备较少，则说明对外支付可能会出现困难。

(2) 外债情况。如果该国外债过高，就有可能因为外债紧张而无法支付交易的款项，必然使国际商务谈判的成果不能顺利实现。

(3) 货币是否可自由兑换。如果交易双方国家之间的货币不能自由兑换，就会涉及如何完成兑换、受到哪些限制等问题。汇率变动也会给双方带来一定风险，这也是需要认真考虑和协商的。

(4) 在国际支付方面的信誉。了解该国在国际支付方面的情况也是必要的。如果对方信誉不佳，就要考虑用何种手段控制对方，以免延误支付。

(5) 取得外汇付款是否方便。取得外汇付款的方便程度会涉及商务交易中支付能否顺利实现以及怎样避免不必要的障碍等问题。

(6) 适用的税法。该国根据什么法规进行征税？该国是否签订避免双重征税的协议？如果签订过，是与哪些国家签订的？这些问题都会直接影响支付双方最终实际获利多少。

(7) 公司在当地赚取的利润是否可汇出境外。弄清楚这个问题，可以使交易双方的资产形成跨国间的顺利流动，保证双方经济利益不受损害。

一般来说，对经济环境的分析不仅要包括国家的基础设施建设等基本指标，还要考虑经济周期、国际收支与国际贸易政策、金融政策等指标。

3. 法律制度因素

(1) 该国的法律制度。确定该国的法律制度所依据的法律体系是英美法、大陆法还是自己制定的。

(2) 法律的执行情况。法律的执行情况将直接影响谈判成果能否受到保护。现实中，有些国家因为本身制度不健全而出现无法可依的情况；有些国家有法可依，但在执行过程中不完全依法办事，而是取决于当权者，即与当权者的关系将直接影响法律制度的执行。有法可依，执法严格，将有利于谈判按照法律原则和程序进行，也将保证谈判各方的利益不会受到任意侵犯。

(3) 该国法院受理案件的时间长短。法院受理案件的时间长短直接影响谈判双方的经济利益。这关系到双方在交易过程中以及合同履行过程中因出现问题且不能进行协商解决而诉诸法院时，是否可以得到及时解决。

(4) 该国执行国外法律仲裁判决的程序。国际商务谈判活动必然会涉及两国法律的适用问题，必须清楚该国执行国外法律仲裁判决的条件和程序，也要清楚在某一国家裁决的纠纷在对方国家是否具有同等法律效力，如不具有同等法律效力，需要怎样的条件和程序才能生效。

(5) 该国法院与司法部门是否独立。目前，许多发达国家都实行三权分立政策，法院与司法部门是各自独立的，不受行政的影响。

(6) 该国当地是否有可以信任的律师。如果必须在当地聘请律师，一定要考虑能否聘请到公正、可靠的律师。因为律师在国际商务谈判过程中始终发挥着重要的参谋和辩护作用。

(7) 如何协调国际商务活动中合同、法律与国际惯例三者之间的关系。国际商务宏观法律环境：国际商法指处理国际商务关系的一般准则，包括有关国家的法律、有关的国际条约和公约、有关的国际贸易惯例；国内法指中国涉外商务法律准则 —— 《中华人民共和国涉外经济合同法》。

凡在依法成立的合同中明确规定的事项，应当按照合同规定办理。对于合同中没有明确规定的事项，应当按照有关的法律或国际条约的规定来处理。对于合同和法律中都没有明确规定的事项，则应当按照有关的国际惯例的规定来处理。

通过谈判达成的协议通常会以合同的形式加以确认，只有符合法律约定的合同才能受到法律的保护。由于国际商务谈判的合同通常会涉及不同国家的法律问题，因此，谈判者在谈判前必须对与谈判内容有关的本国的、对方国的、国际的各项法律规则进行了解，并就各项法律规则有可能对当次谈判产生的影响进行分析，以保证最终合同中的各项条款可以符合谈判双方国家的法律约定，避免给合同的履行带来不必要的麻烦。

4. 商业习惯因素

(1) 该国企业的经营制度。要清楚该国有没有真正的权威代表。例如，阿拉伯国家的公司大多是由公司负责人说了算，而日本企业的决策必须经过各级人员相互沟通、共同参与，达成一致意见后再由高级主管拍板。谈判对手所在国企业的这种决策程序是首先应该了解的商业习惯。

微视频 1-15
影响国际商务谈
判的客观因素 2

(2) 是不是做任何事情都必须见诸文字。有些国家必须以合同文字为准，只有文字协议才具有约束力；另一些国家有时以个人信誉和口头承诺为准。

(3) 律师的作用。要清楚在谈判和签约过程中，律师等专业顾问是像美国一样始终出场，负责审核合同的合法性并签字，还是仅仅起到一种附属作用。

(4) 谈判人员的职权。正式的谈判会见场合，要清楚双方领导及陪同人员的讲话次序，其他陪同出席的成员是否只有当问到具体问题时才能讲话。如果是这样，那么谈判成员的职权不是很大，领导人的意志对谈判会产生较大影响。

(5) 该国有没有工业间谍活动。要清楚该国有没有工业间谍活动，如果有，应该妥善保管机要文件以免谈判机密被对方窃取。

(6) 在商务往来中是否有贿赂现象。大部分国家坚决反对通过贿赂做生意，行贿和受贿都是违法的。但是有一些国家认为交易中的行贿、受贿是正常现象，是交易的润滑剂，不行贿就难以成交。因此，我们应该清楚对方这方面的商业做法，以便采取对策。调查这些问题的目的在于防止不正当的贿赂使己方陷入圈套而使公司利益蒙受损失。

(7) 一个项目是否同时与多家公司谈判。如果一个项目可以同时与多家公司谈判，那么就可以选择最优惠的条件达成协议，谈判的选择余地就大得多。如果能够抓住保证交易成功的关键因素，就可以在达成交易条件下寻找最佳合作伙伴。

(8) 业务谈判常用的语种。谈判语言在谈判中是非常关键的，要争取使用双方都熟悉的语言进行谈判，翻译一定要可靠。合同文件如果使用谈判双方的两种语言文字，应该具有同等法律效力。为了防止争议，也可使用第三国文字来签约，这对双方来讲都是公平的。

5. 宗教信仰因素

(1) 该国家占主导地位的宗教信仰。世界上有多种宗教信仰，如基督教、伊斯兰教、天主教、佛教、东正教等。宗教信仰对人们的道德观、价值观、行为方式等都会产生直接的影响。首先要清楚该国家或地区占主导地位的宗教信仰是什么，其次研究这种占主导地位的宗教信仰对谈判者的思想、行为产生哪些影响，进而制定合适的谈判策略并采用一定的谈判方针与技巧。

(2) 该主导宗教信仰是否会对下列事务产生重大影响。

① 政治事务。该国政府的施政方针、政治形势、民主权利等政治事务是否受该国宗教的影响。

② 法律制度。有些受宗教影响很大的国家，其法律制度的制定必须依据宗教教义。

人们的行为能否得到认可，要看是否符合该国宗教的精神，如信奉伊斯兰教的国家。

③ 国别政策。由于宗教信仰不同，一些国家在对外贸易中实行国别政策，对于与自己国家宗教信仰相同的国家施行优惠政策，对与自己国家宗教信仰不同的国家，尤其是有宗教歧视和冲突的国家施加种种限制和刁难。

④ 社会交往与个人行为。宗教信仰对社会交往的规范、方式、范围都有一定的影响；对个人的社会工作、社交活动、言行举止也有这样或那样的鼓励或限制。这些都会对谈判者的思维、价值取向、行为方式造成影响。

⑤ 节假日与工作时间。不同宗教信仰的国家都有自己的宗教节日和活动，谈判日期不应与该国家的宗教节日、礼拜日等相冲突，应该尊重对方的宗教习惯。

⑥ 社会风俗因素。谈判者必须了解和尊重该国、该地区的社会风俗习惯。不同地区有不同的社会风俗，它们会自然或不自然地影响业务洽谈活动。要善于利用这些社会风俗为己方服务。例如，该国家或该地区的人们在称呼和衣着方面的社会规范标准是什么？是不是只能在工作时间谈业务？在业余时间和娱乐活动中是否也能谈业务？社交场合配偶是否陪伴出席？社交款待和娱乐活动通常在哪里举行？赠送礼物有哪些习俗？当地人在大庭广众之下是否愿意接受别人的批评？人们如何看待荣誉、名声？当地人在公开谈话时不喜欢哪些话题？女性是否参与经营业务？这些社会风俗都会对人们的行为产生影响和约束力，因此有必要了解清楚。

二、影响国际商务谈判的心理因素及其应对措施

1. 个体心理

(1) 个性。个性是人的心理特征和品质的总和，通常表现为人的性格、能力和素质等。人的个性在一定程度上会影响和制约人的言行。

(2) 情绪。心理学认为，情绪是一种体验，该种体验是人们对客观事物看法的一种本能反应，常见的喜、怒、哀、乐等行为便是这样的体验。情绪具有两面性，即肯定性的体验和否定性的体验同时并存。能够满足一个人需求的言行或事物，通常会引起该人肯定性质的体验——喜与乐；当一个人的需求不能得到满足时，很可能会引起其否定性质的体验——怒与哀。另外，人的情绪还具有明显的两极性，即积极的情绪与消极的情绪同时并存。一般来说，积极的情绪会起到提高人们的活动能力和思维能力的作用，而消极的情绪则会降低人们的活动能力和思维能力。

微视频 1-16
影响国际商务谈判
的主观因素

(3) 态度。所谓态度，是指人们将其在心理上对其接触的客观事物所持有的看法以各种不同的行为方式表现出来的状态。根据定义，态度包含了心理成分和行为动作两层含意。一个人对一件事物的态度会导致他在对相关事物进行评判时带有倾向性(即心理学上所说的定势作用)，这将直接影响到他对与该事物相关的一系列事物的评判结果。从这一角度上讲，一个人的态度对他的行为会产生指导和推动作用。

(4) 印象。所谓印象，是指与人接触的客观事物在其头脑中形成的感性认识。印象可分为最初印象和后续印象，其中，由于最初的印象(也称第一印象)可以对后续印象产生极大的影响，因此，在商务谈判中给对手良好的最初印象非常重要。

(5) 知觉。所谓知觉，是指人的大脑对直接作用于感觉器官的人或事物的整体反映。当某人的知觉与其所接触的客观事物一致时，表明该人对其所接触到的客观事物的认识是全面的。一个人的知觉通常都会受其知识、技能、需求、客观环境和主观心理素质等因素的制约。因此，不同的人对同一客观事物会有不同的知觉，即使是同一个人也不能做到对任何客观事物都有全面的认识。

2. 群体心理

所谓群体，是指由两个以上的个体构成的组合体，群体中各成员遵守共同的规范，为实现共同的目标而相互联系、影响和配合。群体介于组织与个体之间，若是人的组合体即为人群。

根据群体的概念，人群应该具有下列特征：由两人以上组成，有着共同目标，有严明的纪律约束。

谈判小组作为一个群体应具有以下几个特点。第一，作为群体，谈判小组必须要有两个或以上的成员，一般人数不多，属于小群体。第二，谈判小组属于正式组织。第三，以顺利完成谈判为终极目标。第四，群体成员之间联系密切。第五，群体内部有着严明的纪律约束。

此外，还应注意群体效能的影响。所谓群体效能，主要是指群体的工作效率和工作效益。群体并非个体的简单组合，因此，群体效能也并不是成员个体效能的简单相加，它既可能远大于个体效能之和，也存在远小于个体效能之和的可能性。一般来说，在谈判中影响群体效能的因素主要有群体成员的素质、群体成员的结构、群体规范、群体的决策方式和群体内的人际关系。

在谈判过程中，如果能够有效地调动群体内部各成员的积极性，使他们在工作中取长补短、密切配合，那么群体效能将会大于各个体效能的简单累积；相反，则会由于内耗而使群体效能小于各个体效能之和。力争使谈判小组的群体效能实现最大化是每一个谈判负责人的应尽职责。为此须做好如下工作：合理配备小组成员，灵活选择小组的决策程序，建立科学有效的激励约束机制，理顺小组内部的信息交流渠道。

三、影响国际商务谈判的思维因素及其应对措施

1. 思维的含义

所谓思维，是指人们对客观事物进行认识、分析、判断与处理的本能反应，属于主观心理因素这一范畴。主要的思维方法有比较法、抽象法、概括法、分解分析法、综合分析法、演绎法与归纳法等。每种方法都各有各的特点，如何恰当运用这些方法在国际商务谈判中具有重要作用。

2. 商务谈判的谋略思维——逻辑

逻辑在谈判中的作用包含以下几点：逻辑贯穿整个谈判过程 —— 保持思维和表达的确定性、一贯性、明确性和论证性；谈判中的推测、判断依赖于逻辑，运用逻辑进行科学的推理与判断；逻辑是谈判中辩论的工具，说服力是通过确切的概念、合乎逻辑的推理和恰当的判断来实现的。

谈判应遵循的逻辑准则包括：确定性准则——思维和表达的意义必须是明确的、确定的(前提、推理形式)；不矛盾性准则——思维和表达的意义必须是一致的；充足理由准则——谈判中的推断、论证必须具有充足的理由。

国际商务谈判是在一定的客观环境条件之下进行的，因此，多种客观环境因素都可能对谈判产生影响和作用；同时，谈判是一个集实力较量、技巧较量、心理较量于一体的过程，因此，还会受到谈判人员自身的心理活动和心理特点的影响；另外，谈判还会受到谈判者的思维的影响。

本 章 总 结

国际商务谈判是来自不同的国家和地区的贸易主体之间为了达到自己的目的，实现自己的利益，就交易的各项条件进行沟通、协调和磋商，实现交易的商务谈判的行为和过程。

国际商务谈判具有国际性、跨文化性、复杂性、政策性、困难性等特征。国际商务谈判是由谈判主体、谈判客体、谈判目的、谈判行为、谈判环境、谈判结果等六个要素构成的。在国际商务谈判中根据不同的标准可以把谈判划分为不同的类型。在谈判中能够结合行为学理论、心理学理论、需要理论、三方针理论、博弈论、结构论、黑箱理论等指导谈判。在谈判中要使自己的权益和尊严得到尊重和维护，并使谈判顺利进行，达到自己谈判的目的必须遵守地位平等原则、互惠互利原则、诚实信用原则、据理力争原则。影响国际商务谈判的因素包括主观因素和客观因素两个层面。

知 识 强 化 训 练

一、重点概念题

1. 国际商务谈判　　2. 商务谈判原则　　3. 国际商务谈判原则
4. 原则式谈判　　5. 黑箱方法　　6. 谈判结构论

二、单项选择题

1. 国际商务谈判中常见的谈判类型是(　　)。
A. 客座谈判　　　　　　　　　　B. 小组谈判
C. "一对一"谈判　　　　　　　　D. 大型谈判

2. 谈判的核心是(　　)。
A. 说服对方接受自己的观点或做法，实现自己的利益
B. 信息交换与信息共享
C. 谈判的结果具有法律后果
D. 主体地位平等，利益互惠

3. 适用于国际大宗商品或成套项目买卖的谈判是(　　)。
A. 主座谈判　　　　　　　　　　B. 客座谈判
C. 主客座轮流谈判　　　　　　　D. 第三地谈判

4. 国际商务谈判的最大特点是(　　　)。

A. 政策性　　　　　　　　　　　　B. 跨文化性

C. 国际性　　　　　　　　　　　　D. 复杂性

5. 参与国际商务谈判的前提条件是(　　　)。

A. 诚实信用　　　　　　　　　　　B. 据理力争

C. 求同存异　　　　　　　　　　　D. 平等互利

6. 商务谈判的核心议题是(　　　)。

A. 获得经济利益　　　　　　　　　B. 价格

C. 互惠互利、双赢　　　　　　　　D. 当事人进行协商调整、妥协让步

7. 在商务谈判中双方平等协商、以诚相待、客观公正、互谅互让、力求双赢，最终实现互惠合作的谈判方式是(　　　)。

A. 软式谈判　　　　　　　　　　　B. 硬式谈判

C. 原则式谈判　　　　　　　　　　D. 软式和硬式相结合的谈判

8. 以下属于影响国际商务谈判主观因素的是(　　　)。

A. 政治因素　　　　　　　　　　　B. 法律制度因素

C. 心理因素　　　　　　　　　　　D. 经济因素

三、多项选择题

1. 谈判的特点有(　　　)。

A. 谈判的互惠性　　　　　　　　　B. 谈判的跨文化性

C. 谈判的协商性　　　　　　　　　D. 谈判的目的性

E. 谈判的政策性

2. 国际商务谈判的特征有(　　　)。

A. 国际性　　　　　　　　　　　　B. 跨文化性

C. 复杂性　　　　　　　　　　　　D. 困难性

E. 政策性

3. 在国际商务谈判中引入的客观标准必须符合的要求是(　　　)。

A. 必须符合国际惯例

B. 具有科学性和权威性

C. 具有合法性和可操作性

D. 必须符合谈判方所在国的技术标准

E. 具有独立于谈判各方主观意志之外的客观性

4. 国际商务谈判按谈判形式分为(　　　)。

A. "一对一"谈判　　　　　　　　　B. 小组谈判

C. 买方谈判　　　　　　　　　　　D. 大型谈判

E. 卖方谈判

5. 在国际商务谈判中要把握互惠互利原则，必须注意(　　　)。

A. 寻找共同目标事项　　　　　　　B. 摒弃细枝末节

C. 引入客观标准　　　　　　　　　D. 言之有据，以理服人

E. 善于适当妥协

6. 国际商务谈判的构成要素有(　　)。

A. 谈判主体　　　　　　　　　　　　B. 谈判客体

C. 谈判目的　　　　　　　　　　　　D. 谈判磋商

E. 谈判结果

7. 三方针理论包含的内容有(　　)。

A. 求同存异　　　　　　　　　　　　B. 谋求一致

C. 委曲求全　　　　　　　　　　　　D. 皆大欢喜

E. 以战取胜

8. 商业习惯因素包括(　　)。

A. 该国企业的经营制度　　　　　　　B. 是不是任何事情都必须见诸文字

C. 律师的作用　　　　　　　　　　　D. 谈判人员的职权

E. 业务谈判常用的语种

四、简答题

1. 简述商务谈判的类型，请举例说明。

2. 简述国际商务谈判的特征。

3. 简述博弈论的基本内容，如何在国际商务谈判中应用博弈论，请举例说明。

4. 影响国际商务谈判的因素有哪些？如何避免不良因素对国际商务谈判的影响？

5. 简述国际商务谈判的基本原则。

五、案例分析题

1. 班加罗尔的里拉皇宫大饭店

随着印度作为经济大国快速崛起，全球各大计算机软件公司纷纷前往投资建厂，设立研发机构。印度南部的班加罗尔市，凭借其便利的交通条件、高素质人才的聚集和良好的人文环境，吸引了大批世界一流的信息技术公司来此发展，班加罗尔也因此成为著名的"印度硅谷"。然而，在人口约 700 万的这座城市里，酒店客房数量仅为 2700 间，这与人口为 1270 万的日本东京(约有 8.7 万间酒店客房)相比，人口与酒店客房之比竟相差 17.8 倍。由于每年有近百万的商务游客光临班加罗尔，酒店客房根本供不应求，费用连年暴涨，班加罗尔也因此成为"全球酒店费用最高的城市"。当地最高级的里拉皇宫大饭店每晚的费用高达 390～480 美元，其 250 余间客房的年均入住率逾 90%。

为了争夺极度稀缺的酒店客房资源，美国 IBM 等 100 多家跨国公司与里拉皇宫大饭店签订了"每年优先使用 1500～2000 个客房日"的合同。IBM 公司每年秋季都会与该酒店进行有关下一年度用房数最初价格的谈判。在这种例行谈判中，IBM 公司的谈判小组总是反客为主地先提出一份年度用房清单，并且细化到每个月可能用房的数量变化，希望酒店方面能予以满足。里拉皇宫大饭店的谈判小组通常会对 IBM 的方案提出自己的修正意见，强调其他上百家客户也要求保证他们的用房数量，有些公司甚至愿意出高出标准房价一倍的价钱预先订房，因此很难完全满足 IBM 的要求。不过，考虑到 IBM 是酒店最大的客户，又有长期合作的历史，里拉皇宫大酒店答应，会尽最大可能满足 IBM 公司的要求。

不过，为此，双方需签一份年度用房合同，确定一个合理的用房数量和房价调升幅度，而且，无论这个额度是否用足，IBM 都必须全数买单，如果超过额定用房，将不享受优惠价；低于额度用房，酒店方面有权在下一年度适当缩减额度。

IBM 的谈判代表向里拉皇宫饭店方面强调，必须确保每位来印度出差的 IBM 公司行政和工程技术人员随时有优惠的房间使用，这对公司经营非常重要，因为这关系到 IBM 在班加罗尔的发展。酒店代表则表明，他们很看重 IBM 这个大客户，希望能发展与 IBM 的长期合作关系，但在没有新酒店推出的情况下，他们只能用年度指标的方式，以价格杠杆原理来合理分配房间额度，以便既确保自己的利益，又能最大限度地满足重点客户的需求。由此可见，IBM 既要确保房间数量，又希望保持原先的优惠折扣。酒店方面则认为，IBM 是有实力的大公司，唯有付出合适的代价，才能确保得到希望的房间数。通过几轮谈判，IBM 公司的谈判代表同意适当提高规定数量房间的房费，但要确保随时能拿到房间。酒店方面也意识到，既不能漫天要价得罪了这个大客户，又不能太顺从对手而失去本该得到的超额利润，于是也同意会尽力"特殊关照"IBM 这个重要客人的临时房间需求。双方最终签署了一份体现双赢的合约。

问题： 世界著名的 IBM 公司与班加罗尔里拉皇宫大酒店的谈判采取的是什么方式？双方处在怎样的地位？双方是如何把握双赢原则的？

2. 澳大利亚的草籽谈判

澳大利亚某草籽公司得知中国正在致力于环保建设工程，其中包括绿色工程。在该工程的项目中，让城市绿起来的计划占了很大一部分。于是，该公司派遣了一位与中国某进出口公司副总经理很熟的经理——托尼先生，来华推销其草籽。经过谈判，托尼先生成功地推销了 10 吨速生草坪用草籽，5 吨足球场用草皮的草籽。由于中方急需草籽，且竞争的新西兰客户没有澳大利亚公司的产量大，草籽质量高，中方虽欲用"货比三家"的策略来压澳方，但由于托尼先生是老朋友，又提供了优质产品，最终合同按托尼先生的条件成交。

问题： 中方进行的谈判属于什么类型的谈判？托尼先生进行的谈判又属于什么类型？

实 践 技 能 训 练

训练项目　商务谈判的种类和原则实训

1. 实训目的

(1) 进一步强化学生对国际商务谈判中谈判的要素、类型和谈判的原则等知识要点的理解和认识。

(2) 使学生更加准确地把握国际商务谈判的要素、类型和原则，初步掌握和观摩这些知识要点的运用。

(3) 培养和锻炼学生的分析能力、观察能力、组织能力和语言文字的表达能力。

2. 实训要求

(1) 在课上 1～2 个课时，课下 2～4 个课时。

(2) 要求每个小组去现场或利用网络资源观摩一个商务谈判，每个同学根据要求完成相应的工作。

3. 实训内容

(1) 根据班级人数把学生分组，每组以 3～5 人为宜。

(2) 每组学生自己去现实中观摩一个真实的商务谈判或从网上寻找一个商务谈判的案例，对其中商务谈判的过程进行分析，指出其中的商务谈判的要素构成、类型和运用的基本原则，并分析其利弊得失。

(3) 每个同学根据自己的观摩情况和分析写出观摩报告，老师做批改并选取好的或在某一方面有可取之处的报告向班级推荐并请其作者做中心发言，其他同学随后指出报告中的不足并提出建议，老师做好点评。

4. 实训考核

表 1-1　实训项目考核表

考核内容	分　数	得　分
态度是否端正	10	
发言是否积极	10	
语言是否流畅	20	
观点是否正确	20	
创新是否突出	20	
知识把握是否准确	20	
合　　计	100	

第二章　国际商务谈判的内容

【学习目标】

1. 知识目标

(1) 熟悉国际商务谈判的内容。

(2) 掌握商品贸易谈判中商品的品质、数量、价格、包装、运输、商品检验等谈判内容的要点和关键。

(3) 了解投资谈判、技术贸易谈判、租赁业务谈判、服务项目谈判的主要内容和要注意的问题。

2. 能力目标

(1) 能够以某种产品为例，完成整个谈判内容的各个环节。

(2) 能够在各个环节的谈判中，取得令谈判双方满意的效果。

(3) 能够及时、有效地正确处理在谈判各个环节中遇到的问题。

3. 素质目标

(1) 培养踏实、诚信的良好职业素质。

(2) 考虑问题周到、详细，能够兼顾多方利益。

国际商务谈判是国际商务活动的一个重要环节，也是国际商务理论的重要内容。由于国际商务交易的对象不同，国际商务谈判的内容也不同。根据国际商务活动交易的对象可以把国际商务谈判的内容归纳为若干个不同的种类。

第一节　商品贸易谈判

商品贸易谈判是国际贸易中最常见的谈判内容。其要解决的最基本问题主要包括产品介绍、商品品质、商品数量折扣、商品价格、商品包装、商品运输与交付、国际货物运输保险、货款结算及支付方式、支付币种、商品检验、索赔、不可抗力和仲裁等。

一、产品介绍

(一) 产品介绍的条件

产品介绍的三个条件是引起注意、证明有效和激发欲望。介绍产

微视频 2-1 产品介绍

品时，必须具备以下三个条件：

(1) 要引起顾客的注意。例如，药品推介会的开场白为"你希不希望自己身体健康，无病无痛……"一开始就要引起顾客的注意。

(2) 必须证明给顾客看，让顾客相信你所讲的都是对的。

(3) 一定要让顾客对产品产生强烈的购买欲望。当引起顾客的好奇心，使顾客对产品产生强烈的兴趣后，便有机会呈现产品，从而促成顾客的购买行为。

(二) 产品介绍的技巧

销售人员在介绍产品的时候，不仅要介绍产品的功能，更要介绍它对顾客的好处，即将产品功能转化为顾客的利益。在转化的过程中，销售人员要有创意并以顾客的眼光来看待产品。产品介绍的技巧如下：

(1) 突出产品象征地位的作用，如在销售高档产品时可用"这种产品最适合您的身份和地位"等言辞来刺激对方的购买欲望。

(2) 说明利用产品可以享受的功用，如"使用它您可以听音乐、看电影、玩游戏、上网、学习等"。

(3) 突出产品对提高效率的作用，如"它可以节约您的时间，这样您就可以把节省的时间用来做其他工作"。

(4) 突出产品的经济作用，如"使用它能节省您的成本"。

(5) 指出产品可替代其他产品的作用，如"那款产品太贵了，如果您买了这款，一样可以满足您的要求"。

(6) 利用产品可满足虚荣心的作用，如"为了不让产品过时，多花点钱也是值得的"。

(7) 突出产品可增加收益的作用。如果顾客使用产品是为了创收，销售人员可针对顾客的心理，给对方提供具体数字，以说明使用该产品前后对方损失及收益的情形。

(三) 产品推销的技巧

通常而言，销售人员和顾客见面后，首先用开场白吸引顾客的注意，接着就要开始介绍产品。在产品推销的过程中，销售人员最容易犯的错误就是喋喋不休地讲解产品，甚至在顾客已经表示要购买后还在讲，导致顾客的厌烦。销售人员一定要先弄明白产品介绍的目的是什么。按照爱达公式，产品介绍的目的是唤起顾客对产品的兴趣。根据消费者行为学，只有对产品有了兴趣，顾客才会进一步了解产品，进而产生购买欲望。那么，如何才能让顾客对产品产生兴趣呢？

1. 从产品满足生理需求说起

如果某种产品是为了满足顾客基本的生活、生理需要，那么销售人员一定要从产品对生活、生理需求的满足说起。例如：推销的是盒饭，就要描述盒饭中大米好、饭量足、饭菜香；卖的是烤牛排，就要强调牛排实惠、营养价值高；卖的是羽绒服，就要强调穿上后那温暖的感觉。追求基本生理需求的人需要的正是实用价值。

2. 从产品提供享受说起

在现今社会，大部分消费者购买产品是为了享受。如果是这个层次需求的顾客，销售人员就要从享受的角度出发，引起顾客的兴趣。例如：同样是卖烤牛排，这时要强调牛排烤好时那"滋滋"的响声和令人垂涎欲滴的香气；推销汽车时，要强调汽车带来的快捷、舒适的感觉。

3. 从产品带来的安全、健康说起

这也是人们对产品感兴趣的一方面，如保险的推销就是满足人们对安全和健康的兴趣。例如：推销牛排就要强调牛肉可靠的来源、牛肉烧烤的卫生条件；推销汽车就要强调汽车的安全性。

4. 从产品带来的爱和尊重的价值说起

这种推销技巧针对那些看重爱和尊重的顾客。例如：对家庭主妇推销家用烤牛排的机器，销售人员就可以强调当做白领的老公一身疲惫地回到家中，妻子端出香味扑鼻的烤牛排时，老公会非常感动；也可以讲，当举办家庭聚餐时，作为主妇，端出和饭店一样味道的烤牛排，必定会让朋友刮目相看。

5. 从产品带来的发展价值说起

很多事业心、企图心强的人，在购买产品时会很看重产品能否给自己带来发展价值。汽车销售人员发现，一些并不富裕的客户购买中高档汽车，是因为中高档汽车带来的那种尊崇感，让所有者可以融入高端人际交往圈，从而获得更多的发展机会。

6. 从产品为家庭带来益处说起

家庭 —— 配偶和子女，对于每个人来说都是最重要的，从这个角度来介绍产品也是最常用的推销技巧。例如：对于想买两厢车的已婚女性，销售人员从方便家庭出行的角度劝说其买三厢车，会比较容易促使其产生购买欲望。

7. 从产品赚钱和省钱说起

"天下熙熙皆为利来，天下攘攘皆为利往"，能把产品与为顾客赚钱、省钱结合起来，才是高明的推销技巧，也必定能引起顾客的兴趣。例如：在推销某品牌洗衣粉时，销售人员会介绍 1.5 千克的该品牌洗衣粉和同类品牌的价格相差无几，但免费赠送 500 克洗衣液。由于日用洗涤用品从功能上看确实相差不大，顾客自然会选择更省钱的产品。

8. 从产品给人带来的社会形象说起

人们常常会用一定的产品来界定一个人的社会地位，而追求社会地位是每个人的心理常态，因此，这也是很实用的推销技巧。例如：推销某品牌手机时，销售人员可以从该手机代表着时尚、新潮、商务精英之选等能够显示顾客社会地位的角度来劝说其购买。

9. 从产品满足人们的趣味说起

没有趣味的人是无趣的人，趣味是最自然的追求动力。很多时候，人们对趣味的追求远远大于对金钱等其他方面的追求。因此，从人的趣味角度介绍产品，是一种奏效的推销技巧。例如：对于喜欢车的男士来说，汽车不仅仅是代步工具，他们的趣味来自于汽车给他们带来的自由和激情的感觉，汽车销售人员可以从产品能够极大满足顾客趣味的角度进行推销。

知识拓展 2-1
产品介绍常用
的英文句型

二、商品品质谈判

(一) 商品品质

商品品质是指商品的内在质量和外观形态的统一。

内在质量指商品的物理性能、机械性能、化学成分、生物特性等自然属性(气味、滋味、成分、性能、组织结构等)。

外观形态指商品的外型(颜色、光泽、透明度、款色、花色、造型等)。

商品品质往往是交易双方最关心的问题,因此也就成了商务谈判中的主要问题。进行商品品质谈判的关键是要掌握商品品质构成的有关内容以及品质表示方法的通用做法。不同种类的商品,有不同的品质表示方法。

微视频 2-2
商品品质谈判

(二) 商品品质常用的表示方法

1. 以实物表示货物质量的方法

以实物表示货物质量的方法有以下两种:

(1) 看货买卖。看货买卖是根据现有货物的实际品质进行买卖。这种方法常用于寄售、展卖、拍卖当中,尤其适用于具有独特性质的商品,如珠宝、首饰、字画及特定工艺品等。

(2) 凭样品成交。样品是指从一批货物中抽取出来的,或由生产部门、使用部门加工、设计出来的,足以反映和代表整批货物质量的少量实物,包括参考样品和标准样品(买方样品、卖方样品、对等样品)。样品可由买卖的任一方提出和确定,只要双方确认,卖方就应该供应与样品一致的商品,买方也就应该接收与样品一致的商品。

凭样品成交是指买卖双方按约定的足以代表实际货物的样品,作为交货的品质依据的交易。以样品表示品质的方法,只能酌情采用。凡能用科学的指标表示商品质量的,不宜采用此法。采用凭样品成交方式而又对品质无绝对把握时,应在合同条款中相应做出灵活的规定。

凭样品买卖应注意以下事项:①样品质量应该代表整批货物的平均水平;②卖方交货品质必须与样品完全一致;③不是所有的商品都可以采用凭样品买卖(如工艺品、大宗农副产品等);④寄样时要留有副本,交由独立的第三方(如公正行、商检部门)封存。

为了避免纠纷,一般样品要一式三份,由买卖双方各持一份,另一份送给合同规定的商检机构或其他公证机构保存,以备买卖双方发生争议时作为核对品质之用。在商品买卖实务中,一般在样品确认时,应再规定商品的某个或某几个方面的品质指标作为依据,如"色彩样品""形式样品"等。

2. 凭文字说明表示货物的品质

凡以文字、图表、照片等方式来说明货物质量的,均属于此范畴,具体来讲有以下六种方式:

(1) 凭规格买卖。商品的规格是反映商品品质的技术指标,如成分、含量、纯度、大小、长短、粗细等方面的指标。由于各种商品的品质特征不同,所以规格也有差异。如果交易双方用规格表示商品的品质,并作为谈判条件,就叫做"凭规格买卖"。一般来说,凭规格买卖是比较准确的,在平时的商品交易活动中,大多采用这种方法。例如,东北大豆的出口规格。

(2) 凭等级买卖。商品的等级，是同类商品规格差异的分类，是表明商品品质好坏的一种标准。根据生产和商务的实践，对具有容易鉴别的共同特征的商品，可以规定品质划一的等级。通常用一、二、三或甲、乙、丙或大、中、小等数码、文字或符号来表示，以反映同类商品中的品质差异。买卖双方对商品品质的磋商，可以借助已经制定的商品等级来表示。例如：中国绿茶，特珍一级；皮蛋按重量、大小分为奎、排、特、顶、大五级，奎级每千只 75 公斤以上，以后每差一级，减五公斤；新疆新鲜骏枣的等级和质量可划分为特级、一级、二级、三级等标准，对果纵径、粗横径、细横径、单果重量等有明确的等级范围划分。

(3) 凭标准买卖。商品的标准是指将商品的规格和等级予以标准化。以农副产品为例，农副产品的 F.A.Q.(Fair Average Quality)标准，指"良好平均品质"，即一定时期内某地出口商品的平均品质水平。G.M.Q.(Good Merchantable Quality)指"上好可销品质"，即卖方需保证所交商品的品质在商业上良好可销。例如：中国大米，2016 年，F.A.Q.，水分(最高)15%，杂质(最高)1%，碎粒(最高)35%。

(4) 凭说明书买卖。大型的专用设备或精密仪器，由于构造复杂，无法用几项指标来反映其全貌，又无标准可依，必须凭详细的说明书说明，必要时还要辅以图样或照片来说明具体的性能及构造的特点，有时还要订立卖方品质保证条款和技术服务条款。这种方法适用于机器、电器和仪表等技术密集型商品(此类商品结构复杂，对材料、设计要求严格)。

(5) 凭牌名或商标买卖。牌名是商品品牌的名称，商标是商品的标记。有些商品由于品质优质、稳定，知名度和美誉度都很高，在用户中享有盛名，为广大用户所熟悉和赞誉，在谈判中只要说明牌名或商标，双方就能明确商品品质情况。但磋商时要注意，同一牌名或商标的商品是否来自不同的地区或不同的生产商，以及这些商品是否由于某些原因造成了损坏或变质，更要注意假冒商标的商品。

(6) 凭产地名称买卖。有些产品受产区的自然条件、传统加工工艺等因素的影响，在品质方面有其他产品所不具有的独特风格和特色，尤其是传统农副产品。例如："金华火腿""景德镇瓷器""杭州龙井茶"。

上述表示品质的方法可以结合使用，也可以单独使用，谈判中应根据具体的交易情况进行恰当的选择。

(三) 商品品质条款谈判的注意事项

在进行商品品质条款的相关谈判中，应注意以下两点：

(1) 商品的品质通常与价格成正比。

(2) 选择合适的品质表示方法。

一般地说，凡能用科学的指标说明其质量的商品，则适用于凭规格、等级或标准买卖；有些难以规格化和标准化的商品，则适用于凭样品买卖；对于质量好并具有一定特色的名优产品，适用于凭商标或牌名买卖；性能复杂的机器、电器和仪表，适用于凭说明书和图样买卖；有些具有地方风味和特色的产品，可凭产地名称买卖。

三、商品数量折扣谈判

商品交易的数量折扣是国际商务谈判的主要内容。成交商品数量的多少，不仅关系到卖方的销售计划和买方的采购计划能否完成，而且与商品的价格有关。确定买卖商品的数量，首先要根据商品的性质，明确所采用的计量单位。在商品的计量单位中，表示重量的单位有公吨、千克、克和磅等；表示个数的单位有件、双、套、打和筒等；表示面积的单位有平方公里、平方米和平方英尺等；表示体积的单位有立方米、立方英尺等；表示容积单位有升、毫升等。应根据商品的特点来选择计量单位，同时还要特别注意有关的度量衡制度。在国内贸易中我们一般按国家的有关制度规定，采用公制单位，而国际上采用的有公制、英制、美制等多种度量衡制度，谈判中应予以明确，并掌握各种度量衡之间的换算关系，以免造成不必要的误解和麻烦。

微视频 2-3
商品数量
折扣谈判

(一) 数量折扣的含义

数量折扣又称批量作价，是企业对大量购买产品的顾客给予的一种减价优惠。一般购买量越多，折扣也越大，以鼓励顾客增加购买量，或集中向一家企业购买或者提前购买。尽管数量折扣使产品单价下降，单位产品利润减少，但销量的增加、销售速度的加快，使企业的资金周转次数增加，流通费用下降，产品成本降低，有助于企业总盈利水平的上升，对企业来说利大于弊。

(二) 数量折扣的分类

数量折扣可分为累计数量折扣和一次性数量折扣两种类型。

1. 累计数量折扣

累计数量折扣是对一定时期内累计购买量超过规定数量或金额给予的价格优惠，目的在于鼓励顾客与企业建立长期固定的关系，减少企业的经营风险。累计数量折扣的关键在于合理确定给予折扣的起点、折扣档次及每个档次的折扣率。例如：企业规定累计购买量达到 1000 套，折扣为 4%；达到 2000 套，折扣为 5%；超过 3000 套，折扣为 6%。累计数量折扣有利于稳定顾客，鼓励顾客经常购买、长期购买。这种折扣特别适用于长期交易的商品、大批量销售的商品，以及需求相对比较稳定的商品。

2. 一次性数量折扣

一次性数量折扣又称非累计数量折扣，是对一次购买量超过规定数量或金额给予的价格优惠，目的在于鼓励顾客增加每份订单的购买量，便于企业组织大批量进货而获得进价优势。这种方法只考虑每次购买量，而不管累计购买量。例如：某企业规定一次购买 100~200 件，按标价折扣为 10%，200 件以上折扣为 15%，不足 100 件不予折扣。一次性数量折扣对短期交易的商品、季节性商品、零星交易的商品以及过时、滞销、易腐、易损商品的销售比较适宜。一次性数量折扣不仅可以鼓励顾客大批量购买，而且有利于节省销售、储存和运输费用，促进产品多销、快销。一次性数量折扣计算简便，有利于中小企业日常操作使用。

(三) 数量折扣策略

　　数量折扣策略是指企业根据顾客购买的不同数量给予不同的价格折扣的策略，实行这一策略的目的是鼓励顾客一次性大量购买并与企业建立长期的贸易关系。例如：沃尔玛能够迅速发展，除了正确的战略定位以外，也得益于其首创的折价销售策略。每家沃尔玛商店都贴有"天天低价"的宣传语。沃尔玛提倡的是低成本、低费用结构、低价格的经营思想，主张把更多的利益让给顾客，为顾客节省每一块钱是它的目标。沃尔玛的利润率通常在 30%左右，而其他零售商如凯马特的利润率在45%左右。沃尔玛公司每星期六早上会举行经理人员会议，如果有分店报告某商品的售价在其他商店比沃尔玛低，可立即决定降价。低廉的价格、可靠的质量是沃尔玛的一大竞争优势，吸引了一批又一批的顾客。

知识拓展 2-2
数量折扣谈判常
用的英文句型

四、商品价格谈判

　　简单地讲，价格谈判就是讨价还价，最终确定双方都满意的价格。聪明的销售人员会将简单的问题变得复杂，复杂的问题变得简单。
　　商品价格是国际商务谈判的核心内容，价格的高低直接影响着贸易双方的经济利益。商品价格是否合理是决定商务谈判成败的重要条件。

微视频 2-4
商品价格谈判

(一) 商品价格构成的影响因素

　　影响商品价格构成的要素有以下几点：
　　(1) 商品质量的优劣，包括档次的高低、包装/装潢的好坏，式样的新旧、商品品牌的知名度等。
　　(2) 运输距离的远近。在确定价格时，要核算运输成本，做好比价工作，体现地区差价。
　　(3) 成交数量的大小。按照国际惯例，成交量大时，应在价格上予以适当优惠；反之，也可提高售价。
　　(4) 交货地点与交货条件不同，即按各种不同的贸易术语成交，买卖双方的责任、费用和风险有所差别。因此，同一距离成交的同一商品在不同术语下价格可能不相同。
　　(5) 季节性需求的变化。某些季节性商品，应适当考虑季节性差价，争取有利价格。
　　(6) 支付条件与汇率变动的风险。同一商品在其他交易条件相同的情况下，可采用各种不同的支付条件，应尽量采取有利的支付条件，如考虑是否采用信用证支付。同时，应采用有利的货币成交，如果采用不利货币计价，应考虑汇率变动的风险。
　　谈判中，只有在准确掌握商品成本费用的基础上，深入了解市场情况，切实注意上述因素的变动情况，做到"知己知彼"，才能取得谈判的主动权。
　　另外，谈判人员还要考虑该商品的市场生命周期、市场定位、市场购买力等因素，判断市场供求变化趋势和签约后可能发生的价格变动走势，来确定商品交易价格，并要确定价格发生变动时的处理办法。一般来说，在合同规定的交货期内交货，不论价格如何变动，仍按合同定价执行(国家定价的，调整后按规定变动执行)；如果逾期交货，交货时市价上涨，按合同价格执行；如果市场价格下跌，按下跌时的市场价格执行。总之，应使价格变动造成的损失由有过失的一方承担，以督促合同的按期履行。

在国际商务谈判中，谈判双方还应该明确规定使用何种货币和货币单位。一般来讲，出口贸易时要争取采用"硬货币"，进口贸易时则要力求使用"软货币"或在结算期不会升值的货币。总之，要注意所采用货币的安全性及币值的稳定性、可兑换性。另外，在国际商务谈判中，谈判人员还应尽量了解各国及国际组织对于价格有关问题的不同解释或规定，选定对己方有利的贸易术语，并在合同中加以明确。

(二)　价格谈判的过程

价格谈判分为报价、讨价、守价、成交四个过程。在价格谈判过程中要注意以下几点：
(1) 客户询问价格时，要认真、准确地把价格介绍给客户。
(2) 客户要求让价时，要肯定公司的价格制定得非常合理，不轻易让价并让客户开价。
(3) 客户开价后要努力抬价。

(三) 价格谈判的技巧和策略

1. 开局：为成功布局

作为卖方，报价要高过所预期的底线，为谈判留有周旋的余地。在谈判过程中，总是可以降低价格，但绝不可能抬高价格。因此，应当要求最佳报价价位，即所要的报价对己方最有利，同时让买方仍能看到交易对其有益之处。

对对方了解越少时，开价就应越高，其理由有两个。首先，对对方的假设可能会有差错。如果对买方或其需求了解不深，或许其愿意出的价格比自己想的要高。其次，如果是第一次与对方交易，若能做出较大的让步，就显得更有合作诚意。对买方及其需求了解越多，就越能调整报价。这种做法的不利之处是：如果对方不了解卖方，最初的报价就可能令对方望而生畏。如果报价超过最佳报价价位，就向对方暗示价格尚有浮动空间。如果对方觉得报价过高，而卖方的态度又是"买就买，不买拉倒"，那么谈判还未开始，结局就已注定。

在提出高于预期的要价后，接下来就应考虑：应该多要多少？答案是：以目标价格为支点。对方的报价比目标价格低多少，最初报价就应比目标价格高多少。当然，并不是每次都能谈到折中价，但如果没有其他办法，这也不失为上策。

2. 中局：保持优势

当谈判进入中期后，要谈的问题变得更加明晰。这时的谈判不能出现对抗性情绪，这点很重要。因为此时，对方会迅速感觉到你是在争取双赢方案，还是持强硬态度事事欲占上风。

如果双方的立场南辕北辙，卖方千万不要力争，力争只会促使买方证明自己的立场是正确的。买方出乎意料地表示出敌意时，先进后退的方式能给卖方留出思考的时间。在中局占据优势的另一招是交易法。任何时候买方在谈判中要求卖方做出让步时，卖方也应主动提出相应的要求。如果买方知道他们每次提出要求，卖方都要求相应的回报，就能防止其没完没了地提出更多的要求。

3. 终局：赢得忠诚、步步为营

赢得忠诚、步步为营是一种重要方法，因为它能达到两个目的：一是能给买方一点甜头，二是能以此使买方赞同谈判前期不赞同的事。

获得圆满结局的一招是最后时刻做出一点小让步。销售谈判高手深知，让对方乐于接受交易的最好办法是在最后时刻做出小小的让步，如付款期限由 30 天延长为 45 天或免费提供设备操作培训。做出让步往往能让谈判结果顺利达成，重要的并不是卖方让步多少，而是让步的时机。

(四) 如何议价

1. 客户购买的主要原因

(1) 产品特点与客户需求相符合；

(2) 客户认同产品的各项优点；

(3) 销售人员能准确传达产品价值，客户认为产品价值超过卖方的报价。

2. 议价过程中要掌握的原则

(1) 对报价要有充分信心，不轻易让价；

(2) 不要有底价的观念；

(3) 除非客户携带足够现金和支票并能够下定金，否则不轻易让价；

(4) 除非有做购买决定的权利，否则别做议价谈判；

(5) 不要在客户出价的基础上做价格调整，不论客户出价在底价以上或以下，都应拒绝该价格；

(6) 要将让价视为一种促销手法，让价要有理由；

(7) 扼制客户的杀价念头；

(8) 坚定态度，信心十足；

(9) 强调产品优点及价值；

(10) 制造无形的价值；

(11) 促销要合情合理。

3. 议价过程的三大阶段

(1) 初期引诱让价：

① 初期要坚守报价；

② 攻击对方购买，但最好别超过两次；

③ 引诱对方出价；

④ 对方出价后要提价；

⑤ 除非对方能下定金，否则别答应对方出价。

(2) 引入成交：

① 当客户很有兴趣时，必然会要求让价或出价，卖方的否定态度要坚定，并提出否定的理由；

② 提出假成交资料，表示某企业开这种价格，当时己方并没有答应；

③ 表示这种价格不合乎成本，分析土地成本、建安成本、配套费用、税款、贷款利息、营销成本；

④ 当双方进入价格谈判时要注意气氛的维持；

⑤ 当对方开出成交价格时，若在底价以上，仍然不能马上答应；

⑥ 提出相应要求，对方定金要给多少，何时签约；

⑦ 表示自己不能做主，要请示相关领导；

⑧ 答应对方条件且签下订单时仍要表现出"这种价格太便宜了"的后悔表情，但不要太夸张。

(3) 成交：

① 填写订单，勿喜形于色，最好表示近期与三位客户成交，对方的价格最低。

② 交代补足定金要带原订单，签约要带印章、身份证等。

知识拓展 2-3
价格谈判常用
的英文句型

五、商品包装谈判

商品交易中，除了散装货和裸体货外，绝大多数商品都需要包装。包装分为运输包装和销售包装两种。产品的包装是产品的重要组成部分，它不仅在运输过程中起到保护的作用，而且直接关系到产品的综合品质。商品是否需要包装以及采用何种包装，主要取决于商品的特点和买方的要求。

对于商品的包装，谈判中主要应当明确包装材料、包装形式、包装及包装材料费用估算等问题。

微视频 2-5
商品包装谈判

(一) 包装材料

1. 包装材料的含义

包装材料是指采用何种物质对商品进行包装，如纸箱、木箱、麻袋、塑料袋、钢瓶等，同时还涉及包装内的填充、包裹、垫靠的物质。

包装材料直接关系到包装成本，因此应尽量选择资源丰富、价格低廉的物质作为包装材料。

2. 常用包装材料

(1) 白纸类 —— 普通白纸、拷贝纸、皱纹纸等；

(2) 气泡纸、保利绒、海绵、珍珠棉；

(3) 纸盒类 —— 白盒、棕色盒、彩盒等；

(4) 塑料袋 —— PP、PE、OPP、PVC、PVA 等；

(5) 其他包装。

(二) 包装形式

1. 包装形式的含义

包装形式指如何对商品进行包装，如筐装、外包麻布、麻绳捆扎、每筐重 50kg 等。

2. 常用包装形式

(1) 内包装。

① 塑料袋：美国企业一般要求热封口，材质为高压的 PE 材料；除非客户有指定要求，否则不允许用 PP 材料。

② OPP 袋：透明度好，但易破裂，多用于蜡烛、小玩具等产品的包装，欧洲客户通常要求采用此包装。

③ 彩盒：分为有瓦楞彩盒和无瓦楞彩盒。

④ 普通棕色瓦楞盒：常用的为 3 层瓦楞盒和 5 层瓦楞盒，产品包装好后，一般要用胶带封口。

⑤ 白盒：可分为有瓦楞(3 层或 5 层)白盒和无瓦楞白盒，产品包装后一般要用胶带封口。

⑥ 展示盒：其种类较多，主要有彩色展示盒、带 PVC 盖的展示盒等，通过该包装可直观地看到包装盒内的产品。

⑦ 塑料袋＋吊卡：一般称 PBH。

⑧ 吸塑卡：Blister Card，简称 BC。

⑨ PVC 盒或 PVC 桶。

⑩ 收缩膜：也叫热缩膜，小玩具、蜡烛等产品较多使用此类包装。

⑪ 挂卡。

⑫ 蛋隔盒。

⑬ 背卡。

⑭ 礼品盒：多用于首饰、文具等产品的包装，种类较多。

(2) 中包装。主要有塑料袋及瓦楞盒包装，瓦楞盒主要有 FOL、Tuck Top Box 等种类。

(3) 外包装。外包装的基本要求是：未包装的产品应储于防雨、通风、干燥的地方，并将产品垫好，以防止受潮、损坏。产品必须经过质量检查部门检查合格，并附有产品合格证，包装前产品必须经包装检查员检查。

包装前产品上的灰尘及其他脏物必须清除干净，整个包装过程必须注意清洁，以保证包装质量。防爆电器产品和电力传动控制装置需罩上塑料袋后再装入包装箱，外包装采用简易包装的产品，需先用塑料袋包装。

装入箱内的产品必须牢固固定，不应窜动。根据产品的结构选定固定方式，以螺栓固定或以木楞(块)垫紧、压紧。在采用木楞(块)固定产品时，严禁垫、压产品的薄弱部位，如电控产品、带玻璃的门等。

当被包装的产品质量在 50 kg 以上或包装木箱的体积在 1 m³ 以上时，在箱身的棱角处必须钉上铁包角；对于端板为整块板而无端档的木箱、纤维板箱以及电力传动控制设备的包装木箱，在木箱封钉之后，必须用钢带钉牢于木箱四周，木箱两端各钉一道。

自发货之日起，在正常的储运条件下，包装箱的保护期限为 1 年。在此期间，被包装的产品应完好无损。

(三) 常用包装及包装材料的费用估算方法

按照一般的交易惯例，包装所涉及的费用是包含在货价之中的，不再向买方另行收取。但如果买方有特殊要求，双方可另行商定，或提高商品的价格，或另行收取包装费用。不同包装及包装材料的费用计算具体如下：

（1）纸类：按单位面积包装的产品数量来计算。例如：拷贝纸的规格一般为 105 cm × 75 cm，价格为 0.12 元/张，如果 1 张纸能包装 5 件产品，则每件产品所需纸的包装成本为 0.024 元。

（2）气泡纸：一般按重量计算，即包装 1 件产品所需的气泡纸的重量×市场价。

（3）保力绒。

① 手工做成所需形状或尺寸的计算方法。长(m) × 宽(m) × 高(m) × 价格系数(元)。不同地区有不同的价格系数，如泉州一般按 350 元计算，黄岩一般按 450 元计算。

② 开模具的保力绒计算方法。模具费＋保力绒克重 × 0.017 元/g，0.017 元/g 为价格系数，随市场价格的变动会有一定的涨跌。

（4）海绵：一般 1cm 厚的海绵价格为 3.5 元/m²，根据包装产品所需海绵的厚度及平方米数来算材料成本，其他厚度的海绵价格按比例计算，如 2 cm 厚的海绵价格大概为 3.5 × 2 = 7.0 元/m²。

（5）塑料袋、OPP 袋：成本＝塑料袋的长(m) × 宽(m) × 2 × S × 市场价，其中 S 为塑料袋的厚度。例如：1 个 4 丝厚塑料袋的尺寸为 30 cm × 25 cm，当时市场材料价为 10800 元/t，则塑料袋价格为 0.3 × 0.25 × 2 × 0.00004 × 10800 = 0.065 元。

（6）纸盒类：普通棕色内盒价格 =（长 + 宽 + 7)/100 ×（宽 + 高 + 4)/100 × 单位价格，其中长、宽、高的单位为厘米。彩盒成本简易计算方法：彩盒的展开面积(m²) × 系数(3.8～4)，如果是膜，则系数为 4.8。展开面积的计算方法：[(长 + 宽) × 2 + 3]/100 × [(宽 × 2 + 高) + 2]/100。其中，长、宽、高的单位为厘米。例如：一个不覆膜彩盒的尺寸为 7 × 6 × 16 cm，则展开面积为 [(7 + 6) × 2 + 3]/100 × [(6 × 2 + 16) + 2]/100 = 0.087m²，则彩盒大概价格为 0.087 × 4 = 0.35 元。

（7）PVC 盒或 PVC 桶：按重量计算成本，目前一般按 0.025 元/g 计算。例如：一个 PVC 盒的质量为 20 g，则成本大概为 0.50 元。

（8）收缩膜：成本大概为长(m) × 宽(m) × 厚(m) × 15000(元/吨)。

以上介绍的成本估算方法并非一成不变，需灵活应用，使用时还需同地区、时间、工价、材料的涨跌等相结合，综合分析，才能得出比较准确的结果。在平时的业务工作中，还会遇到很多新材料或材料组合，这就要求我们多学多问，不断积累相关业务知识，只有这样，成本分析才能更准确。

（四）封口和打包

（1）塑料袋一般都要求热封口，封口应整齐、牢固、美观。

（2）彩盒、展示盒、白盒、瓦楞盒等在包装时都应用胶带封口(带插扣的彩盒除外)，封口应做到整洁、美观。

（3）外箱一般要用胶带封成"工"型，并打上两条包装带(客户有特殊要求时要按客户要求打包)。

（五）出口包装

（1）邮购客户的包装用内盒一般都要求 5 层瓦楞盒，且品质要求较高，不仅要考虑产品在运输途中的安全问题，而且要保证产品从客户处邮寄到最终用户处的安全性。

(2) 欧洲客户对环保一般有特殊要求，纸箱一般要求用无钉纸箱，无金属打包，封口胶带为纸胶带，包装上一般有环保标志或可回收标志。

(3) 产品的包装及包装上的各种标贴等应严格按客户要求执行。

出口包装上的唛头(Mark)主要有 3 类：

(1) 收货人的标记(包括目的港)；

(2) 当局所需要的官方标记(有些国家需要在货物的箱或包上标有货物的生产国名以及每箱货物的重量和尺寸)；

(3) 特别指示或警告(为了货主和运输公司双方的利益，包装上需印刷搬运方式、装货方式、起吊方式等特别指示或警告)。

包装标识警示语主要有：不可倒置(Do not turn over)，易弯曲(Flexible)，当心破碎(Fragile)，小心轻放(Handle with care)，保持阴凉(Keep cool)，勿受潮湿(Keep dry)，平放(Keep flat)，竖放(Keep upright)，不可平放(Never lay flat)，不许用吊钩(Use no hooks)，不可堆压(Not to be stowed below other cargo)，此端向上(This side up)等。

知识拓展 2-4
包装常用的
英文句型

六、商品运输与交付谈判

在国际贸易中商品的装运和交接问题直接关系到交易双方的权利和利益。因此，在合同中，对商品的装运和交接问题做出明确的规定，可以有效维护双方的权利和利益。

(一) 在国际商务谈判中关于商品的运输和交付问题的注意事项

(1) 运输方式。运输方式不同，运费差别很大。双方应在明确由谁支付运费的基础上，规定运输方式及应承担的责任。运输方式有公路运输、海洋运输、铁路运输、航空运输、管道运输和国际多式联运。选择合理的运输方式，应考虑以下因素：第一，根据商品的特点、运货量大小、自然条件、装卸地点等方面的具体情况；第二，根据各种运输方式的特点，通过综合分析加以选择。

(2) 交货时间。在经济活动中，许多合同纠纷起因于装运和交接货物的时间规定比较模糊。通常情况下，双方谈判人员应在充分考虑货源情况、运输条件、市场供应情况及商品本身状况等因素的基础上磋商装运时间或交货时间。双方在确定交货日期后，应明确卖方延期交货或买方不能按期接货所应承担的责任，以及由此给对方造成损失的赔偿问题。

(3) 交货地点。交货地点是决定运输成本的一个重要因素，因此在国际贸易谈判中交货地点的规定必须明确具体，谨防因过于笼统或重名问题引起合同履行中的麻烦。

(4) 运输费用。不论单位商品的价格是否含运输费用，运输费用的发生是客观的。计算运输费用的主要标准如下：按货物重量、体积、件数、价格等计算，考虑到一些特殊情况，还可有一些附加费用。谈判中，对运输费用要明确双方各自承担的范围和界限。

(二) 运输方式和付款、保险的国际贸易术语

国际贸易术语也叫价格术语，由三个英文字母缩写来表示商品的价格构成、说明交易地点、确定买卖双方的责任、费用、风险划分等问题的专门用语。由国际商会(ICC)于 1936 年起草，后经由多次修正发展至今，目前已经更新至 2020 年版本，新版已于 2020 年 1 月 1 日生效施行。

新版的国际贸易术语分成 2 类、4 组、11 个贸易术语。

2 类：适用于任何运输方式(EXW、FCA、CPT、CIP、DAP、DPU、DDP)；仅适用海运(FOB、FAS、CFR、CIF)。

4 组：C 组、D 组、E 组、F 组。

11 个术语：EXW、FOB、FAS、FCA、CFR、CIF、CPT、CIP、DAP、DPU、DDP

1. EXW

EXW 的全称是 Ex Works(...named place)，中文意思为工厂交货(指定地点)，是指卖方将货物从工厂(或仓库)交付给买方，除非另有规定，卖方不负责将货物装上买方安排的车或船上，也不办理出口报关手续。买方负担自卖方工厂交付后至最终目的地的一切费用和风险。

2. FCA

FCA 的全称是 Free Carrier(...named place)，即货交承运人(指定地点)，是指卖方在指定地点将已经出口清关的货物交付给买方指定的承运人，完成交货。根据商业惯例，当卖方被要求与承运人通过签订合同进行协作时，在买方承担风险和费用的情况下，卖方可以照此办理。

3. FAS

FAS 的全称是 Free alongside Ship(...named port of shipment)，即船边交货(指定装运港)。FAS 通常称作装运港船边交货，是指卖方将货物运至指定装运港的船边交货，并在需要办理海关手续时，办理货物出口所需的一切海关手续，买方承担自装运港船边起的一切费用和风险。

4. FOB

FOB 的全称是 Free on Board(...named port of shipment)，即装运港船上交货(……指定装港)。FOB 是国际贸易中常用的贸易术语之一，是指卖方必须在合同规定的日期或期限内，将货物运到合同规定的装运港口，并交到买方指派的船只的船上，即完成其交货义务。

5. CFR

CFR 的全称是 Cost and Freight(...named port of destination)，即成本加运费(……指定目的港)，买方应在合同规定的装运港和规定的期限内，将货物装上船，并及时通知买方。货物装上船以后发生的灭失或损害的风险，以及因货物交付后发生的事件所引起的任何额外费用，自交付之日起即由卖方转移给买方。

6. CPT

CPT 的全称是 Carriage Paid to (...named place of destination)，中文意思为成本加运费付

至（指定目的地），指卖方将货物交给其指定的承运人，并且须支付将货物运至指定目的地的运费，买方则承担交货后的一切风险和其他费用。该术语适用于各种运输方式，包括多式联运。

7. CIF

CIF 的全称是 Cost，Insurance and Freight (...port of destination)，中文意思为成本加保险费加运费(……指定目的港)，CIF 是国际贸易中最常用的贸易术语之一。采用 CIF 术语成交时，卖方也是在装运港将货物装上船完成其交货义务。卖方负责按通常条件租船订舱，支付货物运至指定目的港所需的费用和运费，但是货物交付后的灭失或损坏的风险，以及因货物交付后发生的事件所引起的任何额外费用自交付时起由卖方转移给买方承担。卖方在规定的装运港和规定的期限内将货物装上船后，要及时通知买方。

8. CIP

CIP 的全称是 Carriage and Insurance Paid to (...named place of destination)，中文是运费、保险费付至(指定目的地)，指卖方将货物交给其指定的承运人，支付将货物运至指定目的地的运费，为买方办理货物在运输途中的货运保险，买方则承担交货后的一切风险和其他费用。CIP 术语与 CIF 术语基本相同，其主要区别在于：CIP 术语适用于各种运输方式，交货地点要根据运输方式的不同由双方约定，风险是在承运人控制货物时转移。卖方负责办理从交货地点到指定目的地的全程运输，而不仅仅是水上运输。卖方办理的保险也不仅限于水上运输险。

9. DAP

DAP 的全称为 Delivered At Place（named place of destination），即目的地交货(指定目的地)，当使用 DAP 术语成交时，卖方要负责将合同规定的货物按照通常航线和惯常方式，在规定期限内将装载与运输工具上准备卸载的货物交由买方处置，即完成交货，卖方负担将货物运至指定地为止的一切风险。

10. DPU

DPU 全称是 Delivered at Place Unloaded，中文意思是运输终端交货，是指卖方在指定目的地或目的港集散站卸货后将货物交给买方处置即完成交货，卖方承担将货物运至卖方在指定目的地或目的港集散站的一切风险和费用除进口费用外。

*Incoterms2020 中 DAT 改为 DPU，DPU 术语的交货地点仍旧是目的地，但这个目的地不再限于运输的终点，而可以是任何地方。

11. DDP

DDP 的全称是 Delivered Duty Paid (…named place of destination)即完税后交货(...指定目的地)，卖方在指定的目的地办完清关手续将在交货的运输工具上尚未卸下的货物交给买方处置，即完成交货。卖方承担将货物运至目的地的一切风险和费用，包括在需要办理海关手续时在目的地应缴纳的任何进口税费。

CPT、CIP 与 DAP、DPU、DDP 之间的区别在于 CPT、CIP 的交付地点仅限于买方所在地的港口，空运或海运港口均可适用，而 DAP、DPU、DDP 的交付地点可以是买方所在地的港口也可以是内陆城市。

总体而言，买方在 EXW 条款下需要承担最大的费用和风险，在 DDP 条款下承担最小的费用和风险。对于卖方而言，在 EXW 条款下需要承担最小的费用和风险，在 DDP 条款下承担最大的费用和风险。贸易术语发起于国际跨境贸易，但部分条款(如：EXW、DDP)同样适用于国内贸易。贸易术语必须后缀具体的交付地点名称才是完整的，比如：EXW DONGGUAN，CIF HONGKONG，DDP BEIJING 等。

七、国际货物运输保险谈判

运输保险是指投保人做货物装运以前，估计一定的投保金额，向保险人投保货物运输险。被保险货物若在运输过程中遭受自然灾害或意外事故造成经济损失，则保险人负责对保险险别责任范围内的损失，按保险金额及损失程度赔偿保险受益人。

微视频 2-6
国际货物运输
保险谈判

在国内贸易谈判中，谈判人员应当根据实际情况，把保险条件与交货地点联系起来考虑，即如果在卖方所在地交货，可由买方办理商品运输保险；如果在买方所在地交货，可由卖方办理运输保险。无论是何方办理保险，都应将保险费用计入经营成本。

在国际贸易中，商品价格条款中的价格术语确定后，也就明确了双方的保险责任。对同类商品，谈判双方必须明确各国在保险的险别、投保方式、投保金额的通用做法，或对商品保险方面的特殊要求和规定。对世界各国主要保险公司在投保手续与方式、承保范围、保险单证的种类、保险费率、保险费用的支付方式、保险的责任期和范围、保险赔偿的原则与手续等方面的有关规定加以考虑筛选，最后加以确定。对保险业务用语上的差异和名词概念的不同解释，要给予注意，以避免日后发生争议。

(一) 出口保险

凡按 CIF 和 CIP 条件成交的出口货物，由出口企业向当地保险公司逐笔办理投保手续。出口企业应根据合同或信用证规定，在备妥货物并确定装运日期和运输工具后，按约定的保险险别和保险金额，向保险公司投保。投保时，应填制投保单并支付保险费，保险公司凭以出具保险单或保险凭证。投保的日期应不迟于货物装船的日期。若合同没有明确规定投保金额，应按 CIF 或 CIP 价格加成 10%，如果买方要求提高加成比率，一般情况下可以接受，但增加的保险费应由买方负担。保险单是主要的出口单据之一。保险单所代表的保险权益经背书后可以转让。卖方在向买方(或银行)交单前，应先背书。

知识拓展 2-5
保险相关的
英文句型

(二) 进口保险

按 FOB、CFR、FCA 和 CPT 条件成交的进口货物，由进口企业自行办理保险。为简化投保手续和避免漏保，一般采用预约保险的做法，即投保人和保险公司就保险标的的范围、险别、责任、费率以及赔款处理等条款签订长期性的保险合同。投保人在获悉每批货物起运时，应将船名、开船日期及航线、货物品名及数量、保险金额等内容，书面定期通

知保险公司。保险公司对属于预约保险合同范围内的商品，一经起运，即自动承担保险责任。未与保险公司签订预约保险合同的进口企业，则采用逐笔投保的方式，在接到国外出口商的装船通知或发货通知后，应立即填写装货通知或投保单，注明有关保险标的的内容、装运情况、保险金额和险别等，交保险公司，保险公司接受投保后签发保险单。

(三) 国际贸易货物运输保险的投保及索赔程序

在国际贸易货物运输过程中，由哪一方负责办理国际贸易货物运输保险，应根据买卖双方商定的价格条件来确定。例如：如果按 FOB 条件和 CFR 条件成交，保险应由买方办理；如果按 CIF 条件成交，保险就应由卖方办理。

1. 投保程序

(1) 确定投保的金额。投保金额是支付保险费的依据，又是货物发生损失后计算赔偿的依据。按照国际惯例，投保金额应按发票上的 CIF 的预期利润计算。但是，由于各国市场情况不尽相同，对进出口贸易的管理办法也各不相同。向中国人民保险公司办理进出口货物运输保险时，有两种办法：一种是逐笔投保，另一种是按所签订的预约保险合同办理。

(2) 填写投保单。投保单是投保人向保险公司提出投保的书面申请，其主要内容包括被保险人的姓名，被保险货物的品名、标记、数量及包装，保险金额，运输工具名称，开航日期及起讫地点，投保险别，投保日期及签章等。

(3) 缴纳保险费。保险费是按投保险别的保险费率计算的。保险费率是根据不同的险别、不同的商品、不同的运输方式、不同的目的地，并参照国际费率水平而制定的，分为一般货物费率和指明货物加费费率两种。前者是指一般商品的费率，后者是指特别列明的货物(如某些易碎、易损商品)在一般费率的基础上另行加收的费率。交付保险费后，投保人即可取得保险单。保险单实际上已构成投保人与保险公司之间的保险契约，是保险公司对投保人的承保证明。在发生保险范围内的损失或灭失时，投保人可凭保险单要求赔偿。

2. 索赔程序

当被保险货物发生属于保险责任范围内的损失时，投保人可以向保险公司提出赔偿要求。按《国际贸易术语解释通则》C 组、E 组、F 组包含的 3 种价格条件成交的合同，一般应由买方办理索赔。按《国际贸易术语解释通则》D 组包含的 5 种价格条件成交的合同，则视情况由买方或卖方办理索赔。被保险货物运抵目的地后，收货人如发现整件短少或有明显残损，应立即向承运人或有关方面索取货损或货差证明，并联系保险公司指定的检验理赔代理人申请检验，提出检验报告，确定损失程度，同时向承运人或有关责任方提出索赔。属于保险责任的，可填写索赔清单，连同提单副本、装箱单、保险单正本、磅码单、修理配置费凭证、第三者责任方的签证或商务记录以及向第三者责任方索赔的来往函件等向保险公司索赔。索赔应当在保险有效期内提出并办理，否则保险公司可以不予办理。

进出口货物在运输途中遭受损失，被保险人(投保人或保单受让人)可向保险公司提出索赔。保险公司按保险条款所承担的责任进行理赔。

索赔的主要程序如下：

(1) 损失通知。被保险人获悉货损后，应立即通知保险公司或保险单上指明的代理人。后者接到损失通知后应立即采取相应的措施，如检验损失，提出施救意见，确定保险责任和签发检验报告等。

(2) 向承运人等有关方面提出索赔。被保险人除向保险公司报损外，还应向承运人及有关责任方(如海关、理货公司等)索取货损货差证明。如果属于承运人等方面责任的，应及时以书面方式提出索赔。

(3) 采取合理的施救、整理措施。被保险人应采取必要的措施以防止损失的扩大，保险公司对此提出处理意见的，应按保险公司的要求办理。所支出的费用可由保险公司承担，但以与理赔金额之和不超过该批货物的保险金额为限。

(4) 备妥索赔单证，提出索赔要求。索赔单证除正式的索赔函以外，还应包括保险单、运输单据、发票，以及检验报告、货损货差证明等。保险索赔的时效一般为两年。

八、货款结算与支付方式谈判

在商品贸易中，货款的结算与支付是一个重要问题，直接关系到交易双方的利益的实现，在不同的支付条件下，尽管表面支付的价格总额不变，但对买方的实际支出和卖方的实际收入可能有很大影响，所以，谈判各方都会在谈判中努力争取对自身有利的支付条件。

微视频 2-7
货款结算与支
付方式谈判

(一) 货款的结算和支付需要注意的问题

(1) 支付手段。货物买卖中的支付手段分为现金结算和非现金结算两种，在国际贸易中大多数采用非现金结算，同时应就采用的票据如汇票、本票、支票等做出明确规定。

(2) 支付时间。支付时间会影响到交易双方的实际收益和风险责任，需根据自身资金周转状况和风险评估情况来商定具体的支付时间，以免日后出现枝节。对分期付款，需明确首付时间及金额，以及之后的分期次数及各期的时间与金额；对延期付款，应明确交货后具体的付款时间和进度。

(3) 支付货币。在国际货物买卖中，还涉及以何种货币计价和支付的问题。一般情况下，应选择兑换比较方便、币值较稳定的货币作为计价和支付货币。由于目前世界上普遍实行浮动汇率制度，在出口谈判中选用汇率呈上浮趋势的"硬货币"；进口谈判中选用汇率呈下浮趋势的"软货币"较为有利。

(4) 支付方式。货物买卖中涉及的支付方式主要有汇付、托收和信用证三种，每种方式又有多种具体形式。不同的支付方式为买卖双方带来的收益和风险也不同，谈判中应结合双方实力对比、对方资信状况和贸易惯例选择合适的支付方式。

(二) 国际贸易中常用的支付方式

1. 信用证支付

信用证(Letter of Credit，简称 L/C)是目前国际贸易中最主要的支付方式，我国目前近70%的进出口货物都是靠信用证结汇完成的。

信用证支付的流程如下：

(1) 申请。进出口双方在交易合同中规定采用信用证付款，为了履行合同，开证申请人(进口商)向当地银行填制开证申请书，依照合同的有关条款填制开证申请书的各项要求，并按照规定交纳押金或提供其他保证，请开证银行开具信用证。

(2) 开证。开证银行审核无误后，根据开证申请书的有关内容，向受益人(出口商)开出信用证并将信用证寄交受益人所在地银行(即通知银行)。

(3) 通知。通知银行收到开证银行开来的信用证后，经核对印鉴密押无误后，根据开证银行的要求编制通知书，及时、正确地通知受益人。

(4) 交单。受益人接受信用证后，按照信用证条款办事，在规定的装运期内装货，取得运输单据并备齐信用证所要求的其他单据，开出汇票，一并送交当地银行(即议付银行)。

(5) 垫付。议付银行按照信用证条款对受益人提供的单据进行审核，审核无误后按照汇票金额扣除应付利息后垫付受益人。

(6) 寄单。议付银行将汇票和有关单据寄交开证银行(或开证银行指定的付款银行)，以索取货款。

(7) 偿付。开证银行(或开证银行指定的付款银行)审核有关单据，认为符合信用证要求的，即向议付银行偿付垫付款项。

(8) 开证银行通知开证申请人向银行付款赎单。

(9) 开证申请人接到开证银行通知后，即向开证银行付款，从而获取单据并凭以提取货物。在信用证的实际操作中，由于业务员专业知识及英语水平层次不一，对信用证特别条款理解不深或理解错误，给企业或所在单位造成不应有的损失的事情时有发生。

一般来说，信用证的内容较为复杂，长句子较多，涉及金融、保险、商检、报运、银行等多项专业知识。信用证的审核人员既需要具备较高的英语水平，又需要多年经验的积累。单证审核是一项专门技术。

2. 汇付电汇

汇付电汇(Telegraphic Transfer，简称 T/T)是汇付的主要形式之一。电汇是指银行应汇款人的申请，由汇出行拍发加押电报、电传或 SWIFT 电文等电讯方式指示其在国外的分行或代理行，要求其解付一定金额给收款人或其指定人的结算方式。

电汇的流程是：

(1) 汇款人电汇申请书并交款付费；

(2) 汇出行返还电汇回执；

(3) 汇出行向汇入行发电传、加押电报；

(4) 汇入行发电汇通知书给出口方；

(5) 出口方签发收据给汇入行；

(6) 汇入行向汇出行打款；

(7) 汇入行向汇出行寄付讫借记通知书。

3. 托收

托收主要包括付款交单(Documents Against Payment，简称 D/P)和承兑交单(Documents Against Acceptance，简称 D/A)两种。

D/P 是付款交单，即我方发货后准备好议付单据，通过我方银行交单至客户方银行，客户方银行提示客户单据已到，客户付款后银行交单。

　　D/A 是承兑交单，也是通过我方银行交单给客户方银行，不同的是客户只需承兑我方单据，就可以拿走正本单据，到期后再付款。

　　D/P 和 D/A 的区别是：D/P 必须付款买单，先交钱后交提单，如果银行私自放单，责任在银行；D/A 方式下，进口商在汇票上承兑××天后支付货款，即可取提单，如果逾期不支付货款，银行无责任。付款交单是跟单托收方式下的一种交付单据方式，出口商的交单是以进口商的付款为条件，即进口商付款后才能向代收银行领取单据。付款交单分为即期交单和远期交单。即期交单是指出口商开具即期汇票，由代收银行向进口商提示，进口商见票后即须付款，货款付清时，进口商取得货运单据。远期交单是指出口商开具远期汇票，由代收银行向进口商提示，经进口商承兑后，于汇票到期日或汇票到期日以前，进口商付款赎单。

　　承兑交单是在跟单托收方式下，出口商(或代收银行)向进口商以承兑为条件交付单据的一种办法。所谓承兑，是指汇票付款人(进口商)在代收银行提示远期汇票时，对汇票的认可行为。承兑的手续是付款人在汇票上签署，批注"承兑"字样及日期，并将汇票退交持有人。不论汇票经过几次转让，付款人于汇票到期日都应凭票付款。

　　以上除即期交单还可以操作外，其他的都风险较大(相对 L/C 而言)，但也存在客户因市场价格等问题而不付款赎单，企业最好与信誉较好、长期交往的老客户采取以上支付方式。

(三) 国际贸易支付工具

　　在国际贸易中，作为支付工具的主要有货币和票据。

1. 货币

　　在国际贸易中，货币可作为计价、结算和支付的手段，但是在国际贸易中以货币作为支付工具的情形却不多见。因为以货币清偿国际债权债务，不仅涉及直接运送大量现金所引起的各种危险和不便，而且会造成资金周转的缓慢。

2. 票据

　　(1) 票据的含义。票据是指以支付一定金额为标的，而依票据法发行的，可以转让流通的证券，即汇票、本票及支票。在国际贸易结算中，一般都使用一定的票据作为支付工具，通过银行进行非现金的结算。

　　票据固然具有代替现金作为流通手段和支付手段的作用，但它本身毕竟不是货币。票据与法定货币的主要区别在于票据所凭借的是发票人、承兑人或背书人的私人信用，它不具有法定货币的强制通用效力。因此，当债务人以法定货币清偿债务时，在法律上称为法偿，债权人必须予以接受。但当债务人拟以票据清偿债务时，则必须征得债权人的同意，或在契约中予以规定，否则债权人可拒绝接受。

　　(2) 有关票据的若干法律问题。票据法属于商事法的一种，由于各国商事习惯不同，各自制定的票据法存在一些分歧和差异，这使得国际流通的票据的解释势必产生冲突，从而阻碍票据在国际上的流通，因此制定统一的票据法就显得非常必要。经过长期的酝酿准备，国际

知识拓展 2-6
支付方式谈判
常用的英文句型

社会终于在 20 世纪 20 年代初期通过了 4 项关于票据的日内瓦公约，即《统一汇票及本票法公约》《解决汇票及本票若干法律抵触公约》《统一支票法公约》和《解决支票法律抵触事项公约》。

九、支付币种谈判

（一）支付币种介绍

任何货币都可以用作国际贸易支付币种，但前提是：如果是 L/C 结算，开证银行应有该货币储备或使用额度，同时收汇的一方能顺利办理结售汇，不是硬通货的货币操作起来一般很麻烦，而且费用也高。因此，美元、欧元、日元，包括现在正在大力推广使用的跨境人民币结算，都是正常可选的国际结算货币。

微视频 2-8
支付币种谈判

（二）汇率

1. 汇率的概念

汇率亦称外汇行市或汇价，是指一国货币兑换另一国货币的比率，是以一种货币表示另一种货币的价格，简单来说，就是用一个单位的一种货币兑换等值的另一种货币。由于各国货币的名称不同、币值不一，因此一国货币对其他国家的货币要规定一个兑换率，即汇率。从短期来看，一国的汇率由对该国货币兑换外币的需求和供给决定。外国人购买本国商品、在本国投资以及利用本国货币投机会影响本国货币的需求，而本国居民想购买外国产品、向外国投资以及利用外汇投机会影响本国货币的供给。长期影响汇率的主要因素有：相对价格水平、关税和限额、对本国商品相对于外国商品的偏好以及生产率。

2. 汇率产生的原因

各国货币之所以能够形成相互之间的比价关系，原因在于它们都代表着一定的价值量，这是汇率的决定基础。在金本位制度下，黄金为本位货币。实行金本位制度的两个国家的货币单位可以根据各自含金量的多少来确定它们之间的比价，即汇率。在纸币制度下，各国发行纸币作为金属货币的代表，并且参照过去的做法，以法令规定纸币的含金量，称为金平价，金平价的对比是两国汇率的决定基础。但是由于纸币不能兑换成黄金，纸币的法定含金量往往形同虚设。在实行官方汇率的国家，由国家货币当局(财政部、中央银行或外汇管理局)规定汇率，一切外汇交易都必须按照这一汇率进行。在实行市场汇率的国家，汇率随外汇市场上货币的供求关系变化而变化。汇率对国际收支、国民收入等都会产生影响。

3. 汇率的表示方法

汇率通常有两种表示方法，即本币汇率和外币汇率。本币汇率和外币汇率是两个相对的概念，它们的升降所产生的经济现象正好相反。

（1）本币汇率。以单位数量的本国货币所能兑换的外币数量来表示，称为本币汇率，在我国称为人民币汇率，即用外币表示的人民币价格，其公式为 100CNY = XX 单位外币。在其他因素不变的条件下，单位数量的人民币能兑换更多的某种外币，表示人民币汇率上升，人民币相对于该种外币升值，而该种外币贬值，外汇汇率下跌，此时有利于我国的进口，不利于出口；单位数量的人民币若能兑换较少的某种外币，表示人民币汇率下降，人民币相对于该种外币贬值，而该种外币升值，外汇汇率上升，此时有利于我国的出口，不利于进口。

(2) 外汇汇率。以单位数量的外币所能兑换的本国货币数量来表示，称为外汇汇率。我国通常采用 100 单位外币作为标准，折算为一定数量的人民币，即用人民币表示某种外币的价格，其公式为 100 单位外币 = XXCNY。当 100 单位外币可以兑换更多的人民币时，外汇汇率上升，外币相对于人民币升值，而人民币贬值，即用人民币表示的外币价格上涨，此时有利于我国的出口，不利于进口；反之，则说明外汇汇率下跌，外币相对于人民币贬值，而人民币升值，此时有利于我国的进口，不利于出口。综上所述，如果人民币贬值，外币升值，那么人民币汇率就会下降，外汇汇率则会上升；如果人民币升值，外币贬值，那么人民币汇率就会上升，而外汇汇率相应下降。

知识拓展 2-7
常用汇率词汇

4. 汇率的标价方法

要确定两种不同货币之间的比价，首先要确定用哪个国家的货币作为标准。标准不同，汇率标价方法也不同。

(1) 直接标价法。直接标价法又称应付标价法，是以一定单位(1、100、1000、10000)的外国货币为标准来计算应付多少单位本国货币，相当于计算购买一定单位外币应付多少本币，所以叫应付标价法。在国际外汇市场上，包括中国在内的世界上绝大多数国家目前都采用直接标价法。例如：日元兑美元汇率为 119.05，即 1 美元兑 119.05 日元。

在直接标价法下，若一定单位的外币兑合的本币数额多于前期，则说明外币币值上升或本币币值下跌，叫做外汇汇率上升；如果用比原来较少的本币便能兑换到同一数额的外币，则说明外币币值下跌或本币币值上升，叫做外汇汇率下跌。这说明外币的价值与外汇汇率的涨跌成正比。直接标价法与商品的买卖原理相似。例如：美元的直接标价法就是把美元外汇作为买卖的商品，以 1 美元为 1 单位，且单位是不变的，而作为货币一方的人民币是变化的。一般商品的买卖也是这样，500 元买进一件衣服，550 元把它卖出去，赚了50 元，商品没变，而货币却增加了。

(2) 间接标价法。间接标价法又称应收标价法，是以一定单位(如 1 个单位)的本国货币为标准来计算应收多少单位的外汇货币。在国际外汇市场上，欧元、英镑、澳大利亚元等均为间接标价法。例如：欧元兑美元汇率为 0.9705，即 1 欧元兑 0.9705 美元。在间接标价法中，本国货币的数额保持不变，外国货币的数额随着本国货币币值的变化而变化。如果一定数额的本币能兑换的外币数额比前期少，表明外币币值上升或本币币值下降，即本币汇率下跌；如果一定数额的本币能兑换的外币数额比前期多，则说明外币币值下降或本币币值上升，即本币汇率上升。这说明外汇的价值和本币汇率的涨跌成反比。因此，间接标价法与直接标价法相反。

直接标价法和间接标价法所表示的汇率涨跌的含义正好相反，所以在引用某种货币的汇率和说明其汇率高低涨跌时，必须明确采用哪种标价方法，以免混淆。

(3) 美元标价法。美元标价法又称纽约标价法，是指在纽约国际金融市场上，除对英镑用直接标价法外，对其他外国货币用间接标价法。美元标价法由美国在 1978 年 9 月 1 日制定并执行，目前是国际金融市场上通行的标价法。在金本位制度下，汇率的决定基础是铸币平价。在纸币流通条件下，其决定基础是纸币所代表的实际价值。

5. 汇率的影响

(1) 汇率对进出口的影响。一般来说，本币汇率降低，即本币对外的比值降低，能起到促进出口、抑制进口的作用。若本币汇率上升，即本币对外的比值上升，则有利于进口，不利于出口。

(2) 汇率对物价的影响。从进口消费品和原材料来看，汇率的下降会引起进口商品在国内的价格上涨。至于它对物价总指数影响的程度，则取决于进口消费品和原材料在国民生产总值中所占的比重。本币升值，其他条件不变，进口消费品的价格有可能降低，从而可以起到抑制物价总水平的作用。

(3) 汇率对资本流动的影响。短期资本流动常常受到汇率的较大影响。当存在本币对外贬值的趋势下，本国投资者和外国投资者就不愿意持有以本币计值的各种金融资产，并会将其转兑成外汇，发生资本外流现象。同时，由于纷纷转兑外汇，加剧外汇供不应求，会促使本币汇率进一步下跌。当存在本币对外升值的趋势下，本国投资者和外国投资者就力求持有以本币计值的各种金融资产，并引发资本内流。同时，由于外汇纷纷转兑本币，外汇供过于求，会促使本币汇率进一步上升。

十、商品检验谈判

国际货物买卖中的商品检验(商检)是指在货物离开或进入一个国家时，要有合同中约定或法律规定的商品检验机构(以下简称商检机构)，对商品的品质、数量(重量)、包装、卫生指标、安全性能、残损情况和货物装运技术条件等进行检验和鉴定，从而确定货物的品质、数量(重量)和包装等是否和合同规定相一致，是否符合交易双方国家有关法律和法规的规定。

微视频 2-9
商检谈判

商品检验是国际贸易中一个相当重要的环节。正是由于商检机构的参与，使得交易双方在有关商品的品质、数量(重量)、包装等方面的争议发生时，可以明确责任的归属，受到损害的当事人得到应有的补偿。可以说，商品检验是使国际商务贸易顺利进行的重要因素和有效保障。

许多国家的法律和有关国际公约都对进出口商品的检验问题做出了明确规定。国际交易中比较常见的商品检验的内容有以下几个方面：品质检验、数量(重量)检验、包装检验、卫生检验、残损检验。除此之外，进出口商品检验还包括船舱检验、监视装载、铅封样品，签发产地证书和价值证书以及委托检验等多项内容。

(一) 商品检验的分类

需要商检的货物可以分为以下几类：

(1) 客户需要商检的货物。客户为保证自己收到的货物和合同订立的一致，会要求对方办理商检并出具商检单。

(2) 我国需要法检的货物。有些国家规定出口货物在出口前必须做商检。

(3) 进口国需要法检的货物。进口国可能对某些国家出口的货物规定必须检验。可以在出口国检验，也可以在进口国检验。

(二) 商检的流程

办理进出口商品检验是国际贸易的一个重要环节。属于法定检验的出口商品必须办理出口商品检验证书。目前，我国进出口商品检验工作主要有四个环节：

(1) 接受报验：报验是指对外贸易关系人向商检机构报请检验。

(2) 抽样：商检机构接受报验之后，及时派人员赴货物堆存地点现场检验、鉴定。

(3) 检验：商检机构接受报验之后，认真研究申报的检验项目，确定检验内容，并仔细审核合同(信用证)对品质、规格、包装的规定，弄清检验的依据，确定检验标准、方法。检验方法有抽样检验、仪器分析检验、物理检验、感官检验、微生物检验等。

(4) 签发证书：在出口方面，凡列入种类表内的出口商品，经商检机构检验合格后，签发放行单(或在出口货物报关单上加盖放行章，以代替放行单)。

1. 进口商检流程

法定检验进口商品是指列入种类表及其他法律、法规规定必须经过商检机构或国家商检局、商检机构指定的检验机构检验的进口商品。除此以外的进口商品为非法定检验进口商品。这两类商品在办理报验手续上有所不同。

法定检验进口商品到货后，收货人或其代理人必须向口岸或到达站商检机构办理进口商品登记手续，然后按商检机构规定的地点和期限向到货地商检机构办理进口商品报验。

非法定检验进口商品到货后，由收货、用货部门直接办理进口通关手续。提货后，可按合同约定自行检验，若发现问题需凭商检证书索赔的，应向所在地商检机构办理进口商品报验。

2. 出口商检流程

(1) 手工填写出境货物报检单并加盖公司公章。

(2) 准备一份商检局发放的检验检疫工作流程登记表。

(3) 如果出口的货物是委托外贸公司或其他代理出口的，应起草一份报检委托书并应有该公司的签名和盖章。

(4) 公司内部准备该出口产品的装箱单、发票、产品测试报告，委托外贸公司代理签约的还应准备销售合同、与国外客户签约的外销合同等资料。

(5) 手工填写商检局发放的质量检验报告，需有相关负责人的签名并加盖公司印章。

(6) 如果产品有外包装(一般为纸箱)，需提供出境货物运输包装性能检验结果单。

(7) 公司的报检员到商检局电子打单处打印出境货物报检单并交付手续费。与原来手写的出境货物报检单仔细核对，有错误立即让打单员更改。

(8) 将电脑打印好的出境货物报检单与其他单据装订在一起并交到申检组完成电脑申请手续。

(9) 将整套单据交给机电组负责人签名并约定时间，商检局会派人员到工厂进行货品抽检。

(10) 商检局按约定时间到工厂，根据公司提供的上述资料进行货品抽检。

(11) 抽检合格后，商检局工作人员将打印一份出境货物换证凭单并签名。

(12) 公司报检员将出境货物换证凭单交到科长室签名后，连同其他单据交到申检组过电脑账。

(13) 公司报检员将整套单据交到计费组计费，将出具的计费单交到收费组，并交费。

(14) 收费组将整套单据交到签证组，签证组确认无误后会出具一张出境货物换证凭条给报检员并收回所有单据备案。

(15) 报检手续结束。

知识拓展 2-8
商检常用的
英文词汇

十一、索赔谈判

在商品交易中，买卖双方常常会因彼此的权利和义务引发争议，并导致索赔、仲裁等情况的发生。为了使争议得到顺利解决，买卖双方在交易洽谈中，对于争议提出的索赔和解决争议的仲裁方式，事先应充分商谈，并做出明确的规定。此外对于不可抗力及其对合同履行会产生影响的事项等，也要做出规定。

微视频 2-10
索赔谈判

索赔是指一方认为对方未能全部或部分履行合同规定的责任时，向对方提出索取赔偿的要求。引起索赔的原因除了买卖中一方违约外，还有因合同条款规定不明确，一方对合同某些条款的理解与另一方不一致而认为对方违约。一般来讲，买卖双方在洽谈索赔问题时，应确定索赔依据、索赔期限和索赔金额等内容。索赔依据是指索赔必须具备的证据或检测机构出示的证据。索赔方所提供的违约事实必须与品质、检验等条款相吻合，而且出证机关要符合合同的规定，否则会遭到对方的拒赔。索赔期限是指索赔方提出索赔的有效期限。索赔期限的长短，应根据交易商品的特点来合理商定。索赔金额包括违约金和赔偿金。只要确认是违约，违约方就得向对方支付违约金，违约金带有惩罚的性质；赔偿金则带有补偿性，如果违约金不足以弥补违约给对方造成的损失，应当用赔偿金补足。

（一）索赔谈判的特点

索赔谈判是指合同义务不能履行或不完全履行时，合同双方当事人进行的谈判。在合同执行过程中经常会由于各种原因出现违约的情况，因此索赔谈判也是一种主要的谈判类型。与合同谈判和意向性谈判相比，这种谈判有针锋相对、紧张激烈，重合同、重证据等四个特点。

1. 针锋相对、紧张激烈

在多数情况下，索赔谈判是由于一方或双方违约造成损失，受损方要求对方赔偿的行为。由于给某一方造成损失，因此在谈判的初始阶段，双方就会摊牌，受损方会提出具体的索赔要求；而另一方马上针锋相对，提出自己的立场。双方的这种较量不同于意向谈判与合同谈判，那种谈判是双方试探、摸底，以求最大限度地满足己方要求的合作。而索赔要求是双方在合作中出现矛盾或重大分歧，给某一方甚至双方造成损失的情况下提出的，双方在感情上、行动上都比较冲动，态度也比较强硬，谈判的气氛自然也比较紧张。由于谈判人员处在解决问题的对立面，因此要达成赔偿的协议十分困难，场面也令人十分不快。许多谈判专家认为，索赔谈判是难度最大的谈判之一。

2. 重合同、重证据

索赔是在合同基础上提出的赔偿要求。因此，必须按照合同条款确定内容，指出对方违约的责任和行为并确定赔偿的金额和形式。合同是判定违约的唯一标准。重证据是指一方向另一方提出索赔时必须在依据合同条款的基础上提供证据以确保索赔成功。例如：指控供货方产品质量有问题，要拿出有关部门提出的技术鉴定书或产品鉴定书；指控卖方不按期交货，必须提供货物运输提单。此外，电传、信件、照片、产品样品、商检证明等，都是提出索赔要求的有关证据，要妥善保存，以备不时之需。

3. 索赔的处理方式是谈判的主要内容

一方提出索赔，总要提出索赔的证据和理由。另一方的反应可能有两种情况：一是承认己方责任，同意赔偿，双方协商赔偿的方式；二是不承认被指控的责任。在第二种情况下，受损方要求索赔可能有两种形式：一是利用自身有利条件，如货款未付，迫使对方同意赔偿，即强行索赔；二是向合同管理机关申请调节或仲裁，甚至向法院起诉。一般而言，索赔有三种形式：协商索赔、强行索赔和第三方干预索赔。如果是前两种情况，索赔主要是通过谈判解决；如果是第三方出面解决，则具有强制性，纠纷双方都要无条件服从。

4. 索赔谈判内容的独特性

索赔谈判内容的独特性主要是指索赔条款的协商与意向谈判、合同谈判有诸多不同之处，具体分为以下几个方面：

(1) 违约的行为是什么。例如：对于产品交易的索赔，买方指责卖方产品质量不合格，双方要弄清楚产品质量是否有问题，证据是什么，是否具有可靠性。

(2) 违约的责任在哪一方。确定产品质量有问题，还要明确责任在哪一方或谁负主要责任。例如：安装的设备发生故障，买方指责卖方产品有问题，而卖方却认为是买方安装或使用不当造成的，这就需要出示各种证据和原始资料，双方坐下来认真分析。

(3) 确定赔偿金额。赔偿的形式和赔偿金额可参照合同规定的违约金、赔偿金，也可以根据双方合作的情况、合同执行情况协商议定。如果确定赔偿金额有困难，可通过第三方仲裁或诉诸法庭。

(4) 确定赔偿期限。赔偿期限的确定也很重要，因为在赔偿过程中，情况很可能发生重大变化，如果不确定赔偿期限，赔偿就可能无任何意义。

(二) 索赔过程

索赔是个长期的任务，贯穿于项目执行的始终，而且涉及知识面广，既包含技术性，又具有艺术性，所以要想获得最大限度的索赔金额，必须成立相对稳定的索赔小组，研究谈判策略，注重每一个细节证据的收集，在坚守一定原则的前提下，灵活机动，最终赢得属于自己的合法利益。

1. 建立索赔小组

索赔小组应当是公司的常设机构，而不是为某次索赔而临时成立。应当说，某一项目的合同管理部门就是索赔小组的雏形，由主管合同的项目副经理负责，成员包括负责付款申请证书的预算人员、负责设计和施工的技术人员、负责对外的公共关系人员和法律顾问人员。索赔小组成员应当专职和兼职相结合，以合同、预算人员为主，辅以技术、公关和法律人员。当然，这些人首先应当具备外语能力，不能设想一个小组就指望一个翻译人员去谈判。

2. 确定索赔目标

以工程索赔为例，谈判前要制定本次索赔要达到的费用和期望值目标。经过详细地测算，一般制定高、中、低三个期望值目标。

(1) 高期望值目标。力争调高单价，获得丰厚利润和最大限度的工期顺延。此时索赔的证据充足，且该项索赔对整个工程影响较大，成功的可能性很大。

(2) 中期望值目标。只对单价进行微调，利润适当，工期索赔没有争议，索赔证据充足。

(3) 低期望值目标。不能调整单价，微利，工期索赔没有争议，索赔证据充足。

3. 关注索赔细节

(1) 时效性：要特别注意索赔的时限条款，及时处理索赔。

(2) 准确性：索赔证据必须真实、可靠，必须是合同实施过程中确实存在和发生的，必须完全反映实际情况；索赔所依据的各种资料和数据必须经过反复核对，准确无误，经得起推敲，不能出现任何差错；索赔数额及其计算方法，不能违反合同条件而虚报。

知识拓展 2-9
外贸索赔谈判常
用的英文表达

(3) 全面性：所提供的材料和证据应能说明事件的全过程，不能零乱和破碎；索赔报告中涉及的理由、事件、过程、影响及索赔额等都应有相关证据。

(4) 关联性：所提供的索赔证据能够前后衔接，不能相互矛盾，要相互关联一致。

(5) 合法性：所提供的文件要具有法律证明效力；证据应是书面材料，有关记录、协议、纪要等必须是双方签署的。

十二、不可抗力谈判

不可抗力通常是指合同签订后，不是由于当事人的疏忽过失，而是由于当事人所不可预见、也无法事先采取预防措施的事件，如地震、水灾、旱灾等自然原因，或战争、罢工、政府封锁、禁运和政府贸易政策变化等社会原因造成的不能履行或不能如期履行合同规定的全部或部分义务的情形。在这种情况下，遭受不可抗力的一方可以据此免除履行合同的责任或推迟履行合同，另一方也无权要求其履行合同或向其索赔。

在国际商务谈判中不可抗力是双方磋商的一项重要内容，应在合同中订立不可抗力条款，其内容一般包括：不可抗力事件的范围、不可抗力的后果、发生不可抗力事件后通知对方的期限和方式、不可抗力的证明文件及出具证明的机构等。其中，对不可抗力事件范围的规定直接关系到买卖双方的利益，是该条款中最重要的内容。

十三、仲裁谈判

仲裁是指买卖双方在争议发生之前或发生之后，签订书面协议，自愿将彼此之间的争议提交双方都同意的第三方(仲裁机构)进行裁决，以解决争议的方式。仲裁裁决一般都是终局性的，对双方均有约束力，双方都必须执行。如果败诉一方不能自觉执行这种裁决，胜诉一方有权向法院提出申请，要求予以强制执行。

在国际贸易中由于仲裁具有气氛比较友好、程序比较简单、所需时间较少、费用比较低廉等优势，而成为通过协商或调解的方式不能解决争议时双方当事人最常用的一种方式。

在国际贸易谈判中，关于仲裁协议谈判时应注意的内容主要有：仲裁地点、仲裁机构、仲裁程序规则和裁决的效力等内容。在双方达成一致后，应作为国际商务合同的条款写入合同中或订立单独的仲裁合同。

第二节 技术贸易谈判

技术贸易是指技术拥有方把生产所需要的技术和有关权利通过贸易方式提供给技术需求方加以使用的贸易。

技术贸易谈判是以技术引进、转让或有偿使用为主要内容的贸易谈判。目前技术作为商品已经成为国际贸易谈判中越来越重要的内容。技术主要有专利、专有技术、技术服务、工程服务、商标、专营权等。

微视频 2-11
技术贸易谈判 1

技术贸易谈判包括上述技术商品的引进与转让和使用，技术贸易的主要方式是许可证贸易、技术贸易、技术所有权的转让。

一、技术转让谈判

技术转让谈判中首先要解决的问题就是确定转让的是什么技术，同时转让双方对转让技术内容的磋商和规定应明确具体。如果转让的是专利技术或商标，应当明确的是转让哪些专利技术和商标使用权、专利和商标权的有效期限有多长等。如果转让的是专有技术，则应说明的是解决哪些问题的专有技术、共有多少项专有技术等。

在根据谈判双方自身的状况确定了可转让的技术或希望获得的技术后，技术转让者，特别是买方的谈判者，还应该努力与对方商谈能够反映转让技术水准的指标并将其体现在合同中。当转让的是专利技术时更应如此，否则就难以避免合同履行过程中的纠纷。为了保障合约双方的利益，特别是买方的利益，技术转让双方应当就转让该项技术所生产的该项产品的技术性能做出明确具体的规定，如使用寿命的长短等。

二、出让方对买方的许可程度的谈判

技术贸易实质上是技术拥有者向技术需求者出让其技术使用权的交易，交易谈判的主要内容就是买方如何获得、使用该技术。这一问题不仅涉及技术转让费用的高低，也关系到交易双方在技术转让后的利益。在谈判过程中，应注意解决技术的使用权、制造权和销售权问题。技术的使用权指的是技术使用的产品范围，技术所能使用的产品范围越多，转让的费用就应当越高。制造权指的是技术使用的组织范围，即哪一个或哪几个工厂或机构拥有使用该技术制造合同产品的权利。技术使用的工厂或机构越多，技术转让费用就应当越多。销售权指利用该技术所生产的产品或服务销售的地区范围。显然，产品销售范围越大，技术转让费用也应当越高。

除了上述所说的技术许可的范围外，还需要注意技术许可的性质。这里所说的技术许可性质指的是技术许可是属于独占许可、排他许可，还是普通许可、可转让许可或交叉许可等。独占许可指在合同规定的区域和时间内，只有技术购买方才可以使用被转让技术。排他许可指在合同规定的区域和时间内，技术买卖双方都可以使用该技术，但是卖方不得再向第三方转让。普通许可指除了买卖双方都可使用外，卖方还可以将技术再转让给第三方。可见，不同性质的许可对出卖技术方和收买技术方的约束不同，因此也就意味着不同的转让代价和利益。

三、出让方传授技术的方式与途径的谈判

确保出让方以适当方式和途径将技术传授给买方，是保证技术贸易顺利进行的必要条件。技术是无形的，有时双方的交易是单纯的技术转让，更多的时候则是技术转让与货物买卖(如与机器设备交易一同进行)。出让方向受让方传授技术的方法主要有向对方提供有关的技术资料，向对方提供技术指导、服务及帮助对方进行人员培训等。对以上问题在谈判中一定要认真磋商，明确界定。

四、技术转让价格谈判

价格也是技术贸易谈判中的重要内容，它直接影响交易双方的经济利益，并与技术贸易中的其他交易条件有着十分密切的联系。但是，由于技术价格很难以成本为基础加成计算，因此技术贸易价格的谈判比货物买卖价格的谈判更为困难。谈判人员必须了解技术贸易价格的特殊性，在了解影响技术贸易价格各因素的基础上，考虑价格的构成要素，选择合适的计价方法。

微视频 2-12
技术贸易谈判 2

影响技术贸易价格的因素包括：技术的有效价值，指受让方引进某项技术，在一定环境和条件下使用所能获得的经济效益和其他效益的大小；技术本身的水平及其受保护的程度；技术市场的竞争状况；许可的类型；计价方式；合同条件等。

技术贸易价格是有关各方谈判的结果，也是多种因素综合作用的结果，除上述各因素外，谈判者的素质和谈判技巧、费用的支付方式、使用货币的种类等也会对技术贸易价格产生一定的影响。

明确价格构成是进行讨价还价的前提条件。一般商品的价格通常由生产成本、流通费用、利润和税金四部分组成，而技术贸易的价格则通常由基本费用、项目设计费、技术资料费、技术服务费、技术培训费等几部分组成。这些内容往往是技术贸易价格谈判的中心

议题。

技术贸易合同价格的计价方法基本可分为三种:

(1) 统包价格。统包价格是出让方一般都希望采取的计价方法。采用这种计价方式时,一般是在合同中就受让方的一切费用规定一个明确的总额。在谈判过程中,出让方通常在估算技术价格各组成要素的基础上报出总价格。

(2) 提成价格。它是采用提成方式计价,意味着交易双方在合同中并不明确规定受让方应向出让方支付的数额,受让方应当支付的技术转让费用根据受让方引进并使用技术后所得收益的一定比例计算。提成比率是指使用技术获益后出让方按什么比率提成。采用提成价格时,应注意提成的比率、以什么金额为基数进行提成,以及提成时间的长短。

(3) 固定价格与提成价格相结合。采用固定价格与提成价格相结合的计价方法,即受让方应该支付的费用分两部分计算。一部分是固定的,在合同中制定明确的具体数额,在合同生效后就要支付,也称入门费或初付费;另一部分则用提成的办法计算。这种计价方法是前两种计价方法的结合,既通过规定固定价格,使出让方肯定能从技术转让中获得一笔稳定的收入,又同时采用提成计价,出让方能获得的全部收益的多少要看技术使用后的情况。采用这种计价方法,双方共担风险,比较合理,有助于促进交易双方在技术转让的过程中密切配合。

五、技术贸易中的支付方式谈判

支付方式的商定与技术贸易价格的计算方式密切相关。在双方决定采用统包价格时,在支付问题上所要讨论的是:采用一次性付清方式还是分期付款方式及支付的具体时间要求等。采用一次付款方式,付款通常安排在受让方对出让方所提供的技术资料验收合格后。这一方式虽然手续简便,但对受让方而言风险很大,在全部技术引进费支付给出让方后,也就失去了一个督促出让方严格履约的手段;而且,由于在技术资料验收后即需付款,技术引进尚未产生任何收益,受让方一次性支付的经济负担也较重。若双方考虑采用分期付款方式,则需讨论整个费用分几期支付,分别必须在什么时间内支付,如在协议生效后支付、技术资料交付后支付、转让的技术注入实际运用后支付,或是在合同产品性能保证期结束后支付等。

当交易双方决定采用提成方式计价时,在支付问题上则同样要处理好支付的时间问题,如多长时间支付一次。双方还需商量好的另一个重要问题是查账方法问题。采用提成方式计价和支付时,出让方有权对受让方生产销售合同产品的状况,包括原材料成本、管理费用、产销量及销售价格等情况进行查实。双方应商定合适的查账时间、程序、内容等。

六、技术侵权和保密的谈判

侵权和保密是技术贸易谈判中的特殊内容。专利技术和商标的转让有可能涉及侵权。由于专利法有地域性,若在专利法保护范围内的区域内(如 A 区),有第三方 (如丙方)获得某项专利在该地区使用的合法权利,则若当事人甲、乙双方在 A 地交易或甲、乙中的某一方在 A 区域内利用专利技术生产或销售产品,就可能造成对丙方的侵权,侵犯丙方的专利权。因此,在专利技术转让谈判中,当事双方应就侵权问题进行磋商,划分清楚侵权责任。

出让方则应确保其转让的技术或商标在特定地区内享有专利和商标保护权。

专有技术是没有公开的技术秘密，其一旦被公开，技术的所有者和使用者都可能会蒙受重大的损失。因此，在专有技术转让谈判中，双方应对技术转让过程中保密的范围、措施及期限等达成明确的协议，包括对接触保密文件的人员的规定、双方各自对对方的保密责任及造成泄密的处罚甚至赔偿办法等。

第三节　组建合资企业谈判

组建合资企业的谈判是各国商务活动中十分普遍的谈判。跨国公司为了获得进入新市场的通道、降低企业生产成本、获得廉价资源等，往往会组建合资企业。随着一个国家内部经济及整个全球经济一体化进程的不断加快，国内企业与不同国家企业之间组建合资企业的情况越来越普遍。然而，要成功地组建合资企业，实现合作双方的目的，并非易事。要使组建合资企业的活动取得良好的效果，就必须处理好整个组建过程的每一个环节，为此必须进行组建合资企业的谈判。建立合资企业的谈判涉及许多问题，在这里我们主要掌握以下关键问题。

微视频 2-13
组建合资
企业谈判 1

一、界定合资各方股权比例的谈判

合资企业各方的股权比例是谈判双方要考虑的第一个关键议题，它涉及如下三个方面的问题：

（1）合资双方在企业中的股权比例。投资者在合资经营企业中持有的股权不同，对企业的控制程度也不相同。跨国公司对合资企业的控制权可分为多数控权、对等控权和少数控权。企业中股权比例的大小是按投资比例来确定的。所谓出资比例，即在拟建的合资企业注册资本总额中合作各方所占的份额。合资各方出资比例的高低决定了合资各方所享受的收益和所承担的风险。

（2）合资企业的效益前景。在考虑出资比例时，一个十分重要的方面是合资企业未来的效益状况。合资企业未来经营的效果好，自然就应当多投资，争取在总资本中占据较大的份额；反之，合资企业未来效益一般，投资的机会成本较高，如果做较大规模的投资应选择在总资本中占据较小的份额。有鉴于此，谈判者在合资谈判开始之前，应当对合资企业未来运营的政治和经济、技术、政治、文化、法律环境等进行仔细的研究，对合资经营的收益前景进行科学的分析预测，作为确定出资比例的依据，并在谈判中据理力争。

（3）风险评估。在考虑出资比例时，合资经营风险也是应当考虑的因素之一。合资企业通常采取有限责任公司的形式，因此，投资者可能遇到的风险是有限度的，最大的损失额是所投入的本金。但在很多情况下，对许多企业来说，这种损失仍然是难以承受的。不仅如此，还必须考虑到合资企业失败对母公司的形象可能产生的不利影响。以商标出资为例，如果合资企业经营失败，以商标出资的一方就可能面临着其商标无形资产的价值在某一区域市场贬值的风险。因此，在谈判阶段，企业就应当仔细评估拟组建的合资企业可能面临的各种风险，包括商业风险、政治风险、文化风险等。当评估的风险较大时，保持较低的出资比例是明智的选择。

二、合资企业规模的谈判

规模决定效益，同时也与双方在合作过程中所应投入的多少有直接的关系。合资双方在决定拟组建的合资企业的投资规模时，应考虑两大因素：

(1) 自身的投资能力。双方共同出资建立一个新的企业，这种投资必须是母公司能够承受的。从自身的能力来考虑，不仅要考虑到目前本企业所拥有的能力，还要考虑到在组建合资企业过程中的各种资源需求。因为，在组建合资企业的过程中投资可能会不断增加，如果投资企业在项目中后期发现自己无法承受追加投入时，就会处于骑虎难下的境地。

(2) 生产规模。在投资规模有限而生产规模也较有限时，合资企业就很难以较低的成本从事生产，也很难取得理想的规模效益，导致缺乏以低成本与竞争者进行竞争的能力。

三、合资双方出资方式的谈判

出资方式即合资企业的投资者投入其所承诺资金的形式。从合资企业实践考察，国外合营者多数提供机器设备和零配件、工业产权、专有技术和现金，中方合营者主要提供场地使用权、厂房、配套设备、原材料和现金。在有关出资方式的谈判中，投资各方需要达成一致的主要包括：双方各以哪些方式出资，以不同方式所提供的投资在总投资中的比例，以及在采用非货币方式出资时怎样合理确定实物、土地及工业产权的作价和资本转移到公司的方式等。

(1) 货币出资。货币出资是一种普遍的投资形式。一些国家为了保证必要的现金投入，要求国外投资者投资一定比例的货币，具体比例由双方协商确定，但要注意不同国家的法律规定的差异，原则上要求所投入的现金能保证合资经营企业正常生产和经营的现金周转。

(2) 实物、知识产权出资。实物出资包括出资方以有形资产作为投资形式。知识产权主要包括商标权和专利权及专有技术。合资各方以实物和工业产权投资时，对实物和知识产权作价是一个十分重要的问题，实物作价时应当根据公平合理的原则，对投入实物和工业产权应当逐项报价，并提供作价清单；对实物价值的评估应当准确，由参与合资各方协商同意后予以确认。同时要明确实物和工业产权如何转移、使用及使用后归属等相关事宜的处理方法。

(3) 场地出资。以场地投资是我国针对国外投资者使用技术出资时提出的对等条件。在使用场地作为投资时，场地使用费的高低关系到是否对国外投资具有吸引力，关系到是否有利于节约使用土地。如果场地使用费过低，可能造成合资企业多占土地，浪费土地；场地使用费过高，则对国外投资者缺乏吸引力。一般场地使用费由土地使用费和场地开发费两部分构成。土地使用费是合资经营企业在经营期内向国家逐年缴纳的有偿使用土地的费用。场地开发费是指因使用土地而发生的征地、补偿、拆迁、安置费和为企业配套的公共设施应分摊的费用。场地使用费标准是根据场地的用途、地理环境、征地拆迁安置费、合营企业对基础设施的要求、使用年限、不同地区、不同产业等因素加以确定的。合资企业场地使用费通常按单位面积计算，并根据使用的时间逐年计算。

四、合资企业年限的谈判

合资年限涉及合资双方需要做出各种投入的时间和能够享受合资收益时间的长短，谈判者通常应根据投资回收期的长短和投资的主要目的等来确定在合资年限问题上应当坚持的条件。例如，寻求较长的合资年限一般是在合资企业的投资规模很大、投资回收期很长时；或需要较长的时间掌握某种先进技术；或为了达到一定的生产规模等。当合资企业存在的不确定性因素较多且不确定程度较高时，可寻求较短合资年限，同时要注意企业所在地的国家法律对合伙企业年限的规定。例如，我国合资企业法规定合营各方根据所在行业的特点及具体情况，在合同中约定为有期限的合营或无期限的经营，如约定有期限的合营，合营期满各方同意延长的需在合营期满六个月前向审批机关提出延长申请。

五、合资企业组织机构的谈判

董事会是合资经营企业的最高权力机构，决定合资企业的一切重大问题。董事会的组成人员在谈判时就要确定。董事会成员不得少于三人，董事会设董事长一人，副董事长一至两人，由合营各方协商确定或由董事会选举产生。一般合营各方委派的董事人数应照顾到各方的出资比例。董事的任期一般为四年，任期届满，经合营方继续委派可以连任。董事长是合资企业的法人代表。为避免合资企业运转过程中的纠纷，在谈判阶段，必须明确哪些问题需要由董事会决策，哪些问题的决策需要得到全体董事一致同意才能通过(如修改合资企业章程、合资企业与其他企业合并等)，哪些问题的决策只需要多数出席董事会的董事(如三分之二或简单多数)同意即可等。

总经理是董事会领导下合资企业日常事务的最高领导人。董事会的决策意图主要靠总经理组织贯彻和实施。在谈判过程中，双方必须要商定由谁任总经理，如由合资双方中的某一方担任还是招聘第三方担任。通常情况下，由某一方派出的人员担任总经理很容易偏向于其所代表的母公司的利益；而从外界聘请的独立于合资双方母公司利益的第三方担任总经理方能较为公正地代表合资各方的利益。但是，不论什么人出任合资企业总经理，为使其在工作中较好地贯彻董事会的意图，同时也为便于经理人工作的开展，在谈判阶段即应基本明确董事会与总经理之间的决策权限分工，明确经理人在哪些问题上有决策权，哪些问题必须要经过董事会的同意，明确在合资企业运转过程中应怎么对总经理进行考核和评价及调换等。

除此以外，在合资企业谈判中，还应就企业的解散特别是面临特殊情形时的终结以及合资企业中的某一方退出，增加合资企业出资方的程序及相应的问题解决等达成一致。

在国际商务谈判中，除了以上几项内容的谈判外，还有其他的一些谈判内容。

1. 投资谈判的内容

投资谈判是指谈判的双方就其共同参与或涉及的某些投资活动所涉及的有关投资周期、方向、方式、内容、条件、投资项目的经营、管理以及投资者在投资活动中的权利、义务、责任等内容进行的谈判。

2. 租赁业务谈判的内容

租赁谈判是指本国企业即承租人从国外租用机器和设备而进行的谈判。它涉及机器设备的选定、交货、维修保养、到期后的处理、租金的计算和支付以及在租赁期内租赁公司和承租企业双方的责任、权利和义务关系等问题。

3. 服务项目谈判的内容

服务贸易是指一国以提供直接服务活动形式满足另一国某种需要以取得报酬的活动。在目前国际贸易的现实中服务项目呈现出多样化的趋势，因此服务项目的谈判也就成了国际商务谈判的重要组成部分。服务项目谈判的内容包括以下几个方面：

(1) 劳务合作项目的谈判内容，主要包括劳动力的供求层次、职业、工种、素质、技术水平、数量、劳动条件、劳动地点、劳动工资、教育培训、劳动保护、劳动保险和福利等。

(2) 旅游服务项目的谈判内容，主要包括旅游地区、旅游景点、交通工具、食宿条件、导游服务、旅游时间、旅游费用、退费规定、旅游购物、违约责任、安全保险等。

(3) 会务服务项目的谈判内容，主要包括会务地点、会务内容、人员层次、会务档次、会务时间、会费标准、食宿条件、交通服务、安全保障、违约责任等。

(4) 咨询服务项目的谈判内容，主要包括咨询事项、收费标准、完成的时间、质量要求等。

(5) 教育服务项目的谈判内容，主要包括教育层次、培养目标、教学内容、师资状况、教学设施、食宿条件、学习时间、学费标准、杂费项目、安全管理、退学管理、证书性质、违约责任等。

本 章 总 结

本章着重介绍了国际商务谈判的内容。国际商务谈判主要包括国际商品贸易谈判、国际技术贸易谈判、组建合资企业谈判、国际租赁业务谈判、国际服务项目谈判等，其中以国际商品贸易谈判为主。但随着国际贸易的发展，商品贸易以外的贸易比重在不断增加，贸易谈判桌的内容也更加广泛。在国际商品贸易谈判中主要包括商品的品质、数量、价格、商品包装、商品运输与交付、货款结算及支付方式、支付币种、商品运输保险、商品检验及其发生违约后的索赔与理赔谈判和争议发生后的仲裁问题谈判等内容。

知 识 强 化 训 练

一、重点概念题

1. 商品品质　　　　　2. 商品规格　　　　　3. 商品检验

4. 汇率　　　　　　　5. 电汇　　　　　　　6. 技术贸易谈判

二、单项选择题

1. 商务谈判的核心的内容是(　　　)。

A. 商品品质　　　　　　　　　　B. 商品数量

C. 商品价格　　　　　　　　　　D. 商品检验

2. 在国际商务谈判中双方最关心的问题是(　　　)。

A. 商品品质　　　　　　　　　　B. 商品数量

C. 商品价格　　　　　　　　　　D. 商品检验

3. 确定买卖商品的数量，首先要根据商品的性质，明确(　　　)。

A. 商品品质　　　　　　　　　　B. 规格等级

C. 商品价格　　　　　　　　　　D. 计量单位

4. 在不可抗力条款中，直接关系到买卖双方的利益，是该条款中最重要的内容的是(　　　)。

A. 不可抗力事件的范围　　　　　B. 不可抗力的后果

C. 发生不可抗力事件后通知对方的期限和方式

D. 不可抗力的证明文件及出具证明的机构

5. 在国际贸易争议解决方式中，由于具有气氛比较友好、程序比较简单、所需时间较少、费用比较低廉等优势，而成为双方当事人最常用的解决争议的方式是(　　　)。

A. 友好协商　　　　　　　　　　B. 调解

C. 仲裁　　　　　　　　　　　　D. 诉讼

6. 在下列技术贸易价格的计价方法中，一般认为比较合理的是(　　　)。

A. 统包价格　　　　　　　　　　B. 提成价格

C. 固定价格与提成价格相结合　　D. 加成价格

三、多项选择题

1. 在国际商务谈判中关于商品的包装，主要应当明确的问题有(　　　)。

A. 包装的材料　　　B. 包装的形式　　　C. 包装的费用

D. 包装的设计　　　E. 包装的标识

2. 在国际贸易谈判中关于仲裁协议谈判时应注意的内容主要有(　　　)。

A. 仲裁地点　　　　B. 仲裁机构　　　　C. 仲裁时间

D. 仲裁程序规则　　E. 裁决的效力

3. 国际贸易中比较常见的商品检验包括(　　　)。

A. 品质检验　　　　B. 数量(重量)检验　　C. 包装检验

D. 卫生检验　　　　E. 残损检验

4. 技术贸易谈判的主要内容包括技术商品的(　　　)。

A. 技术商品的研发　　B. 技术商品的引进　　C. 技术商品的转让

D. 技术商品的有偿使用　E. 技术商品的输出

5. 在国际商务谈判中，关于商品货物买卖的支付方式主要有(　　　)。

A. 汇付　　　　　　B. 托收　　　　　　C. 汇票

D. 信用证　　　　　E. 支票和本票

6. 选择合理的运输方式，应考虑的主要因素是(　　)。

A. 商品的特点　　　　B. 运货量大小　　　　C. 各种运输方式的特点

D. 自然条件　　　　　E. 装卸地点

7. 技术贸易的价格则通常由(　　)等几部分组成。

A. 基本费用　　　　　B. 项目设计费　　　　C. 技术资料费

D. 技术服务费　　　　E. 技术培训费

四、简答题

1. 国际商务谈判主要有哪些内容？

2. 简述影响国际商务谈判的商品价格的因素有哪些。

3. 简述商品品质的标示方法有哪些。

4. 在国际商务谈判中，关于商品的运输和交付应注意哪些问题？

5. 国际货物买卖合同中的索赔条款通常规定的方法有哪些？

6. 在国际货物买卖中商品检验主要有哪些内容？商品检验的作用是什么？

7. 简述创建合资企业谈判的主要内容。

8. 简述技术贸易谈判的主要内容。

五、案例分析题

中美制药企业合资谈判中的法律问题谈判

1. 谈判主体

中方：中国中华堂制药有限公司

美方：美国埃姆根制药有限公司

2. 谈判背景介绍

医药行业具有典型的"四高一长"的特点，即高技术、高投入、高风险、高回报和长周期，一项新药在研发阶段需要投入大量的资金，然而一旦开发成功则有很长的回报期。因此国际上对新药品的知识产权的保护也十分严格，一般专利药的保护期为20年。我国政府在与美国签署的入世协议中，在医药行业方面的五个承诺中第一条就是保护药品的知识产权。这意味着在我国入世后，中国制药企业在今后面临着三种选择：一是支付高昂的专利费用，大约每项专利在500~600万美元之间；二是仿制国外已超过20年专利保护期的药品；三是依靠自己的力量开发Ⅰ类新药。三种选择中虽然第三种是根本出路，但是受技术、资金、人才等各方面影响，在短期内还很难见效，因而采取合资经营方式对于中国企业来说是一个尽快获得药物专利技术、开发新药、占领市场的较好选择。

2005年一项投资总额为5000万美元的合资谈判在中国一家制药公司——中华堂和一家美国公司埃姆根之间展开。此次谈判对中美双方的公司都关系重大，因为中方需要利用美方的专利和专有技术推出新药的生产，并利用美方的技术声誉开发市场。中方的合作伙伴埃姆根公司是美国最著名的制药公司之一，拥有多项专利技术，然而它所拥有的许多专利技术即将或已经到期，因此美方希望通过技术和品牌的投资延长本企业的技术生命周期，获取技术利润，同时利用中国制药企业的低成本实现产品销售高回报的目的。

双方经过上一轮的谈判已经达成初步合作意向，并在产品的市场利益分配方面达成协议，即合资企业产品45%由美方负责出口外销，55%由中方负责内销，中美各自决定产品的销售方式、渠道与品牌的使用。

3. 出资方式与作价谈判

下一轮谈判双方进入合资企业出资方式与作价谈判阶段，这也是合资企业谈判中最关键的部分，因为出资方式和作价直接与双方的责任和利益相关，是合资企事业谈判中的焦点和关键点。

(1) 美方的谈判要求和目的。美方在谈判中提出以工业产权进行投资，包括5项专利技术、2项专有技术和商标等工业产权作为合资企业的出资方式。美方提出使用工业产权合资投入符合中国的合资企业法。美方规定了各项专利技术的价格和计价方法，同时规定了技术指导、技术咨询和检查等的费用。美方还提出其商标在国际上享有信誉，而且商标已经在中国注册，受到中国法律的保护，使用时必须付费。但是在技术的先进性方面，美方提出其无法保证合资企业技术的先进性。因为使企业达到国际标准的因素是多方面的，美方无法单方面进行控制。但是，美方努力确保技术的先进性和达到国际标准。

美方的谈判目的是尽可能提高其工业产权在合资企业中所占股权的比例，以使其从中获得最高的收益。

(2) 中方的谈判要求和目的。同意美方以工业产权作为投资方式，但是按照《中华人民共和国中外合资经营企业法》第五条规定，它的价格要由各方评议确定。美方使用工业产权作为投资将在未来的企业回报中坐收红利，因而其产权所占的股权比重越大，收益就越高。中方需要根据美方提出的工业产权构成，即专利技术、专有技术、商标使用和技术指导、咨询等分别进行商谈。

中方的谈判目的是尽可能降低美方使用工业产权作为投资方式所占股权的比例，以增加自己在未来企业收益中分配的比例。

4. 双方谈判的最终目的

由于谈判对于双方都十分重要，因此双方都不愿意看到谈判无果而终，双方都希望在出资方式和作价这个关键环节达成协议。

问题：请根据合资企业谈判的有关要求，谈一谈这一中美制药合资企业的谈判主要应包括哪些内容？在谈判中要注意什么？

实 践 技 能 训 练

训练项目一　商品品质谈判实训

1. 实训目的

(1) 进一步强化学生对国际商务谈判中有关商品品质方面内容知识要点的掌握。

(2) 提高学生关于商品品质方面谈判必要性的认识。

(3) 使学生明确在商品品质谈判中应把握的要点，初步掌握和运用必要的谈判技巧。

(4) 培养和锻炼学生的分析能力、观察能力、组织能力和语言表达能力。

2. 实训要求

(1) 在课上 1～2 个课时，课下 2～4 个课时。

(2) 要求每个小组有组长并对组员进行分工，每个学生都要有相应的任务。

3. 实训内容

(1) 根据班级人数把学生分组，以 5 人左右为宜。

(2) 每组学生自己去现实中或网上寻找 1～2 个关于商品品质谈判的案例，对案例中关于商品品质谈判的内容进行分析，指出其中的关于商品品质的构成、标示、谈判的语言和策略技巧并分析其利弊得失。

(3) 先在小组内讨论，形成小组意见，派出代表到全班演讲，在演讲结束后进行简单的讨论，大家可以补充、修正其内容和观点，老师做好点评。

4. 实训考核

表 2-1　实训项目考核表

考核内容	分　数	得　分
态度是否端正	10	
发言是否积极	10	
语言是否流畅	20	
观点是否正确	20	
创新是否突出	20	
知识把握是否准确	20	
合　计	100	

训练项目二　商品买卖谈判实训

1. 实训目的

(1) 进一步强化学生对国际商务谈判中关于商品贸易谈判具体知识要点的掌握，了解国际商品贸易谈判的具体环节。

(2) 提高学生关于商品贸易谈判必要性的认识，使学生明确在商品贸易谈判中应把握的关键点，初步掌握和运用必要的谈判技巧。

(3) 培养和锻炼学生的分析能力、观察能力、组织能力和语言表达能力，对学生基本的谈判能力进行训练。

(4) 使学生熟悉商务谈判的准备和谈判的具体过程，感受商务谈判的气氛，为将来参加正式的商务谈判奠定基础。

2. 实训要求

(1) 在课上 2～3 个课时，课下 4～6 个课时。

(2) 要求每个小组有组长并对组员进行分工，每个学生都要有相应的任务。

(3) 在商务谈判实训室或布置简易的谈判场地来模拟商务谈判。

3. 实训内容

(1) 根据班级人数把学生分组，以 3～5 人为宜，或从全班选择 6～10 人组成相对谈判组，分别扮演买方和卖方。

(2) 选择某一种商品和某一个国家谈判对手来进行商品买卖的谈判，根据所学国际商品买卖的谈判环节和要求进行谈判前的准备。

(3) 在准备完成后进入实训室，进行模拟谈判。在谈判中一定要注意抓住商品买卖谈判中关于商品的品质、数量、价格、包装、运输与交付、货款结算及支付方式、保险、检验及发生违约后的索赔谈判和争议发生后的仲裁等环节进行，注意谈判的语言和策略技巧的运用。

(4) 没有参加谈判的同学观摩，在谈判结束后进行讨论，大家可以补充、修正其内容和观点，对每个成员进行点评，最后老师做点评。

4. 实训考核

表 2-2 实训项目考核表

考核内容	分 数	得 分
态度是否端正	10	
发言是否积极	10	
语言是否流畅	20	
观点是否正确	20	
创新是否突出	20	
知识把握是否准确	20	
合 计	100	

第二篇

国际商务谈判的基本能力

第三章　国际商务谈判的沟通方式和技巧

【学习目标】

1. 知识目标

(1) 了解商务谈判中沟通的含义和语言的类型。

(2) 掌握国际商务谈判中各种沟通方式和技巧的相关知识。

(3) 了解国际商务谈判中身体动作语言和特殊语言现象所表达的情绪、情感和态度。

(4) 熟悉国际商务谈判中需注意的语言问题。

2. 能力目标

(1) 能够针对国际商务谈判中不同的情况，选择合适的沟通方式和技巧。

(2) 能够准确识别和有效运用国际商务谈判中身体动作的语言和特殊语言现象所表达的情绪、情感和态度。

3. 素质目标

(1) 培养学生察言观色的本领。

(2) 培养学生不卑不亢、灵活变通、张弛有度、处变不惊的谈判作风和职业素质。

第一节　国际商务沟通及沟通语言

一、沟通与国际商务沟通的含义

沟通一词原译自英语 Communication，从翻译角度又可译为传达、通信、交换、交流、交通、交际、交往、沟通等。在汉语词汇中，沟通的原意为通过开沟使两水相通。目前对沟通的定义，据不完全统计有 150 多个。综合这些定义，我们将沟通定义为不同个体或组织之间围绕各种信息所进行的传播、交换、理解和说服的行为或过程。沟通不仅仅局限于信息的传播和交换，其核心在于"通"，即理解、说服并采取行动。

人类社会是一个群体社会，人际沟通是人类沟通中最重要、最基本的沟通之一，其目的在于分享信息、传达意见、交流思想、表示态度、交流感情、表达愿望。在商务活动和国际商务活动中沟通也是必不可少的。国际商务沟通是指在国际商务活动中，不同国家的谈判者运用彼此所能听懂的语言，进行交流、协商、说服，以实现谈判目的的行为和过程。

　　国际商务沟通是一种跨文化沟通。在人类的发展中，不同文化背景的人在历史系统、思维方式、思想观念、生活环境、生活习惯、禁忌喜好、宗教信仰、工作理念、商业伦理、经济状况、受教育水平等方面存在明显的差异。这些差异表现了一个民族、一个国家、一个地区特有的文化。在相同文化地域内的沟通称为同文化沟通。在不同文化地域之间交流沟通称为跨文化沟通。随着国际贸易范围的不断扩大，特别是经济全球化的发展，不同文化之间的沟通更为密切和频繁，商务沟通也从同文化沟通进一步发展成为跨文化沟通，使得文化上的差异表现得更为明显。这种文化背景的差异使得人们在沟通过程中对同一现象或信息在表达方式或解读方式上会产生明显的差异。因此在国际商务谈判中更应充分注意不同的文化对沟通和谈判的影响，通过适当的策略和技巧保证国际商务沟通的有效和顺畅。

二、国际商务谈判沟通的原则

　　顺畅有效的沟通是商务谈判顺利进行的有力保证，为了更有效地进行沟通，在沟通过程中谈判各方必须遵循一些基本原则，包括准确、清晰、有建设性、简明、完整和礼貌等。

1. 准确

　　准确(Correct)是衡量信息质量的最重要的指标，也是决定沟通结果的重要指标。不同的信息往往会导致不同的结论和沟通结果。准确包括多个层面，首先是信息发出者头脑中的信息要准确，其次是信息的表达方式要准确，特别是不能出现重大的歧义，这种歧义既包括信息发出者表达方式造成的歧义，也包括文化差异对同一语言信息理解上的歧义。

2. 清晰

　　清晰(Clear)是指表达的信息结构完整、顺序有致，层次分明，能够被信息接收者完整、全面、系统、准确地理解。

3. 有建设性

　　有建设性(Constructive)实际上是对沟通的目的性的强调。沟通的目的是促进沟通双方的信息传播，态度、观念的转变以及可能采取的行动。因此，沟通中不仅要考虑所表达的信息要清晰、简明、准确、完整，还要考虑信息接收方的态度和接收程度，力求通过沟通使对方的态度有所改变。

4. 简明

　　简明(Concise)是指表达同样多的信息要尽可能占用较少的信息载体容量，这样做既可以降低信息保存、传输和管理的成本，也可以提高信息使用者处理和阅读信息的效率。

5. 完整

　　完整(Complete)也是对信息质量和沟通结果有重要影响的一个因素。人们熟知的"盲人摸象"的故事，讲的就是片面的信息导致判断和沟通错误的一个很生动的例子。因此，无论是信息发布，还是信息的接受都必须注意信息的完整性，避免以偏概全或挂一漏万。

6. 礼貌

　　礼貌(Courteous)是指在沟通中彬彬有礼，以礼待人。情绪和感觉是影响人们沟通效果的重要因素。礼貌得体的语言、姿态和表情能够在沟通中给予对方良好的第一印象甚至可产生移情作用，有利于沟通目标的实现。相反，不礼貌的语言和举止会使沟通无法进行下去，更不要谈达到沟通的目标了。

以上六个沟通原则在英文中都是以字母 C 开头的，因此可以简称有效交流的"6C"原则。

三、国际商务沟通中语言的类型

语言是人类交流和沟通的基本工具。语言沟通是人们使用最普遍、最广泛的沟通方式，在商务谈判和国际商务谈判中语言也同样是不可替代的沟通工具。

商务沟通的语言多种多样，从不同的角度或依照不同的标准可以把它分成不同的类型。同时，每种类型的语言都有各自运用的条件，在商务谈判中必须相机而动。

1. 依据语言表达的形式不同分类

依据语言表达形式的不同，商务谈判语言可以分为有声语言、无声语言和书面语言。

(1) 有声语言。有声语言一般理解为口头语言，是通过人的发音器官来表达的语言。这种语言是通过人的听觉来传递信息、交流思想的。有声语言是谈判中表达意图、交流信息的主要方式，因此是谈判的主体语言。

(2) 无声语言。无声语言又称为行为语言或体态语言，是指通过人的形体、姿态等非发音器官来表达的语言，一般理解为身体语言。这种语言是借助人的视觉来传递信息、表示态度、交流思想的。商务谈判中，在运用有声语言的同时巧妙地运用无声语言，可以产生珠联璧合、相辅相成、绝妙默契的效果。

(3) 书面语言。书面语言是指以字和义结合而成，以写和读为表达方式的语言，是口头语言的文字符号形式等。与生活化的口头语言相比，书面语言要更加正式，也更严谨。书面语言也可使所要表达的意思更清晰、有条理，最方便的一点就是大脑所记不住的可以以书面的形式记录下来。如此一来，书面语言便成了人们记录难以记住的东西的载体。书面语言是将声音转化为文字，靠文字记录书写的一种语言符号系统，是隐含着语音而无声响的语言。书面语言既无声响，就不能靠听觉去感知，它是靠视觉所能感知的语言形式。因此阅读是理解书面语言最重要的形式。理解书面语言应该是理解语言所表达的内容和理解语言表现形式的统一体。

2. 依据语言表达的特征分类

依据语言表达的特征来分类，商务谈判语言可分为专业语言、法律语言、外交语言、文学性语言、军事性语言等。

(1) 专业语言。专业语言是指在商务谈判过程中使用的与业务内容有关的一些专用或专门术语。谈判业务不同，专业语言也有所不同。例如，在国际商务谈判中，有 FOB 价格、CIF 价格等专业用语；在产品购销谈判中，有供求市场价格、品质、包装、装运、保险等专门用语；在工程建筑谈判中有造价、工期、开工、竣工、交付使用等专业用语。这些语言的特征是简练、明确、专业，有一定的针对性。

(2) 法律语言。法律语言是指商务谈判中所涉及的有关法律规定的用语。商务谈判业务内容不同，要运用的法律语言也不同。每种法律语言及其术语都有特定的内涵，不能随意解释和使用。通过法律语言的运用可以明确谈判双方各自的权利与义务、权限与责任等。

(3) 外交语言。外交语言是一种具有模糊性、缓冲性和圆滑性特征的弹性语言。例如，在商务谈判中常说的"互利互惠""双方互惠""可以考虑""深表遗憾""有待研究""双赢"等，均属外交语言。外交语言要运用得当，如果使用过分容易让对方感到合作诚意不足。在商务谈判中使用外交语言既可满足对方自尊的需要，也可以避免己方失误；既可以说明问题，还能为下一步谈判的进退留有余地。

(4) 文学性语言。文学性语言是具有明显的文学特征的语言。这种语言的特征是生动、活泼、优雅、诙谐、富于想象、有情调。在商务谈判中如果较好地运用文学性语言既可以生动形象地说明问题，也可以调节谈判的紧张气氛，使谈判在轻松愉快中进行。

(5) 军事语言。军事语言是一种带有命令性的用语。这种语言的特征是干脆、利落、简洁、坚定、自信、铿锵有力。在商务谈判中，适时运用军事性语言可以起到增强信心、稳定情绪、稳住阵脚、加速谈判进程的作用。但如果运用不当易让对方感觉有强制性、命令性，难于接受，造成紧张的谈判气氛，在谈判中一般不会轻易运用。

四、语言沟通艺术在商务谈判中的作用

管理学家哈里·西蒙曾说过："每一位成功的人士都是一位出色的语言表达者。"成功的商务谈判都是谈判各方出色运用语言艺术进行沟通的结果，因此语言沟通艺术在商务谈判中起着十分重要的作用。

1. 表达观点的有效工具

在整个商务谈判过程中，谈判人员要把自己的判断、推理、论证的思维成果准确地表达出来，传递给对方，必须出色地运用语言工具。同样的观点，通过不同的语言表达，其达到的效果可能就不一样。比如，在谈判中，如果通过行为语言表现出己方的急躁情绪，对达成协议表现得很急迫，那么，对方就可能利用我们的弱点，逼我们就范。如果在谈判场上表现得不急不躁，根据价格的高低并比较各方面的条件来决策，那么就可以在谈判中处于比较主动的地位，达成有利于己方的协议。

2. 通向谈判成功的桥梁

在商务谈判中，恰当合理地运用语言文字来表达思想、陈述问题，就可以使对方有兴趣并乐于听下去；否则，对方就会觉得是陈词滥调，不感兴趣，甚至产生反感、抵触情绪。许多谈判的实践经验还告诉我们，面对冷漠的或者不合作的谈判对手，通过恰当的语言艺术，可以使对手变得热情起来。

3. 实施谈判策略的主要途径

实施谈判策略，必须讲求语言艺术。在商务谈判中，许多策略都需要辅之以比较高超的语言技巧与艺术。扮演"黑脸"的谈判人员，既要态度强硬、寸步不让，又要以理服人；既要"凶狠"，又要言之有理，保持良好的形象。在谈判中，态度强硬不等于蛮横无理，平和的语气、稳重的语调、得体的无声语言，往往比蛮横无理更具有说服力。扮演"白脸"的谈判人员，既要态度温和，对对方有吸引力，又要适当地提出富有挑战性的条件，为后期的谈判做好铺垫。在商务谈判中，"白脸"与"黑脸"谈判人员正是通过语言艺术来实

施"黑白结合"的谈判策略，达到预期的收放效果的。

4. 语言艺术是处理商务谈判中人际关系的关键

一场成功的谈判有三个价值评判标准，即目标实现标准、成本优化标准和人际关系标准。在商务谈判中，除了争取实现自己的预定目标，努力降低谈判成本外，还应该重视建立和维护双方的友好合作关系。在商务谈判中，双方人际关系的变化，主要通过语言交流来体现。谈判各方的语言都是表达自己的意愿和要求的。如果表达的意思与双方的实际努力相一致，就可以使双方维持并发展某种良好的关系；反之，就可能导致冲突或矛盾，严重时可能导致双方关系破裂，导致谈判失败，甚至影响将来的合作。因此，具有较高语言艺术水平的谈判者，既能清楚地表达自己的意见，又能适度地反驳对方，维持双方良好的人际关系，使谈判在友好的气氛中进行，进而实现自己的谈判目的，完成谈判，并为双方进一步合作奠定坚实的基础。

商务谈判的过程，其实就是谈判各方运用各种语言进行沟通的过程，成功的商务谈判可以说就是谈判者成功地运用各种语言技巧进行有效沟通的结果。因此语言是商务谈判不可或缺的桥梁和纽带。一个谈判者应该不断提高运用语言艺术沟通的水平，熟悉和驾驭语言艺术沟通的技巧，从而在谈判中高瞻远瞩、驾轻就熟，掌握谈判的主动权。

第二节　有声语言的沟通

有声语言是通过人的发音器官来表达，通过人的听觉来传递信息、交流思想的语言；是人们在谈判中表达意图、交流信息的主要方式，也是谈判的主体语言。国际商务谈判是一种跨文化的谈判，许多国家和民族都有自己的有声语言，而同一国家、同一个民族在不同地区又有不同的方言、发音和含义，因此有声语言在运用上是比较复杂的。作为一名从事国际商务谈判的人员必须从陈述、倾听、发问、回答、辩论和说服等方面认真把握。

一、陈述的技巧

商务谈判中的"陈述"是一种不受对方提出问题的方向、范围制约的带有主动性的阐述。它是商务谈判中向对方介绍自己情况、观点、方案和立场的方法之一，是实现双方有效沟通的基础。在国际商务谈判中的陈述应把握以下几项技巧：

1. 陈述应简洁、独立进行

商务谈判中的陈述要尽可能简洁、通俗易懂。因为陈述的目的在于让对方明白和理解，以便对方准确、完整地理解己方的观点和意图，而不是表明自己的观点与别人的观点有什么联系和差异，因而陈述必须独立进行。独立陈述包括以下二层含义：

(1) 不受别人的影响。不论别人在语言、情绪方面有什么反应，陈述中都要坚持自己的观点。

(2) 不提及对方的观点及问题。按照既定原则阐述自己的立场，不谈对对方观点的看法等。

2. 陈述应具体而生动

为了使对方获得最佳的倾听效果，在陈述时应注意语言生动而具体。陈述时一定要避免令人乏味的平铺直叙和抽象的说教，要运用活灵活现的生活用语，具体而形象地说明问题。有时也可以运用演讲的一些表达手法，以达到吸引对方注意力的目的。

3. 陈述应层次清楚

陈述时应分清主次、层次清楚，这样既有利于对方掌握陈述的内容，也显示了自己良好的职业能力。

4. 陈述应客观真实

在陈述基本事实时，既不夸大，也不缩小。因为万一自己对事实真相加以修饰的行为被对方发现，那将会大大降低自己的信誉，而使自己的谈判实力大为减弱。

5. 陈述的观点要准确

在陈述观点时，应力求准确无误，避免前后不一致，模棱两可，否则就会留有破绽。当然，谈判过程中的观点有时可以依据谈判局势的发展需要而改变，但在陈述的方法上，要能够令人信服。为此，谈判者在陈述关键内容时要尽可能使用专业语言。当对方难以理解时，要做出切实可信的解释，以免产生误解。为了使对方容易接受自己的观点，在谈判陈述中要注意使用中性语言，不使用极端语言和粗俗的语言。

6. 陈述时发现错误要及时纠正，有时可以重复陈述

谈判人员在商务谈判的陈述当中，常常会由于某种原因而出现陈述上的错误，谈判者应及时发现并纠正，以免造成不应有的损失。有些谈判人员在发现自己陈述中有错误时，以为对方不一定听得出来，不做纠正而是采取文过饰非的做法，这样的后果只能是自己的信誉和形象受损，甚者失去合作伙伴。

在商务谈判的陈述过程中，谈判人员在陈述的同时，应注意观察对方的眼神和表情，一旦察觉对方有疑惑、不理解或误解的地方就要放缓语速或重复陈述并及时加以引导和纠正。

二、倾听的技巧

如果说陈述是让对方了解和掌握自己的观点和原则，实现有效沟通的主要手段和途径，那么倾听是我们了解和把握对方观点和立场，实现有效沟通的主要手段与途径。作为一名商务谈判人员，应该养成耐心倾听对方讲话的习惯，做到"多听少说"，这也是一个谈判人员良好的个人修养的重要标志。

听有两种形式，即积极的听与消极的听。所谓积极的听，就是在交谈中与说话者密切呼应。比如，对对方陈述的内容表示理解或疑惑、支持或反对，做出愉快或难过的表情、动作甚至插话的反应等。所谓消极的听，就是指在一定的交谈中，听者处于比较松弛的状态，即处于一种随意状态中接受信息。比如，平时家庭中的闲谈、非正式场合下的交谈等。积极的听既有对有声语言信息的反馈，也有对无声语言信息即表情、姿势等的反馈。而消极的听则往往不具有这种明显的语言反馈、姿势反馈和表情反馈。

1. 常见的听力障碍

为了能够听得完全，听得清晰，必须克服一些听力障碍。在商务沟通中听力障碍主要有以下几个方面：

(1) 注意与己方有关的讲话内容，不顾对方的其他讲话内容。

(2) 精力分散，或思路比对方慢，或观点不一致所造成的少听、漏听。谈判人员的精力和注意力的变化是有一定规律的。一般来说，谈判开始时精力比较充沛，但持续的时间较短，约占整个谈判时间的 8.3%～13.3%；谈判过程中，精力趋于下降，时间较长，约占整个谈判时间的 83%；谈判快要达成协议时，又出现精力充沛时期，时间也很短，约占整个谈判时间的 3.7%～8.7%。

(3) 凭借感情、兴趣的变化来理解对方讲话内容，从而曲解了对方的原意。

(4) 听话者的文化知识、语言水平等的限制，特别是受专业知识与外语水平的限制，而听不懂对方的讲话内容。

(5) 环境的干扰常会使人们的注意力分散，形成听力障碍。

2. 听的要诀与技巧

在商务谈判中听的要诀与技巧主要有以下几个方面。

(1) 专心致志、集中精力地倾听。精力集中是倾听艺术的最基本、最重要的方面。研究证明，一般人说话的速度为每分钟 120～180 个字，而听话及思维的速度，则大约要比说话的速度快四倍左右。因此，往往是说话者话还没有说完，听话者就大部分都能够理解了。我们必须注意时刻集中精力倾听对方讲话，并用积极的态度去听。听时主动与讲话者进行目光接触并做出相应的表情，以鼓励讲话者。比如，可扬一下眼眉，或是微微一笑，或是赞同地点点头，抑或否定地摇摇头，也可不解地皱皱眉头等。

(2) 适当记笔记来集中精力。谈判过程中，人的思维做高速运转，大脑要接受和处理大量的信息，加上谈判现场的紧张气氛，所以这时光靠记忆是不行的，可以用记笔记的方式帮助自己记忆和将来回忆，这样在对方发言完毕之后，可以就某些问题向对方提出质询，同时还有助于分析、理解对方讲话的确切含义与精神实质；另一方面，记笔记会让讲话者感到听者很重视其讲话内容。

(3) 在专心倾听的基础上有鉴别地倾听对方发言，去粗取精、去伪存真，抓住重点。

(4) 克服先入为主的倾听做法。认真听对方现在是怎么讲的，不要被大脑中固有的认识所控制。

(5) 学会忍耐。不要抢话、急于反驳或放弃倾听。哪怕是冒犯、难听的话，也一定让对方讲完后，明白了他的真实意图后再做打算。

(6) 不可因对上一个问题的判断而影响对下一个问题的倾听，这样可能两个问题都搞不好，不如在听每一个问题时做简单的记录，然后再去做判断。这样才能不断地捕捉新的信息。

(7) 听到自己难以应付的问题时也不要充耳不闻。商务谈判中，可能会遇到一些一时回答不上来的问题，这时，切记不可持一种充耳不闻的态度。要有信心、有勇气去解决对方提出的每一个问题，用心领会对方每个问题的真实用意，努力摆脱困境。

三、发问的技巧

在国际商务谈判中，发问是一种经常运用的交流方式和技巧。不同条件下的发问有不同的寓意，所收到的效果也不同。因此，正确运用发问方式并使用适当的技巧是谈判人员的一项基本功。

1. 发问的方式

(1) 澄清式发问。澄清式发问是针对对方的答复，重新措辞，以使对方进一步澄清或补充其原先答复的一种发问方式。其作用在于确保谈判各方能在叙述"同一语言"的基础上进行沟通。

(2) 强调式发问。强调式发问旨在强调自己的观点，强调本方立场的基础上对对方所陈述的问题发问的方式。

(3) 探索式发问。探索式发问是针对对方的答复，要求引申或举例说明，以便探索新问题、新方法的一种发问方式。它不但可以进一步发掘较为充分的信息，而且还可以显示发问者对对方答复的重视。

(4) 间接式发问。间接式发问即借助第三者的意图来影响或改变对方意见的发问方式。比如，"王先生，大家对您方能否如期履约表示关注，您看呢?"

(5) 强迫选择式发问。强迫选择式发问旨在将本方的意见抛给对方，让对方在一个规定的范围内进行选择回答。

(6) 证明式发问。证明式发问旨在通过己方的提问，使对方对问题做出证明或表示理解，比如，"为什么要更改订好的计划呢?"

(7) 多层次式发问。多层次式发问是含有多种主题的问句，即一个问句中包含有多种内容。比如："您能否将这个协议产生的背景、履约的情况、违约的责任以及您的看法和态度谈一谈?"这种问句常因包含过多的主题而使对方难以周全把握。许多心理学家认为，一个问题最好只含有一个主题，最多也不能超过两个，对方才能有效地把握。

(8) 诱导式发问。诱导式发问旨在"抛砖引玉"，给对方强烈的暗示，使其回答符合己方的预期。比如："违约是要承担责任的，对不对?"这类问句几乎使对方毫无选择余地，只能按照发问者所预期的答案回答。

在商务谈判中，谈判的任何一方都应避免使用盘问式、审问式或威胁与讽刺的问句，以免激怒对方，影响双方关系。

2. 不应发问的问题

商务谈判过程中并不是任何方面的问题都可以提问。一般不应提出下列方面的问题:

(1) 带有敌意的问题。

(2) 有关对方个人生活、家庭情况、收入、女士年龄、宗教、党派等问题。多数国家和地区的人对于自己的收入、家庭情况、太太的年龄等问题都不愿回答。

(3) 质疑对方品质和信誉方面的问题。

(4) 故意表现自己而提的问题。要知道，故作卖弄的结果往往是弄巧成拙，被人蔑视。

3. 发问的要诀与技巧

为了获得良好的提问效果，需要掌握以下发问要诀和技巧:

(1) 预先准备好问题。最好是一些对方不能迅速想出适当答案的问题，以期收到意想不到的效果。同时，预先有所准备也可应付对方反问。

(2) 在对方发言时，如果脑中闪现出疑问，千万不要中止倾听对方的谈话而急于提出问题。这时可先把问题记录下来，等待对方讲完后，再寻找合适的时机提出问题。

(3) 要避免提出那些可能会阻止对方让步的问题，这些问题会明显影响谈判效果。

(4) 如果对方回答不够完整，或者避而不答，这时不要强行追问，而是要耐心等待时机。这样做既是对对方的尊重，同时也显示出自己良好的职业素质。

(5) 在适当的时候，可以将一个已经发生，并且已知答案的问题提出来，以验证对方的诚信程度及其处理事物的态度。同时，这样做也可给对方一个暗示，即自己对整个交易的行情是了解的，有关对方信息的掌握也是很充分的。

(6) 既不要以法官的口吻来询问对方，也不要问起问题来接连不断。

(7) 提出问题后应保持沉默，闭口不言，专心致志地等待对方回答。

(8) 要以诚恳的态度来提问题。这有利于谈判者彼此情感上的沟通和谈判的顺利进行。

(9) 提出问题的句式应尽量简短。

四、回答的技巧

在国际商务谈判中，对于同一问题的回答往往会有不同的答案，但不同的回答也往往会有不同的效果，而且发问者的动机又各不相同，十分复杂。因此，在谈判中要把握谈判的主动权并最终实现谈判目的，很多时候回答比发问更重要。一个优秀的谈判者必须认真研究"回答"的问题。

1. 回答的方式

商务谈判中的回答有三种类型，即正面回答、迂回回答和避而不答。在商务谈判过程中，这三种类型又演变成多种具体回答方式。常用的商务谈判回答方式有以下几种：

(1) 含混式回答。含混式回答既可以避免把自己的真实意图暴露给对方，又可给对方造成判断上的混乱和困难。这种回答由于没有做出准确的说明，因而可以有多种理解，从而为以后的谈判留下回旋的余地。

(2) 针对式回答。针对式回答即针对提问人心理假设的答案回答问题。这种回答方式的前提是要弄清对方提问的真实意图，否则回答很难满足对方的要求，而且还可能泄露自己的秘密。

(3) 局限式回答。局限式回答即将对方提问问题的范围缩小后再做回答。在商务谈判中并不是所有问题对自己都有利，因而在回答时必须有所限制，选择有利的内容回答对方。比如，当对方提问产品的质量时，可只回答几个有特色的指标，利用这些指标给对方留下产品质量好的印象。

(4) 转换式回答。转换式回答即在回答对方的问题时把话题引到其他方面去。这种方式也就是我们常说的"答非所问"。这种"答非所问"必须是在前一问题的基础上自然转来的，没有什么雕琢的痕迹。比如，当对方提问价格时可以这样回答："我早就想到您是会提出这一问题的，关于价格我相信一定会使您满意。不过在回答这一问题之前，请让我先把产品的几种特殊功能说明一下。"这样就自然地把价格问题转到了产品的功能，使对方在听完自己的讲话后，把价格建立在新的产品品质、功能基础上，这对己方无疑是有利的。

(5) 反问式回答。反问式回答即用提问对方其他问题来回答对方的提问。这是一种以问代答的方式，这样可以为自己以后回答问题留有余地，对于一些不便回答的问题也可以用这一方法解围。

(6) 拒绝式回答。拒绝式回答即对那些棘手和无法回答的问题，寻找借口拒绝回答。

运用借口拒绝回答对方的问题，可以减轻对方提问给自己带来的压力。

2. 回答的技巧

在长期的国际商务谈判实践中，总结出来的关于回答的技巧主要有以下几个方面：

(1) 要给自己留有思考时间。为了使回答问题的结果对自己更有利，在回答对方的问题前一定要留下充足的时间做好准备，构思好问题的答案。在谈判过程中，绝不是回答问题的速度越快越好，因为它与抢答是性质截然不同的两回事，有些话一旦出口就没法收回和更改。

回答的准备工作包括三项内容：一是心理准备，即在对方提问后，要利用喝水、翻笔记本等动作来延缓时间，稳定情绪；二是了解问题，即要弄清对方所提问题的真实含义，以免把不该回答的问题也答出来。三是准备答案，把那些应该回答的内容整理好，包括要讲的内容和内容的条理性。

(2) 把握对方提问的目的和动机。谈判者在谈判桌上提出问题的目的是多样的，动机也十分复杂。如果没有经过深思熟虑，没有弄清对方的动机，就按照常规来做出回答，效果往往不佳。经过周密思考，准确判断对方的用意后，才能有的放矢，做出高水准的回答。

(3) 部分回答。针对对方谈判者"投石问路"的策略，即谈判者常借助一连串的发问来获得自己所需要的信息和资料。此时不应对所有问题都进行回答，以免对方获得己方重要情报而使己方处于不利地位。此时可只做局部的答复，让对方摸不清己方的底牌。

商务谈判中并非任何问题都要回答，是否回答应视情况而定。对于需要表明己方态度的问题要认真回答，而对于那些可能会有损己方形象、泄露自己机密或无聊的问题，谈判者也不必为难，不予理睬是最好的回答。当然，必要时用外交活动中的"无可奉告"一词来拒绝回答也是应付这类问题的好方法，但这样的拒绝过于生硬，一般不要运用。

(4) 当没有弄清楚问题的确切含义时，不要随便作答。可以要求对方把问题再具体说明一下，也可要求对方把不明白的地方重新说明。这也是赢得时间进行思考的一种有效方法。

(5) 答非所问。有些问题不好回答时，回避答复的方法之一是"答非所问"，即似乎在回答该问题，但实际上并未对这个问题表态，答复的是与问题相关的另一个问题，目的是避开对方锋芒，使谈判能顺利进行下去。

在一些特殊场合，如果必须回答一些难以回答或挑衅性的问题时，也可以通过某种巧妙的非逻辑方式的回答而摆脱困境。

(6) 拖延答复。谈判中有时在表态时机未到的情况下可采取拖延答复的方式。拖延答复有两种形式：一是先延后答，即对应该回答的问题，若稍做准备后感到可以答时，不妨做恰当的回答；二是延而不答，即经过考虑后觉得没有必要回答或者不应回答时，就来个不了了之，这时可用"记不清了"或"资料不全"等来拖延答复。有时还可让对方提供答案，即让对方自己澄清所提出的问题。例如，可以这样说："在回答您的问题之前，我想先听一听您的意见。"

(7) 模糊答复。这种答复的特点是借助一些宽泛模糊的语言进行答复，使自己的回答具有弹性，即使出现意外也无懈可击。

模糊答复可以起到缓和谈判气氛、保护己方机密、有利于谈判顺利进行的作用。比如，

"这件事我们会尽快解决"，这里的"尽快"就很有弹性，具体时间到底是什么时候，并没有说清楚，有很大的回旋余地。

(8) 反问。对方常会提出一些诸如试探性、诱导性、证实性的问题，在这种情况下，不想泄露自己的底牌，同时又想缓和气氛、抑制对方的发问，则可采用此种方式，以探明对方虚实。其特点是要在倾听完对方的问题后，通过抓住关键的问题向对方反问以掌握主动。比如，当买方说到"请谈一下贵方价格比去年上涨 10%的原因"时，卖方回答道"价格上涨与成本提高的关系是不言而喻的。我想您对这个产品成本增加的情况是很清楚的，如果您对这个产品定价的哪方面感到不妥的话，我很乐意就您觉得不妥的地方予以解释澄清。请问什么地方使您觉得不妥？"这个回答便采用了反问方式，使己方巧妙地从被动变为主动。

(9) 沉默不答。有些不值得回答或没有办法回答的问题完全可以不予理睬。这时可以不说话，也可以环顾左右而言其他。有时沉默会无形中给对方造成一种压力，而意外获得己方所需要的信息。

(10) 对于不知道的问题不要回答。参与谈判的所有人都不是全知全能的人。谈判中尽管准备充分，也经常会遇到陌生难解的问题，这时，谈判者切不可为了维护自己的面子而强做答复，这样很可能出现错误甚至闹出笑话，造成损害己方利益的后果。

(11) 不干涉对方打岔。在答复时，若对方打岔，则任他这样做下去，不要干涉他。这或许会为接下来的答复提供有用的信息，也可以为己方更好地回答问题赢得时间。

总之，回答问题的要诀在于知道该说什么，不该说什么，该回答到什么程度，而不必过多考虑所回答的内容是否完全对题。谈判毕竟不是做题，很少有"对"或"错"那么确定而简单的答案。

五、辩论的技巧

辩论是指对某个议题，以口语为主要方式，为分辨不同观点之正确性而进行的一种争论方式。辩论除了需要精湛的口才之外，还需要强大的逻辑与思辨能力，同时还要掌握一定辩论技巧。

1. 辩论中应避免采用的方式

在国际商务谈判中，辩论的目的不是战胜对方，而是为了达成协议，实现自己的利益，为此在辩论中应避免采用以下几种方式：

(1) 以势压人。辩论双方都是平等的，没有高低贵贱之分。所以，辩论时要心平气和、以理服人，切忌摆出一副"唯我独尊"的架势，发脾气、耍权威。

(2) 歧视揭短。在商务谈判中，不管对方来自哪个国家或地区，是什么民族，有什么风俗习惯、文化背景等，都应一视同仁，不存任何歧视。不管辩论多么激烈，都不要人身攻击，不揭人之短，不贬损人格。

(3) 预期理由。任何辩论都应以事实为根据。要注意所提论据的真实性，道听途说或未经证实的论据不要摆出来，否则会授人以柄，给对方带来可乘之机。

(4) 本末倒置。谈判不是进行争高比低的竞赛，因此要尽量避免发生无关大局的细节之争。那种远离实质问题的争执，不但白白浪费时间和精力，还可能使各自的立场愈发对立，而导致不欢而散的结局。

（5）喋喋不休。在商务谈判中，任何一方的谈判者都不能口若悬河，独霸讲坛。要切记，谈判桌前不是炫耀表达能力的秀场，只有给对方机会，让对方讲话，才能了解情况，双方才能有效交流。

2. 辩论的技巧

辩论具有一定的技巧性，作为一名谈判者，要不断提高自己的辩论能力，掌握辩论技艺，才能在谈判中取得良好的效果。在商务谈判中，要注意掌握以下几个辩论技巧：

（1）观点明确。谈判中的辩论就是论证自己的观点、反驳对方观点的过程，因此必须做好材料的选择、整理、加工工作，做到论点正确、论据充分，以达到"一语中的"的目的。

（2）逻辑严密。谈判中的辩论过程常常是在相互发难中完成的。优秀的谈判者头脑冷静、思维敏捷，可以应付各种各样的局面。辩论时要善于运用逻辑思维。在谈判条件相差不多的情况下，谁思维敏捷、逻辑严密，谁取得胜利的可能性就更大。

（3）态度客观公正。谈判中的辩论要充分体现现代文明，不论双方的观点如何不同，态度要客观，措辞要准确，要以理服人，决不能无端诽谤、尖酸刻薄、人身攻击。

（4）不纠缠枝节。参加辩论的人员要把精力集中在主要问题上，而不要陷入细枝末节的问题的纠缠中。反驳对方的观点要抓住要害、有的放矢。坚决反对那种断章取义、强词夺理等不健康的辩论方法。论证自己的观点时应突出重点、层次分明、简明扼要，不要东拉西扯、言不对题。

（5）适可而止。谈判中，辩论的目的是证明自己观点的正确，以争取有利于自己的谈判结果。因此，辩论一旦达到目的，就要适可而止，不可穷追不舍、"痛打落水狗"。

（6）处理好优劣势。谈判中的优劣势是相对的，而且是可以转化的，在谈判中没有"常胜将军"。因此在辩论中一旦占上风并处于大势时，可以强势压顶、气度恢弘并借助语调、手势的配合来强化自己的观点，但不可轻妄放纵、得意忘形。在处于劣势时也没有必要蔫头耷脑、颓废自弃，仍要打起精神寻找对方的漏洞，挖掘自己的优势，伺机再起。

（7）注意举止气度。谈判中的辩论应注意举止气度。这样不仅能给人留下良好的印象，增加吸引力，而且在一定程度上能促使辩论的健康发展。一个人良好的形象、优雅的气质有时比他的语言更有说服力。

六、说服的技巧

说服是指用理由充分的话使对方心服，其重点在让对方信服自己的话。在商务谈判中，最佳的效果和最终的目的就是说服对方接受自己的意见或在自己让步的条件下对方接受自己意见。因此在谈判桌上，一个优秀的谈判者一定是优秀的说服艺术的应用者。

1. 说服的基本要求

在说服艺术的运用中，充分的理由是说服别人的前提和基础，因此为实现说服的目的找到充足的理由是说服工作的重要一环。在具备了充足的理由后，要做好说服工作并取得预期的效果，还应注意以下几个方面：

（1）取得他人的信任。信任是人际沟通的基石，只有对方信任你，才会理解你友好的动机。而这种信任既有对谈判者个人的信任，也包括对谈判者所代表的组织的信任。信任不是一朝一夕形成的，而是一个日积月累的产物。

(2) 要重视、尊重对方的观点。不管对方的实力强弱、规模大小，在谈判中都要给予足够的尊重和重视，对对方提出的问题和观点给予恰如其分的说明和解答，即使对方的观点或问题有失偏颇，也不要直截了当地反驳对方。

(3) 站在他人的角度谈问题。要设身处地去体谅、理解对方，从而使对方产生一种你是"自己人"或你是在为他着想的感觉。

(4) 营造良好的氛围。切勿把对方置于不同意、不愿做的地步，再去劝说。事实表明，积极、主动地启发对方、鼓励对方，会帮助其提高自信心，使其易于接受己方的意见。

(5) 说服用语要经过推敲。说服中不要随心所欲地提出个人的看法，通常情况下，在说服对方时要避免用"愤怒、怨恨、生气或恼怒"这类字眼，避免引起对方反感。

2．说服的具体技巧

在长期谈判中积累起来的说服的具体技巧包括以下几个方面：

(1) 谈判刚开始时，要强调与对方立场、观点、愿望的一致性，淡化与对方意见、观点、愿望的差异，从而提高双方的共识程度与接纳程度。尽量先讨论容易解决的问题，然后再讨论容易引起争论的问题。

(2) 先谈好的信息、好的情况，再谈坏的信息、坏的情况。但这只是策略，并不是回避问题，要注意避免只报喜不报忧。

(3) 强调商务活动中有利于对方的条件。

(4) 待讨论过赞成和反对意见后，再提出己方的意见。

(5) 在说服对方时，要注意精心设计开头和结尾，以便给对方留下良好的印象。

(6) 说服对方后结论要由己方明确提出，不要让对方去揣摩或自行下结论，否则可能背离说服的目标。

(7) 多次重复某些信息、观点，可促进对方对这些信息和观点的理解和接纳。

(8) 充分了解对方，尽量以对方习惯的、能够接受的方式去展开说服工作。

(9) 不要奢望对方一下子接受己方提出的突如其来的要求，要先做必要的铺垫，然后自然而然地提出要求，这样对方比较容易接受。

(10) 强调商务活动中互相合作、互惠互利的优势，增强合作的信心。

第三节　无声语言的沟通

美国人类学家 E.T.Hall 指出："无声语言所显示的意义比有声语言要多得多，而且深刻得多。"无声语言在整个交际活动中是不可或缺的重要组成部分。

无声语言指通过人的表情、姿态、行为和一些副语言(特殊的语气现象)等进行表达的语言，一般理解为身体语言和副语言。商务谈判人员常常通过身体语言和副语言来传递信息、表示态度、交流思想。这样一来通过无声语言强化、补充有声语言，使表达效果更加直接、全面。可以说，在整个商务谈判过程中，有声语言辅之以无声语言，无声语言服务于有声语言，两者相加相得益彰、事半功倍。

一、身体语言的运用技巧

1. 面部表情语言

(1) 眼睛动作的语言。"眼睛是心灵的窗户。"眼睛的动作最能够明确地表达人的情感世界。人的一切情绪、情感和态度的变化都可以从眼睛中显示出来。一般情况下，自己越喜欢接近的人，就越爱用眼睛与之"交谈。"在商务谈判中也同样如此。商务谈判中眼睛动作的语言主要有：

① 在谈判中，对方的视线经常停留在讲话者的脸上或与讲话者对视，说明对方对谈判内容很感兴趣，想急于了解他的态度和诚意，成交的希望比较大。

② 对方的视线时时脱离讲话者，心不在焉，说明对讲话者所谈内容不感兴趣，但又不好打断，产生了焦躁情绪。

③ 对方眨眼的瞬间时长明显长于自然眨眼的瞬间时长(正常情况下，一般人每分钟眨眼 5~8 次，每次眨眼一般不超过 1 秒钟)，表明对方对讲话者所谈内容或对讲话者本人已产生了厌倦情绪，或表明对方有优越感，对讲话者不屑一顾。

④ 倾听讲话者谈话时几乎不看他的脸，那是试图掩饰什么的表现。

⑤ 眼神闪烁不定，常被认为是掩饰的一种手段或不诚实的表现。

⑥ 瞳孔放大而有神，表示此人处于兴奋状态；瞳孔缩小无神，神情呆滞，表示此人处于消极、戒备或愤怒状态。

⑦ 瞪大眼睛看着讲话者是表示对谈话者或其所讲内容有很大兴趣；眼睛直视讲话者，意味着正积极思考。

⑧ 对方的视线在说话或倾听时一直不看你的脸，偶尔瞥一下脸便迅速移开，通常意味着对生意诚意不足或只想占大便宜，心中有鬼。

⑨ 下巴内收，视线上扬着注视讲话者，表明对方有求于他，成交的希望程度比较高，让步幅度可能较大；下巴上扬，视线向下注视讲话者，表明对方认为自己有优势，成交的欲望不强，让步幅度可能较小。

人类眼睛所表达的思想、传递的信息远不止这些，这就需要谈判人员在实践中用心观察和思考，不断积累经验，逐渐提高谈判水平。

(2) 眉毛动作的语言。眉毛一般是配合眼睛的动作来表达含义的。从眉毛动作也能看出人的许多情绪。商务谈判中常用的眉毛动作语言有：

① 眉毛上耸，表示处于惊喜或惊恐状态。

② 眉角下拉或倒竖，如人们所说的"剑眉倒竖"，表示处于愤怒或气恼状态。

③ 眉毛迅速地上下运动，表示亲近、同意或愉快。

④ 眉头紧皱，表示处于困惑、不愉快、不赞同的状态。

⑤ 眉毛高挑，表示想询问或有疑问。

⑥ 眉宇舒展，表示心情舒畅。

⑦ 双眉下垂，表示难过和沮丧。

眉毛传达的动作语言也是比较丰富和不容忽视的，谈判人员有必要用心体会，准确把握。

(3) 嘴巴的动作语言。人的嘴巴动作也可以反映一个人的心理状态。商务谈判中常见的嘴巴动作的语言有：

① 嘴巴张开，嘴角上翘，经常表示开心。

② 撅起嘴，常表示生气或赌气，是不满意和准备攻击对方的表现。

③ 撇嘴，常表示讨厌、蔑视。

④ 咂嘴，常表示赞叹或惋惜。

⑤ 努嘴，常表示暗示或怂恿。

⑥ 嘴角稍稍向后拉或向上拉，表示比较注意倾听。

⑦ 嘴角向下拉，常表示不满和固执。

⑧ 紧紧地抿住嘴，往往表现的是意志坚定。

⑨ 咬嘴唇一般是遭受失败时自我惩罚的动作，有时也可理解为自我解嘲或内疚的心情。

2. 肢体动作语言

(1) 上肢动作的语言。上肢动作的语言也是很丰富的，谈判者的上肢动作的语言也可以表现出自己的心理活动状态。商务谈判中常见的上肢动作的语言有：

① 握拳是表示向对方挑战或自我紧张的情绪。握拳的同时使指关节发出响声或用拳击掌，是向对方表示无言的威吓或发出攻击的信号。

② 用手指或铅笔敲打桌面，或在纸上乱涂乱画，表示对对方的话题不感兴趣或不耐烦的意思。这样做的目的一是打发、消磨时间，二是暗示和提醒对方。

③ 吸手指或啃指甲的动作是婴儿行为的延续，成年人做出这样的动作是个性或性格不成熟的表现，即所谓"乳臭未干"。

④ 两手手指并拢并置于胸的前上方呈尖塔状，表明充满信心，这种动作多见于西方人。

⑤ 手与手连接放在胸腹部的位置，是谦逊、矜持或略带心情不安的反应。

⑥ 两臂交叉于胸前，表示防卫或保守；两臂交叉于胸前并握拳，则表示怀有敌意。

⑦ 手支着下巴，表示沉思，正在做决定。

(2) 下肢动作的语言。商务谈判中一些谈判者的心理状态是通过下肢动作语言表现的，因此谈判中对方的下肢动作语言同样不可忽视，常见的下肢动作的语言有：

① "二郎腿"。与对方并排而坐时，对方若架着"二郎腿"，上身往前向讲话者倾斜，意味着合作态度；反之则意味着拒绝、傲慢或有较强的优越感；相对而坐时，对方架着"二郎腿"却正襟危坐，表明他是比较拘谨、欠灵活的人，且自觉处于很低的交易地位，成交期望值很高。

② 架腿(把一只脚架作另一条腿的膝盖或大腿上)。对方与讲话者初次打交道时就采取这个姿势，通常带有倨傲、戒备、怀疑、不愿合作等意味；若上身前倾同时又滔滔不绝地讲话，则意味着对方是个热情但文化素质较低的人，对谈判内容很感兴趣；如果频繁变换架腿姿势，则表示情绪不稳定、焦躁不安或不耐烦。

③ 并腿。交谈中始终或经常保持这一姿势，并且上身直立或前倾的对手，意味着谦恭、尊敬，也表明一方有求于另一方，自觉交易地位低下，成交期望值很高；时常并腿后

仰的对手大多小心谨慎，思虑细致全面，且缺乏自信心和魄力。

④ 分腿。双膝分开、上身后仰者，表明对方是充满自信、愿意合作的、自觉交易地位优越的人，但要指望对方做出较大让步是相当困难的。

⑤ 摇动足部或用足尖拍打地板或抖动腿部，表示焦躁不安、无可奈何、不耐烦或欲摆脱某种紧张情绪。

⑥ 双脚不时地小幅度交叉后又解开。这种动作反复表示情绪不安。

3. 腰腹部动作语言

(1) 腰部动作语言。腰部在身体上起"承上启下"的作用，腰部动作与一个人的心理状态和精神状态也是密切相关的。商务谈判中常用的腰部动作的语言有：

① 弯腰动作。鞠躬是表示谦逊的态度或表示尊敬。对方如在心理上自觉不如另一方，甚至惧怕另一方时，就会不自觉地采取弯腰的姿势。

② 挺腰板。使身体及腰部位置增高的动作，则反映出情绪高昂、充满自信。经常挺直腰板站立、行走或坐着的人往往有较强的自信心及自制和自律的能力，但为人可能比较刻板，缺少弹性，不易通融。

③ 手叉腰间，表示胸有成竹，对自己将要面临的情况已经做好准备，同时也表现出某种优越感或支配欲。有人将这一动作视为领导者或权威人士的风度。

(2) 腹部动作的语言。腹部位于人体的中央，它的动作也带有较丰富的含义。我国文化中经常把腹、肚、肠视为高级精神活动与文化的来源以及知识、智慧之所，如"满腹经纶""打腹稿"等。商务谈判中腹部动作的语言主要有：

① 凸出腹部。这一动作表现出自己的心理优势，充满了自信与满足感，也是为了威慑对方，表明自己处于优势或支配地位。

② 抱腹蜷缩，表现出不安、消沉、沮丧等情绪支配下的防卫心理。

③ 重新系一下腰带。这是振作精神、迎接挑战的意思。反之，放松腰带则表示放弃努力和斗志，开始松懈；有时也意味着紧张气氛中的暂时放松。

④ 腹部起伏不停，表示兴奋或愤怒；极度起伏，意味着兴奋与激动状态。

⑤ 轻拍自己的腹部，表示自己有风度、雅量，同时也显示出经过一番较量之后的得意心情。

二、行为举止语言

除了面部表情语言、肢体动作语言可以反映人的内心世界的情绪、情感和态度的变化外，行为举止也在一定程度上反映心理变化。

1. 吸烟动作的语言

吸烟动作能够表明一个人的心理和情绪变化。谈判中谈判者吸烟的姿势是判断个人态度的重要依据。吸烟动作所传达的信息有：

(1) 刚一见面就立即掏出烟递给对方且动作麻利地为对方点烟的，多为处于交易劣势的一方；寒暄之后才缓慢掏烟，自己先叼一根，然后才递给对方的人，是自认为处于交易优势地位，但愿意合作的对手。

(2) 吸一口烟后，将烟向上吐，往往表示积极自信，因为此时伴随着吐烟的动作，头部也是向上昂起的。将烟朝下吐，则表示情绪消极、意志消沉，有疑虑。因为此时头部是向下的。

(3) 烟从嘴角缓缓吐出，给人一种消极而诡秘的感觉，一般反映出谈判者此时的思维比较曲折回荡，力求从纷乱的思绪中理出头绪来。

(4) 吸烟时不停地磕烟灰，往往意味着内心紧张，不安或有冲突。这时的吸烟已不是一种生理需要，而完全成了吸烟者减缓和消除内心冲突与不安的一种方式。借抽烟的动作来掩饰面部表情和颤抖的手，表明其有可能是个新手或正在采取不正常手段。

(5) 点上烟后却很少吸，说明戒备心态，以至忘记了手中的烟卷。另外心神不定时也会这样。

(6) 没吸几口即把一支烟掐掉，表明想尽快结束谈话或已决心要做一件事情。将烟掐掉是为了不让吸烟来分散精力，干扰其刚刚决定的事情的进行。

(7) 斜仰着头，让烟从鼻孔吐出，表现出自信、优越感以及一种悠闲自得的心情。

2. 其他动作的语言

商务谈判中还有一些其他的动作语言，主要有：

(1) 交谈时咳嗽有许多含义，有时是焦躁不安的表现，有时是稳定情绪的缓冲，有时是掩饰说谎的手段，有时是表示对讲话者的不信任。对此应结合有声语言的其他无声语言综合分析。

(2) 交谈时对方头部保持中正，时而微微点头，说明他对讲话者的讲话既不厌烦，也非大感兴趣；若对方将头侧向一边，尤其是倾向讲话者的一边，则说明他对所讲的事很感兴趣；若对方把头垂下，甚至偶尔合眼似睡，则说明他对所讲的事兴趣索然。

(3) 谈话时不断变换站、坐等体位，身体不断摇晃，常表示其焦躁和情绪不稳。

(4) 交谈中不时用手指以一种单调的节奏轻敲桌面，则表示其极度不安和紧张，并且极具警戒心。

(5) 洽谈时若对方将眼镜摘下，或将镜架的挂耳靠在嘴边，两眼平视，表示想用点时间稍加思考；若摘下眼镜，轻揉眼睛或轻擦镜片，常表示对争论不休的问题厌倦或是喘口气准备再战；若猛推一下眼镜，上身前倾，常表示对某事而气愤，可能要进行反攻了。

(6) 拿着笔在空白纸上面画圈或写数字符，又不抬头，若无其事的样子，说明已经厌烦了；拿着打火机，观看燃着的火苗，也是一副烦相；放下手中物品，双手撑着桌子，头向两边看，双手抱臂向椅子上一靠，是暗示对方没有多少人爱听啦，随你讲吧。

(7) 把桌子上的笔、笔记本或笔记本电脑收起，抬头看着讲话者的眼睛，扫一眼室内的挂钟或手腕上的表，女士照镜子或拢拢头发、整整衣裙，给助手使个眼神或做个手势(包括小声说话)不收桌上的东西而起身离开会议室，或在外面抽烟、散步，也是表明已经没有耐心听下去了，准备结束谈判的架势。

(8) 喝水，如果喝水的次数少，表明对所讲的内容比较用心、专注；喝水的次数多或不停喝水，要么是意味着放松，要么是在掩饰心里的紧张或说谎。

以上所介绍的商务谈判中常见的身体语言及其能传送的信息是仅就一般情况而言的。不同的民族、地区，不同的文化层次及个人修养的人们在动作、姿势及其所传达的信息方面都是不同的，应区别对待。另外，在观察对方动作和姿态时，不应孤立地、静止地去看，而应对其连续的、一系列的动作进行分析和观察，特别是应结合其讲话时的语气、语调等各因素进行综合分析，才能得出比较真实、全面、可信的结论。

需要指出的是，在商务谈判过程中，对方完全可能利用某些姿态、动作来迷惑己方谈判人员。己方谈判人员要从对方连续的动作中进行观察，并与对方讲话的内容、语音、语气和语调等相联系，以便从中找到破绽，识别其真伪，然后采取相应的对策。可见，谈判人员不仅要具有使用肢体、行为语言技巧的能力，还要具有判断对方肢体、行为语言技巧的能力。

三、特殊的语音现象

特殊的语音现象也有人称为是副语言，是伴随着有声语言出现的，包括语气、语调、语速与节奏、重音、停顿等。这些特殊的语音现象对语言表达起辅助作用，是语言表达中不可缺少的部分。

1. 语气

语气有轻重缓急，同样一句话，语气不同，所赋予的含义也就不同。谈判者要准确表达自己的观点，就必须把握好说话的语气，以达到让对方准确理解自己意图的目的。

2. 语调

谈判者使用不同的语调，可以表达出各种错综复杂的意图和感情。一句话用多种不同的语调来念，就会有多种不同的表达效果。一个字、一个词、一个句子的写法只有一种，语调却可能有许多种。复杂多变的语调是具有很强表达功能的口语艺术。

语调的构成比较复杂，语速的停转连续、语音的轻重强弱、音调的抑扬顿挫及音质的浑浊清淡都会影响语调。一般来说，语调可分为平直调、上扬调、降抑调和弯曲调四种类型。

(1) 平直调：其语调特征是平稳，讲势舒缓，一般用来表达从容、庄重的感情。例如："这笔货款我们希望你们能以现金支付。"

(2) 上扬调：其语调特征是前低后高，语势呈上升趋势，一般用来表达怀疑、鼓动、愤怒等感情。例如："什么意思啊？""你懂什么？"

(3) 降抑调：其语调特征是前高后低，语势呈下降趋势，一般用来表达坚定、自信、感叹、祝愿的事情。例如："真有这么回事?"

(4) 弯曲调：其语调特征是有升有降，语势曲折多变，一般用来表达忧虑、讽刺、调侃、怀疑的感情。例如："为什么不借 10 万元整数，而只借 9.5 万元？"

因此，在谈判中谈判者可以通过对方说话声调高低、抑扬的变化来窥探其情绪的波动。谈判者在讲话时要充分利用不同的语调，根据语言表达的不同内容和不同需要，变换不同的语调。这样，谈判语言的感染力会大大加强。

3. 语速与节奏

语速对阐述效果影响很大。语速过快，表现出紧张、激烈的情绪，对方不但听不清楚，而且会有压力感；语速过慢，会让人感觉沉重，让对方难辨主次。因此，在谈判中说话过快、过慢或始终快、始终慢都是不好的，应该合理变换语速，有些话说得快些，有些话则说得慢些，快慢结合，才能吸引对方，充分调动对方积极性。

节奏是音量的大小强弱、音调的升高下降、音速的快慢缓急等因素组合而成的有秩序、有节拍、合规律的现象。声音过高或始终高，让人心烦；声音过低或始终低，让人沉闷；节奏过于缓慢，很难引起对方的注意和兴趣，常使对方分心；节奏过快，又让人应接不暇，很难立即接受并理解其真正的含义。所以谈判中有节奏地讲话是很重要的。节奏讲究有张有弛，有抑有扬，该平和的地方就放慢节奏、娓娓道来；该展示气度胸怀时，就提高声音、加快节奏，要有高屋建瓴、气吞山河、势如破竹的气势。这样，使一席话如同一首好听的歌一样和谐自然、浸入肺腑、令人回味。

4. 重音

重音就是说话时着重突出某个字、词以示强调。一般来说重音有逻辑重音、语法重音、感情重音三种类型。

(1) 逻辑重音，指根据谈判者的目的不同而强调句子中不同的词语。它在语句中没有固定的位置。同样的话重音的位置不同所表达的语义、感情都会有所区别，谈话者应根据需要来确定。例如：

我们的合作会很愉快的。

我们的**合作**会很愉快的。

我们的合作会很**愉快**的。

(2) 语法重音，根据一句话的语法结构规律而说成重音的定语或状语常是语法重音。

(3) 感情重音。为了表达思想感情，谈判者在一句话、几句话或一段话中对某些音节加重音量。

5. 停顿

停顿是因内容表达和生理、心理的需要而在说话时所做的间歇的语音现象。一般来说，停顿可分为语法停顿、逻辑停顿、感情停顿、生理停顿四种。

(1) 语法停顿。语法停顿指按照标点符号所做的间歇，如遇到句号、逗号、顿号、分号等都可做或长或短的停顿。

(2) 逻辑停顿。逻辑停顿指为了突出强调某一事物或显示某一语音而做的停顿。逻辑停顿有时打破标点符号的局限，在无标点处停顿。这种情况一般与逻辑重音相配合。

(3) 感情停顿。感情停顿指因感情需要而做的停顿。它受感情支配，有丰富的内在含义和饱满的真情实感，多用来表达沉吟思事、情感激动、恼怒愤恨等的情感。

(4) 生理停顿。生理停顿指说话时在长句子中间合适的地方顿一顿，换一口气而做的停顿。

在谈判过程中，谈判者可以用停顿来突出、强调自己的观点或意图，以吸引对方的注意；也可以通过恰当的停顿，给对方留下一定的思考时间，促使对方更充分、深入地分析、思考这些话的内涵，便于其接受己方观点，达成共识，收到"此时无声胜有声"的效果。

6. 沉默

沉默是副语言的一种常见形式，存在于任何商务活动中。对一些暂时不想回答、不便回答、不值得反驳或无理的纠缠，不必有强烈的反应；相反可以沉默，让对方琢磨不定或觉得没趣而不了了之。一般而论，沉默有三个特点：

(1) 语境效应快。沉默能消除语言传递过程中的纷扰，使听者注意力集中，情绪受到无声的感染和压力。

(2) 寓意广泛。沉默是有声语言的延续，所能表达的意思丰富多彩，在很大程度上靠对方根据谈判现场气氛来猜测和理解，但不同的文化中沉默所表示的含意是不相同的。一般在西方国家沉默表示一种消极的行为，而在日本沉默是一种积极行为。

(3) 时效性长。沉默要达到的效果是"此时无声胜有声"，对沉默的时间要适当加以控制，视谈判的气氛和形势而定，短暂的沉默可以给予对方压力，引起对方的反思和注意，为自己赢得时间，一旦超过"临界点"，沉默不但毫无意义，甚至会让人感觉你傲慢无理，矫揉造作。

对待沉默最需要的是沉着和耐心，谁先忍受不了沉默的气氛压力，谁就输掉谈判。因此，不妨以沉默应对对方的沉默，先摸清对方的底细，然后再做定夺，切不可盲目应对。

总的来说，语气、语调、语速、重音和停顿等语音现象并不是互相孤立使用的，它们应该是密切联系、相互渗透、配合使用的。谈判者在讲话过程中必须从实际出发，灵活运用才能有效地增强语言的表达力、说服力和感染力，收到良好的效果。

第四节　书面语言的沟通

在商务谈判中，书面语言是指商务谈判中的文字语言，主要是指用来制定谈判计划、拟定谈判方案、记录谈判内容和形成谈判文件的语言符号。它还包括谈判各方之间为达成协议进行交流协商的书函。因为通常一项商务协议并非通过一次面对面的谈判就能达成，它还需要通过各方之间的书面信函进行反复的磋商才能成功。从这方面讲，书面谈判语言起到了立字为据的作用。

商务谈判过程可分为谈判前、谈判中和谈判后三个阶段，在这三个环节中都经常使用书面语言进行双方或多方的联系和沟通。书面语言的载体可以多元化，目前主要采用的书面语言载体有纸质的书面语言和利用 E-mail 等工具进行传输的电子文档形式。

一、谈判前的书面语言

在谈判前，谈判双方需进一步了解对方，因而经常会有一些询问活动，在互联网全面运用的现今时代，谈判双方经常利用网络进行初期的沟通，一方面可以及时了解信息，另外一方面也可以节约纸张，更为环保。在谈判前，谈判双方都积极收集对方的信息，在积累一定的信息之后，双方就可以以书面语言的形式整理出对方和己方必要的商业信息。在谈判之前，双方都会制订书面的谈判计划，拟定谈判方案，积极做好谈判的准备工作。以书面语言的形式进行整理信息，可以较为全面地做好各方面事项的准备，更好地梳理谈判人员的谈判思绪，令谈判人员更快、更系统、更准确地掌握谈判的内容。

二、谈判中的书面语言

在谈判进行过程中，书面语言主要应用在记录谈判内容和互换公司的宣传资料或产品项目介绍等方面。谈判过程中谈判内容的记录非常重要，需要仔细、认真、迅速地做好记录。谈判内容的记录也可以是一种谈判策略，在谈判过程中，记录人员应不停地记录对方所谈内容，所记录内容均可以作为佐证的材料和依据，经常会给对方造成一定的心理压力。同时，记录也是克服大脑记忆易遗忘的缺点的有效手段。在谈判过程中，不得不提的是合同的谈判，它是国际商务谈判的重中之重。

合同谈判是为实现某项交易并使之达成契约的谈判。所谓合同，必须具备的最基本的"要件"是"标的、价款、期限"。一旦就这几个要件达成协议，合同谈判也就基本结束。准合同是带有先决条件的合同。这些先决条件是指决定合同要件成立的条件，如许可证落实问题，外汇的筹集，等待律师审查或者等待正式文本的打印、正式签字等。从自然关系上说，准合同是合同的前身，在内容格式上完全相同，只是一个为草本，一个为正本而已。但从法律上说，两者有根本的区别。准合同可以在先决条件丧失时自动失效，而不必承担任何赔偿责任；但合同则必须执行，否则就是"违约"，要承担违约责任。

当然合同谈判并不是一次就形成的。多数情况下，交易双方要反复多次协商，进行各种意向性、协议性谈判。直到条件成熟，才进入合同签约阶段。由于合同谈判是交易双方进入实质性交涉阶段。所以，合同谈判具有以下几个特点：

(1) 谈判目标明确，涉及实质问题。经过前几轮的意向谈判，双方对谈判中的合同目标已十分明确，或经过前几轮谈判的相互探测、摸底，双方对要达成协议的目标都比较清楚、具体。因此，双方很可能在谈判时很快就进入实质问题的磋商，如产品交易中的价格、付款方式、交货期限等；投资项目中的利率、期限、宽限期等。这时，双方的协商就是讨论合同条款，所以都千方百计地发挥各自的优势，运用各种策略技巧，使得对方妥协，以达成合约。

(2) 合同谈判是以法律形式确立双方交易的有效性。谈判如果能进入签约阶段，则进入了商务活动的实质性阶段，书面合同一经签订就标志着双方合作的开始，也为双方的交易提供了可行性和保障性。如果有一方在交易中不执行合同条款，则构成违约并承担违约责任。正因为如此，双方对谈判中的合同条款考虑都十分慎重，决不轻易许诺、妥协和让步，但双方一经谈判成功，就必须把双方达成的交意用规范的书面语言记录下来，并经双方签字确认后产生法律效力。

(3) 合同谈判人员较为重要。签订合同要符合法律程序，具有合法性。合同形式是指合同当事人之间确定相互权利和义务关系的行为方式，对双方当事人都具有法律约束力，以此确保合同双方按照合同规定的条款履行各自的义务，保证交易的顺利实现。合同的成立是以签字的书面形式体现的。要确保合同为有效合同，双方的签字必须是法人代表或者是委托代理人。

所以，在合同谈判中，双方的主谈人基本都是企业或项目负责人或授权代理人，具有拍板决定权。只有这样，才能敲定合同的主要条款，对合同的主要内容的谈判中可有律师出席。

三、谈判后的书面语言

谈判结束之后，谈判双方已就各项合同条款进行了协商并达成一致，此时需要用书面的形式将合同条款进行最终的固定，并由双方的法人代表或者是委托代理人签字。这就是我们所说的书面合同，合同签订后完成本次的业务谈判。

在谈判之余，企业间为加紧双方的联系、促进企业间的友谊，在逢年过节的时候也会经常利用纸质书信、贺卡或电子书信、贺卡等形式进行沟通。

第五节　国际商务谈判中需注意的语言问题

商务谈判是综合运用各种语言技巧进行沟通和交流的过程，在谈判中语言技巧运用得当合理，会有效地加快谈判的进程，促进谈判目的的实现，反之就会适得其反。因此，在商务谈判中对各种语言技巧的使用必须做到恰如其分、合情合理。总结以往的商务谈判实践，在语言技巧的使用中必须注意以下一些问题。

一、感情运用不当，夸大事实

在商务谈判过程中，谈判双方应以诚相待，在建立良好信任的基础上展开合作谈判关系，最终解决分歧，达成一致。但在事实案例中，我们不难发现其中的某一方常为了达到利益需求而盲目投其所好，过分夸大事实，胡编乱凑、捕风捉影，为的只是充分迎合对方的嗜好和要求。这样可能一时取得了对方的好感，但一旦被对方识破不仅可能失去生意，甚至会丧失人格和信誉。

二、话题过于广泛，缺乏针对性

商务谈判中，谈判语言有针对性才能目标集中、有的放矢、切中要害。而在商务谈判过程中，很多人往往忽视了这最重要的一点，可能是一时兴起，也可能是被对方的语言所迷惑，而跟着对方走，跟着感觉走。自己讲得兴致勃勃、热血沸腾、面面俱到，而偏离了主题、抓不住重点。这样的情景看上去谈判者好像自己感觉良好，然而却忽视了谈判的最终目的。例如，关键的谈判内容是重点介绍商品的质量、性能，而有的谈判者或侧重介绍本企业的经营状况，或介绍本企业的实力，或反复阐明商品价格合理等，而对对方所关心的产品的质量、性能、与同类产品的相比的优势却相谈甚少，使对方一头雾水，不知所然，最终导致谈判失败。

三、谈判过程条理不清，缺乏逻辑性

谈判者在谈判开始之初，就应该准备好自己的谈判步骤，并在谈判中贯彻执行，使自己的陈述条理清晰、逻辑严密，再加上合理的语言渲染，博得对方对自己观点的认可和赞成。有些谈判人员却忽视了语言逻辑性、条理性的重要性，在谈判过程中没有抓住重点，而且话题具有跳跃性，陈述前后脱节，论述含混不清，甚至重复已经达成一致的话题。这样不仅可能暴露自己的弱点，不能说服对方，而且如果遭遇对方的反击还会自乱阵脚，导致谈判的最终失败。

四、语言运用不规范，语法、用词不当

谈判中最忌讳随意表达自己的看法，或者没有抓住语言传达给人的感觉。谈判人员过于口语性的表达会让人觉得这不是生意而是一场游戏，或者让对方对公司实力产生怀疑，更糟的是会让对方抓住你的弱点而使你无反击之力。常见的如整个过程中语调没有变化、语法错误、专业术语错误、用词不当、方言口音过重、乱用比喻等，似乎都是小事，但实际上是"自报家丑"，容易使自己在谈判中处于弱势地位。

本 章 总 结

商务谈判的过程，其实就是谈判各方运用各种语言进行沟通的过程。成功的商务谈判都是谈判双方出色运用沟通技巧的结果。依据语言的表达方式不同，商务谈判语言可以分为有声语言、无声语言和书面语言。

有声语言是通过人的发音器官来表达的语言，一般理解为口头语言。这种语言是借助人的听觉来传递信息、交流思想的。在商务谈判中，运用有声语言的沟通是基础，其技巧主要体现在陈、听、问、答、辩、说等方面。

无声语言指通过人的表情、姿态、行为和一些副语言(特殊的语气现象)等进行表达的语言，一般理解为身体语言和副语言。商务谈判人员常常通过身体语言和副语言来传递信息、表示态度、交流思想。运用无声语言的技巧主要体现在：眼睛、眉毛、嘴巴、上肢、下肢、腰、腹部动作的语言和吸烟动作的语言及特殊的语音现象等。

书面语言是指以字和义结合而成，以写和读为表达方式的语言，是口头语言的文字符号形式。与生活化的口头语言相比，书面语言要更加正式，也更严谨。在谈判前、谈判中和谈判后三个阶段，都经常使用书面语言进行双方或多方的联系、沟通和记录。目前主要采用的书面语言载体主要有纸质的书面语言和利用 E-mail 等互联网工具进行传输的电子文档形式。

知 识 强 化 训 练

一、重点概念题

1. 沟通　　　　　　　2. 国际商务沟通　　　　　3. 语言沟通
4. 无声语言　　　　　5. 有声语言　　　　　　　6. 书面语言

二、单项选择题

1. 国际商务谈判中谈判的主体语言是(　　　)。

A. 有声语言　　　　　　　　　　　B. 无声语言

C. 书面语言　　　　　　　　　　　D. 专业语言

2. 旨在强调自己的观点，强调本方立场的是(　　　)。

A. 澄清式发问　　　　　　　　　　B. 探索式发问

C. 证明式发问　　　　　　　　　　D. 强调式发问

3. 既可以避免把自己的真实意图暴露给对方，又可给对方造成判断上的混乱和困难的回答问题的方式是(   )。

A. 针对式回答　　　　　　　　　　B. 反问式回答

C. 含混式回答　　　　　　　　　　D. 拒绝式回答

4. 眼睛瞳孔放大而有神，表示此人(   )。

A. 处于兴奋状态　　　　　　　　　B. 处于消极、戒备或愤怒状态

C. 对谈话者或其所讲内容有很大兴趣　D. 试图掩饰什么

5. 人际沟通的基石是(   )。

A. 要重视、尊重对方的观点　　　　B. 信任

C. 营造良好的氛围　　　　　　　　D. 站在他人的角度谈问题

6. 下列关于书面语言的说法不正确的是(   )。

A. 书面语言是指以字和义结合而成，以写和读为传播方式的语言

B. 相对生活化的口头语言而言，书面语言要更加正式、更清晰、有条理，也更严谨

C. 阅读是理解书面语言最重要的形式

D. 倾听是理解书面语言的重要形式

三、多项选择题

1. 依据表达的形式不同，语言可分类为(   )。

A. 有声语言　　　　　　　　　　　B. 无声语言

C. 书面语言　　　　　　　　　　　D. 专业语言

E. 外交语言

2. 在商务谈判过程中，一般不应提出的问题是(   )。

A. 带有敌意的问题

B. 有关对方个人生活、工作方式、方法的问题

C. 对方品质和信誉方面的问题

D. 故意表现自己的问题

E. 有关商品的品质和价格问题

3. 在回答对方问题时一定要记住的要诀是(   )。

A. 知道该说什么，不该说什么

B. 所回答的内容对方是不是满意

C. 所回答的内容是否完全对题

D. 答案的"对"或"错"

E. 该回答到什么程度

4. 特殊的语音现象也称为副语言，通常包括(   )。

A. 语气　　　　　　B. 语调　　　　　　C. 语速与节奏　　　　　　D. 停顿

E. 重音

5. 在商务沟通中，回答对方提出的问题必须做好准备，准备工作的内容包括(   )。

A. 心理准备　　B. 了解动机　　C. 了解问题　　D. 准备答案　　E. 拖延回答

6. 下列关于商务谈判中书面语言的说法正确的是(   )。

A. 指商务谈判中的文字语言

B. 主要用来制订谈判计划、拟定谈判方案、记录谈判内容和形成谈判文件

C. 倾听是理解书面语言的最重要形式

D. 阅读是理解书面语言的最重要形式

E. 通过 E-mail 传递的文件不属于书面语言

7. 没吸几口即把一支烟掐掉,表明谈判者( )。

A. 想尽快结束谈话

B. 为了不让吸烟来分散精力,干扰其刚刚决定的事情的进行

C. 表现出自信、优越感以及一种悠闲自得的心情

D. 已决心要做一件事情

E. 力求从纷乱的思绪中理出头绪来

四、简答题

1. 简述沟通的基本原则。

2. 简述语言沟通艺术在商务谈判中的作用。

3. 简述商务沟通谈判中陈述、发问、回答、辩论、说服的技巧。

4. 简述商务谈判中常见的无声语言类型。

5. 简述国际商务谈判中需注意的语言问题。

五、案例分析题

1. 巧问妙答成交易

美国拉斯维加斯国际消费电子产品展(International Consumer Electronics Show, ICES)始于 1967 年,是全球规模最大、水平最高和影响力最广的消费类电子产品展。每届展会上,各国参展商都会拿出最具革新性的科技产品进行较量。在 2012 年 1 月的第 45 届拉斯维加斯国际消费电子产品展会上,一位俄罗斯电子采购商,拟购买 5000 台最新的平板电脑。经过比较,他看中了广特(Quante)推出的 Tegro2 平板电脑。该产品的优势是:它可以轻松处理 1080p 影片播放、输出,并可以连续收听 140 小时的音乐,观看 10 小时高清影片;Android 操作系统,并搭配 WiFi 和 3G 上网。这位经验老到的俄罗斯商人在展位前,没有对广特公司的销售人员直接讲出自己的购买意图,而是先询问了家庭娱乐产品和车用电子产品的性能和价格,然后漫不经心地问,"那这款平板电脑的单价是多少?"广特公司的代表并没有正面回答,只是微笑着说,"那要看你买多少台了! 这款平板电脑是本公司刚开发出来的新产品,它在分辨率、待机时间等许多方面与苹果即将推出的 iPad3 不相上下,是迄今为止同类产品中性价比最高的。"俄罗斯商人说:"如果我买 500 台,每台多少钱? "广特公司代表回答说 450 美元。俄罗斯商人又问:"如果我买 1000 台呢? "广特公司代表不动声色地回答:"数量多价格当然可以优惠一些,可以给你打九折。""如果我要买 5000 台、1 万台,最低价能给我多少?"广特公司代表回答说:"最多 8 折和 7 折。"俄罗斯商人失望地摇了摇头说:"我和消费者对苹果的 iPad 比较了解,但对你们的产品实在没有把握呀!"随后他站起身来,打算

前往其他展位。突然，他转身又问了一句："5 折行吗？"广特公司代表冷静而又话里有话地说，7 折已经是我所能给你的最大折扣了！这样吧，我可以按你要的数量，给你一份报价表，你看看再说。"俄罗斯商人见广特公司代表从电脑里调出的一份不同数量的报价表。他发现虽然随着数量增加，单价会降低，但 10000 台以上的价格已经封在5.5 折了。俄罗斯商人由此估算出该产品的生产成本、设备及研发费用的分摊情况、生产能力及利润空间，最终他以 6 折的价格，订购了 5000 台广特公司的 Tegro 平板电脑。这么大的一笔交易就通过买卖双方的巧问妙答谈成了。

　　问题：请分析一下，在以上的谈判沟通中双方都运用了什么问答方式？你认为这些问答方式的运用是否合理？如果有不合理的地方请说明你认为合理的问答方法？

2. 教授的谢礼多少比较合适呢？

　　某教授是某大学的学者，著名经济学家，以发表对国际经济和内地财经问题的评论著称，观点独到，言辞辛辣。该教授曾担任内地多个省市的电视台财经节目的嘉宾主持人，还经常受邀为一些商会、大企业或政府部门进行演讲，其出场费动辄十几万元、几十万元。

　　一天，该教授办公室的工作人员接到一家平面传媒机构打来的电话。来电的是该机构的一位女行政人员，她想知道，邀请这位教授在某地一个公开会议上做演讲的费用是多少。按惯例，电话中的对话总是从那些常规惯例开始，如演讲的时间长短、观众的构成等，最后对方也免不了问上一句："这次演讲的费用是多少？办公室工作人员照例会引用标准的的数字报价，尽管这会吓跑一部分咨询者。可是，这次，电话线另一端的女行政员的一段不同凡响的说辞，令教授刮目相看。她并没有直接问："教授想要多少钱"或是"我们必须付多少钱呢？"而是很温和地问道："那么，教授的谢礼应该多少比较合适呢？""谢礼"，这是什么意思？接电话的工作人员虽有些发懵，尽管这显然是在漂亮的辞藻下仅象征性支付一点费用的潜台词，但仍像往常一样报出了收费标准。

　　让人意外的是，对方的回答丝毫听不出一点惊讶或不满的成分，也根本没有说："他以为自己是谁呀？谁也没有资格要那么高的费用"。相反，她显得挺高兴地说："我知道像教授这样的名人，完全有资格收那么高的费用。而且，我们的总编以前听过先生的演讲，他说，先生演讲的价值应该是那些钱的两倍多。要是我们有那么多的钱的话，我们会把那些钱送给教授，那是我们的福分、我们的快乐和我们的荣幸。"紧接着，她显得有些不好意思地说："但可惜的是，我们的预算只有这么多。"

　　两个月后，教授出现在那家平面媒体主办的企业家论坛上。

　　试分析：

　　(1) 这家平面媒体的女工作人员的这番说辞管用吗？

　　(2) 她用了什么说服的方法和技巧让著名演讲专家放弃"标准报价"，最终接纳了她所能支付的演讲费？

实 践 技 能 训 练

训练项目一　沟通的语言技巧(一)

1. 实训目的

(1) 进一步强化学生对商务谈判沟通中各类语言技巧的把握、理解和认识。

(2) 培养学生对商务谈判中沟通的语言技巧的运用能力和识别能力。

(3) 培养和锻炼学生的分析能力、观察能力、组织能力和语言文字的表达能力。

2. 实训要求

(1) 在课上 1～2 个课时，课下 2～4 个课时。

(2) 要求每个同学去现场观摩或从网上寻找一个商务谈判案例，然后进行分析和演讲，每个同学都要参与其中并根据要求完成相应的工作。

3. 实训内容

(1) 根据班级人数把学生分组，以 3～5 人为宜。

(2) 每个学生自己去现实中去观摩一个真实的商务谈判或网上寻找一个商务谈判沟通的案例。

(3) 对其商务谈判沟通的过程进行分析，指出商务谈判沟通中运用的各类语言技巧并分析其利弊得失。

(4) 每个同学根据自己的观摩情况和分析写出观摩报告，老师做批改并选取典型向班级推荐。

4. 实训考核

表 3-1　实训项目考核表

考核内容	分　数	得　分
态度是否端正	10	
发言是否积极	10	
语言是否流畅	20	
观点是否正确	20	
创新是否突出	20	
知识把握是否准确	20	
合　　计	100	

训练项目二　沟通的语言技巧(二)

1. 实训目的

(1) 进一步强化学生对国际商务谈判沟通中陈、听、问、答、辩、说等有声语言和表情、姿态、行为和一些副语言等无声语言的技巧和知识的理解和认识。

(2) 让学生尝试运用国际商务谈判沟通中的有声和无声语言的技巧，提高其沟通能力，为将来参加工作进行商务沟通做必要的知识和能力积累。

(3) 培养和锻炼学生的分析能力、观察能力、组织能力和语言文字的表达能力。

2. 实训要求

(1) 在课上 1~2 个课时，课下 2~4 个课时。

(2) 要求每两个小组为一个大组，选择一个商务谈判的项目，模拟商务谈判的沟通过程，组内同学要有分工协作，每个同学根据要求完成相应的工作。

3. 实训内容

(1) 根据班级人数把学生分组，以 3~5 人为宜，选出谈判组长或首席谈判代表。

(2) 每两组学生共同选择一个谈判沟通主题，针对这一主题担任谈判双方的组织角色。

(3) 根据这个主题的一个谈判沟通的过程，每个组要写出具体的谈判沟通提纲，在提纲中要体现出对各种类语言技巧的运用。

(4) 进入模拟谈判沟通室进行谈判，要注意运用各种语言进行谈判沟通的技巧，体现出对陈、听、问、答、辩、说等有声语言和表情、姿态、行为和一些副语言等无声语言的技巧的运用。

(5) 其他同学观摩谈判沟通过程，分析谈判过程中所运用的各种技巧及其利弊得失。

(6)每个同学根据自己的谈判情况或观摩情况写出初衷报告或观摩报告，老师做批改和点评。

4. 实训考核

表 3-2　实训项目考核表

考核内容	分　数	得　分
态度是否端正	10	
发言是否积极	10	
语言是否流畅	20	
观点是否正确	20	
创新是否突出	20	
知识把握是否准确	20	
合　　计	100	

第四章　国际商务谈判中的礼仪

【学习目标】

1. 知识目标

(1) 理解礼仪的含义及特点，了解中西方礼仪的差异。

(2) 熟悉国际商务谈判礼仪的基本原则。

(3) 了解和掌握服饰礼仪、行为举止礼仪、介绍礼仪等国际商务谈判相关礼仪的基本要求。

2. 能力目标

(1) 能够根据不同的场合，选择合适的服装，注意仪容仪表。

(2) 能够恰当地展示国际商务谈判中的行为举止、介绍、会面、迎送等相关礼仪。

3. 素质目标

(1) 培养学生遵守时间、诚实守信的良好职业素质。

(2) 培养学生尊重谈判对手、言行举止得当的良好品质。

第一节　国际商务谈判礼仪概述

一、礼仪的含义和内容

在当今开放的国际商务事务谈判中，每一个社会组织和个人都需要在广泛的、频繁的社会交往中谋求自身的发展，争取事业的成功。因此，礼仪是通向现代市场经济的"通行证"，学会交际已成为现代人必备的素质之一。面临各种礼仪规范的考验，掌握商务活动的各种礼仪与技巧，才能达到商务谈判的成功。

微视频 4-1
国际商务谈判
礼仪概述

1. 礼仪的含义

礼仪是礼和仪的综合。"礼"是表示敬意的通称，是人们发自内心的一种崇敬的感情，具体表现为礼貌和礼节；"仪"，是一个人的外在形象，具体表现为仪表、仪态、仪容、仪式等。同时，它也指一件事情的分寸、度量，具体表现为仪式。《辞源》把礼仪明确概括为："礼仪，行礼之仪式。"在礼学体系中，礼仪是指人们在社会交往中由

于受历史传统、风俗习惯、宗教信仰、时代潮流等因素的影响而形成的，既为人们所认同，又为人们所遵守，以建立和谐关系为目的的各种行为准则或规范的总和。

2. 礼仪的内容

礼仪的内容具体表现为礼貌、礼节、仪表、仪式等。随着时代的变迁、社会的进步和人类文明程度的提高，在对古代礼仪扬弃的基础上，不断推陈出新，内容更完善、合理，也更加丰富多彩。

(1) 礼貌。礼貌是指人们在社会交往过程中良好的言谈和行为。它有两层意思：

① 庄肃和顺之仪容表示敬意和尊敬。

② 以言语、行动所表现的恭敬谦虚。例如，礼貌待客是商业服务人员最起码的职业道德。

它主要包括口头语言的礼貌、书面语言的礼貌、态度和行为举止的礼貌。礼貌是人道德品质修养的最简单、最直接的体现，也是人类文明行为的最基本的要求。

(2) 礼节。礼节是礼貌在语言、行为、仪态等方面的具体表现，是关于对他人态度的外在行为规则，特别是在交际场合中相互问候、致意、祝愿、慰问以及给予必要的协助与照料的惯用形式。

现代礼节主要包括介绍的礼节、握手的礼节、鞠躬的礼节、亲吻的礼节、作揖的礼节、使用名片的礼节、宴会的礼节等。当今世界是个多元化世界，不同国家、民族、地区的人们在各自生活环境中形成了各自不同的价值观、世界观和风俗习惯，其礼节从形式到内容都不尽相同。

就礼节与礼貌的关系而言，没有礼节，就无所谓礼貌；有礼貌，但不一定懂礼节。

(3) 仪表。仪表指人的外表，包括仪容、服饰、体态等。仪表属于美的外在因素，反映人的精神状态。仪表美是一个人心灵美与外在美的和谐统一，美好纯正的仪表来自于高尚的道德品质，它和人的精神境界融为一体。端庄的仪表既是对他人的一种尊重，也是自尊、自重、自爱的一种表现。

(4) 仪式。仪式指行礼的具体过程或程序，是礼仪的具体表现形式。仪式是一种比较正规、隆重的礼仪形式。人们在社会交往过程中或是组织在开展各项专题活动过程中常常要举办各种仪式，以体现出对某人或某事的重视，或是为了纪念等。常见的仪式包括开幕仪式、闭幕仪式、欢迎仪式、入场仪式、签字仪式、告别仪式等。仪式往往具有程序化的特点，这种程序有些是人为约定俗成的。在现代礼仪中，仪式中有些程序是必要的，有些则可以简化。因此，仪式也大有越来越简化的趋势。但是，有些仪式的程序是不可省略的。

二、礼仪的特点

1. 礼仪的普遍认同性

所谓认同性是全社会的约定俗成，是全社会共同认可、普遍遵守的准则。一般来说，礼仪代表一个国家、一个民族、一个地区的文化习俗特征。但我们也看到不少礼仪是全世界通用的，具有全人类的共同性。例如，问候、打招呼、礼貌用语、各种庆典仪式、签字仪式等，大体是世界通用的。

2. 礼仪的规范性

所谓规范性，主要是指它对具体的交际行为具有规范性和制约性。这种规范性本身所反映的实质是一种被广泛认同的社会价值取向和对他人的态度。无论是具体言行还是具体的姿态，均可反映出行为主体的思想、道德等内在品质和外在的行为标准。

3. 礼仪的广泛性

礼仪在整个人类社会的发展过程中普遍存在并被人们广泛认同。礼仪无处不在，无时不在。

4. 礼仪的沿习性和继承性

所谓礼仪的沿习性特点，是指礼仪形成本身是个动态发展的过程，是在风俗和传统变化中形成的行为规范。在这种发展变化中，礼仪表现为一种继承和发展。礼仪一旦形成，就有一种相对独立性和稳定性，但它也毫不例外地随着时代的发展而发展变化。随着社会交往的扩大，各国民族的礼仪文化都会互相渗透，尤其是西方礼仪文化引入中国，使中华礼仪在保持传统民族特色的基础上，发生了更文明、更简洁、更实用的变化。所以交际礼仪的沿袭和继承是个不断扬弃的社会进步的过程。

三、中西方礼仪的差异

由于文化体系的不同，中西方礼仪也呈现出不同的特点。大致而言，彼此的差异主要有如下几点：

(1) 中华礼仪是道德文化的主要构成部分，强调人的道德主体意识，重在培养内在的道德根基。例如，修身养性、人文关怀、和谐社会的建立等，把道德作为礼的源头和动力。在人与人的交往中，提倡真诚、质朴、自然，强调礼是内心敬意的自然流露，反对华而不实、做作。对于礼节，只有原则的规定，不死抠细节。所以，在《礼记》一书中，探讨的主体是礼仪，是礼背后的道德内涵及其价值。

西方礼仪则比较注重礼仪的细节，非常重视形式。只要在形式上做得一丝不苟、中规中矩，礼的要求就完美地达到了。至于内心如何，没有人会来深究。

(2) 中华礼仪主张彼此之间有一定的距离，相见时用作揖或者跪拜的方式，反对肌肤直接接触，认为过于亲密的接触是轻浮的表现。只有彼此保持恰当的距离，才有可能产生敬意。强调男女有别，彼此要有分寸，尤其反对肌肤接触，认为那样是不尊重女性，有失体统。西方相反，认为用身体、肌肤直接接触，如握手、亲吻、拥抱等，可以增加彼此的亲密感。

(3) 中华礼仪的特色之一是讲究尊卑。晚辈与长辈相见，长辈为尊，晚辈应该处处尊重长辈。平辈之间相见，对方为尊，处处为对方考虑。这是中华礼仪的传统，人人都有尊严。在交往的过程中，懂得谦卑自抑，"自卑而敬人"，把对方放在比自己更尊贵的地位上来对待。中国人用这样的方式来处理人际关系，以达到互相尊重、处处和谐的目的。

西方人主张人人平等。无论是谁，都是上帝的儿子，人与人之间没有尊卑。儿子可以给父亲起外号，父母老了应该进养老院，子女没有赡养的责任。强调对女性的尊重，处处都要女士优先。

（4）中国人比较内向、低调，"人不知而不愠"，越是君子越懂得自尊，绝对不会向别人讨掌声。中国人崇尚"天生丽质"和"天然去雕饰"的自然美，即使是化妆，也喜欢"淡扫娥眉"，而不喜欢浓妆艳抹。喜欢用心与别人交流，不喜欢用外表去博得他人的好感。

西方人张扬个性，喜欢用外表来吸引人，如夸张的化妆、强调个性的服装，故女性可以穿短裤、吊带背心、拖鞋出入公共场所。

总之，东西方礼仪各有长短，不妨互相借鉴。但作为一个中国人来说，还是应该首先树立起民族文化的主体，而不是盲目地跟从西方文化。

第二节　国际商务谈判礼仪的基本原则

礼仪、礼节、礼貌内容丰富多样，各国往往又根据本国的特点和风俗习惯，有各自独特的做法，但它又具有自身的规律性。人们的各种交际活动自始至终都有一些具有普遍性、共同性、指导性的规律可循，这就是礼仪的原则，国际商务谈判中的礼仪亦是如此。探讨这些原则，有助于社交基本礼仪的规范化，增强人们对礼仪的认识，进而加强礼仪在社会活动中的指导作用。

微视频 4-2
国际商务谈判
礼仪的基本原则

一般来说国际商务谈判礼仪的基本原则如下。

1. 重他原则

重他原则即尊重对方、敬人的原则。这是商务谈判礼仪中最基本的原则，包括尊敬对方、入乡随俗等。

"礼者，敬人也"，敬人是礼仪的一个基本原则，它要求人们在交际活动中互尊互敬、友好相待，对交往对象要重视、恭敬。可以说，掌握了重他、敬人的原则就等于掌握了礼仪的灵魂。尊敬的作用是十分巨大的，"敬人者，人恒敬之"。

"入乡随俗"，即了解、尊重对方的风俗习惯。在国际商务中，要真正做到尊重交往对象，首先就必须尊重对方所独有的风俗习惯。"十里不同风，百里不同俗"的局面，是很难强求统一的。此外，尊重他人所特有的习俗，有助于更好地、恰如其分地向对方表达我方之意，容易增进双方之间的理解和沟通。

2. 自重原则

自重，不卑不亢，是涉外礼仪的另一项基本原则。它的主要要求是每一个人在参与国际交往时，都必须意识到在外国人的眼里自己是代表着自己的国家、民族和所在单位的。因此，其言行应当从容得体、堂堂正正。在外国人面前既不应该表现得畏惧自卑、低三下四，也不应该表现得自大狂傲、放肆嚣张。

3. 理解、宽容原则

理解、宽容就是要求人们既要严于律己，又要宽以待人，不能求全责备、过分苛求、咄咄逼人。在国际交往中，对于中外礼仪与习俗的差异性，是应当予以承认的。

重要的是要了解，而不是评判是非、鉴定优劣。对于差异性，应采取"以我为主""兼及他方"及"求同存异"的办法，对于国际上所通行的礼仪惯例要认真地遵守。唯有宽容才能排除国际交往中的各种障碍。不能宽容他人的人，往往会得理不饶人，使人际关系恶化。

4. 真诚原则

礼仪的运用基于主体对他人的态度。如果能抱着诚意与对方交往，那么交际主体的行为自然而然地便显示出对对方的关切与爱心。因为无论用何种语言表达，行为是最好的证明。在通常情况下人们可以用假话来掩饰自己的企图，但却无法用行为来掩饰自己的空虚，因为体态语是无法掩饰虚假的。因此，唯有真诚才能使我们的行为举止自然得体。

5. 适度原则

适度，是涉外礼仪的基本原则之一。"礼多人不怪"，人们讲究礼仪是基于对对方的尊重，这是无可厚非的。但是，凡事过犹不及，国际商务交往要因人而异，要考虑时间、地点、环境等条件。如果施礼过度或不足，都是失礼的表现。比如，见面时握手时间过长，告别时一次次地握手或是不住地感谢，都让人觉得厌烦。礼仪的施行只是内心情感的表露，只要内心情感表达出来，就完成了礼仪的使命。因此，适度是要人们在参与国际交往时，做到热情有度、谦虚有度、举止有度、距离有度。

6. 守时践约原则

"守时"是第一步。虽然各国对时间的态度不尽相同，比如英国人和德国人的时间观念很强，而拉美国家对时间却看得相对很淡。但不管对方如何，在国际商务谈判中，己方一定要做到信守时间的约定。而"践约"是指在一切正式的国际交往之中，都必须认真而严格地遵守自己的所有承诺。说话务必要算数，许诺一定要兑现，约会必须要如约而至。在一切有关时间方面的正式约定之中，尤其需要恪守不怠。

7. 女士优先原则

"女士优先"是国际社会公认的一条重要的礼仪原则，主要适用于成年的异性进行社交活动之时。"女士优先"的含意是在一切社交场合，每一名成年男子都有义务主动自觉地以自己的实际行动去尊重、照顾、体谅、关心、保护女性，并且要想方设法、尽心竭力地去为女性排忧解难。倘若因为男士的不慎，而使女性陷于尴尬、困难的处境，便意味着男士的失职。

8. 以宾为尊，以右为尊原则

"以宾为尊，以右为尊"，即在正式的国际交往中，依照国际惯例，将多人进行并排排列时，最基本的规则是以宾客为上和以右为上(尊)，以左为下(卑)，即右高左低。因此，在国际交往中，但凡有必要确定并排列位置的主次时，"以右为尊"都是普遍适用的。

9. 注意禁忌

不同的国家、民族，由于不同的历史、文化、宗教等原因，有其特殊的风俗习惯和礼节，我们应该对其充分了解和尊重。例如，天主教忌讳"13"这个数字，尤其是"13 日，星期五"等。

第三节　国际商务谈判的基本礼仪

在长期的国际商务实践活动中逐步形成了商务人士普遍遵守和共同使用的一些商务礼仪。这些礼仪虽然在不同的国家和地区有所差异，但已经成为国际商务活动中必不可少的组成部分。本节主要介绍国际商务谈判中的服饰礼仪、行为举止礼仪、介绍礼仪、会面礼仪、拜访礼仪、迎送礼仪、乘车礼仪、商务会议礼仪、商务洽谈礼仪、签约礼仪、商务宴请礼仪及赴宴礼仪、座次礼仪和赠送礼仪等。

微视频 4-3
国际商务谈判基本
礼仪—— 服饰礼仪

一、国际商务谈判的服饰礼仪

在国际商务谈判中，谈判代表要有良好的综合素质。作为一种文化表征，服饰能反映人们的审美情趣、精神面貌等综合素质。服饰礼仪的基本要求如下。

1. 服饰要庄重、大方、优雅、得体

谈判前应整理好自己的仪容仪表，穿着要整洁、正式、庄重。男士应刮净胡须，穿西服必须打领带。女士穿着不宜太性感，不宜穿细高跟鞋，应化淡妆。服饰反映了一个人文化素质的高低，审美情趣的雅俗。具体说来，既要自然得体、协调大方，又要遵守某种约定俗成的规范或原则。

2. 服饰要符合身份、个性、体型

商务谈判之前首先要确定谈判人员与对方谈判代表的身份、职务要相当。因此，服装不但要与自己的具体条件相适应，还必须时刻注意客观环境、场合对人的着装要求，即着装打扮要优先考虑时间、地点和目的三大要素，并努力在穿着打扮的各方面与时间、地点、目的保持协调一致。除了与身份、地位、环境的符合外，服饰与自身个性、体型的符合也是必不可少的。服饰也是对自身体型的修饰，可展现自己优势，弥补自身的缺点。

3. 服饰颜色的选择

在服饰颜色的选择上，应选择深色服饰或冷色调的服饰，切忌服饰颜色过分鲜艳。职场着装颜色越深越正式，但黑色一般是作为礼服的用色。此外，整体服饰颜色的数量上不应超过三种，忌颜色杂乱。服饰颜色搭配上遵循平衡的原则，上轻下重、上重下轻都是不合适的。比如，着黑色西服，却穿一双白的皮鞋，让人觉得这个人上重下轻，给人不稳重，不信任之感。

4. 仪容要求

仪容是指人的容貌，是一个人精神面貌的外观体现。仪容在个人整体形象中居于显著地位，传达出最直接、最生动的第一信息。个人的容貌是父母给予的、相对定型的，但通过后天的保养、修饰和装扮可以焕然一新，可以充分发挥自己的优势，有效弥补自身的缺陷和不足。

在国际商务谈判中，对个人仪容的要求应以端庄、大方为原则。端庄大方的仪容能给

人信任感，而通过恰当自然的修饰又会给人愉悦感。

二、行为举止礼仪

举止指行为者的坐姿、站姿、行姿及其他姿态，它直接作用于交往者，影响人们交往的结果。在谈判中，对举止的总体要求是举止得体。得体的内涵包括：自信而不显孤傲；热情友好又不显曲意逢迎；落落大方，挥洒自如又不显粗野放肆、有悖常规；对不利于自己的事物与机会不垂头丧气、心烦意乱，应成竹在胸、处变不惊。其具体表现如下：

1. 坐

通常，从椅子的左边入座以及起身是坐椅子的一种礼仪。正确坐姿的基本要领为：上身直挺，勿弯腰驼背，也不可前贴桌边后靠椅背，上身与桌、椅均应保持一拳左右的距离。坐着谈话时，上身与两腿应同时转向对方，双目正视说话者，要避免转动或移动椅子的位置。坐下后，身体尽量坐端正，两腿平行放好，双手可十指交叉放在腿上或桌上，切忌双腿分隔太大或抖动不停，也不要玩弄手指或摆弄东西。总的来说，男女的坐姿大体相同，只是在细节上存在一些差别。

2. 站

一般男子站立时，双脚可分开与肩同宽，双手亦可在后腰处交叉搭放。女子站立最美的姿态为身体微侧，呈自然的 45 度，斜对前方，面部朝向正前方，脚呈丁字步。这样的站姿可使女性看上去体态修长、苗条，同时也可显示女性阴柔之美。另外，无论男女，双手不可叉在腰间或怀抱在胸前，貌似盛气凌人，让人难以接受。

3. 行

男性与女性在走路姿态上有很大区别，一般来说男性走路应当昂首、闭口、两眼平视前方，挺胸、收腹、直腰，行走时上身不动、两肩不摇、步态稳健，以显示出男性刚强、雄健、英武、豪迈的风度。

女性走路时应当头部端正，但不宜抬得过高，目光平和，直视前方。行走时上身自然挺直，收腹，两手前后摆动幅度要小，两腿并拢，小步前进，走成直线，步态自如、匀称、轻柔，以表现女性端庄、文静、典雅的气质。

总的来讲，走姿是一种动态美。每个人都是一个流动的造型体，优雅、稳健、敏捷的走姿，会给人以美的感受，产生感染力，反映出积极向上的精神状态。行进的速度应当保持均匀、平稳，不要忽快忽慢。正常情况下，步速应自然舒缓，显得成熟、自信。行走时要防止八字步、低头驼背，不要摇晃肩膀、双臂大甩手，不要扭腰摆臀、左顾右盼，脚不要擦地面。

三、介绍礼仪

1. 介绍

双方见面后，宾主就应相互介绍。通常有两种介绍方式，一是自我介绍；二是通过第三者即介绍人做介绍。无论自我介绍还是他人介绍都要自然。自我介绍适用无人代为介绍的时候，应先将自己的姓名、单位、职务

微视频 4-4
行为举止礼仪
和介绍礼仪

告诉对方。如果一方是二人以上，则由身份最高者出面做自我介绍，然后再将其他人员按一定顺序——介绍给对方。如果对方正在交谈，你想加入，而你们彼此又不认识，就应该选择对方谈话出现停顿的时候再去自我介绍并表示抱歉。

若被第三者介绍给对方时，要说"您好""久仰久仰"或"见到您非常高兴"，并主动握手或点头示意，表示友善，创造良好气氛。为宾、主充当介绍人，要先了解双方是否有结识的愿望，不要贸然行事。为他人介绍，应按一定顺序进行介绍，有先后之别。一般先将主人介绍给客人，以客为尊，客人有优先知道对方信息的权利；先把年轻的介绍给年长的；先把男士介绍给女士，以示对客人、年长者和女士的尊重。介绍时除妇女和年长者外，一般应起立；但在宴会桌上、会谈桌上可不必起立，被介绍者只要微笑点头有所表示即可。为他人介绍时还可说明其与自己的关系，便于新结识的人相互了解与信任。介绍具体的人时，要有礼貌地以手示意，而不要用手指指指点点。

2. 名片

在国际商务活动中，名片不仅可以用来正式地相互交换赠送，还可以作为一种很有价值的记录，记录所遇到的人，同时也是今后与他人进一步联系的依据。在某些文化中，交换名片的形式和实质一样重要，是有一定特殊礼仪的。

知识拓展 4-1
名片的印制
与放置

（1）初次见到客人，首先要以亲切的态度打招呼并报上自己的公司名称，然后将名片递给对方，名片夹应放在西装的内袋，不应从裤子口袋里掏出。递名片时，用双手的大拇指和食指握住名片。名片的正方、名字应向着对方。如对方为外宾，外文一面朝上。最好手拿名片的下端，让顾客易于接受。同时还要轻微鞠躬，即头微微低下。

（2）接受名片的一方必须点头表示感谢，不要立即收起来，不要在名片上做记号或标注，也不应随意玩弄和摆放，而是认真读一遍，注意对方的姓名、职务、职称并轻声读出以示敬重。对没有把握念对的姓名，可以请教一下对方。切忌接过名片一眼不看就收起来。应该认真收好，让对方感到受重视、受尊敬。名片放在桌上时，上面不要放置任何东西。在任何文化中都不要把名片塞在裤兜里，而是将名片放入自己口袋或手提包、名片夹中。

（3）如果是事先约好才去的，对方已对你有一定了解，或有人介绍，就可以在打招呼后直接面谈。在面谈过程中或临别时，再拿出名片递给对方，以加深印象并表示保持联络的诚意。

（4）双方交换名片时最好双手递、双手接，除非是有"左手忌"的国家(如印度、缅甸、马来西亚、阿拉伯各国及印尼的许多地区)。在中东和许多东南亚国家，递名片时一定要用右手递上，永远不要用左手，即使是左撇子也不行。在这些地区，左手是用于清理身体卫生的，因此被认为是"不干净"的手。

（5）递送名片要注意顺序，要尊卑有序。地位低的人要首先把名片递给地位高的人。比如，男士先递给女士，晚辈先递给长辈，下级先递给上级，主人先递给客人。

（6）在任何情形下，都要确保写清职务和头衔。要选择一个既能让别人理解又能最准确地反映职位的头衔。

四、会面礼仪

1. 握手礼

握手是一种沟通思想、交流感情、增进友谊的重要方式。谈判双方人员，见面和离别时一般都以握手作为友好的表示。握手的动作虽然平常简单，但通过这一动作，确实能起到增进双方亲密感的作用。

微视频 4-5
会面礼仪

(1) 握手的方式。正确的握手方式是：垂直站立，用右手稍稍用力握住对方的手，然后身体略微前倾，全神贯注地注视对方，以表示尊重。

一般不要坐着与人握手；不能在与别人交谈中漫不经心地与另一个人握手，冷落握手人；尤其严禁在他人头顶上与对方握手；如果就餐时，确有握手的必要，应离开座位与对方握手，不能在餐桌上或食物上面握手；不可戴帽子、手套与人握手。

(2) 握手的次序。

① 拜访与离别时的握手次序。在登门拜访时，一般应是主人先与客人握手，以表示欢迎和对拜访者的感谢。但在离别时，应是客人先伸手握手，以表示对主人接待的感谢和打扰的歉意，这时，主人切不可先伸出手去与客人握手，容易造成不欢迎客人继续谈话或催促对方离开的误会。

② 不同身份的人握手次序。一般是主方、职务高的或年长者先伸手，以表示对客方、职务低的或年少者的关心和重视，而客人、职务低的或年少者见面时可先问候，待对方伸出手后再握手，同时面带笑容，身体微欠，或用双手握对方的手，以表示敬意和尊重。

③ 异性之间的握手次序。在异性谈判人员之间，一般来说，男性不要主动与女性握手，以免失礼或尴尬。如果女性主动先伸出手，做出握手的表示，男性应在判断准确后再握手。若女性只是点头示意，则男性以点头示意或问候回敬亦合常礼。

④ 互有握手之意或相同身份的人握手次序。在身份相同的双方互有握手意向时，出手快表示握手出自真诚、友好，并乐意结识对方，重视发展双方的关系；出手过慢往往表示缺乏热情、诚意，信心不足，不愿与对方进一步深交。

(3) 握手的时间。双方握手的时间，一般以 3～6 秒为宜。异性间握手时间应以 1～3 秒为宜。如果双方关系十分密切或熟识，握手的时间可适当延长并可以使握着的手上下摇晃几下，表示热烈、真诚的感情。应当注意，如果握手的时间过短，彼此两手一经接触后即刻松开，所表明的是双方完全出于客套、应酬或没有进一步加深交往的期望，或者是双方对此次谈判信心不足的表示。

(4) 握手的力度与握手者间的距离。握手时用力的大小，往往也传递着某种感情与信息。一般来说，握手有力表示握手者对对方感情较深，双方关系亲密以及见面后的兴奋与激情，有时还可表示深切的谢意和较强的自信心。但凡事不可过，若用力过猛，使对方有痛感，就会使对方难以接受，感觉到你可能不怀好意，或者是在显示"力量"和向对方"示威"，引起反感。而毫无力度、漫不经心的握手常常使人感到缺乏热情和诚意，给人一种轻蔑非礼之感。

2．其他会面礼

(1) 拱手礼。拱手礼，又叫做揖礼，即两手握拳，右手抱左手。拱手礼在我国至少已有 2000 多年的历史，是我国传统的礼节之一，常在人们相见时采用。行礼时，不分尊卑，拱手齐眉，上下加重摇动几下，重礼可作揖后鞠躬。目前，它主要用于佳节团拜活动、元旦春节等节日的相互祝贺，有时也用在开订货会、产品鉴定会等业务会议时，厂长经理拱手致意。

(2) 鞠躬礼。鞠躬，意即弯身行礼，是表示对他人敬佩敬重的一种礼节方式。"三鞠躬"称为最敬礼。在我国，鞠躬常用于下级对上级、学生对老师、晚辈对长辈，亦常用于服务人员向宾客致意，演员向观众掌声致谢。鞠躬时应正视对方，立正、脱帽，不可边鞠躬边说与行礼无关的话，应先女士后男士以示尊重和诚意。

(3) 拥抱礼。拥抱礼是流行于欧美的一种礼节，通常与接吻礼同时进行。拥抱礼的行礼方法为：两人相对而立，各自右臂偏上，左臂偏下，右手环扶于对方的左后肩，左手环扶于对方的右后腰，彼此将胸部各向左倾而紧紧相抱并头部相贴，然后再向右倾拥抱，接着再做一次左倾相抱。

(4) 亲吻礼。

① 吻手礼。男子同上层社会贵族妇女相见时，如果女方先伸出手作下垂式，男方则可将指尖轻轻提起吻之；但如果女方不伸手表示，则不吻。如女方地位较高，男士要屈一膝作半跪式，再提手吻之。此礼在英法两国最流行。

② 接吻礼。接吻礼多见于西方、东欧、阿拉伯国家，是亲人以及亲密的朋友间表示亲昵、慰问、爱抚的一种礼仪，通常是在受礼者脸上或额上吻一下。接吻方式为父母与子女之间的亲脸、亲额头；兄弟姐妹、平辈亲友是贴面颊；亲人、熟人之间是拥抱、亲脸、贴面颊。在公共场合，关系亲近的妇女之间是亲脸，男女之间是贴面颊，长辈对晚辈一般是亲额头，只有情人或夫妻之间才吻嘴。

(5) 合十礼。合十礼又称合掌礼，流行于南亚和东南亚信奉佛教的国家。其行礼方法是两个手掌在胸前对合，掌尖和鼻尖基本相对，手掌向外倾斜，头略低，面带微笑。

五、拜访礼仪

1．要有约在先

拜访时，切勿未经约定便不邀而至，要事先与被访者联系。在对方同意的情况下定下具体拜访的时间、地点。约定的具体时间通常应避开节假日、用餐时间、休息时间、过早或过晚的时间及其他一切对对方不方便的时间。尽量避免前往其私人居所进行拜访。最后，应对对方表示感谢。

微视频 4-6
拜访礼仪和
迎送礼仪

2．要守时守约

守时守约不只是为了讲究个人信用，提高办事效率，而且也是对交往对象表示尊重友好的表现。万一因故不能准时抵达，务必及时通知对方，必要的话，还可将拜访另行改期。这种情况下，一定要记住向对方郑重其事地道歉。

3. 要进行通报

进行拜访时，倘若抵达约定地之后，未与拜访对象直接见面，或是对方没有派员在此迎候，则在进入对方的办公室或私人居所的正门之前，有必要先向对方进行一下通报。

4. 要登门有礼

切忌不拘小节，失礼失仪。敲门时，要用食指敲门，力度适中，间隔有序敲三下，等待回音。如无应声，可再稍加力度，再敲三下；如有应声，再侧身隐立于右门框一侧，待门开时再向前迈半步，与主人相对。当主人开门迎客时，务必主动向对方问好，互行见面礼节。倘若主人一方不止一人之时，对主人的问候与行礼在先后顺序上合乎礼仪惯例。入室后应该除去帽子、墨镜、手套，在主人的示意下脱下外套并放置衣物；若主人没有示意，也应当先询问主人，征得主人的同意，方可脱去外套。就座时，主人不让座不能随便先坐下，要与主人同时入座。如果主人是年长者或上级，主人不坐，自己不能先坐。主人让座之后，要口称"谢谢"，然后采用规矩的礼仪坐姿坐下。

5. 要举止有方

在拜访外方时要注意自尊自爱，并且时刻以礼待人。主人递上烟茶时要双手接过并表示感谢。如果主人没有吸烟的习惯，要克制自己的烟瘾，尽量不吸，以示对主人习惯的尊重。主人献上果品，要等年长者或其他客人动手后，自己再取用。与主人或其家人进行交谈时，语言要客气，要慎择话题，切勿信口开河、出言无忌。与异性交谈时，要讲究分寸。在主人家里遇到的其他客人要表示尊重、友好相待，不要在无意间冷落对方、置之不理。若遇到其他客人较多，既要以礼相待，也要一视同仁。切勿明显地表现出厚此薄彼，而本末倒置地将主人抛在一旁。未经主人允许，不要在主人家中四处乱闯，随意乱翻、乱动、乱拿主人家中的物品。

6. 要适可而止

谈话时间不宜过长。在拜访他人时，一定要注意在对方的办公室或私人居所里进行停留的时间长度。总体上讲，应当具有良好的时间观念。不要因为停留的时间过长而打乱对方的其他的既定日程。一般情况下，礼节性的拜访，尤其是初次登门拜访，应控制在一刻钟至半小时之内。最长的拜访，通常也不宜超过两个小时。有些重要的拜访，往往需由宾主双方提前议定拜访的时间和长度。在这种情况下，务必要严守约定，绝不单方面延长拜访时间。在拜访期间，若遇到其他重要的客人来访，或主人一方表现出厌客之意，应当机立断，知趣地告退。

六、迎送礼仪

迎送礼仪是常见的社交礼仪，也是商务谈判活动中至关重要的一个环节。国际商务谈判中要以热情有礼、周到妥帖的态度做好迎送工作，需要有周密的部署，具体应注意以下事项。

1. 确定迎送规格

迎送规格，应当依据前来谈判人员的身份和目的，己方与被迎送者之间的关系以及惯例来决定。一般情况下，迎送规格要讲究对等，即我方的迎送人员身份、地位、人数要大体上和对方的身份、地位、人数相方。若因某种原因，相应身份的主人不能前往，前去迎接的主人应向客人做出礼貌的解释，致以歉意。只有当双方关系特别密切，或者己方出于某种特殊需要时，方可破格接待。除此之外，均应按常规接待。

2. 掌握时间

准确掌握客人的到达时间。迎接人员应当准确掌握对方的抵达时间，提前到达机场、车站或码头，以示对对方的尊重。对方看到有人来迎接，内心必定感到非常高兴；若迎接来迟，必定会给对方心里留下阴影，事后无论怎样解释，都无法消除这种失职和不守信誉的印象。因此，绝不能让客人等候甚至空等。接到客人后，应首先问候"一路辛苦了""欢迎您来到我们这个美丽的城市""欢迎您来到我们公司"等，然后向对方做自我介绍，如果有名片，可送予对方并注意介绍礼仪。

将对方送到住地后，我方不要立即离云，通常应陪对方稍作停留，稍加寒暄，谈话内容要让对方感到满意，比如可以对参与活动的背景材料、当地风土人情进行简单介绍，征询一下对方意见，即可告辞。分手时将下次联系的时间、地点、方式等告诉对方。

同样，送别人员亦应事先了解对方离开的准确时间，提前到达来宾住宿的宾馆，陪同来宾一同前往机场、码头或车站，亦可直接前往机场、码头或车站恭候来宾，与来宾道别。

3. 陪车规矩

迎接客人应提前为客人准备好交通工具，不要等到客人到了才匆匆忙忙准备交通工具，那样会因让客人久等而误事。安排我方人员陪同乘车的，在乘车的座位上也有讲究。一般以车的右门为上、为先、为尊，所以立先开右门，请宾客坐在主人的右侧，开关门时切忌用力过猛，注意安全。如果乘车的还有翻译人员，翻译人员应坐在司机的旁边。如果是三排座位的轿车，翻译应坐在主人前面的加座上。上车时，请客人从右侧门先上，主人从左侧门后上车。如果客人坐到了主人的位置上，也不必请客人挪动位置。

七、乘车礼仪

在涉外接待中，如遇乘车，必须明白上下车的先后顺序和座位的尊卑；否则，不仅会表现得不礼貌，还会贻笑大方。一般来说，座位的尊卑以座位的舒适和上下车的方便为标准。各种车辆座位的尊卑如下：

1. 小轿车

(1) 小轿车的座位，如有司机驾驶时，以后排右侧为首位，左侧次之，中间座位再次之，前排右侧为末席。

(2) 如果由主人亲自驾驶，以驾驶座右侧为首位，后排右侧次之，左侧再次之，后非中间座为末席。

(3) 主人夫妇驾车时，则主人夫妇坐前座，客人夫妇坐后座，男士要服务于自己的夫人，宜开车门让夫人先上车，然后自己寻上。

2. 商务旅行车

在接待团体客人时，多采用商务旅行车接送客人。此类汽车上座位的确定，一般考虑乘客的乘坐舒适性和上下车的便利性。因此，商务旅行车以司机座后第一排靠近车门的位置，即前排为尊，后排依次为小。其座位的尊卑，依每排右侧往左侧递减。

八、商务会议礼仪

商务会议是国际商务谈判的重要内容，通过彼此面对面的沟通，提高工作效率，达到目的。会议的通用礼仪，主要有以下几点。

微视频 4-7
商务会议、商务
洽谈及签约礼仪

1. 时间地点的确定

在时间地点的选择上，应依据会议的目的、规模来确定。时间的确定还应结合人的心理、生理和周围环境影响等因素。一般将会议时间安排在上午八点到十一点或下午两点到五点。会议地点应选择在交通便利、停车方便的地域。

2. 拟发好会议通知

确定好时间、地点之后，发放会议通知。会议通知必须写明开会的时间、地点、会议主题、目的及参加者等内容。要提前一定的时间发通知，以便参加者有所准备。

3. 会场布置

会场的大小要根据会议内容和参加者的多少而定。通常，会场座位以略多于到会人数为好，以防止意外的情况发生时措手不及、尴尬被动，如临时与会人员的调整。会场太小，人员拥挤，会影响会场秩序；会场过大，人员稀稀落落，也会影响会议效果。如果会场不易寻找，应在会场附近安设路标以作指示。

4. 会议资料、材料的准备

会议资料的准备应包括会议议题所需文件，其他服务性文件，如开、闭幕词等，与会议相关的附件资料(如议程表、与会者名单、会议通知等)。会议材料包括幻灯片、投影仪、录像机、电脑、光碟、便签纸和笔等。如果会议期间安排了酒会，还需做好饮料、点心的准备工作。

九、商务洽谈礼仪

国际商务谈判中，洽谈会是非常常见的一种商务活动，它包括接洽、会晤客户并与合作伙伴进行谈判。在准备洽谈时，礼仪性准备的收效虽然一时难以预料，但是绝对必不可少。与技术性准备相比，它是同等重要的。

洽谈的礼仪性准备，是要求洽谈者在安排或准备洽谈会时，应当注意自己的仪表，预备好洽谈的场所、布置好洽谈的座次，并且以此来显示我方对于洽谈的重视以及对于洽谈对象的尊重。

正式出席洽谈的人员，在仪表上，务必要有严格的要求和统一的规定。男士一律应当理发、剃须。女士应选择端正、素雅的发型并且化淡妆，但是不可做过于摩登或超前的发型，不可染彩色头发或使用香气过于浓烈的化妆品。

在仪表方面，最值得出席洽谈会的商界人士重视的是服装。完全可以这样讲：由于洽谈关系大局，所以商界人士在这种场合，理应穿着传统、简约、高雅、规范的、最正式的礼仪服装。可能的话，男士应穿深色三件套西装和白衬衫，打素色或条纹式领带，配深色袜子和黑色系带皮鞋。女士则须穿深色西装套裙和白衬衫，配肉色长筒袜或连裤式丝袜和黑色高跟或半高跟皮鞋。

十、国际商务谈判签约礼仪

1. 签字人与参加人

签字人通常由谈判各方商议确定，但各方签字人的身份、职位应大体对等，所以有时主谈人不一定就是签字人，参加签约仪式的人员一般都是各方参加谈判的人员，一方如要增加其他人员，应征得对方同意，但各方参加人数应基本相等。

2. 签约仪式的准备

(1) 签字厅的布置。由于签字的种类不同，各国的风俗习惯不同，因而签约仪式的安排和签字厅的布置也各不相同。在我国，一般在签字厅内设置长方桌一张作为签字桌。桌面覆盖深绿色台呢，桌后放置两把椅子，作为双方签字人的位置，面对正门主左客右。座前摆放各自的文本，文本上端分别放置签字的工具。签字桌中央要摆放一个悬挂双方国家国旗的旗架。需要同时悬挂多国国旗时，通行的做法是以国旗自身面向为准，让旗套位于右侧，越往右侧悬挂的国旗被给予的礼遇就越高。

在确定各国国旗的具体位次时，一般按照各国国名的拉丁字母的先后顺序而定。在悬挂东道国国旗时，可以遵行这一惯例，也可以将其悬挂在最左侧，以示东道国的谦恭。

(2) 待签合同文本的准备。待签合同文本内容应合法规范，字斟句酌。第一，内容要符合法律。拟写文本时，由于是对外贸易，不仅要考虑到国内法，如《中华人民共和国合同法》《中华人民共和国对外贸易法》《中华人民共和国海关法》以及有关条例的规定，另外还必须充分考虑到国际法，如《关于国际货物买卖的公约》《联合国国际货物买卖合同公约》和有关的国际惯例等的规定，注意要有法可依、有法必依，这是法制的根本。另外，文本上要注意推敲，字斟句酌。有时候谈判高手一句话、一个字都能决定谈判的进程和结果。合同、协议一旦变成具有法律效力的文本，是轻易不能改变的，是要承担法律责任、要履约、要有诺必践的。第二，条款要讲究规范性。在任何时候，相关文本的起草都必须符合行文的基本格式，切莫乱来。

(3) 签字时的座次安排。从礼仪上来讲，座次安排最为重要。签字仪式一般分为两种情况，即双边签约和多边签约。双边签约是两个单位所参加的签字仪式，一般这样安排：签字桌面对门横放，双方主签者，应当坐在桌后面对正门。双方位置应以右为上，客方坐在右侧，主方坐在左侧。其他助签者站在双方主签者的外侧。其他参加仪式的人员，可以站在主签者身后，有时也可坐在主签者对面。

多边签约时，在国内一般是按照参与人员姓名的汉语拼音字母排序依次上前；国外的话，则按照外文字母排列顺序依次上前。此外还可以按照汉字笔画的多少的顺序依次签字。所有签字方的人员可都在台下就座，只设一个签字位置，各人员按照顺序上前分别依次签字，这种做法一般称为主席式签约，也就是说届时签字的就只有一个人。

(4) 出席人员的服饰要求。对出席签约仪式的人员的服饰的基本要求是高雅、大方、踏实、端庄、严肃。男士应着品牌正统的、深色的西装，打领带，一般着白色衬衫，领带不要太花哨；女士要根据自己的肤色和环境选择适宜色彩的套装、套裙、制式皮鞋，化淡妆，适当佩戴档次高、做工精、款式适当的饰品。头发要精心修剪和设计，要注意和自己的身份、形体、服饰相适宜。

3. 签约仪式的程序

(1) 仪式开始。宣布签约仪式开始，双方有关人员先后步入签字厅，在各自既定的位置上就座。

(2) 签署文件。在签署文件时通常的做法是首先在本方保存的文本上签字，然后再签署由他方保存的文本。在签署文本时应采取"轮换制"，即每一位签字人在签署本方保留的文本时，应当名列首位，然后再交由他方签字人签署，这样可使双方均有机会居于首位一次，以示双方地位完全平等。

(3) 交换合同文本。在签字完成后，各方签字人应当热烈握手，互致祝贺并相互交换方才用过的签字笔以示纪念。全场人员热烈鼓掌，表示祝贺。

(4) 饮香槟酒庆祝。在一些大型的或正式的国际商务谈判的签字仪式上，一般应在交换文本后当场饮一杯香槟酒，并与参加仪式的人员一一干杯。当然在一些小型的谈判中因条件限制，也可免去这一做法，而是在之后的宴请或聚餐中加上饮香槟酒的程序。

十一、商务宴请及赴宴礼仪

宴请是公关交往中常见的交际活动形式之一，恰到好处的宴请，会为双方的友谊增添许多色彩。商务宴请成功的秘诀在于细心，照顾到每一个客人的喜好。商务宴请是经常发生的活动，从招待客人吃工作餐、招待会、茶会，再到高级别的正式宴会。好的商务宴请礼仪可从宴请别人和赴宴两个方面去着手考虑。

微视频 4-8
商务宴请和
赴宴礼仪

(一) 宴请礼仪

一个谈判周期，宴请一般安排 3~4 次为宜。接风、告别各一次，中间穿插 1~2 次(视谈判周期长短而定)。宴请首先要确定规格，包括宴请名义、目的、人数、形式(冷餐会、自助餐、酒宴等)和价格等。

1. 确定宴请形式

宴请需根据不同的目的、经费预算和宴请对象来确定宴请形式。根据不同的标准，宴请可划分多种形式，每种形式在菜肴、人数、时间、着装等方面有不同的要求。现代国际上通行的宴请主要分为宴会、招待会、茶会和工作餐四种形式。

(1) 宴会是最正式、最隆重的宴请，为正餐。其特点是坐下就餐，服务员上菜。按照时间可分为早宴、午宴和晚宴三种，一般来说晚宴比白天的宴会更为正式；按餐别分类可分中餐宴会和西餐宴会及中西结合宴会；按礼宾规格分正式宴会和便宴。

(2) 招待会是不备正餐的宴请形式，比较灵活。招待会上，食品、酒水、饮料等由客人自己选择。招待会不排座位，可自由活动，客人或站或立，或与他人一起就餐均可。常见的招待会有自助餐宴会和鸡尾酒会。

(3) 茶会是一种简便的招待方式，一般安排在上午 10 点或下午 4 点左右。一般在客厅举行，备茶或咖啡和点心，客人一边品茶、喝咖啡一边交谈。入座时需将主宾和主人安排在一起，其他可随意入座。

(4) 工作餐是现代社会一种非正式的宴请方式，利用就餐时间，边吃边谈工作。工作餐可分为工作早餐、工作午餐和工作晚餐。工作餐不排座位，形式较灵活。

2. 确定参加对象和名义

确定参加对象和名义的主要依据是主、客双方的身份，主、客双方身份应对等。

3. 确定邀请范围

确定邀请范围即确定请哪些人士、何种级别、多少人。要多方考虑，包括宴请的性质、主宾的身份、国际惯例、对方招待我方的做法以及当前的政治气候等。多边活动尤其要考虑政治关系，对政治上相互对立的国家是否邀请其人员出席同一活动，要慎重考虑。

4. 确定时间和地点

宴请时间应对主、客双方都合适，注意不要选对方的重大节日、有重大活动或有禁忌的日期和时间。例如，对信奉基督教的人士不要选 13 号。小型宴请应首先征询主宾意见，最好口头当面询问，也可用电话联系。主宾同意后，时间即被认为最后确定，可按此时间邀请其他宾客。

宴请地点根据活动性质、规模大小、形式、主要意愿及实际情况而定。可能条件下，另设休息厅，以便宴会前与重要客人先做简单交谈之用，然后再进入宴会厅入座。注意不要在客人住的宾馆招待设宴。

5. 宴会布置

(1) 宴请规格标准与菜单。宴请需根据活动形式和规格，在规定的预算标准内安排酒菜。选菜主要根据主宾的喜好与禁忌。在地方上，宜用有特色的食品招待。无论哪一种宴请，事先均应开列菜单，征求主管负责人的同意。宴请不求豪华，以温暖、愉快、宾至如归为上，这是宴请成功的标志。

(2) 宴请座次的安排。安排座位时应考虑以下几点：①以主人的座位为中心。如有女主人参加时，则以主人和女主人为基准，以靠近者为上，依次排列。②要把主宾和夫人安排在最尊贵显要的位置上。通常以右为上，即主人的右手是最主要的位置。③翻译人员安排在主宾的右侧，以便于翻译。

(3) 宴请程序及现场工作。主人应在门口迎接客人。主人陪同主宾进入宴会厅，全体客人就座，宴会即开始。吃饭过程中一般是不能抽烟的。吃完水果，主人与主宾起立，宴会即告结束。主宾告辞，主人送至门口。

(4) 宴请服务工作。服务人员要训练有素，讲文明，懂礼貌，服饰整洁、平展，头发梳理平整，指甲修剪整洁。如有人不慎打翻酒水，应马上撤去杯子，用干净餐巾临时垫上；如溅在客人身上，要协助递上毛巾或餐巾，帮助擦干并表示歉意；如果对方是女宾，男服务员不要动手帮助擦干。

(二) 赴宴礼仪

1. 应邀

接到赴宴邀请，应及时就是否出席答复对方，口头即可。若请柬上注明"请回复"字样，则需书面回复。回复应邀后不要随意变动计划，如遇到特殊情况不能出席，需尽早将情况向主人说明并道歉，特别是作为主宾不能出席时要格外慎重，有必要时需登门道歉。

2. 出席时间

要掌握出席时间。应邀后应守时守约，不可怠慢贻误。出席宴请，抵达时间早晚、逗留时间长短，在一定程度上反映出对主人的尊重与否。迟到或逗留时间短，则常被视为有意冷落他人或是失礼的表现。应在主宾离席后，自己再告辞，确有事情需要提前退席，则应向主人说明后再悄悄离去，也可以事先打好招呼，到时很快离席。

3. 入座

到达宴请地点，先到衣帽间脱下大衣和帽子，然后前往主人迎宾处，向主人问好，如带有礼品，应及时交给主人。入座时应听从主人的安排，如邻座是年长者或妇女，应主动协助他们入座。

4. 交谈

一定要注意，商务就餐的目的不是吃东西，交谈才是最终目的，也是宴请活动的主要内容。无论主人还是客人，都应积极参与同桌人交谈，特别是左右邻座。不能仅同熟人或只同一两人交谈。邻座如不相识，可先做自我介绍。

5. 进餐

入座后，若主人没有招呼客人用餐，不要私自动菜。在中国，通常由男主人提议宴会开始，而在西方则是女主人宣布开始进餐。

取菜时，自己食盘内不要盛得太多，如遇本人不能吃或不喜欢的菜，服务员上菜或主人劝菜时，不要拒绝，可取少量放在盘内并及时致谢。对不合口味的菜，切勿露出难堪的表情。吃东西时不要发出声音，要闭嘴嚼，鱼刺、骨头、硬壳等不要直接外吐，应用筷子取出(西餐时吐在叉上)，然后放在食盘内，不要放在桌上。当然，如果备有专放骨头的器皿时，就该利用该器具。用过的牙签等细小物品最后也都应放进食盘里面。

6. 饮酒

祝酒时不要交叉碰杯。在主人和主宾致辞、祝酒时，其他人应暂停进餐，停止交谈并注意倾听。碰杯时，目光要正对对方以表诚意。饮酒不要贪杯，控制饮酒，切不要喝醉，以免发生尴尬事件，耽误正事。

7. 纪念品

除了主人送给来宾的纪念品外，各种招待用品，包括糖果、水果、香烟等，都不要拿走。

十二、谈判座次礼仪

商务谈判时的座次安排是一个比较突出、敏感的问题。座次安排一般包括两个方面：一是谈判双方的座次位置；一是一方谈判成员的座次位置。在谈判场所的布置中这两个方面都要认真考虑，不可小视。

微视频 4-9
谈判座次和
赠送礼仪

1. 座次排序的基本原则

在国际商务谈判中，座次的排序非常重要，一般情况下，座次排序的基本原则是：

(1) 以右为上，遵循国际惯例；

(2) 居中为上，中央高于两侧；

(3) 前排为上，适用所有场合；

(4) 以远为上，远离房门为上；

(5) 面门为上，良好视野为上。

2. 商务谈判的座次安排

按参加谈判的主体多少，商务谈判主要分为有双边谈判和多边谈判，下面分别介绍双边谈判和多边谈判的座次安排。其中，前者包括小型谈判座次安排和并列式谈判两种座次安排，后者采用主席式座次安排。

(1) 小型谈判座次的安排。小型谈判也可不设谈判桌，直接在会客沙发上进行，双方主谈人在中间沙发就座，"主左客右"，译员在主谈人后面，双方其余人员分坐两边，呈马蹄形。这样双方交谈比较随和、友好，如图 4-1 所示。一般较正式的谈判不宜采用这种形式。

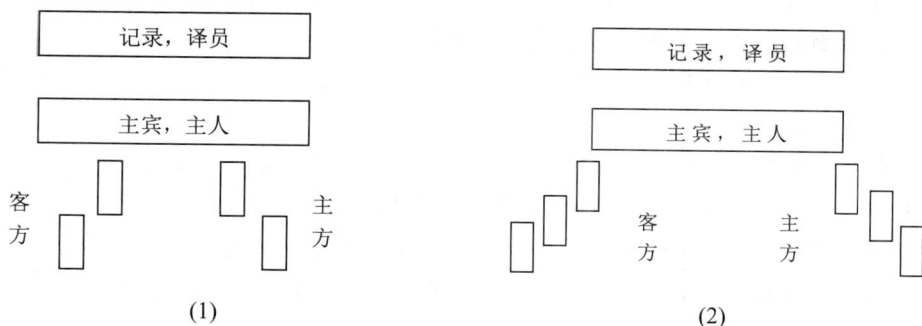

图 4-1　马蹄形

(2) 并列式谈判的座次安排。稍大型和正式一点的双边谈判一般采用"并列式"，其基本要点是：

① 使用长桌或椭圆形桌子，宾主分坐于桌子两侧。

② 若谈判桌横放，面门位置属于客方；背门位置属于主方。

③ 若谈判桌竖放，以进门方向为准，右侧为客方，左侧属主方。

④ 谈判时，主谈人员应在自己一方居中而坐，其他人员遵循右高左低的原则，按照职位的高低自近而远地在主谈人员两侧就座。

⑤ 翻译人员就座于仅次于主谈人员的右边位置。

具体形式如图 4-2、图 4-3 所示。

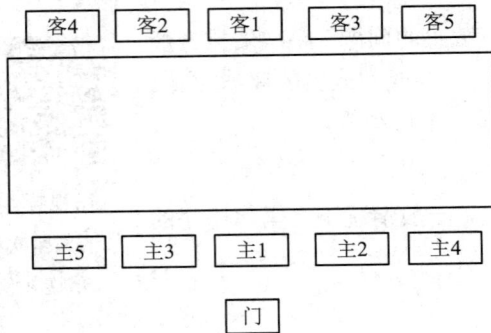

| 图 4-2　谈判桌横放 | 图 4-3　谈判桌竖放 |

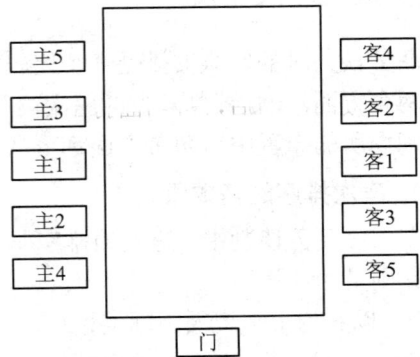

(3) 主席式谈判的座次安排。多边谈判多采用"主席式"。参加谈判各方自由落座。面对正门设主位，发言者都去主位发言，其他人面对主位，背门而坐。

十三、赠送礼仪

商务交往中常互赠礼物以增进双方的情感与友谊，巩固交易伙伴关系。商务送礼也已成了一种艺术和技巧，自有其约定俗成的规矩，送给谁、送什么、怎么送都很有奥妙，绝不能瞎送、胡送、滥送。

1. 礼物的选择

(1) 礼物的轻重和意义。礼物是感情的载体。任何礼物都表示送礼人的特有心意，或酬谢、或求人、或联络感情等。因此，选择礼物时要考虑它的思想性、艺术性、趣味性、纪念性等多方面的因素，力求别出心裁，不落俗套。最后，礼物的轻重选择以对方能够愉快接受为尺度，礼物的选择以不超出预算为宜。贵重的礼品不一定会使受礼者高兴，礼物过重有行贿之嫌。

(2) 了解风俗禁忌。礼品的选择应了解受礼人的身份、爱好、民族习惯，免得适得其反。送礼不当，不如不送。因此，礼品选择不当是馈赠礼品的一大忌。鉴于此，送礼时，一定要考虑周全，以免节外生枝。此外，要遵守相关国家的规定，不能选违法违规的物品做礼品；不宜用金钱做礼品，不宜选择过分贵重的礼品，以免有行贿的嫌疑，引来不必要的麻烦。

2. 礼物的赠送

赠送的礼品要精心包装。不重视包装，再好的礼物也不能体现送礼者的心意。不重视包装会导致礼品本身的贬值，接受礼物的一方也会有被轻视的感觉，这就和送礼的初衷背道而驰了。

送礼的时机选择也很重要。选准时机，会让双方皆大欢喜。一般来说，以选择重要节日、喜庆、寿诞或依据来宾的风俗习惯送礼为宜，送礼的既不显得突兀虚套，受礼的也心安理得，两全其美。送礼的时间间隔也很有讲究，过频、过繁送礼，目的性太强也是不合适的。

3. 收受礼品的礼仪

在商务活动中接受别人赠送的礼品时，作为受赠者要做到有礼、得体。一般来说，别人诚心诚意赠送的礼品，若不是违法违规的物品，以大方、愉悦的姿态接受为好。按照国际惯例，接过礼品后，可当面打开欣赏，一定要对礼品表示欣赏并表示感谢，将礼品放置之后，向赠送者再次道谢，以表示重视。最后，一定要讲究礼尚往来，对送礼者适时适当地回报是符合礼仪做法的。

本 章 总 结

礼仪是通向现代市场经济的"通行证"，学会交际已成为现代社会人们必备的素质之一。商务礼仪在谈判中具有沟通、协调、规范和形象的作用，懂得并掌握必要的礼仪与礼节是商务谈判人员必须具备的基本素质。本章主要介绍了礼仪的基本内涵和特点，国际商务谈判礼仪的基本原则以及国际商务谈判中的服饰礼仪、行为举止礼仪、介绍礼仪、会面礼仪、拜访礼仪、迎送礼仪、商务会议礼仪、商务洽谈礼仪、签约礼仪、商务宴请和赴宴礼仪、谈判座次礼仪和赠送礼仪等应该注意的事项和要点。

知 识 强 化 训 练

一、重点概念题

1. 礼仪　　　 2. 礼仪的原则　　　 3. 合十礼

二、单项选择题

1. 在商务礼仪中，男士西服如果是两粒扣子，那么扣子的系法应为(　　)。

　A. 两粒都系　　　　　　　　　B. 系上面第一粒

　C. 系下面一粒　　　　　　　　D. 全部敞开

2. 如果轿车开车的是专业司机，则在图 4-4 中(　　)座位是最尊贵的。

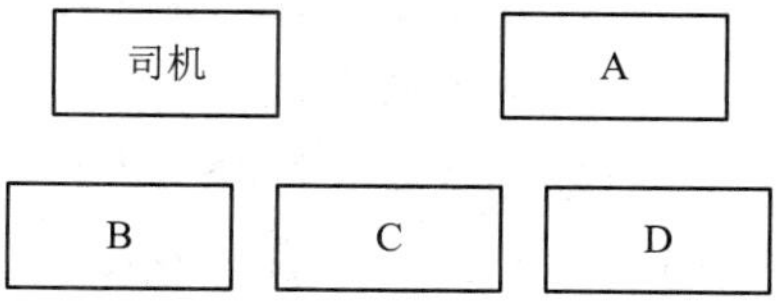

3. 公务用车时，上座是(　　)。

　A. 后排右座　　　　　　　　　B. 副驾驶座

　C. 司机后面之座　　　　　　　D. 以上都不对

司机		A
B	C	D

图 4-4

4. 在男女之间的握手中，伸手的先后顺序也十分重要，在一般情况下应该是(　　)。

　A. 女方应先伸手去握，这样显得自己落落大方，也不会让男方觉得难堪

　B. 男方应先伸手去握，这样会显得自己绅士风度，也避免女方不好意思去握

　C. 男女双方谁先伸手都可以

　D. 以上都错

5. 名片是现代商务活动中必不可少的工具之一，有关它的礼仪当然不可忽视，下列做法正确的是(　　)。

A. 为显示自己的身份，应尽可能多地把自己的头衔都印在名片上

B. 为方便对方联系，名片上一定要有自己的私人联系方式

C. 在用餐时，要利用好时机多发名片，以加强联系

D. 接过名片时要马上看并读出来，再放到桌角以方便随时看

6. 握手时(　　)。

A. 用左手　　　　　　　　　　　　　B. 戴着墨镜

C. 使用双手与异性握手　　　　　　　D. 时间不超过三秒

7. 关于握手的礼仪，描述不正确的有(　　)。

A. 先伸手者为地位低者

B. 客人到来之时，应该主人先伸手；客人离开时，客人先握手

C. 下级与上级握手，应该在下级伸手之后再伸手

D. 男士与女士握手，男士应该在女士伸手之后再伸手

三、多项选择题

1. 以下各选项中属于商务礼仪的作用的是(　　)。

A. 提升个人素质

B. 方便人们交往应酬

C. 有助于维护企业形象

D. 规范和指导人们在商务活动中的行为

E. 以上都是

2. 下列谈判座次排列的基本规则中正确的是(　　)。

A. 面门为上　　　　　　　B. 以左为上　　　　　　　C. 居中为上

D. 离远为上　　　　　　　E. 背门为上

3. 在正式场合，男士穿西服的要求是(　　)。

A. 要扎领带　　　　　　　　　　　　B. 露出衬衣袖口

C. 钱夹要装在西服上衣内侧的口袋中　　D. 穿浅色的裤子

E. 穿西服背心，扣子都要扣上

4. 介绍两人相识的顺序一般是(　　)。

A. 先把上级介绍给下级　　　　　　　B. 先把晚辈介绍给长辈

C. 先把客人介绍给主人　　　　　　　D. 先把早到的客人介绍给晚到的客人

E. 先把主人介绍给客人

四、简答题

1. 简述礼仪的基本特点。

2. 简述国际商务谈判礼仪的基本原则。

3. 简述会谈过程中的基本礼仪。

4. 简述座次排序的基本原则。

5. 简述名片递接中应注意的事项。

6. 简述握手时应注意的要点。

7. 国外某公司的营业部经理是一位年轻的女士，来你公司洽谈业务，你公司董事长是

一位男性，如果你是业务员，请问应如何给双方做介绍？

8. 公司明天要来一个美国的商务访问代表团，公司经理将迎接客人的工作交给你，你应该做哪些准备？

五、案例分析题

1. 接待冷淡，断送生意

泰国某政府机构为泰国一项庞大的建筑工程向美国工程公司招标。经过筛选，最后剩下4家候选公司。泰国人派遣代表团到美国亲自去各家公司商谈。代表团到达芝加哥时，那家工程公司由于忙乱中出了差错，又没有仔细复核飞机的到达时间，未去机场迎接泰国客人。泰国代表团尽管初来乍到不熟悉芝加哥，但还是自己找到了芝加哥商业中心的一家旅馆。他们打电话给那位局促不安的美国经理，在听了他的道歉后，泰国人同意第二天上午 11 时在经理办公室会面。第二天，美国经理按时到达办公室等候，直到下午三四点才接到客人的电话说："我们一直在旅馆等候，始终没有人前来接我们。我们对这样的接待实在不习惯。我们已订了下午的机票飞赴下一目的地。再见吧！"

问题：请结合本章所学内容，指出文中不符合商务礼仪的地方。

2. 大意失荆州

一位外经贸委的处长王女士奉派随团出访，前去欧洲开展招商引资工作。出国之前她忘记重新印制一套名片，所以每到送名片的时候，为了让对方能找到自己最新的电话和住址，赶紧在名片上临时用钢笔加注了几个有用的电话号码和地址。半个月跑下来，王女士累得筋疲力尽，却未见有外商与其有实质性接触。后来经人指点，她才明白问题出在哪儿，原来是她自己奉送给外商的名片不合规范。为了图省事，王女士临时用钢笔在自己的名片上加注了几个有用的电话号码，本想这样联系起来更方便和有效，可是在外商看来，名片犹如一个人的"脸面"，对其任意涂涂改改，加加减减，只能表明她的为人处世敷衍了事，马马虎虎。

问题：

1. 试结合王女士的错误来谈一谈名片在当今商业交往中的重要作用。
2. 请结合王女士的情况谈一谈在国际商务谈判中使用名片的有关礼节和注意事项。

实 践 技 能 训 练

训练项目　国际商务谈判礼仪实训

1. 实训目的

(1) 进一步了解和运用商务谈判对服饰、举止的一般要求。

(2) 学会得体地介绍。

(3) 进一步掌握和运用握手、递接名片的基本要领。

2. 实训要求

(1) 把全班同学分成若干组，每组 5 人左右。

(2) 要求每个同学认真按课堂所讲的服饰和举止要求来设计自己的专业商务人士的形象，其他同学进行评价。

(3) 由两组同学分别代表主客方，模拟得体的介绍、正确递接名片、握手等见面礼仪，其他同学观摩并进行评价。

(4) 教师在学生评价的基础上进行点评并给出实训成绩。

3. 实训内容

(1) 按国际商务谈判的服饰、举止的一般要求来进行自己的专业商务人士形象的设计。

(2) 模拟在商务谈判中双方见面的介绍、接递名片等礼仪的运用。

4. 实训考核

表 4-1　实训项目考核表

考核内容	分　数	得　分
态度是否端正	10	
表现是否积极	10	
知识把握是否准确	20	
设计是否得体	20	
创新是否突出	20	
知识运用是否正确	20	
合　计	100	

第五章　文化差异和主要国家、地区的谈判风格

【学习目标】

1. 知识目标
(1) 理解文化的内涵和特征。
(2) 了解文化差异对国际商务谈判的影响。
(3) 熟悉世界上主要国家和地区商人的商务谈判风格。

2. 能力目标
(1) 能针对不同国家的谈判对手选择合适的谈判策略和技巧。
(2) 能与不同类型的谈判对手进行国际商务谈判。

3. 素质目标
(1) 有礼、有节，尊重各种风格的谈判对手。
(2) 在国际商务谈判中，不卑不亢，有理有据，取得双赢的谈判效果。

第一节　文化差异及其对国际商务谈判的影响

国际商务谈判是跨国界、跨文化的谈判，谈判过程必然涉及文化观念和风俗习惯的运用，谈判的结果必然受到文化差异的影响。因此，作为一名优秀的谈判者，了解不同国家的文化差异及其对谈判的影响，并在谈判中借力于文化差异对谈判的影响，对促成谈判的顺利进行将是非常有益的。

一、文化的内涵和特征

1. 文化的内涵

"文化"是一个很广泛的概念，近百年来人们从各自的学科领域来界定文化的概念，据说目前对于"文化"的定义多达两百多种，但到目前为止均没有形成一个被大家普遍认可的概念。综合各方面的说法，我们认为文化是人类在自身发展与适应、改造自然和社会的过程中所形成的风格、韵味、氛围、模式和做法的综合体。

广义的文化包括四个层次。一是物态文化层，由物化的知识力量构成，是人的物质生产活动及其产品的总和，是可感知的、具有物质实体的文化事物。二是制度文化层，由人

类在社会实践中建立的各种社会规范构成，包括社会经济制度、婚姻制度、家族制度、政治法律制度、家族、民族、国家、经济、政治、宗教社团、教育、科技、艺术组织等。三是行为文化层，以民风民俗形态出现，见之于日常起居动作之中，具有鲜明的民族、地域特色。四是心态文化层，由人类社会实践和意识活动中，经过长期孕育而形成的价值观念、审美情趣、思维方式等构成，这一部分是文化的核心部分。

2. 文化的一般特征

文化是人们长期创造形成的产物，同时又是一种历史现象，是社会历史的积淀物。确切地说，文化是一个国家或民族的历史、地理、风土人情、传统习俗、生活方式、文学艺术、行为规范、思维方式、价值观念等的有机统一。文化作为一个社会历史现象有着自己的特征。

(1) 文化是在人类长期进化中衍生或创造出来的。自然存在物不是文化，只有经过人类有意或无意加工制作出来的东西才是文化。例如，鸡鸭鱼肉不是文化，用它们烹制出美食才是文化；下雨不是文化，人工降雨才是文化；石头不是文化，石器才是文化等。

(2) 文化是后天习得的。文化不是先天的遗传本能，而是后天习得的经验和知识。例如，男女性别差异不是文化，"男女授受不亲"或男女恋爱才是文化；前者是遗传的，后者是习得的。文化的一切方面，从语言、习惯、风俗、道德一直到科学知识、技术等都是通过后天学习得到的。

(3) 文化是共有的。文化是人类共同创造的社会产物，为一个社会或群体的全体成员共同接受和遵循。个人的某些行为，如个人的癖好和习惯等，如果不为社会成员所理解和接受，则不是文化。

(4) 文化是一个不断发展的动态过程。文化既是一定社会时代的产物，是一份宝贵的社会遗产，又是一个连续不断的积累过程。每一代人都出生在一定的文化环境之中，并且自然地从上一代人那里继承了传统文化。同时，每一代人都根据自己的经验和需要对所继承的文化加以改造，在传统文化中注入新的内容，摒弃那些过时的、不合需要的内容。

(5) 文化具有时代性、地域性、民族性和阶级性。一般的文化是从抽象意义上讲的，我们感受到的只是各种具体的文化，如古希腊文化、古罗马文化、中国古代文化、中国现代文化等。具体文化受诸多条件的影响，其中最主要的是受自然环境和物质生活条件的影响。例如，有竹子，才有竹文化；有山水，才有山水文化；有客厅和闲暇时间，才会有欧洲贵族的沙龙文化；有了互联网，才会有网络文化。一个民族使用共同的语言，遵守共同的风俗习惯，养成了共同的秉性和品格，这就是民族文化的表现。在分裂为不同阶级的社会中，由于各阶级所处的社会地位和物质生活条件不同，他们的价值观、信仰和生活方式也不同，这就出现了各阶级之间的文化差异。

二、文化差异及其对国际商务谈判的影响

文化差异是指不同国家、不同地区和不同民族的文化的差别。由于不同的自然条件、经济制度、政治体制及社会发展历程，世界各国、各地区、各民族分别形成了自己特有的文化。各个国家、各个地区、各个民族的文化有一定的相似之处，但是也存在诸多的差异。这种文化差异正是不同国家、地区、民族的商人谈判风格的基础。国际商务谈判是一种跨

文化的交流行为，从表面上看谈判是双方经济利益的交流与合作，实质上是各种不同文化的碰撞和沟通。可见，文化差异对国际商务谈判有着重要的影响。在这里，主要从以下几个方面来探讨文化差异及其对国际商务谈判的影响。

(一) 交流方式

1. 语言交流

在国际商务谈判中，语言差异是最明显的文化差异。解决语言差异的办法其实也很简单，谈判人员可通过学习对方的语言或者都学习一种国际通用的语言直接进行交流，也可以在翻译人员的协助下进行间接沟通。今天，英语作为一种国际通用的语言，在国际交往中的地位是其他国家的语言望尘莫及的。世界上以英语为母语的国家有十余个，以英语为官方语言的国家超过七十个，这个数字目前还在增加。另外，在 100 多个国家，英语被列为外语教学中的第一外语。

尽管这样，我们不能借助国际通用语言将国际商务活动中的语言差异完全消除。语言是经过一个民族千百年来不断实践和创新的产物，它不但包含语音、语调、语法以及词汇等要素，也包括语义、语义关联性等其他要素。所以，即使能熟练掌握一种语言的语音、语调、语法以及词汇，也不一定意味着可以运用这种语言进行无障碍的交流。我们可以从语境的角度来分析这种障碍。概括来讲，语境文化又可分为高语境文化和低语境文化。高语境文化中的语言内涵丰富，表达含蓄，说话者话中表达的是一种意思还是两种意思需要靠听话者自己去揣摩。中国文化就是一种高语境文化，日本、韩国和沙特阿拉伯等国的语言表达也有类似的特点。低语境文化下，人们往往把想表达的意思直截了当地表达出来，而不喜欢兜圈子。英国、美国和加拿大等西方国家的文化，属于低语境文化。谈判人员只有充分理解不同国家和民族的语言表达方式，才能减少因语言的差异带来的不必要的摩擦。

2. 非语言交流

人们除了用语言进行交流外，还利用表情、动作、手势、眼神等肢体语言，或利用沉默、着装、体距等手段传达信息。国外一些学者曾对非语言交流作过一些研究，Ross(1974)经研究证明：语言交流所传达的信息仅占 35%，而非语言交流(主要是肢体语言)所传达的信息高达 65%。正如语言学家 David Abercrombie 指出的，"我们用发音器官说话，但我们用整个身体交谈。"相对于语言交流，非语言交流具有更真实地传递信息，更准确地表达情感及在语境中起着决定含义的作用和功能。因此，谈判人员可以通过观察对方成员的面部表情、手势、眼神等，来推断对方的真实想法并适时地调整己方的谈判策略，这也就是我们汉语中所讲的"察言观色"。同时，我们也可以通过各种非语言交流来表达自己的想法、传递信息、交流思想。这也可以理解为汉语中所讲的"眉目传情"。

语言和非语言是人们进行交流的两种主要手段，二者互为补充。在不同的文化中，运用语言和非语言的方式又有较大的差异，了解这些差异，可以帮助谈判人员营造良好的谈判氛围，迅速准确地对对方的信息做出判断和回应，准确恰当地表达自己的情感并传递信息。

(二) 风俗习惯

不同的民族在长期的发展过程中，形成了各自不同的风俗习惯。社交活动是国际商务活动的重要组成部分，不同风俗习惯在这些社交活动中会体现出来。有人说，中国人热情好客，往往在饭桌上谈生意，而欧美人则是在会议室谈生意；中国人在宴请客人时，习惯点上满满一桌菜，以示热情大方；日本人将送礼看作是向对方表示心意的物质体现，送礼的形式比礼物本身更重要。之所以有这么大的区别，主要是因为不同的风俗习惯使然，但这些习惯在很大程度上就决定了人们的谈判习惯和风格，使谈判者不得不注意。

(三) 宗教信仰与禁忌

在国际商务谈判中，宗教信仰和禁忌是不得不考虑的事情，特别是东亚、南亚、中亚、北非这些宗教盛行的地区。东亚和印度人大都信仰印度教，中亚各国的人们多信仰伊斯兰教，犹太人信仰犹太教，美国人和欧洲人信仰基督教和天主教的较多。与有宗教信仰的商人进行谈判时，除了宗教信仰，禁忌也会对国际商务活动产生一定的影响。西方人在谈话中一般比较忌讳年龄、金钱等方面的话题，在饮食方面比较忌讳动物肝脏等食品。在数字方面，日本人忌讳"4"和"9"，美国人忌讳"13"。英国人在装饰上忌用大象和孔雀的图案，此外，很多国家的人们对颜色、花卉等有一定的禁忌。

了解并尊重合作伙伴所在国的宗教信仰和禁忌，对于与对方顺畅地沟通交流，准确把握对方的谈判思路，及时完成谈判任务，具有非常重要的作用。谈判双方在商务活动的日程安排、会场布置、接待以及话题选取等方面都应给予特别的考虑。

(四) 思维方式

东方人偏好综合思维，而英美等国人强调分析思维。综合思维是指在思想上将各个对象的各个部分联系成为一个整体，将其各种属性、方面、联系等结合起来，进行分析；而分析思维是指在思想上将一个完整的对象分解成各个组成部分，或者将他们的各种属性、方面、联系等区别开来，进行分析。例如，一位美国商人来中国洽谈丝绸的进口，双方首先从价格这一最为棘手的问题谈起，然后就付款方式、交货日期、包装、装运以及保险等一系列的问题进行协商。在第一轮的谈判中，中方企业在价格方面做出了较大的让步，在接下来关于付款方式的谈判中，中方企业坚持采用"不可撤销保兑即期信用证"这一对于出口商最为安全的支付手段，并且以"己方已就价格做出较大让步"为由，要求对方在这一条款上做出让步。在中方企业看来，我方已经在价格方面做出让步，另一方必须在其他方面做出让步，这似乎是人之常情；但是在美国人看来，这两方面是彼此孤立的，价格是价格，而支付条款是另一码事情，对方在价格方面做出让步并不意味着己方必须在其他方面做出让步。这种做法在中国人看来，似乎有些不近人情。如果中方企业能够提前了解美国人的这种思维方式，就可以在价格谈判中坚守立场不动摇，从而保证自己的利益不受损失。

(五) 自我意识

在不同的文化中，人们的自我意识也有很大的差异。东方文化往往将国家利益和集体利益放在个人利益之上，认为只有国家利益和集体利益得到实现之后，个人利益才能实现。而在西方社会，人们往往注重自我价值的实现，具有较强的个人主义倾向。荷兰学者吉尔特就曾对世界上一些国家和地区的商业人士就自我意识进行过一次调查，给出了相应的分值，并按自我意识从强到弱进行了排序。美国人、澳大利亚人和英国人排在前三位，且得分相当。所以，这些国家的商人在谈判中往往表现强硬，气势上咄咄逼人，而且不轻易做出让步，属于竞争型的合作伙伴；在重大条款的决策时，即使不是主要负责人，他们也能迅速地做出决断。墨西哥、新加坡、中国和委内瑞拉的商人排最后四位。这些国家的商人进行谈判时，往往强调谈判的结果给他们公司带来的重大利益得失；在谈到较为棘手的问题时，他们往往不能独立决断，需向更高的领导进行请示。有时，这也成为拖延谈判时间，争取更大利益的谈判策略。

（六）时间观念

不同的文化具有不同的时间观念。德国、荷兰、芬兰、日本等国家的人们大都遵守单时制，把时间看作是一条线。他们强调时间表，强调凡事事先安排。他们习惯在同一时间同一地点只能处理一件事，然后再处理第二件。在这些国家，"守时"就是准时准点，最好略有提前。例如，如果谈判安排在下午三点钟，他们一定会在两点五十五分左右到达。在他们看来，太早去意味着浪费时间，而迟到会被认为不值得信任。其次是美国、加拿大、丹麦、瑞典等国家，在这些国家，若迟到的时间不超过五分钟，还是可以容忍的。在印度、中美洲、非洲以及中东的绝大部分国家，人们遵守多时制，把时间看成是一个圆，强调人们的参与和任务的完成，而不强调一切都按时间表。他们习惯同时会见几个人，同时处理几件事。当他们告诉你"明天见"的时候，他们可能会在明天、后天或者是在三五天之后约见你。所以，有人笑谈跟这些国家的人们交往像是"捉迷藏"。但是，当日常生活中的"守时"和"不守时"带到谈判桌上，特别是谈判双方分别遵守单时制和多时制的时候，会造成很多不和谐的氛围，有时甚至因此产生矛盾，葬送良好的合作机会。

（七）人际关系

西方人和东方人在处理人际关系上，有很大的不同。东方人往往认为，在任何的交易达成之前，必须和潜在的合作伙伴建立良好的个人关系，否则生意将无从谈起。而西方人则认为谈生意和个人关系是两码事，商人的首要任务是谈生意。随着合作程度的加深，他们对合作对象的信任逐渐增强，进而建立良好的个人关系。有一位上海的商人要与一名德国来的商人洽谈关于服装出口的生意。按照中国的习俗，在德国人到达的第一天晚上，这位上海商人在一家豪华的酒店设宴款待。席间，上海商人提到自己的儿子有意到德国留学并恳请德方客户帮忙联系一所学校。德方商人礼节性地说"没问题"。随后，两人就生意上的事宜也洽谈得非常愉快。回国后，德方商人满怀信心地等待中方发来销售合同。但是，一个月过去了，合同的事情却杳无音信，此时他有些沉不住气了，去电询问上海的商人，却得知他们已与另外一家德国公司签订了独家代理协议。后来，德国商人了解到，原来那家德国公司的经理给上海商人的儿子介绍了一所很理想的学校。通过这一案例，我们看到不同文化背景下的商人会采用不同的方式处理人际关系，如果不能了解对方的做法，可能会因此错过一个很好的商机。

(八) 民族性格

一个民族在其历史发展过程中，形成了特有的民族性格，这也是该民族文化的一个重要组成部分。中国人以和为贵，创造和谐的气氛是国际商务谈判中的一个重要方面。因此，中国人在谈判中会尽量避免与对方产生摩擦，即使谈判陷入僵局或者以失败告终，他们一般也要竭力与对方维持良好的关系，正所谓"买卖不成仁义在"。英国人相对较为保守，喜欢循规蹈矩，一切都得按规矩办，只要他们认为某一细节没有解决，绝不会同意在合同上签字。韩国人性格倔强，谈判中比较坚持自己的立场，不轻易让步。同时，韩国人含蓄且审慎，谈判中很少直接表达看法，往往需要对方揣摩。在这一点上，美国人恰恰相反，他们率直、喜欢争辩，认为观点的分歧不会影响人际关系，直截了当地表达自己的观点、要求和条件，语言富有对抗性。不同的民族性格在谈判中影响着谈判的气氛、谈判的节奏及谈判中所使用的策略。

文化差异影响着人们在国际商务谈判中的各种行为。随着跨文化商务活动的日益加深，各国商人正在逐渐了解和适应不同的文化环境，从而使得文化差异对于国际商务谈判的负面影响逐渐减弱。但是，任何一种文化都是经过千百年沉淀而成的，不易在短期内被其他文化同化或者取代。所以，各国商人在谈判中在不断包容其他文化的同时，仍保留着自己特有的谈判风格。

谈判风格是指谈判者在谈判时，无论是谈判的用语、举止、仪态，还是在谈判的控制和价值观的取向等方面所表现出来的迥异于他人的、相对稳定的、与众不同的，带有清晰的民族、文化、个人标志的谈判态度和行为所体现的气质和作风。由于各国的文化、政治、宗教、商业做法等差异巨大，他们所表现的谈判风格也相差甚远。在国际商务谈判中，谈判人员只有了解对方的文化特点，准确把握对方的谈判风格，才能正确地选择和运用谈判策略和技巧，进而在谈判中积极主动、游刃有余，取得谈判的成功。

第二节　亚洲商人的谈判风格

亚洲地区有许多国家与中国为邻，是中国从事经济贸易往来最重要的伙伴，这不仅是由于亚洲地区与中国相通的地缘文化和族缘文化，更重要的是第二次世界大战后的 50 年间，亚洲特别是东亚地区不断地创造着经济发展的奇迹。长期以来，东亚、东南亚地区在对外贸易和吸引外资方面是全球最活跃的地区之一。亚洲这些地区所具有的良好的贸易、投资环境和巨大的经济活力是投资者所最为看好的，因为经济快速、健康发展的地区，政治经济形势比较稳定，从事经济活动的风险相对较小，总体上回报也较高。

亚洲地区的许多国家都有悠久的历史，具有很高的文化成就。中国文化在东亚和东南亚地区，如新加坡、韩国、日本、印度尼西亚、马来西亚等国有着广泛的影响。特别是新加坡，其华裔人口占全国总人口的 70% 以上。由于受中国传统文化中孔孟思想的影响，这个地区的人们重视人际关系的和谐，重视商业信誉。所以，在与亚洲人谈判时，文化因素对谈判的影响表现出明显的相通性和相融性。

一、日本商人的谈判风格及应对策略

日本人在世界各国谈判者中独具个性和魅力，各国的谈判专家也普遍认为日本人是最成功的谈判者之一。

日本是一个人口密集的岛国，自然资源相对匮乏，日本人普遍有民族危机感，因此，他们讲究团队与协作精神。日本文化受中国文化的影响很深，儒家思想中的等级观念、忠孝观念、宗教观念等深深影响着日本人，这在他们的日常行为和观念中处处体现出来。不过日本人又在中国文化的基础上创造出其独特的东西，现代日本人兼有东西方文化观念。

1. 日本商人的谈判风格

(1) 讲究礼仪。日本是一个礼仪之国，日本人所做的一切，都要受严格的礼仪的约束。例如，在待人接物方面，见面鞠躬是日本人习以为常的习惯，不仅是走亲访友、商店开门营业，甚至家人见面也是如此。"对不起"几乎成为日本人的口头禅，即使是在我们看起来很正常的要求与行动，他们也要说"对不起"。我们从插花、茶道、婚礼以及名目繁多的送礼等方面就可以对日本的礼仪略知一二。许多礼节在西方人看来甚至是可笑的，但是日本人却做得一丝不苟，严肃认真。

① 注重身份地位。日本人的等级观念较强，即讲究自己的身份、地位，甚至同等职位的人都会有不同的地位和身份。因此，在交易过程中，一定要注意自己的地位、身份，以及对方的地位和身份。谈判人员的官职、地位最好比日方高些，这样才能赢得主动。对于不同身份、地位的人要给予不同程度的礼遇，处理要适当。日本人在谈判中的团队意识较强，一般的谈判人员会激烈辩论、讨价还价，最后由"头面人物"出面稍作让步，以此达到谈判的目的。

② 讲究面子。日本人和中国人一样是非常讲究面子的。无论在什么情况下，日本人都非常注意留面子，或者不让对方失掉面子。在谈判中最为突出的表现是，即使对对方的某方面提议或者方案有不同想法，日本人在一般情况下也很少直接拒绝或反驳，而是通过婉转的方式来陈述自己的观点。

③ 喜欢送礼。赠送各种礼品是日本社会常见的现象。送礼表示对对方的重视，希望加深友谊，既表示一种礼貌、款待客人的热情，又表示一种心意。但是给日本人送礼要根据对方职位的高低，确定礼品价值的大小。

(2) 重视人际关系。日本人把与谁做生意和怎样做生意看得同样重要。他们往往将相当一部分时间、精力花在人际关系上，愿意与熟悉的人做生意并建立长期友好的合作关系。日本人在谈判过程中，更注重人际关系的建立，会有相当一部分的时间和精力花在人际关系中。他们不习惯直接而纯粹的商务活动，如果有人不愿意开展人际交往活动而直接进入实际性的商务谈判活动，那就可能"欲速则不达"。

(3) 重视信息。日本人在谈判之前会详细地了解、打听谈判对手的情况，他们不喜欢无准备的事情，对不速之客的造访会感到别扭。一旦接到邀请，日本人会对邀请者的各方面进行全面调查了解，调查他们的介绍信和委托书、公司的业务、以往的业绩、与哪些公司有过业务往来等。在正式会谈之前，为了了解对方的个性和可靠程度，他们往往会安排一次非正式会见。在日本人眼中，诚实可靠和一致性比在价格上让步更重要。

（4）具有耐心。日本人在谈判中的耐心是世人皆知的。在许多谈判场合，日本人都非常有耐心，不愿意率先表达自己的观点和意见，而是耐心等待，静观事态的发展。时间对于他们来说不是最重要的，他们也没有欧美人那种时间就是效率和金钱的观念。对于日本人而言，耐心不是缓慢，而是准备充分、考虑周全、有条不紊、谨慎小心。为了一笔理想的交易，他们可以毫无怨言地等待两三个月，只要能达到他们预期的目标或取得更好的结果。

（5）一般不诉诸法律。日本人在谈判过程中，不喜欢有律师的参加。日方代表团里一般没有律师，他们觉得每一步都要与律师商量的人是不值得信赖的，甚至认为带律师参加谈判，一开始就考虑日后纠纷的处理，是缺乏诚意的表现，是不友好的行为。当合同双方发生争执时，日方通常不选择诉诸法律。他们善于捕捉时机签订一些含糊其辞的合同，以便将来根据形势的变化做出有利于他们的解释。他们常在合同纠纷条款中这样写着：如果出现不能令双方满意之处，双方应本着真诚友好的原则坐下来重新协商。

（6）注重团队意识。日本人的团队精神也是世人皆知的，体现在谈判中就是集体决策、集体负责。日本企业并未实行高层集权，而是采用自上而下的决策流程，任何个人都不能对谈判全过程负责，也无权不征求组内其他人的意见而单独同意或否决一项提议。由于日本人的决策是集体制定的，且任何决策只有在全组人员均认可后才能付诸实施，故他们的决策过程和决策时间往往很长。

2. 应对日本商人的谈判策略

（1）礼尚往来。在和日本人的谈判中，针对日本商人讲究礼仪的特点，应该理解和尊重他们的礼仪，这样才能得到他们的重视，获得他们的好感和信任，使谈判获得成功。反之，则很容易使谈判陷入僵局。谈判人员应搞清日方参加谈判人员的身份、地位、年龄与性别等信息，派出与对方相对应的人员，以示对其人员的尊重和对谈判活动的重视，为谈判成功奠定良好的基础。

（2）注意人际交往。在和日本人谈判之前，应该尽力地回忆一下双方以前的交往，这对以后谈判的顺利进行有很大的好处。在与日本人的初次谈判中，首先进行的不是正式谈判，而是双方的负责人互相拜会，这种拜会不是企业的商务活动，不谈重要的事项，也不涉及具体的实质性内容，仅仅是双方友好的会面。与日本商人洽谈，最好有介绍人提前联系安排一下。介绍人应当选择有身份的人士或机构来担任，通常是企业、社团组织、知名人士、银行、咨询机构等，这样更容易引起日本人的重视。

（3）讲究谈判用语。要尊重日方的礼仪和习惯，谈判用语避免直接否定的回答，减少误会，增进友谊。但是在谈判过程中一定不可轻易做出让步，也不要表现得急于签约。轻易让步并不会给日方留下好印象，反而会让他们认为对方软弱可欺或无诚意。可采取强硬作风，以向日方表明己方时间充裕，一切都可以慢慢谈。

（4）保持足够的耐心。在他们没有做出最终决策之前，如果流露出不满的情绪或催促、逼问他们，结果只会适得其反。由于日本集体决策制度运作缓慢，涉及组织的各个层面，因此同日本人谈判时要有耐心。

（5）充分准备资料。与日本人谈判时不要单个人出席，因为日方通常会是一个谈判代表团。谈判时所提的建议要严谨务实、专业性强，并尽量详细。在讨论某个主题之前，应提供译成日文的书面材料，并向谈判代表团的每个成员都提供一份材料复印件，这将会加快决策的进程。讨论时要避免那些可能会使日方为难的或唐突、直接的陈述和提问。

二、韩国商人的谈判风格及应对策略

韩国国土面积狭小，自然资源贫乏，市场规模较小，其经济对国际市场和资源的依赖程度相当高。韩国实行政府主导的外向型经济发展战略，倡导"以贸易立国"。他们利用国际市场的有利条件，克服国内资源贫乏、市场狭小的不利因素，实现了经济腾飞，从一个极为贫穷的农业国一跃成为拥有发达的造船、汽车、化工、电子、通信工业、网络基础设施名列世界前茅的新兴的先进工业国家。

1. 韩国商人的谈判风格

韩国商人谦和，但恭维的话会被友好地拒绝，处于为难的时候常常以笑作为回应，在做出决定之前会就一些重要问题再三向对方确认。

(1) 重视商务谈判前的准备。韩国商人在谈判前十分重视了解对方情况。他们一般会通过海外有关咨询机构了解对方的经营范围、经营规模、资金状况、谈判作风等情况。如果对对方没有一定程度的了解，他们肯定不会同对方坐在谈判桌前开始谈判。

(2) 重视营造谈判氛围。在会晤地点和谈判地点的选择上，韩国商人一般会选择有名气的酒店、饭店。如果谈判地点是韩国商人选择的，他们一定会准时到达；在由对方选择时，他们往往会推迟一点时间到达。进入谈判会场时，往往是地位最高的人或主谈人员走在最前面。

(3) 讲究谈判技巧。韩国商人逻辑性强，做事喜欢条理化，谈判开始往往开门见山，直接与对方洽谈主要议题，而且主要涉及阐明意图、报价、讨价还价、协商、签订合同五项内容。在谈判中横向纵向谈判兼用，善于根据不同的谈判对象运用不同的谈判策略讨价还价，喜欢使用英语、朝鲜语和谈判对象国家语言签订三种文字合同。

2. 应对韩国商人的谈判策略

(1) 要有耐心。由于韩国商人可能针对某一议题反复谈判，对重要议题更是再三确认，决策过程较为缓慢，因此参加谈判人员应有充分的耐心，做好充分准备，不断重复回答有关问题，及时提供充分信息。

(2) 注意沟通策略。韩国商人时常采用声东击西、先苦后甜、疲劳战术等一系列策略，加之横向谈判与纵向谈判的交叉运用很容易使人上当中计，对此应加以充分注意，保持清醒的头脑，及时识破和破解其计谋。

三、印度商人的谈判风格

印度是南亚印度次大陆上的一个多民族国家，以印度语为母语，以英语为官方语言和商业用语。印度是世界上人口第二多的国家，截至 2020 年其拥有 13.8 亿人口，仅次于中国，接近世界人口的五分之一，与中国是世界上仅有的人口超越 10 亿的两个国家。印度国内印度教盛行，89%的印度人信奉印度教。

1. 印度商人的谈判风格

印度人的谈判风格主要表现在以下几个方面：

(1) 官方语言是英语。印度的官方语言为英语，上过学的印度人都会讲英语，并且说得很流利。

(2) 宗教意识浓厚，饮食习惯清淡。印度民族和种族众多，号称"民族博物馆"，其中印度斯坦族大约占印度总人口的一半，是印度最大的民族。印度也是一个多宗教的国家，世界 4 个主要的宗教 —— 佛教、印度教、耆那教和锡克教都源于印度。大部分印度人信仰印度教，伊斯兰教在印度也有大量信徒。印度大部分人信仰宗教，不吃肉类，很少喝烈性酒，各种蔬菜、水果是他们的主食。

(3) "肯定"与"否定"的表态方式与中国不同。印度人对"否定"和"肯定"的回答，一般中国人容易搞错。中国人对"肯定"回答一般点头，印度人却用摇头表示"肯定"，中国人对"否定"回答一般摇头，印度人也用摇头表示"否定"，因此有时候真搞不清楚他说的是肯定还是否定、同意还是不同意，这时也只有多问几次，从其语言中来确定了。

(4) 砍价幅度大，态度坚决。印度商人对于对方的报价，习惯的砍价在 50%以上。谈判到了最后，印度商人往往还要要个特殊的"折扣价"，而且态度坚决，表现固执，非常耐心，有种"不达目的不罢休"的劲头。另一方面印度商人喜欢拿东家的报价给西家看，再拿西家的报价给东家看，让两家相互竞争，他们从中得到一个更低的价格。

(5) 热情好客。印度人热情好客，性格开朗，比较善于交际，一般都能与商业伙伴保持良好的人际关系，以良好的人际关系开始谈判或生意。

2. 应对印度商人的谈判策略

(1) 报价要留有较大的余地。针对印度商人对对方的报价常常要砍 50%以上的习惯，宜采用先给其一个包含准备砍掉的 50%以上"水分"的价格，再接着谈，尤其是关于机械设备方面的谈判。

(2) 适时终止谈判。针对印度商人往往在谈判最后还要要个特殊的"折扣价"的做法，可以马上明确表示不谈了。如果有丝毫的犹豫，前期谈判的成果可能会打水漂。

(3) 把约定时间提前。针对印度商人时间观念并不严格的习惯的应对策略是：如果想把会议时间定在 9：00，那就告诉对方会议是在 8：00 或 8：30 开始；同时为了使交易实现，要保持应有的包容和耐心。

(4) 口头报价。针对印度客商习惯拿东家的价格给西家看，再拿西家的价格给东家看，从中渔利的做法，最好是口头报价。如果非要书面报价，最好不要在报价单上显示公司名称，更不要在报价单上签名。记住不要轻易提供正式书面报价，特别是在知道有好几家竞争对手的情况下。

四、阿拉伯商人的谈判风格及应对策略

阿拉伯人，泛指西亚和北非讲阿拉伯语的居民，其主要分布在西亚，占这些国家居民的大多数，主要国家包括阿尔及利亚、阿联酋、阿曼、埃及、巴勒斯坦、巴林、卡塔尔、科威特、黎巴嫩、利比亚、摩洛哥、沙特、叙利亚、伊拉克、约旦等。

1. 阿拉伯商人的谈判风格

(1) 注重宗教教义与习俗。阿拉伯人信奉伊斯兰教，伊斯兰教教义和习俗对阿拉伯商人的经商行为有着很大的影响。在他们看来，朋友之情为上，小节不必计较。

(2) 习惯讨价还价。出于追求团体利益和个人利益的目的，阿拉伯人在谈判过程中有讨价还价的习惯。在他们看来一场谈判如果没有讨价还价就不是一场严肃的谈判。

(3) 多由代理商做生意。阿拉伯人一般不自己出面谈生意，几乎所有阿拉伯国家的公司和政府部门对外谈判都通过代理商进行，没有合适的代理商他们很难顺利谈成业务。

2. 应对阿拉伯商人的谈判策略

(1) 尊重对方的教义与习俗。尊重伊斯兰教教义和习俗对和阿拉伯人谈判至关重要，因此对谈判人员的选择应尽量考虑掌握阿拉伯语言，甚至懂得伊斯兰教教义和习俗的人。谈判过程和私下会晤中不要对宗教问题妄加评论，注意在称谓和习惯上尊重对方，如忌用左手握手、分拿食物等。

(2) 主动热情地进行交流。与阿拉伯客商谈判时最好选择他们喜欢的话题，主动热情地和他们进行沟通，从而与其建立起亲密友好的关系，获得他们的信任与尊敬，这将对谈判的顺利进行有非常重要的作用。

(3) 区别对待讨价还价。在充分进行宁场调研的基础上，区分阿拉伯客商讨价还价的真实意图，据此做出适当让步还是坚守阵地的选择。对于何种形式的讨价还价，都应该积极地加以准备，设定磋商预案，尤其注意形式上气氛要良好。

(4) 选准代理商。由于代理商在阿拉伯国家经商中的重要性，与阿拉伯人谈判前必须选好、选准代理商，最好选择对阿拉伯地区宗教、文化、习俗都比较熟悉，对阿拉伯商人交易有经验的代理商来进行。

五、犹太商人的谈判风格

犹太人又称犹太民族，是广泛分布于世界各国的一个族群，也是一个善于经商的民族，有许多优秀的知名商人。犹太人发源于西亚的以色列地区或希伯来地区，犹太教是维系全体犹太人之间认同感的传统宗教。千百年来，世界各地的许多不同肤色的人群通过皈依犹太宗教而成为犹太族群的一部分，而犹太人也由此从阿拉伯半岛的一个游牧民族，发展成为遍布全球的世界性族群之一。犹太人在民族、文化和宗教信仰之间具有很强的关联性。

1. 犹太人的谈判风格

犹太人的谈判风格近似美式作风，具体来讲主要有以下几个方面：

(1) 尊重契约，履行合同。犹太教是契约的宗教，《圣经》主要记载的便是上帝和子民之间的契约。人们若是遵守契约，便会得到神的祝福；一旦毁约，便会受到严厉的惩罚。他们认为，契约本身即拥有绝对的权威，不能以任何理由破坏，人人都必须遵守约定。值得注意的是，任何约定在恪守时都是没有大小主次之分的。如果一个人连微小的承诺都不能信守，那么恪守其他大的承诺更是不敢想象了。一遇上意外情况，马上就背叛约定的人，是不值得信赖的。受此影响，犹太人的生意中都有着遵守契约、履行合同的习惯。

(2) 准备充分，态度明确严肃。犹太人充分做好谈判前准备工作的方式，在世界商界和外交界都获得了广泛的重视和普遍的认可。犹太人在进行谈判时，态度非常明朗，"是"和"否"必须表示清楚。如果对方提出的条件无法接受，他们会明白地告知对方"不能接受"。

(3) 善于发现，寻找关键人。犹太人主张在谈判中要尽量和有决定权的人谈判。因此，如果他们考虑要和某一个人打交道，首先会弄清楚他是什么职位？他能做哪种程度的决策？谈判开始时，精明的犹太人会很礼貌地向对方询问："您能帮助我解决这个问题吗？"或者说："您能够决定使我们达成的共识吗？"如果回答是否定或犹豫的，他们会找借口来终止谈判，立即再找其他的高层人物进行谈判。

(4) 学识渊博，精于记录。在谈判中，犹太人学识渊博，而且非常健谈。即使吃饭时，他们的话语也会滔滔不绝，从不让人觉得冷场。当犹太人向人讲述海洋地域特有鱼群的名字、汽车的构造、植物的分类和品种等问题时，对方会以为他们是这方面的专家。犹太人的博闻强识并不是天生的。他们一方面精于心算，另一方面又非常勤奋，时时动笔，只要是看中的东西，他们都要记录，以增加他们的知识。日期、金额、期限、地点，样样都做记录，清晰明白，没有失误。

广博的知识对犹太人而言，不仅可用来作为谈话的资料和改变谈话的气氛，更重要的是知识可以开阔他们的视野，使谈判更准确、实际，从而选择解决问题的最佳途径。因此，犹太人在谈判中很少吃亏。

(5) 真诚相待，以情感人。谈判可以说是一种较量，不可避免的有争执。但犹太人认为双方不管有怎样的利益冲突，都必须真诚相待、不伤感情。因为他们认为当对方感到失了面子，会变得充满敌意，冷漠无情，危及眼前和长远的合作。犹太人活泼且积极，谈判风格相当随性，就算是军方等官方单位，也常以诙谐的绰号或名字称呼。

(6) 讲究仪表。犹太商人对谈判极为看重，首先表现在对谈判时的着装十分讲究。他们希望外表要像绅士一样，一方面是对对手的尊重，另一方面也能够给对手留一个好的印象。这样做对谈判的成功也起到了一定的辅助作用。犹太教里有这样的教诲：人在自己的故乡所受的待遇视风度而定，在别的城市则视服饰而定。

2. 应对犹太商人的谈判策略

(1) 守合同，重信誉。犹太人认为，契约本身即拥有绝对的权威，不能以任何理由破坏，人人都必须遵守约定。因此在同他们进行谈判和做生意时必须守合同、重信誉，这一点非常重要。要做到不管大事小事一旦承诺，必须遵守，绝不能出尔反尔。

(2) 做好充分的准备。在犹太商人的谈判策略中有这样一条："要想与对手谈成生意，必须做到像侦察员一样，先弄清对手的底细，然后再进入真正的实质性谈判"。要应对犹太人的这一特点我们不妨以其人之道还治其人之身，在谈判前做充分的调查了解，认真细致地了解和掌握对方的相关情况，摸清对方底细，如企业的各项情况，甚至谈判个人的身世、嗜好等。做到知己知彼，并详细制定策略。如果没有绝对的把握，那么，比较明智的做法就是以不变应万变，坦诚地告知一切，不要刻意地隐瞒和矫饰。

(3) 注重仪表。在和犹太人正式谈判时，因为场合比较庄重，穿着也要有所讲究。衣服要干净合适，符合礼仪。尽量避免穿奇装异服，给对方造成不够稳重的感觉；不要穿太过于低档的衣服，给对方以穷酸的感觉；也不要轻易穿过于华贵的衣服，给对方以虚浮和炫耀的感觉。要给人一种稳重的、含而不露的感觉。

(4) 选派知识面广、思维敏捷的人。在谈判过程中，犹太人的思维非常活跃，谈论的话题也非常广泛，有时还很风趣幽默，稍一分心，注意力不够集中时，他们便会立刻单刀直入，直奔主题，总会让对手措手不及。因此在组成谈判组时要尽量选派知识面广、思维敏捷、风趣幽默的人。

(5) 注重细节，用数字说话。犹太商人在与别人谈判时，非常重视细节方面的问题。与犹太人打交道，或许不经意间的一个小动作、一句话就暴露了一切。犹太人思维缜密，对于数字更是如此。他们注重数字，习惯数字，特别注意数字上的细节问题，认为数字能够精确地反映一个企业的许多情况。因此在同犹太人谈判时一定要注意细节问题，并通过数字反映出来，效果会更好。

第三节　北美洲商人的谈判风格

北美洲的主要国家是美国和加拿大，这里是世界上最强大的经济体之一。无论是贸易还是投资都是我国重要的贸易伙伴。与世界上其他大多数地方相比，北美人做生意更趋严谨，崇尚个人主义，崇尚创新，时间观念强，工作节奏快，语言交际坦率直白，他们一般具备相当的最新管理知识。准备与北美人做生意的任何人都应该了解诸如全面质量管理、消费者服务以及参与管理和授权之类的管理学知识，这很可能成为双方交流沟通的话题，甚至打破僵局的突破口。

一、美国商人的谈判风格及应对策略

历史上，大批拓荒者冒着极大的风险从欧洲来到美洲，寻求自由和幸福。顽强的毅力和乐观向上、勇于进取的开拓精神，帮助他们在一片完全陌生的土地上建立了全新的生活乐园。他们性格开朗、自信果断，办事干脆利落，重实际，重功利，时时处处以成败来评判每个人，加上美国在当今世界上取得的巨大经济成就，形成了美国商人独特的谈判风格。

1. 美国商人的谈判风格

(1) 利落坦率，性格外向。美国人属于性格外向的民族，他们的喜怒哀乐大多通过他们的言行举止表现出来。在谈判中，他们精力充沛、热情洋溢，不论在陈述己方观点，还是对对方的态度方面，都比较直接坦率。如果他们不能接受对方提出的建议，也是毫不隐讳地直言相告，甚至唯恐对方误会。

(2) 自信自强，自我感觉良好。美国是世界上经济技术最发达的国家之一，国民经济实力也最为雄厚。不论是美国人所讲的语言，还是美国人所使用的货币，都在世界经济中占有重要的地位。英语是国际谈判的通用语言，世界贸易有50%以上用美元结算。美国人的谈判特点，很大程度上与他们取得的经济成就有密切的关系，但同时也反映了美国人的性格特点。他们性格爽朗，能直接地向对方表露真诚、热烈的情感。他们充满了自信，随时能与别人进行滔滔不绝的长谈。他们总是十分自信地进入谈判大厅，不断地发表意见。

他们有一种独立行动的传统，并把实际物质利益上的成功作为获胜的标志。他们总是兴致勃勃地开始谈判，并以这种态度谋求经济利益。在磋商阶段，他们精力充沛，能迅速把谈判引至实质性阶段。他们十分赞赏那些精于讨价还价，为取得经济利益而施展手法的人。他们本身就精于使用思维策略去谋得利益，同时也希望别人具有这种才能。

美国人的自信还表现在他们坚持公平合理的原则上。他们认为两方进行交易，双方都要有利可图。在这一原则下，他们会提出一个"合理"方案，并认为是十分公平合理的。他们喜欢在双方接触的初始就阐明自己的立场、观点，推出自己的方案，以争取主动。在洽谈中他们充满自信，语言明确肯定，计算也科学准确。由于美国人的自信，美国企业的决策特点常常是以个人(或少数人)为主，自上而下地进行，在决策中强调个人的责任。同事之间也是竞争胜于一切，唯有如此，方能取得成功。

(3) 珍惜时间，讲究效率。美国经济发达，生活、工作节奏快，使美国人养成了信守时间、遵守进度和期限的习惯。美国人重视效率，喜欢速战速决。这是因为，在谈判过程中，他们不会多花一分钟去做无聊的谈话，而是十分珍惜时间、遵守时间。

美国人认为，最成功的谈判人员能熟练地将一切事情以最简洁、最令人信服的语言迅速表达出来。因此，美国谈判人员为自己规定的最后期限往往很短。谈判中，他们十分重视办事效率，开门见山，报价及提出的具体条件也比较客观。

(4) 注重实际经济利益。美国人做生意时更多考虑的是做生意所能带来的实际利益，而不是生意人之间的私人交情。所以亚洲国家和拉美国家的人都有这种感觉：美国人谈生意就是直接谈生意。他们不注意在谈判中培养双方的感情，而且还力图把生意和友谊清楚地分开，所以他们在谈判中显得比较生硬。

(5) 重合同，法律观念强。美国是一个高度法制的国家。据有关资料披露，平均每450名美国人就有一名律师，这与美国人解决矛盾纠纷习惯于诉诸法律有直接的关系。他们这种法律观念在商业交易中也表现得十分明显。美国人认为，交易最重要的是经济利益。为了保证自己的利益，最公正、最妥善的解决办法就是依靠法律，依靠合同，其他的都靠不住。因此，他们特别看重合同，谈判中会十分认真讨论合同条款以及违约的赔偿条款。一旦双方在执行合同条款中出现意外情况，就必须按双方事先同意的责任条款处理。因此，美国人在商业谈判中对于合同的讨论特别详细、具体，而且特别关心合同适用的法律，以便在执行合同中能顺利地解决各种问题。

美国人重合同、重法律，还表现在他们认为商业合同就是商业合同，朋友就是朋友，两者之间不能混淆起来。私交甚好，甚至是父子关系，在经济利益上也是绝对分明的。

2. 应对美国商人的谈判策略

(1) 借力加速。针对美国商人坦率、真挚、热情的谈判风格，谈判者可充分利用这一点加快谈判进程，节省谈判时间，创造谈判成功的机会，而不要在谈判中做无谓的纠缠而浪费时间。

(2) 了解信息。美国人自信、善于表达，可以从美方谈判人员自信而滔滔不绝的讲述中了解和掌握更多、更有价值的信息，做到在谈判中有的放矢。

(3) 抓住特点。在和美国人谈判时抓住美国商人务实与重利的特点，可以在务实中体现公正，实现最大利益，避免一些不必要的客套和感情投入。

二、加拿大商人的谈判风格和应对策略

加拿大是北美洲较大的国家之一，也是中国的主要贸易伙伴之一。中国对加拿大出口的主要产品为电机、电器、音像设备及其零部件、服装、家具、钢铁制品、玩具、塑料及其制品、车辆及其零部件、鞋类产品等。

1. 加拿大商人的谈判风格

加拿大居民多数是英国和法国移民的后裔，英裔居民主要集中在多伦多和加拿大的西部地区，而法裔居民主要集中在魁北克。两国后裔的商人在谈判风格上都更喜欢缓和的推销方式，不喜欢过分强势的进攻推销，反对夸大和贬低产品的宣传，厌烦过高或过低的报价策略。但两国后裔的商人在某些谈判风格上的差异也较大。

(1) 生意导向型。英裔加拿大商人是生意导向型的。他们谨慎、保守、重守信誉，谈判时严谨，对谈判的每个细节都很注意。他们喜欢在谈判中设置一些关卡，不喜欢爽快地答应对方提出的条件和要求，谈判的整个过程都要费一番周折，但一旦拍板签约，在履约过程中很少出现违约。他们办事作风直接，强调时间观念，表情自信，感情不外露。

(2) 关系导向型。法裔加拿大商人相对于英裔商人要更开放一些，和蔼可亲、平易近人、客气大方，谈判中讲话节奏较慢；对于签约不是很严格，只要主要条款谈好后就急于签约；比较讲究礼仪，善于表达感情，属于关系导向型；等级观念较强。

2. 应对加拿大商人的谈判策略

加拿大具有文化的多样性和复杂性，针对加拿大商人的谈判风格，总体上可以采取缓和的推介策略，适度的报价策略。不宜进行过分的、夸大的或贬低的宣传和促销。

(1) 研究细节，具有耐心。与英裔商人的谈判，要认真研究细节；要有耐心，不可急于求成；使用英语发信或传真介绍产品；由对方确定谈判的时间和地点。

(2) 讲究礼仪，力求慎重。与法裔商人的谈判，要认真应对对方的礼仪礼节并在谈判中适度把握，以礼相待。谈判过程中力求慎重，详细审核合同条款后方可签约。派出和对方相对应的谈判代表，谈判中要保持足够的耐心。

第四节　西欧商人的谈判风格

西欧国家，特别是欧盟国家是经济舞台上最为重要的一支经济力量。欧洲人把建立欧盟视为他们重新获得同美国和日本竞争的关键步骤。在过去的十多年中，欧盟国家成为中国重要的贸易和投资伙伴。西欧人的时间观念与北美人的时间观念最为相近。西欧商业生活节奏快，会议几乎总是按时开始和结束。在大部分的西欧国家，谈判一般进行得干脆利落。由于西欧地区国家多、地域广，各个国家的文化差异也相当明显。因此与西欧国家的商务谈判还应该在了解各个国家的具体文化环境和谈判风格特点的基础上进行。

一、法国商人的谈判风格及应对策略

法国是一个历史悠久的国家。法国人具有浓厚的民族意识和强烈的民族文化自豪感，

他们性格开朗、热情，对事物比较敏感，工作态度认真，十分勤劳，善于享乐、情趣浪漫。法国是一个讲究等级制度和社会地位的国家。在法国，受教育程度、家庭背景以及财产数量共同决定了人们社会地位的高低。

1. 法国商人的谈判风格

(1) 珍惜人际关系，奉行个人主义。法国人一方面重视人际关系，但另一方面又奉行个人主义。法国人的个人友谊甚至会影响生意。一些谈判专家认为，如果与法国公司的负责人或谈判人员建立了十分友好、相互信任的关系，也就建立了牢固的生意关系。法国人是十分容易共事的伙伴。在实际业务中，许多人发现，与法国商人不要只谈生意，在适当的情况下，与其聊聊社会新闻、文化、娱乐等方面的话题，更能融洽双方的关系，创造良好的会谈气氛。

(2) 坚持在谈判中使用法语。坚持在谈判中使用法语是法国人的一个特点，即使他们英语讲得很好，他们在这一点上也很少让步。因此，专家指出，如果能让一个法国人在谈判中使用英语，那么这可能是争取到的最大让步。之所以会这样，原因有很多，可能是法国人爱国的一种表现，也有可能是说法语会使他们减少由语言不通产生的误会。

(3) 偏好横向谈判。法国人一般喜欢先为谈判协定勾画出一个大致的轮廓，然后再达成原则协议，最后再确定协议中的各项内容。所以，法国人不像德国人那样签订协议之前认真、仔细地审核所有具体细节。法国人的做法是：签署协议的大概内容，如果协议执行起来对他们有利，他们会若无其事；如果协议对他们不利，他们就会要求修改或重新签署协议。

(4) 重视个人力量。法国企业的组织机构明确、简单，实行个人负责制，个人权力很大，管理者通常独立决策，很少有集体决策的情况。管理者有很强的能力，不愿意采取委托管理的方式。在商务谈判中，法国企业一般很少派谈判组或谈判团，多是由个人决策，所以谈判的效率较高。

(5) 很强的时间观念。法国人的时间观念很强，因此与法国商人谈判需要严格遵守商务会面的时间。通常，法国人的会议也都是遵循固定的议程，但是可以与每个人进行自由的讨论。

(6) 工作和休息界线分明。法国人严格区分工作时间与休息时间，这与日本人工作狂般的时间观念相比有极大的反差。在法国，八月是度假的季节，全国上下、各行各业的职员都休假，这时候想做生意是徒劳的。很可能七月份谈的生意，在八月份也不会有结果。此外，法国人习惯在各种社交场合而不是在家里进行各种会谈。

2. 应对法国商人的谈判策略

(1) 坚持自己的立场。针对法国商人的谈判风格，要注意在谈判初期就坚持自己的立场；尽管法国商人会一再坚持，但不要过早放弃和改变，以争取更大的利益。

(2) 顾及对方的面子。在同法国商人的谈判中，一般只要注意到顾及法国商人的面子，使其自尊心不受伤害，就不会陷入僵局；如果陷入僵局，请外交官员出面往往就可以挽回僵局。

(3) 注意营造氛围。在与法国人谈生意时不应只顾谈生意细节，这很容易被法国人视为"太枯燥无味，没情趣"。在谈判中注意通过谈论政治、经济、文化、艺术中的新闻趣事来活跃气氛。在谈判中要讲究幽默、风趣和和谐，但不要过多地谈及个人或家庭问题。但到了最后拍板阶段就可以一本正经地谈生意了。

二、德国商人的谈判风格及应对策略

德国是世界著名的工业大国。对德国人来讲，互相了解是交流的首要目标，他们为自己表达思想的能力感到自豪。虽然注重关系，经常使用间接的交流方式，但德国人更看重直接的、坦白的甚至是直言不讳的语言。来自复杂文化背景国家的访问者应该认识到，德国人的直率和唐突并不意味着冒犯。

1. 德国商人的谈判风格

(1) 很自信，信守诺言。德国是世界上经济实力最强的国家之一，他们的工业极其发达，生产率高，产品质量堪称世界一流。这主要是因为企业的技术标准十分精确、具体，对这一点德国人一直引以为豪。因此，购买其他国家的产品时要满足他们要求的标准。当然，他们也不会盲目轻信对方的承诺。如果对方不能信守诺言，就没希望获得大笔买卖的订单。从某种角度说，德国人对谈判对手在谈判中表现的评价，取决于谈判对手能否令人信服地说明其将信守诺言的表现。

(2) 办事效率高。德国人在办事效率上享有名副其实的美誉，他们信奉的座右铭是"马上解决"，他们不喜欢对方支支吾吾、拖拖拉拉的谈判语言。他们具有极为认真负责的工作态度、高效率的工作方式。所以，在德国人的办公桌上，看不到搁置很久、悬而未决的文件。德国人认为，一个谈判人员是否有能力，只要看其经手的事情是否能快速有效地处理清楚就知道了。德国人在做出一项重要的决定之前，会跟一些值得信赖的同事进行商讨，在这方面花费的时间比英国人多，但是要比日本人少。

(3) 准备充分，立场坚定。像日本人一样，德国谈判代表因他们的准备充分而闻名。他们另外一个显著的特点就是，面对说服和压力战术始终坚定不移地坚持自己的谈判立场。德国人在谈判之前不仅要研究购买产品的问题，而且还研究包括销售产品的公司、公司所处的环境、公司的信誉、资金状况、管理状况、生产能力等问题。不同于那种只要有利可图就与之做生意的赚钱商人，他们不喜欢与声誉不好的公司打交道。

(4) 重合同，守信誉。德国人很善于商业谈判，他们的讨价还价与其说是为了争取更多的利益，不如说是工作认真、一丝不苟。他们严守合同承诺，认真研究和推敲合同中的每一句话和各项具体条款。一旦达成协定，他们很少出现毁约行为，所以合同履约率很高，在世界贸易中有着良好的信誉。大多数德国人更喜欢符合实际的初始报价，而不喜欢典型的"先高后低"策略。因此，与德国人谈判时可以考虑开始的出价留一点余地来防止意外事件的发生，但是要注意避免报价过高。

(5) 谈判态度严谨。德国人相对来说比较保守，不会当众表露感情，但有些德国南部的商人稍微善于表现。与拉丁裔的欧洲人和拉美人不同，德国人很少使用手势，也不善于使用面部表情，不喜打断别人说话。

德国礼仪也通常会表现在见面礼仪和问候礼仪上。不管是见面还是分手，都要握手。这种问候可能不会伴随着微笑 —— 很多德国人只对他们的朋友和家人微笑，他们认为对陌生人微笑是一种愚蠢的行为。注意不要让笑话出现在销售的陈述中，因为对德国人来说销售陈述是一件严肃的事情。

　　总之，德国人的谈判风格是谨慎、稳重的。他们追求严密的组织、充分的准备、清晰的论述、鲜明的主题。为此，谈判前他们会花费大量的时间和精力，详细研究与谈判有关的一切情况。他们提出的意见，给人的印象是有理有据、深思熟虑。谈判过程中，德国人善于明确表达思想，论述富有系统性和逻辑性，总是强调自己方案的可行性，而不会轻易做出让步，使人产生一种缺乏通融性的感觉，这在谈判的报价阶段表现得尤其明显。一旦德国人提出了报价，这个报价就显得不可更改，讨价还价的余地会大大地减少。他们让步的最大幅度一般在 20%以内。此外，德国人在个人之间的交往方面也是十分严肃正统的。

　　2. 应对德国商人的谈判策略

　　(1) 以严谨求效益。在同德国人谈判前要组建好严密的谈判班子，对谈判的细节、资料、地点等做好充分准备，不要打"无准备之仗"。

　　(2) 态度灵活。在谈判中要以灵活的态度去选择进攻方位，表明立场，说明分歧，抓住对方注重发展长久贸易伙伴、求稳心理等特点，以柔克刚。

　　(3) 避免针锋相对。针对德国商人自信固执的特点，要以友好礼貌的方式，以事实和科学的数据为依据进行说服、劝导，注意以柔克刚、以理服人，避免针锋相对，使谈判陷入僵局，难以自拔。

三、英国商人的谈判风格及应对策略

　　英国是最早的工业化国家，早在 17 世纪英国的贸易就遍及世界各地，但英国人的民族性格是传统、内向、谨慎的。英国人从事贸易的历史较早，范围也较广泛，其谈判的特点不同于其他欧洲国家。

　　1. 英国商人的谈判风格

　　(1) 等级较强，看重身份。尽管英国是最早的资本主义国家，但其平等和自由更多地表现在形式上。在人们的观念中，等级制度依然存在，这正是英国还保留着象征性的王室统治的原因。在社交场合，"平民"与"贵族"仍然是不同的。例如，在英国上流社会，人们喜欢阅读《时报》和《金融时报》，中产阶层的人阅读《每日电讯报》，而平民则读《太阳报》或《每日镜报》。相应的，在对外交往中，英国人比较注重对方的身份、经历、业绩，而不是像美国人那样更看重对手在谈判中的表现。所以，与英国人谈判，在必要的情况下派有较高身份、地位的人前往，有一定的积极作用。

　　(2) 自信保守，不愿冒险。英国人对谈判本身不如日本人、美国人那样看重。相应的，他们对谈判的准备也不充分，不够详细周密。他们善于简明扼要地阐述立场，陈述观点。在谈判中，他们表现更多的是沉默、平静、自信、谨慎，而不是激动、冒险和夸夸其谈。他们对于物质利益的追求，不如日本人表现得那样强烈，不如美国人表现得那样直接。他们宁愿做风险小、利润也少的买卖，也不喜欢做冒大风险而赚大钱的买卖。英国人不轻易相信别人、依靠别人。这种保守、传统的个性，在某种程度上反映了英国人的优越感。但是一旦与英国人建立了友谊，他们会十分珍惜并长期信任，在做生意上关系也会十分融洽。

　　(3) 重视协议。英国人很重视书面协议的法律问题和细节问题，如果以后有争端或者争执，英国人通常都依靠合同条款来解决问题，如果他们的对手提出合同上没约定的问题，英国人可能就会产生怀疑和拒绝。

(4) 守礼务实，追求个性。英国人的交际礼仪在欧洲是有代表性的。他们恪守礼节，但率真务实、追求个性；他们遵守公德，在交际场合不喜欢虚假。英国人即使客套也是实实在在的客套，而要是在他们面前客套做假，那受苦的就是自己。他们请客点菜，绝不铺张浪费，够吃即可。若菜少了客人尽管提出再加，他们会很乐意的。如果他们问客人"吃好了吗"，而客人想客套一下，那就只能挨饿。在宴会上，他们习惯敬酒不劝酒，宾主饮用多少自便。若不会喝酒，更不勉强，若提出要果汁他们也会很高兴。英国人一般不轻易宴请谈判对手，如果设宴，那就说明他们对会谈表示满意或者是愿意进一步交往。如果对方客套，他们就认为对方是在拒绝他们。

2. 应对英国商人的谈判策略

(1) 礼尚往来。在与英国客商进行会面和磋商时要十分注重礼节，谈判人员的个人修养、绅士风度以及等级的对等都会获得对方的好感，对于推进对话、加强讨价还价和谈判的顺利进行有一定的作用。

(2) 严格区分商业活动与私人生活。在谈判中尤其是初次交往中，要特别注意尊重英国商人的习惯，避免将其私人生活与商业活动混为一谈，尽量避免在节假日与英国人洽谈生意。

四、意大利商人的谈判风格及应对策略

1. 意大利商人的谈判风格

(1) 时尚外向。有人说与意大利人交往说话，简直是一种享受。意大利人崇尚时尚，不论是商人还是旅行家，都衣冠楚楚、潇洒自如。他们追求舒适的生活，办公地点的设施一般都比较讲究。他们对自己的国家及家庭也感到十分自豪和骄傲。在商务谈判中，最好不要谈论国体政事，但可以听听他们或引导他们谈论其家庭、朋友。当然，前提是已与对方有了一定的交情。意大利人性格外向、情绪多变，喜怒都常常很自然地表现出来。在谈话中，他们的手势也比较多，常常肩膀、胳膊、手甚至整个身体都会随说话的节奏而扭动。

(2) 注重价格。意大利人有节约的习惯，与产品质量、性能、交货日期相比，他们更关心的是产品的价格，希望能够花较少的钱买到质量、性能都说得过去的产品。如果他们是销售方，只要能有理想的售价，他们会千方百计地满足用户的要求。

(3) 注重非语言交流。在意大利，如果电梯里只有两个乘客的话，他们之间的距离会非常近。事实上，无论是在社交还是商务场合，意大利人站立的时候，两人之间的距离都相对要近些，这让其他国家的访问者可能会觉得不安。为了表示友好，两人之间相隔一臂的距离不会使双方觉得不舒服。意大利人习惯于身体接触，但是访问者一般不能首先拥抱或是亲吻意大利人，而要等到意大利人首先表示拥抱或亲吻，再做出回应才比较合适。

2. 应对意大利商人的谈判策略

(1) 做好让价准备。意大利商人喜欢讨价还价，他们不相信不能让价，所以与意大利

商人谈判要做好让价的准备，学会巧妙设计溢价报价策略，为让价策略留出余地。

（2）注重社交和关系。意大利人善于社交，愿意在商务活动前与对方建立良好的个人关系，因此在谈判前不妨花一点时间来和意大利人建立良好的关系并从中了解一些情况。

第五节　东欧商人的谈判风格

东欧是指欧洲的东部地区，包括俄罗斯、白俄罗斯、乌克兰、摩尔多瓦、爱沙尼亚、拉脱维亚、立陶宛、捷克、斯洛伐克、罗马尼亚、匈牙利、波兰等主要国家。东欧在 20世纪 80 年代末开始向市场经济转轨后，宏观经济形势一直处于动荡之中。20 世纪 90 年代中期东欧开始逐渐实现恢复性的经济增长，东欧各国与世界其他国家的经济贸易往来也逐渐增多。尽管东、西欧有着相近的文化渊源，但是西欧人仍然认为对谈判者来说东欧商人是世界上最难对付的商人之一。

一、俄罗斯商人的谈判风格及应对策略

俄罗斯与我国的地理位置比较接近，有较长的边境线。双方贸易比较频繁，贸易史较为悠久，尤其是近十几年来贸易活动增加，双方合资合作的范围不断扩大。我国东北地区已经把对俄贸易作为发展对外贸易的重要组成部分。因此，研究俄罗斯人的谈判风格具有较大的现实意义。

1. 俄罗斯商人的谈判风格

（1）注重技术谈判。由于技术引进项目通常都比较复杂，对方在报价中又可能会有较大的水分，为了尽可能以较低的价格购买最有用的技术，俄罗斯人特别重视技术的具体细节，如谈判项目中的技术内容和索赔条款。他们在谈判中索要的资料也会很全面，目的是保证引进的技术具有先进性和实用性。

（2）讲究礼仪。在人际交往中，俄罗斯人素来以热情、豪放、勇敢、耿直而著称于世。在交际场合他们习惯和初次会面的人行握手礼。但对于熟悉的人，在久别重逢时，他们则大多要与对方热情拥抱。良好的文化素质使俄罗斯人非常重视自身的仪表和举止。在社交场合，他们总是站有站相、坐有坐姿，不论等候时间长短，都不蹲在地上，也不席地而坐。同时，他们在社交场合还忌讳剔牙等不雅动作。

（3）精于讨价还价。俄罗斯商人很精明，在讨价还价方面堪称行家里手。许多比较务实的欧美生意人都认为，不管报价是多么公平合理，计算如何精确，俄罗斯人都不会相信。俄罗斯商人会千方百计地挤出其中的水分，达到他们认为理想的结果。

（4）善用招标引入竞争。俄罗斯人十分善于与外国人做生意。说得简单一点，他们非常善于寻找合作与竞争的伙伴，也非常善于讨价还价。为了能够通过较少的资金，引入更好的技术，俄罗斯人在想要引进项目时常常采用招标的方式引来数家竞争者，然后不慌不忙地进行选择，并采取各种手段，让竞争者之间竞相压价，相互竞争，最后从中获利。

(5) 喜欢易货贸易。由于缺乏外汇，俄罗斯人喜欢在外贸交易中采用易货贸易的形式。由于易货贸易的形式比较多，如转手贸易安排、补偿贸易、清算账户贸易等，贸易谈判活动变得十分复杂。俄罗斯人采用易货贸易的形式比较巧妙。在与外国商人谈判时，他们一开始并不一定提出货款要以他们的产品来支付，因为这样一来会降低谈判对一些公司的吸引力，而是在拼命压低对方的报价后才开始提出用他们的产品来支付对方的全部或部分货款。由于谈判对手已经与他们进行了广泛的接触，谈判的主要条款都已经商议妥当，所以当他们使出这一招时，往往使对手感到很为难，也容易妥协让步。

2. 应对俄罗斯商人的策略

(1) 充分准备。在与俄罗斯人进行谈判时，要做充分的准备，可能会就产品的技术问题进行反复、大量的磋商。为了能及时准确地对技术进行阐述和答疑，在谈判中最好配置技术方面的专家。同时，要十分注意合同用语的使用，语言要精确，不能随便承诺某些不能做到的条件。另外，与俄罗斯人谈判时对合同中的索赔条款也要十分慎重。要注重自己的言行举止，要表示对俄罗斯文化的尊重，这也会营造良好的谈判氛围。

(2) 溢价策略。由于俄罗斯商人精于讨价还价，对俄罗斯商人的报价一般要采取溢价策略。具体方式为：

① 标准价格报价。事先打印好一份标准价格单，所有价格均有一定溢价，以备进一步与俄罗斯商人谈判。

② 公开溢价。公开说明在报价中含有一定比例的溢价，并说明理由。

在两种报价中，一般来讲第二种策略要好些，因为如果在报价之初就定死一个价格，几个星期甚至数月后，情况可能会发生很大变化。

二、罗马尼亚商人的谈判风格及应对策略

罗马尼亚位于欧洲巴尔干半岛东北部，是东欧各国中唯一的拉丁民族国家，以罗马尼亚语为国语。在饭店或有的场合，英语、法语、德语、匈牙利语可以通用。罗马尼亚人民性格温和、友善。这里教育发达，文明程度比较高，政治民主、经济自由、市场开放，是东南欧洲的发展中心。1998 年底罗马尼亚正式作为欧盟的申请国，开始全面接受欧盟和北约的援助。这个国家的商业文化和其地理位置相一致，反映了东欧国家的特色，国内人民的交流方式则受欧洲南部的影响较大。

1. 罗马尼亚商人的谈判风格

(1) 法语是主要商务语言。罗马尼亚语是一种带有浪漫色彩的语言，它和法语、意大利语、西班牙语和葡萄牙语有一定的关系，当地人一直把法语作为一种重要的商务语言，尽管现在一些年轻人更愿意选择英语作为他们的第二种语言。德语在商业当中的应用也越来越广泛。

(2) 善于交际，注重关系。就像在其他中欧东部的国家一样，意外访问的方式在罗马尼亚并不奏效。建立适当的联系是十分重要的。尤其是商业关系刚刚开始建立的时候，要采取面对面的方式或是通过电话来探讨一些重要的商业问题，而不要使用传真或是电子邮件。在开始洽谈论业务之前，要事先对炎判对象有一定的了解。

(3) 间接的语言交流。不像北欧和北美国家的人说话那么直接，罗马尼亚人说话喜欢

拐弯抹角，谈判代表不要问太多过于直接的问题，而是有礼貌地询问一些所需要的信息并且逐渐与对方谈判代表建立良好的关系，才会在谈判当中取得良好的效果。

(4) 注重礼节、等级制度。罗马尼亚人比丹麦人、澳大利亚人和北美人都要重视礼节。无论在穿着打扮上，还是在会见和互相问候的时候，都可以看出许多礼节。从其严密的组织管理以及女性管理者相对较少等方面，都可以看出当地的等级制度十分严明。到访的女性管理者将会受到当地地位较高的男性谈判者的礼遇，他们会用欧洲传统的礼节来对待来访的女士。在岁数稍大的男性当中，就像在过去维也纳一样，十分流行亲吻手背的礼节。

(5) 议价态度坚决。罗马尼亚人善于做生意和精于评估，在竞争者的报价资料大部分到齐前，绝不会进行洽谈。在谈判时，他们既能大刀阔斧，同时也注意细节。在访问外商办事处或参加应酬时，他们一般是几个人一起参加，极少单独行动，这是罗马尼亚公司的特别之处。买方所提示的买价，大都大幅低于市价，压得很低。谈判代表态度通常比较坚决，几经交涉，才有可能做成生意。在东欧诸国之中，罗马尼亚人显得更善于做生意。

2. 应对罗马尼亚商人的谈判策略

(1) 注意礼节礼仪。男士应穿较为保守的西服和领带，女士穿礼服或套装，穿高跟鞋。罗马尼亚人在就座或是站立的时候，两人之间的距离相对较近，和希腊人差不多，大概在半臂左右。在会面的时候，相互握手致意并介绍自己的名字。如果再次碰见同一个人的话，要再次握手。事实上，在每次遇到的时候都要握手，在会面结束的时候同样要握手。男士要等到女士先伸出手，男士访问者不用亲吻女士的手，而是在握手的同时稍稍弯腰即可。与对方谈判者见面的时候，要用对方的职业或学术头衔加上他的姓来称呼对方；名片上应该写有自己在组织当中的职位以及其他地位较高的头衔。

(2) 注意建立良好关系。在和罗马尼亚人交流时，运动、旅行、电影、书籍、流行时尚或是食物等都可以作为谈话的对象。不要问对方关于家庭或是工作等过于私人的问题。为了庆祝协议的签署或是为了祝贺圣诞节都可以赠送一些不太昂贵的礼物，如钢笔、打火机、香水、化妆品、咖啡和牛仔裤等。应邀到别人家赴宴的时候要带上一束鲜花。罗马尼亚人对盐有特别的好感和嗜好，他们不论吃什么东西都喜蘸些盐和胡椒。因此，在接待罗马尼亚客人时，如果在餐桌上提供盐、胡椒、大蒜，他们会特别高兴。不论是在正式的宴会还是非正式的用餐当中，当地人都习惯敬酒。敬酒的时候碰杯，点头致意并说一些祝愿的话，如"身体健康"或"祝你好运"等。

(3) 到罗马尼亚从事商务活动，9 月至 5 月最适宜。6 月至 8 月为度假期。罗马尼亚的主要节假日包括：1 月 1 日元旦，1 月 24 日两公国统一和民族国家建立日，4 月 23 日复活节，5 月 1 日劳动节，5 月 9 日独立日，8 月 23 日国庆节，10 月 25 日为军队日，11 月 7 日十月革命纪念日，12 月 25 日圣诞节，12 月 30 日人民共和国成立日。罗马尼亚人节假休息日神圣不可侵犯。因此选对合适的时机对谈判成功十分必要。

(4) 注意细节。在初次会面的时候，不要以玩笑的口吻开始陈述。在商品陈述中采用足够的图片和印刷精美的宣传手册，同时要介绍相应的背景信息，事实资料以及技术数据。

三、波兰商人的谈判风格及应对策略

波兰共和国简称波兰，位于欧洲东部，面积 321677 平方公里，人口 3750 万，98% 为波兰人。波兰的地理位置位于德国和俄罗斯之间，几个世纪以来，一直深受东方和西方的双重影响。

1. 波兰商人的谈判风格

(1) 讲究礼节。按照波兰的商务礼俗，各种场合均宜穿保守式样的西装。和政府官员会面，必须事先约定。

(2) 时间区分严格。按照波兰当地的商业习惯，各国营事业机构都在下午 5 点结束办公，外贸组织和机构，星期一至星期五的每天上午 8 时至下午 3 时办公。政府各部办公时间为上午 9 时至下午 3 时。星期六办公时间为上午 8 时至下午 1 时。

(3) 喜欢谈判内容以外的交往。无论在正式或非正式的宴请中都经常敬酒。在谈判之余，波兰人喜欢客人谈论他们的国家、文化、生活方式以及客人的家庭生活。

(4) 有依靠关系和关注交易本身的双重特点。在波兰，恰当的关系非常重要，能认识谁起着很大的作用。当然，波兰的商人正越来越关注交易本身，换句话说，他们更像德国人、斯堪的纳维亚人和美国人了。

(5) 语言的直率。在波兰的谈判桌上，多数情况下看到的是直率，而不是有礼貌的闪烁其词。波兰人把依靠关系的商业活动与直接语言交流相结合，这在全世界也并不多见。波兰人从不隐藏任何令他们发怒、沮丧和生气的事情。

2. 应对波兰商人的谈判策略

(1) 注重商业礼仪和礼节。在衣着上，男士穿庄重的西装，扎领带，女士穿礼服。握手时目光接触，不需要诸如"你好"的套话，说再见时也握手。与女士见面时，要有礼貌地等女士先伸出手，在握手时稍微弯一下腰。在互相介绍时，要在姓氏前加专业或学术职称，只有亲戚和亲密朋友之间使用名字。在名片上要注明公司名称和最高的学位。不要说波兰是东欧的一部分，应说属于中欧，认为波兰是中东欧是可以的。说话的音量要适度，在谈判和公共场合应避免大声说话。面对面的距离通常情况下保持 15 到 25 英尺的距离(相当于 25 到 40 厘米)。除了握手，在商业场合中不要有任何身体接触。

(2) 报价既符合实际，又留有余地。针对波兰人的讨价还价，开价要符合实际，但同时要留有余地。因为聪明的人总是在最后摊牌之前保留一些谈判的筹码。对商品的演示要有背景信息、事实和详细的技术情况。

(3) 建立良好的关系。在波兰，气氛良好的聊天环境对增进双方关系有很大的帮助。波兰人对本国的文化很自豪，太阳中心学说的创始人哥白尼、世界著名音乐家肖邦、发现镭元素的女科学家居里夫人等都是波兰人。谈些对这些人物的看法和景仰，会让对方觉得很亲切。与波兰人交往，要避免赠送高价值的礼物。用公司的新产品作见面礼可以宣传公司文化。他们也喜爱喝咖啡、中国红茶。如果到波兰人家里造访，可以给女主人带上一束花，在交给女主人之前要把花的包装纸去掉，但要注意不要送红玫瑰花和菊花。其他合适的礼品有进口葡萄酒、巧克力、咖啡、香水和香烟。

第六节　大洋洲商人的谈判风格

大洋洲包括澳大利亚、新西兰、巴布亚新几内亚等 20 多个国家和地区。其中，澳大利亚和新西兰是两个较为发达也较为重要的国家，其居民中的 70% 是欧洲国家的移民，其中以英法两国的后裔居多；主要贸易对象是美、日和欧洲的一些国家；出口以农、畜、矿产品为主，进口以机械、汽车、纺织和化工产品为主。

一、澳大利亚商人的谈判风格及应对策略

澳大利亚由 6 个州组成，各州自有宪法，铁路、地区开发、教育等事项由各自的政府办理，因此各州之间的地区观念比较浓厚。澳大利亚地广人稀，沉着好静、不喜欢被打扰是澳大利亚人的重要特点。

1. 澳大利亚商人的谈判风格

(1) 重视办事效率。澳大利亚商人极不愿意把时间花在不能做决定的空谈中，也不愿意在讨价还价上耗费时间。他们在谈及价格时不愿意采用先报高价，然后慢慢讨价还价的做法。

(2) 严格区分友情与生意。澳大利亚商人待人随和，不拘束，乐于接受款待，但他们认为款待与生意无关。

(3) 重视信誉。澳大利亚商人签约时非常谨慎，而一旦签约，很少发生毁约现象。

2. 应对澳大利亚商人的谈判策略

针对澳大利亚商人的谈判风格的应对策略有：

(1) 保持适度的谦虚。适度谦虚的态度会有利于谈判的进行。

(2) 明确自身优势。将自己的优势客观地向对方展示清楚并利用相关资料加以说明，将有助于谈判的进行。

(3) 充分授权。授予参加谈判人员充分的权力，可以使得澳大利亚商人充分相信己方人员，便于提高谈判效率。

二、新西兰商人的谈判风格及应对策略

新西兰是大洋洲一个以农业为主的国家，工业品大部分需要进口，居民的福利待遇相当高，绝大多数人过着富裕的生活。

1. 新西兰商人的谈判风格

(1) 不讨价还价。新西兰人进行交易时基于公平的原则，不善于讨价还价，一旦提出一个价格就不能变更。

(2) 责任心很强。新西兰商人的责任心很强，不仅表现在做事方面，在谈判的环节上也表现出应有的细心和很强烈的责任心。

(3) 普遍重信誉。新西兰商人在商务活动中由于经常进口商品，多与外商打交道，他

们都精于算计，很难应付。但在生意中一旦签约做出承诺，他们很少毁约，在付款、发货、收货等方面都能依约而行。

2. 应对新西兰商人的谈判策略

(1) 开始就报出合适的价格。新西兰商人不喜欢讨价还价，在报价后没有价格调整的余地，因此报价时不要过高，以免失去继续谈判的机会。

(2) 注重诚信。新西兰人普遍讲究诚实信用，在经商中也一样。因此和新西兰人谈判、做生意，很多时候信誉比生意更重要。良好的信誉不仅是眼前生意和合作的基础，也是双方进一步合作的前提。

(3) 注重细节，做事认真。新西兰人责任心强，因此和新西兰人谈判和做生意要从细节做起，认真做好每一件事，处理好每个细节，表现出应有的责任心。

第七节　拉丁美洲商人的谈判风格

拉丁美洲一般指美国以南的美洲地区，包括墨西哥、中南美洲以及讲西班牙语的加勒比海地区。在这些统称为"拉丁"的不同文化中，商务实践也是有区别的。了解拉美谈判者的一个关键是了解西班牙和葡萄牙文化。

拉美人重视人际关系，商业交往常带有感情成分。许多拉美国家假期很多，处理事务节奏较慢。最好的办法是放慢谈判节奏，始终保持理解和宽容的心境并注意避免工作与娱乐发生冲突。交易时应注意寻找可靠的合作伙伴，必须与负责管理的人洽谈生意。在拉丁美洲做生意，至关重要的一点是寻找代理商、建立代理商网络。大多数拉美国家近年来都采取了奖出限入的贸易保护措施，法律、法规也以此为根本出发点，进出口手续也比较复杂，一些国家还实行进口许可证制度。所以，在进行贸易谈判前，必须深入了解这些保护政策和具体执行情况，以免陷入泥潭。

一、巴西商人的谈判风格及应对策略

巴西是由欧洲人、非洲人、印第安人、阿拉伯人以及东方人等多种民族组成的国家，但核心是葡萄牙血统的巴西人。另外，由于从西班牙、意大利等南欧国家来的移民在巴西占大多数，因此巴西人的习俗和葡萄牙等西欧的习俗非常相似。

1. 巴西商人的谈判风格

(1) 注重细节和气氛。无论访问政府机关还是私人机构，均要事先预约并准时赴约。个人介绍通常以"早上好"或者"下午好"开头，然后是握手(特别是两个男人见面时)。与其他很多国家不同的是，在初次介绍时，专业头衔有时冠在名前，对于没有专业头衔的商界人士来说，"先生"加上姓更合适。随后应该递给对方名片，名片上至少应该有一面是用葡萄牙语印制的。在谈论严肃的话题之前，通常进行一些闲聊。

(2) 注重对品行的考察。对巴西人来说，在商业交往中个人品行非常重要，甚至比某一桩生意的细节更为重要。因此，在最后决定合同或其他安排前，都要同预期的合作伙伴或者客户见几次面。他们很少通过电话或信函完成重要交易。对于外国销售代表短暂而稀少的来访，巴西的管理人员的反应肯定不会很热情。

（3）喜欢讨价还价。巴西人是很有名的难对付的杀价高手，他们会非常直接地拒绝开价。谈判初期为求凸显数据的时效性和正确性，请使用独立市场情报。巴西人或许会态度激昂，但这并不代表他们生气了。

（4）谈判进度迟缓。巴西的谈判进度较慢，而且更多地基于私人交往。缓慢的谈判速度并不代表巴西人不了解工业技术或现代商业惯例。相反，在与巴西企业进行谈判前，应充分做好各方面的技术准备。给巴西管理人员打电话的最佳时段是上午 10 时到中午 12 时以及下午 3 时到 5 时。在巴西，商业会见时按惯例只喝咖啡。

2. 应对巴西商人的谈判策略

（1）报价要为后面的让步留出空间。和巴西人谈判报价要为后面的让步留出充分的余地，一定要用明确的白纸黑字写清楚付款期限及相关事项，减少后续的麻烦。针对巴西政府的风格，建议聘请当地人员协助谈判。在整个谈判过程中，要尽量少沉默。

（2）要为漫长的谈判留出足够的时间。和巴西人谈判进程缓慢，一些决策者上班的时间也较晚，因此要有足够的耐心和时间。作为谈判另一方，应遵守时间，准时出席。开始进入主题前，通常会寒暄几句。多准备一些视觉效果佳的辅助材料，态度热情地进行说明。

（3）注重社交。在谈判中，用餐、食宿场所应具备一定的规格档次。明智的谈判者在持续很久的谈判期间，会为社交花费大量的时间。如果想请一个高级经理吃饭，那最好让他的秘书推荐一个饭店。招待巴西伙伴时，只能在一流的、有名气的地方这点很重要。同样，商务访问者在巴西应该只住一流的宾馆。

（4）避免工作和娱乐的冲突。拉美各国中，巴西人酷爱娱乐，他们不会让生意妨碍其享受闲暇的乐趣。当举世闻名的巴西狂欢节来临之时，千万别去同拉美人谈生意，否则会被视为不受欢迎的人。

二、阿根廷商人的谈判风格及应对策略

阿根廷人被看作是在南美的欧洲人，习惯于从欧洲而非美国寻找自己的共性。因此，对于阿根廷人来说礼节、习惯、风度和时尚极为关键。

1. 阿根廷商人的谈判风格

（1）重复握手是一种礼节。阿根廷商人比较正统，非常欧洲化，与人一见面就会不停握手，在商务谈判中还喜欢不厌其烦地与对方反复握手。

（2）喜欢享受午餐。在阿根廷，午餐是一天中的主餐，通常在下午 1 时至 3 时，可能持续一个到两个半小时。晚餐通常在下午 8 时至 9 时开始，甚至更晚。在餐馆用餐主人付账单，在拉美没有客人自己付钱的习惯。

（3）注重建立个人关系。同阿根廷人谈判、做生意不要指望在建立个人关系前做成买卖，可能要走好几趟才能建立关系。当然额外的时间投资会在以后带来好处。

（4）官方语言是西班牙语。在阿根廷，要尊重当地文化，如果可能应讲西班牙语，这样会让对方十分欣赏。或许讲得未必标准，但这份努力将传达一种认真和积极的态度。

2. 应对阿根廷商人谈判的策略

(1) 生意要面谈。阿根廷人喜欢面对面的谈判，不喜欢电话中谈判。通过电话很少谈成业务。商务拜访一定要事先约定。

(2) 注意禁忌。和阿根廷人千万不要在早餐时谈生意，否则会失去谈成生意的机会。上午谈判一定不要太早，一般在 9：30 开始正好。他们也可能安排晚上 7：00—8：00 在办公室会面。除非他们主动谈起，否则不要谈及个人私事。对阿根廷谈判人员的迟到也不要太计较，不要指望一次谈成生意，要有足够的耐心。

(3) 注意仪表。阿根廷政界和工商界人士对衣饰相当讲究，言谈举止规矩大方，因此在谈判时男士最好穿保守式的西装，打领带。参加正式酒会或宴会时穿中式或西式深色服装即可。女士服装以得体大方为宜。到机关企业访问或至客商家做客，也一定要西装革履，如绅士一般。西装颜色不要穿灰色，灰色上人觉得阴郁，不受欢迎。

(4) 注意时间安排。在阿根廷进行商务活动除了每天的时间安排要注意外，还应该注意商务活动要安排在 5 月至 11 月最佳，尽量不要安排在圣诞节或复活节前后两周。1 月至 3 月是阿根廷的暑假，一般也不要有所安排。

第八节　非洲商人的谈判风格

非洲是面积仅次于亚洲的世界第二大洲。按地理习惯，非洲可分为北非、东非、西非、中非和南非五个部分。非洲大陆有 50 多个国家，近 6 亿人口，绝大多数属于发展中国家。在大陆内不同的地区、国家的人民在种族、历史、文化等方面差异较大，因而他们的生活、风俗、思想、行为方式也各具特色，从而造就了各地方商人不同的谈判风格。

一、北非商人谈判风格及应对策略

北非即非洲大陆北部地区，习惯上为撒哈拉沙漠以北广大区域，面积 837 万平方千米，通常包括苏丹、南苏丹、埃及、利比亚、突尼斯、阿尔及利亚、摩洛哥 7 国及大西洋中的葡属马德拉群岛、亚速尔群岛。北非有人口 1.5 亿(1991)，70%以上为阿拉伯人，阿拉伯文化与伊斯兰教为北非重要的人文特征。矿藏有石油、磷酸盐、天然气等。农产品有棉花、阿拉伯树胶、栓皮、油橄榄、无花果、椰枣等，盛产骆驼。北非的自然和人文特征和西亚地区差不多。

1. 北非商人的谈判风格

(1) 语言冗长，表达迂回。在这个富于表现力的文化里，打断别人的谈话很正常，也就是说，在别人结束谈话之前就开始发表意见，并没有冒犯的意思。多数非洲人在口语和书面语中都拖拉冗长、辞藻华丽。任何值得说的事情似乎都会一而再、再而三地被强调。他们很为自身精通语言而骄傲。多数非洲人经常避免直接而简单地说"不"，他们认为，间接而迂回地表达不愉快的事情是更礼貌的行为。而"是"可能实际上并不意味着同意，除非表示得很坚定或者重复了多次。在语言交流方面，多数非洲人与南欧人相似，而就迂回来说，则更接近于东亚和东南亚人。交谈时北非洲人喜欢打断别人。

(2) 谈话的距离相对较近。多数非洲人的身体语言如同他们的口语一样，富于表现力，多数北非人认为谈生意时保持大约半臂的距离比较舒适。但是与多数欧洲、北美和东亚的习惯相比，多数非洲人与朋友之间喜欢频繁接触，但是除非他们对某人很了解，否则身体接触将仅限于握手。

(3) 热衷于讨价还价。北非人在谈判过程中，经常希望对手能在价格条款方面做出巨大的让步。一些当地的生意人以谈判桌上能让对方在开价上退让多少来衡量他们的成功。他们经常将谈判视为一场具有挑战性的争夺，一场具有竞争性的运动。

(4) 重视良好的人际关系。包括埃及人在内，相当一部分北非商人相当西化，习惯和欧美人做生意。谈判重点在于良好关系的培养。进入主题之前，会花一些时间进行社交，取得对方的信赖。另外，谈判可能会屡屡被访客或电话打断，不要因此不悦。别忘了拟定契约，尽管埃及比中东和其他北非国家还要重视契约，一般而言也只是参考用的。

2. 应对北非商人的谈判策略

(1) 注意禁忌。到访者应在言语中要注意他们的风俗习惯和禁忌话题。此外，最好别提及死亡、疾病或自然灾害。许多当地人认为，谈及死亡、疾病或灾难会带来厄运。

(2) 在报价中留下充分的余地。在和北非商人谈判中，最初的开价要留出足够的利润空间以应付冗长的讨价还价过程将是明智的做法。要为讨价还价做好准备，每一次让步都要在有条件的基础上做出，并表现出极大的不愿意，且要求同等的回报。

(3) 保持充分的耐心。对北非商人时间观念不强、执着于讨价还价和谈判进程屡屡被电话打断的行为要保持足够的耐心和宽宏大量，切不可表现出心烦意乱，影响谈判的进行和最终目的的实现。

(4) 注重建立良好的人际关系。和北非商人谈判时建立良好的人际关系很重要。谈判都要通过寻找共同的话题，安排适当的活动和交换适当的礼品等方式营造良好氛围，建立良好的人际关系，为谈判和今后的生意往来奠定坚实的基础。

二、南非商人的谈判风格及应对策略

非洲南部地区是指非洲大陆南部地区及周围岛屿，通常包括安哥拉、赞比亚、马拉维、莫桑比克、津巴布韦、博茨瓦纳、纳米比亚、南非、斯威士兰、莱索托、马达加斯加、毛里求斯、科摩罗 13 国及留尼汪(法)、圣赫勒拿岛(英)及其属岛阿森松岛与特里斯坦一达库尼亚群岛。面积 661 万平方千米，占非洲 21.7%。人口 1.13 亿(1991)，占全非总人口 17.2%。矿产资源丰富，金、铂、铬、锰、钒、锂、铀、石棉、铜的开采和输出居世界重要地位。上世纪八、九十年代逐渐形成了"南部非洲发展共同体"，成员包括安哥拉、博茨瓦纳、津巴布韦等 15 个国家，使南部非洲地区朝着地区经济一体化方向前进。

1. 南非商人的谈判风格

(1) 英式的谈判作风。南非商人趋向保守，谈判风格类似英国人。因为他们和英国人有许多生意往来，交易方式力求正式。决定权掌握在组织上层。谈判时，尽可能坦率直接地说明自己的意见，迂回含蓄会增加误解。

(2) 讲求门当户对。谈判各方的实力规模是谈判合作的基础，南非商人只愿意与和自己实力相当或高于自己实力的商业对手进行谈判。

（3）重视社交礼仪。由于历史原因，南非在商务社交礼仪上既包含有英国的殖民礼仪，也有南非传统的礼仪。

2. 应对南非商人谈判风格的对策

（1）注意礼节。非洲国家因其文化历史特点，参加国际商务活动的人都有其复杂的家族背景。因此，在谈判前要了解南非谈判人员的民族、家族和宗教背景以及南非的商务礼仪。为商务谈判准备的名片最好用英文。谈判见面时要用力握手以表诚意。

（2）派出具有相当实力的谈判人员。在谈判人员选派上，一方面选派和对方对等的人员，另一方面要选择具有相当谈判能力和具有一定实际决策权的谈判人员进行谈判。

（3）不犯禁忌。谈判之前要认真了解南非人的种族、文化和宗教信仰方面的风俗习惯，避免触及和族、文化与信仰禁忌，避免尴尬，甚至影响谈判。

本 章 总 结

世界各国、各地区由于文化的差异，在谈判和沟通中会表现出各自独特的风格和行为习惯。为了谈判的顺利开展，在和一个国家或地区的商人谈判之前应当对当地与谈判相关联的文化差异、风俗习惯、谈判风格有所了解。例如：北美人重视个人在谈判中的作用；东亚人则强调集体的观念；英国人、德国人和日本人都十分重视对时间的利用；拉美人和阿拉伯人则认为时间是有弹性的；虽然同为西方国家，但是传统的欧洲文化中对等级和出身的重视程度要大于美国人；亚洲国家则更为重视谈判人员的地位和身份。由于存在诸多差异，所以需要从事国际商务谈判的工作人员认真研究和准确把握这些差异，以便在谈判中正确运用、减少失误，从而争取主动，最终达到谈判的目的。

知 识 强 化 训 练

一、重点概念题

1. 文化　　　　　2. 文化差异　　　3. 谈判风格

二、单项选择题

1. 特别喜欢使用本国语言与对方谈判的国家是（　　）。

A. 日本　　　　　　　　B. 法国

C. 巴西　　　　　　　　D. 韩国

2. 下列国家中把"马上解决"作为座右铭的是（　　）。

A. 德国　　　　　　　　B. 俄罗斯

C. 意大利　　　　　　　D. 中国

3. 下列国家中在谈判时注重团队意识的是（　　）。

A. 美国　　　　　　　　B. 俄罗斯

C. 日本　　　　　　　　D. 法国

4. 认为交易最重要的是经济利益，而且认为为了保证自己的利益，最公正最妥善的解决办法就是依靠法律、依靠合同，而其他都是不可信的商人是(　　)。

A. 美国人　　　　　　　　　　B. 日本人
C. 法国人　　　　　　　　　　D. 德国人

5. 用"摇头"表示肯定的人是(　　)。

A. 中国人　　　　　　　　　　B. 印度人
C. 日本人　　　　　　　　　　D. 美国人

三、多项选择题

1. 文化的一般特点包括(　　)。

A. 文化是在人类进化过程中衍生或创造出来的

B. 文化是一个不断发展的动态过程

C. 文化是后天习得的

D. 文化是共有的

E. 文化具有时代性、地域性、民族性和阶级性

2. 下列国家的商人中比较喜欢讨价还价的有(　　)。

A. 俄罗斯　　　　　　　　　　B. 意大利
C. 澳大利亚　　　　　　　　　D. 英国

E. 巴西

3. 韩国人的谈判风格是(　　)。

A. 谨慎，对某一议题可能反复谈，重要问题可能再三确认

B. 讲究谈判技巧　　　　　C. 重视营造谈判氛围

D. 重合同、守法律　　　　E. 重视商务谈判前的准备

4. 下列国家的商人中比较注重礼仪的有(　　)。

A. 南非　　　　　　　　　　　B. 日本
C. 美国　　　　　　　　　　　D. 德国

E. 俄罗斯

5. 下列国家的商人中时间观念淡薄的有(　　)。

A. 日本　　　　　　　　　　　B. 阿拉伯
C. 美国　　　　　　　　　　　D. 意大利

E. 英国

6. 下列国家的商人中等级观念较强的有(　　)。

A. 英国　　　　　　　　　　　B. 日本
C. 法国　　　　　　　　　　　D. 美国

E. 南非

四、简答题

1. 简述文化差异及其对国际商务谈判的影响。

2. 简述日本商人的谈判风格及谈判时的应对策略。

3. 简述美国商人的谈判风格及谈判时的应对策略。

4. 简述德国商人的谈判风格及谈判时的应对策略。

5. 简述与阿拉伯人谈判时应注意的事项。

6. 简述南非人的谈判风格及其应对策略。

7. 简述日本人送礼习俗的要点。

五、案例分析题

1. 合同惹的祸

一家美国公司带着一份预先制定好的合同去日本就建立一家合资企业进行谈判。当美国人与日方人员第一次见面时，美国人就把建议的合同副本放在日本人面前。顿时，日本人目瞪口呆。日本人认为，美国人在第一次会面刚开始就拿出合同文书是非常粗鲁和不妥当的。为此日本人得出结论，同这样的公司进行进一步的商务往来将是不明智的。

问题：根据所学知识和以上的案例的情况，请说明一下：

(1) 美国谈判人员一开始就拿出合同为什么引起日本人的反感？

(2) 在一般情况下日本商人和美国商人的开局模式有什么不同？

(3) 在和美国人谈判时应在哪些方面下功夫？

2. 王先生的环球商务旅行

王先生是某进出口公司的业务经理，由于工作关系经常与外商接触。今年夏天，王先生又做了一次商务旅行，由印度、沙特阿拉伯抵达欧洲，在英国逗留数日，然后越过大西洋抵达美国、巴西，后经日本回国。这次环球之旅给王先生印象最深刻的是各国交流习惯的巨大差异。

在日本，人们经常聚集在一起；在巴西，商人之间的身体距离很近，连对方的呼吸都能感觉到；而在英国和美国，人与人之间的身体距离很大，一旦某人闯入你身体附近的"势力范围"，通常都会说"对不起"，尽管他离你还有10厘米。

在阿拉伯国家，商人的时间观念很差，迟到一两个小时或推迟几天是常见的事，商人只是将其笼统地归为"真主的旨意"；而在欧美，商人的时间观念通常很强。

在印度，商人们在谈判之前总是花很长时间做一些社交性的讨论，迟迟不肯转入正题；而在美国，商人谈判时往往喜欢单刀直入、直奔主题。

在印度，点头往往意味着"不"或"不同意"，令外国人一时难以适应；在日本，电话交谈时一般是打电话者先讲，而在美国，通常是接电话者首先报出部门、职务、姓名。

王先生回到公司后，在公司的内部报刊上将自己的上述发现整理发表出来，同事们读了都很有收获。

问题：阅读以上案例内容，分析面对以上不同国家的商人应如何应对。

实 践 技 能 训 练

训练项目一　谈判风格实训

1. 实训目的

(1) 考核学生对不同国家商人的文化差异和谈判风格特点的了解和把握程度。

(2) 培养学生运用所学知识，应对不同谈判者的谈判风格，选择谈判策略的能力。

2. 实训要求

(1) 认真阅读下列问题，然后根据所学的各国商人的谈判风格做出选择，并说出选择的原因。

(2) 同学之间可以相互讨论，共同完成。老师根据学生回答情况做好点评。

3. 实训内容

(1) 你在日本大阪待了 4 天，准备就一个制造业方面合资经营的问题进行谈判。尽管东道主一直很周到，但是，你们在 3 次会面中丝毫没有讨论业务上的事情。国内公司对你的压力在增加，而且你在日本只能再待几天了。你将：

A. 考察当地企业的规范及标准，经受住这种拖延

B. 决定在下次会面时，礼貌地询问对方何时可以开始讨论有关合资经营的事宜

C. 请你在日本的当地代理出面介入，帮助你解决难题

(2) 你在莫斯科准备为本公司购买计算机软件而起草一份合同。你认为下面哪一项是谈判开始时困难的谈判点？

A. 价格　　　　　B. 操作标准　　　　　C. 交货

(3) 你正准备与德国的谈判对手签订一份协议，此时对方却告诉你，如果再降价 8%，他将购买你的通讯设备。你应该：

A. 表示同意　　　B. 表示不同意　　　　C. 同意，但是支付期限要缩短

(4) 你得知，如果你愿意帮助某位印度尼西亚政府官员的儿子进入美国的大学，并且愿意为他的家庭建造一个游泳池的话，你在雅加达做销售生意就是很有可能的。你最好的反应是：

A. 礼貌地告诉此人，你很愿意帮助他，但不幸的是，这些要求的确超出了你的责任范围，然后强调做成这笔交易将会对有关各方有什么好处

B. 立即忙于与美国大学联系，筹备建筑材料，然后签好合同

C. 帮助满足进大学的要求，但是，关于建筑设施的要求，应当与你公司的律师取得联系

(5) 在沙特阿拉伯谈判对手精心布置的办公室里，你们是首次会面，商谈特种钢管的供应事宜。他询问你来沙特阿拉伯的旅行情况。你在回答完对方的问题后，礼貌地询问对方：

A. 当地的文化知识　　B. 妻室　　C. 对当前中东问题的看法　　D. 产品交货的时间

(6) 你有一个排得满满的旅行计划。在下面哪一个城市你想保证准时参加谈判会议：

A. 开罗　　　　　B. 墨西哥城　　　　　C. 马尼拉

4. 实训考核

表 5-1　实训项目考核表

考核内容	分　数	得　分
态度是否端正	10	
发言是否积极	10	
语言是否流畅	20	
观点是否正确	20	
创新是否突出	20	
知识把握是否准确	20	
合计	100	

训练项目二　日本和中国商人谈判风格模拟实训

1. 实训目的

(1) 考核学生对不同国家商人的文化差异和谈判风格特点的把握程度。

(2) 培养学生运用所学知识，应对不同谈判者的谈判风格，化解谈判危机的能力。

(3) 使学生体会商务谈判的氛围和感觉。

2. 实训要求

(1) 在课上 1～2 个课时，课下 2～4 个课时。

(2) 把学生分成若干小组，每组以 3～5 人为宜，选出谈判组长或首席谈判代表。

(3) 学生在认真阅读下列案例的基础上完成实训工作任务并好实训总结，写出实训报告或观摩报告。

3. 实训内容

(1) 根据所学的沟通技巧和日本、中国的商人的谈判风格和应对策略对案例进行讨论，分析案例中双方的得失。

(2) 按正式的中日谈判标准规格，在置谈判现场，选出两个小组分别代表某塑料编织袋厂和日本某纺织株式会社根据案例中情况开展模拟谈判。

(3) 谈判的同学要写谈判提纲，谈判后对谈判进行总结并写出模拟谈判总结报告；其他同学观摩谈判过程，写出观摩报告；老师观摩指导谈判过程并进行点评。

4. 实训考核

表 5-2　实训项目考核表

考核内容	权　重	得　分
参与的主动性	10%	
内容的充实性	10%	
语言的流畅性	20%	
观点的正确性	20%	
分析的创新性	20%	
知识的准确性	20%	
合　计	100%	

背景案例

某厂引进生产线的谈判

　　某市塑料编织袋厂厂长得到消息，日本某纺织株式会社正准备向我国出售先进的塑料编织袋生产线，遂当即到进口过类似设备的青岛、潍坊等国营大厂实地考察，了解其性能及运转情况，确认引进可行。第二年春，该厂与日本株式会社达成正式购买生产线的口头意向。2012 年 4 月 5 日，该厂在某地开始与日方谈判。

　　谈判进入实质性阶段，对方主要代表发言：“我们经销的生产线，由日本最守信誉的 3 家公司生产，具有目前世界的先进水平，全套设备的总价是 240 万美元。”报完价，漠然一笑，摆出一副毋庸置疑的神气。中方厂长说：“据我们掌握的情报，你们的设备性能与贵国某某株式会社提供的产品完全一样，我省某某厂购买的该设备，比贵方开价便宜一半。因此，我提请你重新出示价格。”

　　日方代表听罢，相视而望，首次谈判宣告结束。

　　一夜之间，日本人把各类设备的价格开出了详细清单，第二天报出总价 180 万美元。经过激烈的争论，总价降至 130 万美元。日方表示价格无法再压。随后在持续长达 9 天的谈判中，双方共计谈崩了 35 次，最终拉锯战并没有结束，双方互不妥协让步。

　　“是否到了该签字的时候了？”厂长苦苦思索着，后灵机一动，采用和另一家西方公司做洽谈联系的策略。这一小小的动作立即被日商发现，总价立即降至 120 万美元。

　　这个价格可以说相当不错了。但厂长了解到当时正有几家外商同时在竞销自己的编织袋生产线，他觉得应紧紧把握这个机会，迫使对方做出进一步的让价。

　　谈判桌上的角逐呈白热化，中方代表在日商住地谈了整整一个上午，日方代表震怒了：“先生，我们几次请示厂方，4 次压价，从 240 万美元降到 120 万美元，比原价已降了 50%，可以说做到仁至义尽了，而如今你们还不签字，实在太苛刻了，太无诚意了！”他气呼呼地把提包甩到桌上。

　　中方厂长站起身：“先生，请记住，中国不再是几十年前任人摆布的中国了，你们的价格，还有先生的态度，我们都是不能接受的！”说完，中方厂长同样气呼呼地把提包甩在桌上，那提包有意没拉上拉链，经这一甩，里面那个西方某公司的设备资料与照片撒了一地。日方代表见状大吃一惊，急忙拉住中方厂长满脸赔笑道：“先生，我的权限已到此为止，请让我请示之后，再商量商量。”中方厂长寸步不让，“请转告贵厂长，这样的价格，我们不感兴趣。”说完，抽身便走。

　　次日，日方毫无动静，有人沉不住气，而中方厂长很泰然：“沉住气，明天上午会有信来的。”果然不出所料，次日一清早便传来消息，日方请中方暂不要和其他厂家谈判，厂长正和生产厂家协商，让几家一齐让价。

　　下午，日方宴请中方并宣布了第五次压价，中方厂长迅速反应，要求再降价 5%则可成交。中方厂长知道日方代表处在两头受挤的处境，便主动缓和气氛：“你们是客人，理应由我们来宴请，这次宴请费用，我们包了，价格问题请再和东京恳请一下。”

　　日方经过再次请示，宣布最后开价再让 3%，为 110 万美元，距离中方厂长的要求，只差了 3 万多美元了。中方厂长看到这已经是最后的价格，再挤下去不可能了，便慨然与日本代表握手成交。同时，他提出日方来华安装设备所需费用一概由日方承担，这个反建议又把那 2%的差价挤过去不少。

第三篇

国际商务谈判的基本流程

第六章　国际商务谈判的准备

【学习目标】

1. 知识目标

(1) 了解国际商务谈判前准备工作的内容并认识其重要性。

(2) 熟悉国际商务谈判人员应具备的能力、素质及谈判团队组建。

(3) 掌握国际商务谈判方案制订的流程。

(4) 掌握模拟谈判的注意事项。

2. 能力目标

(1) 能够针对具体的谈判搜集相关信息，对谈判对手展开调查。

(2) 能够组建结构完整、人员搭配合理的谈判团队。

(3) 能够根据谈判目标安排谈判议程，制订谈判方案。

(4) 能够进行模拟谈判。

3. 素质目标

(1) 培养学生的批判性思维能力。

(2) 具有正直、诚实的品质，以及不贪便宜、不变节的良好品质。

(3) 说话、办事要有理有据，客观、公正，不以偏概全。

(4) 考虑问题周到、全面，做事严谨认真、滴水不漏。

国际商务谈判是一个有计划、有目标、有组织的经济活动，其成功不仅要依赖于谈判过程中正确的策略、战术和技巧的灵活运用，还要依靠谈判前充分、细致的准备工作。古人云：知己知彼，百战不殆。谈判的准备工作对谈判的成功起着至关重要的作用。因此可以说，任何一次成功的谈判都是建立在良好的准备工作的基础之上的。如果没有充分、细致的准备，在谈判中就极容易陷入被动的局面。按照国际商务谈判准备工作的先后顺序，本章主要讲述谈判的背景调查、谈判团队的组建及商务谈判计划书的制订。

第一节　国际商务谈判背景调查

谈判的准备和谈判的实施一样重要，如果没有谈判前充分、细致、全面的准备工作，就不会有谈判的顺利进行。任何一次成功的谈判都是建立在良好的准备工作基础上的。

一、国际商务谈判背景调查的内容

1. 谈判环境调查

(1) 商贸惯例、通行准则。要搞清楚以下问题：对方可能使用哪种语言？对方所在国家实行什么样的企业管理制度？是否任何陈述都必须见诸文字？在企业之间的商务交往中，政府官员对企业行为是否干预？

(2) 法律制度。要搞清楚以下问题：谈判者所在国家或地区属于何种法律体系？法律、法规是否完善？执法是否严格？司法状况如何？在跨国商务谈判中可能涉及法律的适用性问题，如果需要的话，企业可从国内聘请律师或在当地聘请律师。

微视频 6-1
国际商务谈判
背景调查 1

(3) 政治、经济形势。在谈判前，应对影响本次谈判的政治、经济形势，尤其是双方国家的政治、经济形势的变动情况进行详细调查。掌握这些相关的信息，有助于企业准确地分析政治、经济形势变动对本次谈判的影响，提醒企业在谈判中应对哪些问题特别重视，以便更好地利用这些方面的有利因素促成双方的交易，或对一些可能出现的问题采取相应的防范措施。

(4) 宗教信仰。要搞清楚以下问题：谈判者所在国家或地区占主要地位的宗教信仰是什么？宗教信仰对人们的思想行为、价值观念有直接影响，从而对谈判产生影响。同时，宗教信仰对政治事务、法律制度、社会交往与个人行为、节假日与工作时间都会产生影响。

(5) 政府的方针、政策。对于国际贸易往来，谈判人员还要了解、掌握有关国际贸易的各种法规条例，了解对方国家政府的关税政策、贸易法规、进出口管理制度，对我国是否实行禁运或限制进出口的种类、范围，以利于我方制定正确的谈判方针、计划，避免谈判过程中出现不必要的分歧、误会，促使谈判顺利进行。例如：各国都出台了贸易出口管制措施，但是各国出口管制的内容及商品品种有很大差别。某种商品在某国可能是国内紧缺物资，限量出口，但在另一国可能是剩余商品，大量出口。了解这些信息，有利于我方选择、确定谈判对手，制定正确的谈判目标，确定谈判的基本策略。

2. 市场行情调查

随着现代社会生活节奏的不断加快，企业间的竞争也更加激烈，市场行情瞬息万变，这一切促使人们更加重视信息的搜集与掌握。在谈判中，必须及时、准确地了解与标的有关的市场行情，预测、分析其变化动态，以掌握谈判的主动权。

这里所讲的市场行情是广义的，不仅仅局限于对价格变化的了解，还应包括市场同类商品的供求状况，相关产品与替代产品的供求状况，产品技术发展趋势，主要竞争厂家的生产能力、经营状况、市场占有率，市场价格变动比例趋势，有关产品的零配件供应以及影响供求变化的显在与潜在的各种因素。

掌握市场行情，并不是要搜集所有的市场信息，不分轻重、主次、真假地一概加以考虑研究。为保证信息的准确、可靠，必须对所搜集的市场信息进行反复筛选、过滤、加工、整理，使原始的信息转变成对谈判交易活动有用的市场情报。鉴别和筛选情报、信息时，主要应从客观性、及时性、全面性、典型性、适应性几个方面加以考虑。

在经济发达国家，人们能够十分快捷、方便地了解有关信息，在 5 分钟内就可以通过互联网或相关系统获得有关信息。这种信息查询与分析系统、数据处理系统、预测分析系统既可以由企业提供，也可以由社会的专门机构提供。目前，我国对此重视还不够，企业搜集、处理信息的系统比较落后，专门提供信息咨询服务的社会机构数量也很有限，比较快捷的途径就是向港台地区或国外咨询机构购买信息，这在涉外谈判中还是十分有益的。

3. 谈判对手情况调查

只有了解和掌握了谈判对手的情况，才能有针对性地制定我方的谈判策略。对于谈判对手情况的获取，企业可以在已搜集的市场信息中加以筛选。但这类信息常具有较强的目的性、特殊性，企业还可以采用其他的信息搜集方法，以掌握更多的信息。

(1) 对手身份调查。在谈判中，对对手身份的调查直接关系到企业的利益，因此对对手身份的调查显得尤为重要。对手身份有以下几种类型，在调查时一定要谨慎：

① 享有一定声望和信誉的跨国公司；

② 享有一定知名度的对手；

③ 没有任何知名度的对手；

④ 专门从事交易中介的对手；

⑤ 各种骗子型对手。

(2) 摸清对方底牌。在谈判中，需要了解有关对手的以下信息：

① 对方需求，要尽量揣摩；

② 潜在议程，要积极设想；

③ 主体资格，这是重要前提；

④ 企业性质，了解也要清晰；

⑤ 企业状况及其基本实力；

⑥ 谈判权限，是大是小；

⑦ 谈判时限，是长是短。

(3) 谈判对手的资质调查。

① 对对手合法资格的审查。要审查对方企业的注册时间，一般来说，企业头 3 年破产的概率最大，尤其是外国公司。成为法人应具备 3 个条件：法人必须有自己的经营场所、组织机构，这是决定和执行法人各项事务的主体；法人必须有自己的财产，这是法人参加经济活动的物质基础与保证；法人必须具有权利能力和行为能力。所谓权利能力，是指法人可以享受权利和承担义务；行为能力则是指法人可以通过自己的行为享有权利和承担义务。

② 对谈判对手的资本、信用及履约能力的审查。例如：了解对方的销售情况需要查看其纳税情况，如果销售额很大但纳税额很小，究其原因，不是逃税就是利润率太低。

③ 合作欲望情况。对手的合作欲望情况包括对手同我方合作的意图是什么，合作愿望是否真诚，对我方的信赖程度如何，对实现合作成功的迫切程度如何，是否与我国其他地区或企业有过经济往来等。总之，应尽可能多地了解对方的需要、信誉等。对方的合作欲望越强，谈判就越有利于向我方有利的方向发展。

④ 了解对方谈判人员情况。对方谈判人员情况包括谈判对手的谈判团队由哪些人组成，成员各自的身份、地位、年龄、经历、职业、爱好、性格、谈判经验如何以及处理问题的风格、方式等。另外还需了解谁是谈判中的首席代表，其能力、权限、特长及弱点是什么，此人对此次谈判抱何种态度，有何倾向性意见等，这些都是必不可少的情报资料。特别是在一对一的谈判中，掌握对手的兴趣、爱好，投其所好，会取得意想不到的效果。

4. 谈判者对自身的了解

在谈判前的准备工作中，不仅要调查分析客观环境和谈判对手的情况，还应该正确了解和评估己方及谈判者自身的状况，包括本企业产品及生产经营状况和本方谈判人员情况。例如，本次交易对己方的重要性，己方在竞争中所处的地位，己方对有关商业行情的了解程度，己方对谈判对手的了解程度，己方在本次谈判中的优势和劣势，己方谈判人员的经验等。

正确地评价自己是确定谈判目标的基础。通过对己方各方面条件进行客观的分析，有助于我们弄清己方在谈判中的优势和薄弱环节，有针对性地制定谈判策略，以便在谈判时能扬长避短、驾轻就熟。

谈判者对自身要充分了解，可以对自己进行盘点：

(1) 谈判理由，胸中有数。

① 对方可能满足己方的某种需要吗？

② 为了实现自己的目标，必须与别人合作。

③ 你没有能力去做其他事情，谈判是你的特长。

(2) 支配对方，实力第一。

① 你应该具备哪些谈判实力呢？

② 善于运用你的实力。

③ 设法让对方认可你的实力。

④ 发挥你的强者优势，但也要想好弱者的对策。

(3) 谈判底线，应急对策。

① 知道自己的底线。

② 对方要求超过底线，该怎么做？

③ 准备几套应急预案。

知识拓展 6-1
谈判准备信息
项目表

二、国际商务谈判背景调查的手段

在日常的经贸往来中，企业都力求利用各种方式搜集大量的信息资料为谈判所用，国际商务谈判背景调查的手段主要有以下几种：

(1) 实地考察，搜集资料，即企业派人到对方企业，通过对其生产状况、设备的技术水平、企业管理状况、工人的劳动技能等各方面的综合观察和分析，以及对当地人员的走访，获得有关谈判对手各方面的第一手资料。当然，在实地考察之前应有一定的准备，带着明确的目的和问题，才能取得较好的效果。实地考察时应摆脱思想偏见，避免先入为

微视频 6-2
国际商务谈判
背景调查 2

主，摆正心态。

(2) 通过各种信息载体搜集公开情报。企业为了扩大自己的经营，提高市场竞争力，总是通过各种途径进行宣传，这些都可以为我们提供大量的信息，如企业的文献资料、统计数据和报表、企业内部报刊和杂志、各类文件、广告、广播宣传资料、用户来信、产品说明和样品等。从对这些公开情报的搜集和研究当中，就可以获得我们所需要的情报资料。因此，平时应尽可能地多订阅有关报纸杂志，并由专人负责保管、收集、剪辑和汇总，以备企业所需。

(3) 参加各类专门会议，如各类商品交易会、展览会、订货会、博览会等。这类会议都是某方面、某组织的信息密集之处，是了解情况的最佳场所。

(4) 接触与谈判对手有过业务交往的企业和人员。任何企业为了业务往来，都必然搜集大量的有关资料，以准确地了解对方。因此，同与对手有过业务交往的企业联系，必然会得到大量有关谈判对手的信息资料。而且向与对手打过官司的企业与人员了解情况，会获得非常丰富的情报，他们会提供许多有用的信息，而且是在普通记录和资料中无法找到的事实和看法。

(5) 通过专门机构，如公共关系公司、咨询机构等。

(6) 自己建立情报网。本组织或本单位可以专门设立调查员或由推销员兼任，组建情报网站。

总之，在谈判之前，应通过各种渠道、方式，尽可能多地搜集情报，对其进行科学的分析、整理、筛选，为科学地制订谈判计划提供可靠的依据。

三、国际商务谈判背景调查报告的格式及撰写技巧

背景调查报告包括题目、前言、正文、结论与建议、附录等部分。

1. 题目

题目应以简练、概括、明确的语句反映所要调查的对象、方向等问题。题目应能概括全篇，引人注目。

知识拓展 6-2
国际商务谈判
背景调查报告

2. 前言

前言中应包含以下内容：

(1) 背景调查的目的和意义，阐述调查的必要性和针对性，初步掌握报告主旨。

(2) 背景调查的内容。

(3) 背景调查的方法，包括时间、地点、对象、范围等。

(4) 有利和不利因素的分析。

3. 正文

通过叙述、调查图表、统计数字、有关文献资料表述调查内容，主要包括三个方面：商务谈判环境分析、谈判者自身情况分析和对手情况分析。一般有两种不同的写法：

(1) 把调查的基本情况分成几个并列的项目。

(2) 按照逻辑顺序、演变过程加以排列，层层深入。

4. 结论与建议

(1) 结论：用扼要的语句概括报告的主要内容，文字结构应该准确、完整、精练，高度概括报告的主要目的和结果。

(2) 建议：为谈判提出可行性建议。

5. 附录

与报告有关的具有科学价值的重要原始资料、数据，如调查问卷、各类统计表、统计图等都可以放在附录中，不仅有利于说明调查报告，而且可提供有用的科学信息。

第二节　谈判团队的组建

商务谈判是由谈判人员完成的，谈判人员的素质、谈判团队的组成情况对谈判的结果有直接的影响，决定着谈判的效果与成败。因此，选好谈判人员和组织好谈判团队是谈判准备工作的首要内容。

微视频 6-3
谈判团队的
组建 1

一、商务谈判人员应具备的素质

商务谈判是一项涉及多方面知识的人际交往工作，是一种智慧和能力的较量，只有具备较高、较全面素质的人才能胜任。那么，一个优秀的谈判人员应具备怎样的素质呢？

1. 良好的职业道德

良好的职业道德是谈判人员必须具备的首要条件，也是谈判成功的必要条件。国际商务的谈判人员是作为特定组织的代表出现在谈判桌上的，不仅代表组织个体的经济利益，而且在某种意义上还肩负着维护国家利益的义务和责任。因此，作为谈判人员必须遵纪守法、廉洁奉公，忠于国家、组织和职守，要有强烈的事业心、进取心和责任感。

2. 健全的心理素质

谈判是各方之间精力和智力的较量，较量的环境在不断变化，对方的行为也在不断变化，要在较量中达到特定目标，谈判人员就必须具有健全的心理素质。健全的心理素质是谈判者主体素养的重要内容之一，表现为谈判者主体应具备坚韧顽强的意志力、高度的自制力和良好的协调能力等。

3. 合理的学识结构

商务谈判过程是考验谈判者知识、智慧、勇气、耐力的过程，更是谈判双方才能较量的过程。因此，商务谈判的参加者必须要有合理的学识结构，既要知识面宽，又要在某些领域有较深的造诣。也就是说，他们不仅要在横向上有广博的知识，而且要在纵向上有较深的专门学问，两者一同构成一个"T"字型的知识结构。

(1) 谈判人员的横向知识结构。从横向方面来说，商务谈判人员应当具备的知识包括：我国有关经济贸易的方针、政策及我国政府颁布的有关法律和法规；某种商品在国际、国内的生产状况和市场供求关系；商品价格水平及其变化趋势的信息；产品的技术要求和质量标准；有关国际贸易和国际惯例的知识；国外有关法律知识，包括贸易法、技术转让法、外汇管理法及有关国家税法方面的知识；各国各民族的风土人情和风俗习惯；可能涉及的各种业务知识、金融知识、市场营销知识等。

(2) 谈判人员的纵向知识结构。从纵向方面来说，作为商务谈判的参与者，应当掌握的知识包括：丰富的专业知识，即熟悉产品的生产过程、性能及技术特点；熟知某种(类)商品的市场潜力或发展前景；丰富的谈判经验及处理突发事件的能力；掌握一门外语，最好能直接用外语与对方进行谈判；懂得谈判的心理学和行为科学；了解谈判对手的性格特点等。

上述的"T"字型知识结构，构成了一个称职的商务谈判人员的必备条件，也是对一名合格的谈判人员的最起码的个体素质要求；否则，他们将无法应付复杂的谈判局面，无法承担谈判任务，更谈不上维护本企业和国家的利益。

二、谈判人员的能力素养

谈判者的能力是指谈判人员驾驭商务谈判这个复杂多变的"竞技场"的能力，是谈判者在谈判桌上充分发挥作用所应具备的主观条件。它主要包括以下内容。

1. 认知能力

善于思考是一个优秀的谈判人员所应具备的基本素质。谈判的准备阶段和洽谈阶段充满了多种多样、始料未及的问题和假象。谈判者为了达到自己的目的，往往以各种手段掩饰其真实意图，其传达的信息真真假假、虚虚实实。优秀的谈判者能够通过观察、思考、判断、分析和综合的过程，从对方的言语和行为迹象中判断真伪，了解对方的真实意图。

2. 运筹、计划能力

谈判的进度如何把握？谈判在什么时候、什么情况下可以由准备阶段进入接触阶段、实质阶段，进而到达协议阶段？在谈判的不同阶段将使用怎样的策略？这些都需要谈判人员发挥其运筹、计划的能力。当然，这种运筹和计划离不开对谈判对手背景以及可能需要采取的策略的调查和预测。

3. 语言表达能力

谈判是人类利用语言工具进行交往的一种活动。一个优秀的谈判者，应该像语言大师那样精通语言，通过语言的感染力强化谈判的效果。谈判中的语言包括口头语言和书面语言两类。无论使用哪种语言，都要准确无误地表达自己的思想和感情，使对手能够正确领悟所表达的意思，这也是最基本的要求。其次，还要突出谈判语言的艺术性。谈判中的语言不仅应当准确、严密，而且应生动形象、富有感染力。巧妙地用语言表达自己的意图，本身就是一门艺术。

4. 应变能力

谈判中发生突发事件和产生隔阂是难以避免的，任何细致的谈判准备都不可能预料到谈判中可能发生的所有情况。千变万化的谈判形势要求谈判人员必须具备沉着、机智、灵活的应变能力，要有冷静的头脑、正确的分析、迅速的决断，善于将灵活性与原则性结合起来，灵活地处理各种矛盾，以控制谈判的局势。应变能力主要包括处理意外事故的能力、化解谈判僵局的能力、巧妙袭击的能力等。

5. 交际能力

商务谈判是一个谈判过程，更是一个交际过程。真正的交际能力是与人沟通感情的能力，绝不是花言巧语的伎俩。

6. 创造性思维能力

创造性思维是以创新为唯一目的并能产生创见的思维活动。它反映了人们解决问题的灵活性与创新性。谈判人员要具备丰富的创造性思维能力，用于开拓创新，拓展商务谈判的新思维、新模式和新方法。创造性可以提高谈判的效率。

三、谈判人员的配备

在一般的商务谈判中，所需的知识大体上可以概括为以下几个方面：有关技术方面的知识；有关价格、交货、支付条件等商务方面的知识；有关合同法律方面的知识；语言翻译方面的知识。根据谈判对知识方面的要求，谈判团队应配备相应的人员。具体包括以下几类。

微视频 6-4
谈判团队的
组建 2

1. 技术精湛的专业人员

熟悉生产技术、产品性能和技术发展动态的技术员、工程师，在谈判中负责有关产品技术方面的问题，也可以与商务人员配合，为价格决策做技术参谋。

专业人员是谈判组织的主要成员之一，其基本职责是：

(1) 同对方进行专业细节方面的磋商；

(2) 修改草拟谈判文书的有关条款；

(3) 向首席代表提出解决专业问题的建议；

(4) 为最后决策提供专业方面的论证。

2. 业务熟练的商务人员

商务人员是谈判组织中的重要成员，商务人员由熟悉贸易惯例和价格谈判条件，了解交易行情的有经验的业务人员或公司主管领导担任。

商务人员的具体职责是：

(1) 阐明己方参加谈判的愿望和条件；

(2) 弄清对方的意图和条件；

(3) 找出双方的分歧或差距；

(4) 掌握该项谈判总的财务情况；

(5) 了解谈判对手在项目利益方面的期望指标；

(6) 分析、计算修改后的谈判方案所带来的收益变动；

(7) 为首席代表提供财务方面的意见和建议；

(8) 在正式签约前提供合同或协议的财务分析表。

3. 精通经济法和国际商法的法律人员

法律人员是一项重要谈判项目的必需成员，如果谈判小组中有一位精通法律的专家，将非常有利于谈判所涉及的法律问题的顺利解决。法律人员一般选择律师或由既掌握经济又精通法律专业知识的人员担任，通常由特聘律师或企业法律顾问担任。

法律人员的主要职责是：

(1) 确认谈判对方经济组织的法人地位；

(2) 监督谈判在法律许可范围内进行；

(3) 检查法律文件的准确性和完整性。

4. 熟悉业务的翻译人员

翻译人员一般由熟悉外语和企业相关情况、纪律性强的人员担任。翻译是谈判双方进行沟通的桥梁。翻译的职责在于准确地传递谈判双方的意见、立场和态度。一个出色的翻译人员，不仅能起到语言沟通的作用，而且必须能够洞察对方的心理和发言的实质；既能改变谈判气氛，又能挽救谈判失误，增进谈判双方的了解、合作和友谊。因此，对翻译人员的素质有很高要求。

5. 首席代表

首席代表是指那些对谈判负领导责任的高层次谈判人员。他们在谈判中的主要任务是领导谈判组织的工作。这就决定了他们除具备一般谈判人员必须具备的素养外，还应阅历丰富、目光远大，具有审时度势、随机应变、当机立断的能力，还具有善于控制与协调谈判小组成员的能力。因此，无论从什么角度来看，他们都应该是富有经验的谈判高手。

首席代表的主要职责是：

(1) 监督谈判程序；

(2) 掌握谈判进程；

(3) 听取专业人员的建议和说明；

(4) 协调谈判班子成员的意见；

(5) 决定谈判过程中的重要事项；

(6) 代表单位签约；

(7) 汇报谈判工作。

6. 记录人员

记录人员在谈判中也是必不可少的。一份完整的谈判记录既是一份重要的资料，也是进一步谈判的依据。为了出色地完成谈判的记录工作，要求记录人员要有熟练的文字记录能力并具有一定的专业基础知识。其具体职责是准确、完整、及时地记录谈判内容。

这样，由不同类型和专业的人员就组成了一个分工协作、各负其责、优势互补的比较完整的谈判团队。在现实中应根据项目的实际及谈判的性质来确定谈判团队的人员配备。一些内容简单、经常往来、交易额不大的谈判项目可以由一个人担任谈判代表。而对于大型的、内容多且复杂的、争议多的谈判，还可以补充相关的人员加入谈判团队。

四、谈判人员的分工和合作

挑选出合适的人组成谈判团队后，就必须根据谈判内容和目的以及每个人的具体情况做出适当的分工，明确各自的职责。此外，各成员在进入谈判角色，尽兴发挥时，还必须按照谈判目的与其他人员彼此相互呼应、相互协调和配合，从而真正赢得谈判。

如何才能使谈判团队成员分工合理、配合默契呢？具体来讲，就是要确定不同情况下的主谈人与辅谈人、他们的位置与职责以及他们之间的配合关系。所谓主谈人，是指在谈判的某一阶段或针对某一个或几个方面的议题，以谁为主进行发言，并阐述己方的立场和观点，此人即为主谈人。这时其他人处于辅助的位置，称为辅谈人。一般来讲，谈判团队中应有一名技术主谈，一名商务主谈。

主谈人作为谈判团队的灵魂，应具有上下沟通的能力；有较强的判断、归纳和决断能力；必须能够把握谈判方向和进程，设计规避风险的方法；必须能领导下属齐心合作，群策群力，突破僵局，达到既定的目标。

主谈人一旦确定，那么本方的意见、观点都由他来表达。在主谈人发言时，自始至终都应得到本方其他人员的支持。比如，口头上的附和"正确""没错""正是这样"等。有时在姿态上也可以做出赞同的姿势，如眼睛看着本方主谈人不住点头等。辅谈人的这种附和对主谈人的发言是一个有力的支持，会大大加强他说话的力量和可信程度。如果己方主谈人在讲话时，其他成员东张西望、心不在焉，或者坐立不安、交头接耳，就会削弱己方主谈人在对方心目中的分量，影响对方的理解。

五、后备力量

比较大型或重要的谈判常常需要准备一定的后备力量。后备力量的人选可能是企业或部门的经理、负责人，也可能是专门业务人员、技术人员，以备谈判出现问题时及时与企业有关人员取得联系，调整、更换谈判人员。谈判小组要得到后备力量的支持，必须协调同他们的关系。谈判小组在谈判之前，要明确自己的责任范围、权限范围，以免因权责不清而发生冲突，贻误战机。比较大型和复杂的谈判往往要经过数年的时间，甚至历经波折，谈判人员及谈判场所的调整、变更更是司空见惯，如果这方面准备充分、调整得当，会有重要的收获。

第三节　商务谈判计划书的制定

谈判的最终目的是双方达成平等互利的协议。而要达到这一目的，不仅需要在正式谈判前了解谈判环境、谈判对手和自身状况，以及双方的实力，而且为取得较好的谈判结果，还需要制订一个周全、明确的谈判计划。

所谓谈判计划，是指谈判者在谈判开始前对谈判目标、议程、对策等预先所做的安排。其主要内容有：确定谈判主题、规定谈判期限、拟定谈判议程、安排谈判人员、选择谈判地点、确定谈判时间、制订谈判

微视频 6-5
商务谈判计划
书的制订 1

的具体执行计划等。其中，比较重要的是谈判目标的确定、谈判策略的布置和谈判议程的安排等。

一、制订谈判方案的基本要求

制订谈判方案的目的是有效控制复杂的谈判局势，使其按照既定的方案进行。谈判方案一般以文字的形式出现，可以是长达十几页的书面文稿，也可以是一页纸的备忘录。但是，一个成功的谈判方案应符合下列三个方面的基本要求。

1. 谈判方案要简明扼要

简明扼要就是让谈判人员能够容易记忆其主要内容和基本原则，在谈判中依据该方案的要求与对方周旋。所以，谈判方案越简要，谈判人员在执行时越容易记住，在错综复杂的谈判中更容易把握谈判的主题方向，从而掌控谈判的局势。

2. 谈判方案要具体

谈判方案要以谈判的具体内容为基础，具有针对性和可操作性。将谈判的总目标细化为若干个分目标或子目标，把谈判的总目标分解成从高处着眼、低处着手，环环相扣的目标和策略体系。谈判方案要具体，并不意味着要把谈判的所有细节都包括在内，否则执行起来将十分困难。

3. 谈判方案要灵活可行

谈判方案只是谈判前一方的主观设想，是单方面考虑谈判过程的结果。但是在实际过程中，各种随机的因素都可能影响谈判，因此方案应该具有灵活性，以防出现一些无规律可循而又不可控制的因素影响谈判。在谈判方案的可行性研究阶段，还需要拟订出谈判的各种方案进行比较和选择。因为谈判可能不会按照自己的预期设想达成协议。不论是己方还是对方的原因，最终可能无法实现所有目标。所以应制订几套替代方案并从中选出最佳替代方案，以便自己有回旋的余地。能使己方获取最大利益的方案就是最佳谈判方案，在谈判时要尽可能按最佳方案执行。

二、商务谈判方案的内容

根据国际商务谈判的实践，一般一个全面的谈判方案应该包括谈判的目标、地点、时间、方式、议程和进度等内容。

1. 谈判目标的确定

谈判目标是指谈判要达到的具体目标，它指明谈判要解决的问题和要达到的目的以及企业对本次谈判的期望水平。

谈判目标的制定，要在综合多方信息、资料的基础上反复研究确定。确定谈判目标一般包括以下几个要素：交易额、价格、支付方式、交货条件、运输、产品规格、质量、服务标准等。

(1) 制定谈判目标应该遵循的原则。谈判的具体目标体现着谈判的基本目的。整个谈判活动都要紧紧围绕着这个具体的目标来进行，为实现该目标服务。谈判的目标在实际商务谈判中根据谈判的具体内容不同而有所差异。比如，谈判是为了推销产品，目标就是销售量和交货量；如果是为了获得资金，目标就是争取资金数额的多少和获得的时间；为获得先进技术而进行的谈判，谈判的目标可能是可利用的最先进的技术内容等。总之，谈判目标的内容依据谈判类别、谈判进程的需求而定。谈判的目标主要依据下列原则来确定：

① 实用性。制定谈判目标时，首先要考虑实用性，也就是合同达成之后可以预见的收益。可预见的经济效益或社会效益会督促谈判双方认真履行合同，从而减少损失的发生。

② 合理性。在制定谈判目标时，不能将目标设定得太高或太低。太高对方不会接受，直接导致谈判失败。太低，对己方来说利益太少，即使达成协议，在履约时也不会认真。因此，一个合理的目标非常重要，会使双方各取所需，这就是通常所说的"双赢"，这是谈判目标的最高境界。

③ 合法性。谈判的目标必须合法。目标合法，签订的合同才有效；否则即使签订了合同，也是无效的。这样既浪费时间又浪费精力。这也是商务谈判中需要有法律专业人士参加的一个原因。

(2) 谈判目标的层次。根据上述原则和谈判主题确定目标时，首先要分析该谈判是否会涉及多项目标。如果是，则先要对这些目标确定一个优先顺序，从而使次要目标服从主要目标。优秀的谈判者常常会将自己的目标划分为三个层次：

① 最低限度目标，是在谈判中对己方而言毫无退让余地，必须达到的最基本的目标，是谈判的真正底线。

② 可以接受的目标，在谈判中可努力争取或做出让步的范围。它能满足谈判一方的部分需求，实现部分经济利益。

③ 最高期望目标，是对谈判者最有利的一种理想目标，实现这个目标，将最大化地满足己方利益。

2. 明确谈判的地点和时间

(1) 谈判地点。商务谈判地点的选择往往涉及一个谈判环境心理因素的问题。它对于谈判效果具有一定的影响，谈判者应当很好地加以利用。有利的地点、场所能够增强己方的谈判地位和谈判力量。

不同地点对于谈判者来说，均各有其优点和缺点，谈判者要根据不同的谈判内容具体问题具体分析，正确地加以选择，充分发挥谈判地点的优势，促使谈判取得圆满成功。商务谈判的地点选择与足球比赛的赛场安排有相似之处，一般有四种选择：

微视频 6-6
商务谈判计划
书的制订 2

① 在己方地点谈判。谈判的地点最好选择在己方所在的国家或公司所在的国家或公司所在地。在己方地点谈判的优势表现在：谈判者在自己领地谈判，地点熟悉，具有安全感，心理态势较好，信心十足；谈判者不需要耗费精力去适应新的地理环境、社会环境和人文环境，可以把精力集中用于谈判；可以利用种种便利条件，控制谈判气氛，促使谈判向有利于自己的方向发展；可以利用现场展示的方法向对方说明己方的产品水平和服务质量；在谈判中"台上"人员与"台下"人员的沟通联系比较方便，可以随时向高层领导和有关专家请示、请教，获取所需资料和指示；利用东道主的身份，可以通过安排谈判之余的各种活动来掌握谈判进程；从文化习惯上、心理上对对方产生潜移默化

的影响，处理各类谈判事物比较主动；谈判人员可以免除旅途疲劳，以饱满的精神和充沛的体力去参加谈判，并可以节省去外地谈判的差旅费用和旅途时间，降低谈判支出，提高经济效益。

对己方的不利因素表现在：在己方公司所在地谈判，不易与公司工作彻底脱钩，经常会有公司事务分散谈判人员的注意力；离高层领导近、联系方便会产生依赖心理，一些问题不能自主决断，而频繁的请示领导也会造成失误和被动；己方作为东道主要负责安排谈判会场以及谈判中的各项事宜，要负责对客方人员的接待工作，安排宴请、游览等活动，所以己方负担比较重。

权衡以上利弊，商务谈判最好争取安排在己方所在地点谈判。犹如体育比赛一样，在主场获胜的可能性大。有经验的谈判者，都设法把对方请到本方地点，热情款待，使自己得到更多的利益。

② 在对方所在国家或公司所在地谈判。在对方地点谈判，对己方的有利因素表现在：己方谈判人员远离家乡，可以全身心投入谈判，避免主场谈判时来自工作单位和家庭事务等方面的干扰；在高层领导规定的范围，更有利于发挥谈判人员的主观能动性，减少谈判人员的依赖性；可以实地考察一下对方公司及其产品的具体情况，获取直接的、第一手的信息资料；当谈判处于困境或准备不足时，可以方便地找到借口(如资料欠缺、身体不适、授权有限需要请示等)，从而拖延时间，以便做更充分的准备；己方省去了作为东道主所必须承担的招待宾客、布置场所、安排活动等繁杂工作。

对己方的不利因素表现在：与公司本部的距离遥远，某些信息的传递以及资料的获取比较困难，某些重要问题也不易及时与本公司磋商；谈判人员对当地环境、气候、风俗、饮食等方面会出现不适应，再加上旅途劳累、时差不适应等因素，会使谈判人员身体状况受到影响；在谈判场所的安排、谈判日程的安排等方面处于被动的地位；己方也要防止对方过多安排旅游等活动而消磨谈判人员的精力和时间。因此，到对方地点去谈判必须做好充分的准备，比如摸清领导的意图要求，明确谈判目标，准备充足的信息资料，组织好谈判班子等。

③ 在双方所在地交叉轮流谈判。有些多轮大型谈判可在双方所在地交叉谈判。这种谈判的好处是对双方来说至少在形式上公平，同时也可以各自考察对方的实际情况；各自都担当东道主和客人的角色，对增进双方相互了解、融洽感情较有好处。它的缺点是谈判时间长、费用高、精力耗费大。如果不是大型的谈判或是必须采用这种方法谈判，一般应少用。

④ 在第三地谈判。在第三地谈判对双方的有利因素表现在：在双方所在地之外的地点谈判，对双方来讲是平等的，不存在偏向，双方均无东道主优势，也无做客他乡的劣势，策略运用的条件相当，可以缓和双方的紧张关系，促成双方寻找共同的利益均衡点。

对双方的不利因素表现在：双方首先要为谈判地点的确定而谈判，而且地点的确定要使双方都满意也不是件容易的事，在这方面要花费不少时间和精力。第三地点谈判通常被相互关系不融洽、信任程度不高，尤其是在过去敌对、仇视、关系紧张的双方的谈判所选用，可以有效地维护双方的尊严。

(2) 谈判时间。谈判总是在一定的时间内进行。这里所讲的谈判时间是指一场谈判从正式开始到签订合同时所花费的时间。在一场谈判中，关于时间有三个关键变数：开局时间、间隔时间和截止时间。

① 开局时间，也就是说，选择什么时候来进行这场谈判。它的得当与否，有时会对谈判结果产生很大影响。例如，如果一个谈判小组在长途跋涉、喘息未定之时，便马上投入到紧张的谈判中去，就很容易因为舟车劳顿而导致精神难以集中，记忆和思维能力下降而误入对方圈套。所以，我们应对选择开局时间给予足够的重视。一般来说，在选择开局时间时，要考虑以下几个方面的因素：

a. 准备的充分程度。俗话说"不打无准备之仗"，在安排谈判开局时间时也要注意给谈判人员留有充分的准备时间，以免到时仓促上阵。

b. 谈判人员的身体和情绪状况。谈判是一项精神高度集中，体力和脑力消耗都比较大的工作，要尽量避免在身体不适、情绪不佳时进行谈判。

c. 谈判的紧迫程度。尽量不要在急于买进或卖出某种商品时才进行谈判，如果避免不了，应采取适当的方法隐蔽这种紧迫性。

d. 考虑谈判对手的情况。不要把谈判安排在让对方明显不利的时间进行，因为这样会招致对方的反对和反感。

② 间隔时间。一般情况下，一场谈判极少是一次磋商就能完成的，大多数的谈判都要经历数次，甚至十余次的磋商洽谈才能达成协议。这样，在经过多次磋商没有结果，但双方又都不想中止谈判的时候，一般都会安排一段暂停时间，让双方谈判人员暂作休息，这就是谈判的间隔时间。

谈判间隔时间的安排，往往会对舒缓紧张气氛、打破僵局具有很明显的作用。常常有这样的情况：在谈判双方出现了互不相让、紧张对峙的时候，双方宣布暂停谈判两天，由东道主安排旅游和娱乐节目，在友好、轻松的气氛中，双方的态度和主张都会有所改变，这样在重新开始谈判以后就容易互相让步、达成协议了。

当然，也有这样的情况：谈判的某一方经过慎重的审时度势，利用对方要达成协议的迫切愿望，有意拖延间隔时间，迫使对方主动做出让步。

可见，间隔时间是时间因素在谈判中又一个关键变数。

③ 截止时间，也就是一场谈判的最后限期。一般来说，每一场谈判总有一个结束的具体时间，而谈判的结果往往是在谈判结束前才能出现。所以，如何把握截止时间去获取谈判的成果，是谈判中一种绝妙的艺术。

截止时间是谈判的一个重要因素，往往决定着谈判的战略。首先，谈判时间的长短，往往迫使谈判者决定选择克制性策略还是速决性策略。同时，截止时间还构成对谈判者本身的压力。谈判中处于劣势的一方，往往在期限到来之前对达成协议承担着较大的压力，也因此往往必须在做出让步、达成协议、中止谈判或交易不成之间做出选择。一般来说，大多数的谈判者总是想达成协议的，为此，他们唯有做出让步了。

3. 选择谈判方式

商务谈判方式指谈判双方(或多方)用来沟通、协商的途径和手段。商务谈判的类型繁多，但都有一个共同点就是谈判双方如何沟通，用什么方式、手段对话、协商，这就是商务谈判的方式。谈判采用的方式和

微视频 6-7
商务谈判计划
书的制订 3

手段不同，谈判的效果也不同。

商务谈判方式可分为口头谈判和书面谈判两大类。

(1) 口头谈判是指谈判双方就谈判的相关议题以口头方式提出、磋商，不提交任何书面形式文件的谈判，如面对面谈判和电话谈判。

(2) 书面谈判指谈判双方或多方将谈判的相关内容、条件等，通过邮政、电传或互联网等方式传递给对方所进行的谈判，如函电谈判和网上谈判。

知识拓展 6-3
国际商务谈判中
如何介绍谈判的
议题及先后顺序

商务谈判的两种方式各有利弊和适用范围，在实际商务活动中，可主要从谈判主体之间关系、协作程度以及谈判内容、所处环境、谈判条件、谈判目的等出发，进行选择和决定。

4. 确定谈判的议程和进度

谈判的议程是指有关谈判事项的程序安排，是对有关谈判的议题和工作计划的预先编制。谈判的进度是指对每一事项在谈判中应占时间的把握，目的在于促使谈判在预定的时间内完成。确定谈判的议程和进度时，重点应解决以下几个问题。

(1) 议题。凡是与本次谈判有关的，需要双方展开讨论的问题，都可以成为谈判的议题。应将与本次谈判有关的问题罗列出来，然后再根据实际情况，确定应重点解决哪些问题。

(2) 顺序。安排谈判问题先后顺序的方法多种多样，应根据具体情况来选择采用哪一种程序。其一，可以首先安排讨论一般原则问题，达成协议后再具体讨论细节问题；其二，也可以不分重大原则问题和次要问题，先把双方可能达成协议的问题或条件提出来讨论，然后再讨论会有分歧的问题。

(3) 时间。每个问题应安排多少时间，应视问题的重要性、复杂程度和双方分歧的大小来确定。一般来说，重要的、较复杂的、双方意见分歧较大的问题占用的时间应该多一些，以便让双方能有充分的时间对这些问题展开讨论。

在谈判的准备阶段中，己方应率先拟定谈判议程并争取对方同意。在谈判实践中，一般以东道主为先，经协商后确定或双方共同商议谈判议程。谈判者应尽量争取谈判议程的拟定，这样对己方来讲是很有利的。谈判议程的拟定大有学问。首先，议程安排要根据己方的具体情况，在程序上能扬长避短，即在谈判的程序安排上，保证己方的优势能得到充分的发挥。其次，议程的安排和布局，要为自己出其不意地运用谈判手段埋下契机。对一个经验丰富的谈判者来讲，是绝不会放过利用拟定谈判议程的机会来运筹帷幄的。最后，谈判议程的内容要能够体现己方谈判的总体方案，统筹兼顾，还要能够引导或控制谈判的速度以及己方让步的限度和步骤等。

典型的谈判议程至少包括以下三项内容：

① 谈判应在何时举行，为期多久；若是一系列的谈判，则分几次谈判为好，每次所花时间大约多少，休会时间多久等。

② 谈判在何处举行。

③ 哪些事项列入讨论，哪些不列入讨论；讨论的事项如何编排先后顺序，每一事项应占多少讨论时间等。

谈判议程的安排与谈判策略、谈判技巧的运用有着密切的联系。从某种意义上来讲，安排谈判议程本身就是一种谈判技巧。因此，要认真检查议程的安排是否公平合理，如果发现不当之处，就应该提出异议，要求修改。

三、谈判计划书的撰写

一份完整的商务谈判计划书一般应包括以下内容：封面、目录、前言、目的、谈判目标及必要性、方案说明及谈判双方的背景分析、谈判所需资源、谈判的预期结果及可能面临的风险分析、谈判过程中所使用的战略和战术说明以及谈判议程及相关要件说明。

从原则上说，一份好的谈判计划书必须做到简明、具体、灵活。不过，这里的简明必须与谈判的具体内容相结合，以谈判的具体内容为基础，否则将会使谈判方案显得空洞和含糊，反倒使谈判人员不知所措。此外，谈判计划书还必须有弹性，以使谈判人员能在谈判过程中根据具体情况采取灵活措施。

知识拓展 6-4
商务谈判计划
书的结构/内容
/格式

第四节　模　拟　谈　判

一项完整的谈判计划，除了确定谈判方案，还应包括谈判模拟。实际上就是在谈判正式开始之前，根据谈判可能出现的具体情况提出各种假设和臆测，进行谈判的想象练习和实际演习，找出谈判方案中存在的问题，进行改进的过程。

微视频 6-8
模拟谈判

一、模拟谈判的必要性

模拟谈判一般在谈判方案确定之后和正式谈判开始之前进行，主要用于改进和完善谈判的准备工作，检查谈判方案中可能存在的漏洞。其必要性主要体现在以下三个方面：

(1) 模拟谈判首先能够使谈判者发现谈判方案中的问题或准备工作不充分的地方，有利于及时纠正并提高谈判的主动性。谈判方案通常由谈判人员根据主观经验规划，尽管进行了大量的资料准备和充分的分析，但难免有疏忽的地方。而模拟谈判有助于谈判者从对方的角度思考问题，使谈判者能够及早发现问题，及时查漏补缺，使谈判方案具有实用性和有效性。

(2) 模拟谈判能够使谈判者获得谈判经验，在谈判练习中提高谈判能力。模拟谈判可以训练和提高谈判人员的应变能力，为实际的临场发挥做好铺垫。

(3) 模拟谈判能提高谈判团队成员配合的默契程度。在实际谈判中需要谈判团队成员默契配合、通力合作，以提升整体的谈判能力，取得良好的谈判效果。模拟谈判恰恰提供了团队成员分工配合的练习机会，可以有效地增加团队成员间的相互了解，进而提高成员间配合的默契程度。

二、拟定假设

模拟谈判的第一步是进行模拟假设，即根据既定的事实和常识来拟定假设。假设是建立在客观和科学假设的基础上的，同时这些假设也是模拟谈判的前提。

根据假设的内容，假设可以分为三类。

(1) 对外界客观存在的事物的假设。对外界客观存在的事物的假设包括对环境、时间、空间的假设，目的是找出外在世界真实的东西。通常假设外界环境如果出现了不利的因素应如何处理，如谈判时间、谈判场所改变等。谈判者根据这些假设，做好充分的应对准备。

(2) 对对方的假设。对对方的假设通常是商务谈判的制胜法宝。对对方的假设主要包括对方的合作意愿，愿意接受的风险的程度，在谈判具体内容上的态度，如在商品的质量、价格、支付方式、运输方式等方面可能提出的要求。通过对对方的假设，明确对方的真实意图，明确对方坚持己见时如何处理，轻易让步时如何处理，加快或拖延谈判时又如何处理。

(3) 对己方的假设。对己方的假设主要是对己方谈判能力、心理素质、谈判方案等方面的自测与评价。除此以外，对己方的假设还包括建立在对对方假设的基础上所采取的对策。

实际上这三方面的假设最终都落实在对己方的假设上。通过对外界因素和对方的假设，根据自身的实力来假设对策，以用于实际的谈判。

面对同样的条件，假设不同，结论则会相差很远。因此，在假设的过程中，要尽可能多地依据事实，不能主观臆断。依据的事实越多，假设的精确度就越高，那么结论就相对越准确。

三、模拟谈判过程

模拟谈判过程时按谈判从开始到结束的顺序，演习自己和对方谈判的一切情形，包括谈判时现场的气氛、谈判中涉及的问题、对方提出的反对意见以及己方的各种答复和策略、谈判可能出现的僵局、己方的各种应对技巧等。实施模拟谈判有两种方式。

1. 会议式模拟

会议式模拟是把谈判者聚集在一起，以会议的形式，充分讨论，自由发表意见。谈判者根据自己的理解，发表自己的看法，互相启发，共同提高谈判水平。这种方法可以让所有的谈判人员开动脑筋，积极进行创造性思维，通过集体思考发现问题、解决问题。

2. 实战式模拟

实战式模拟是将谈判人员一分为二或在谈判小组之外再建立一个实力相当的谈判小组，一方实施己方的谈判方案，一方站在对方的立场根据假设实施对手的谈判方案。这种实战练习可以更换不同的人员来扮演对方的角色，想出不同的问题，从而让己方对对方有充分的了解，进一步完善谈判方案，提高己方谈判人员的谈判能力。

四、模拟谈判总结

进行模拟谈判的目的就是为了及早地发现谈判方案中的问题，提出解决问题的对策，掌握谈判的主动权。因此在实施模拟谈判之后，需要及时进行总结，分析找出谈判准备的各项内容中所存在的问题，有针对性地进行改进，从而制订出一份更加完善的谈判方案。

本 章 总 结

"知己知彼，百战不殆"。"凡事预则立，不预则废"。谈判的准备工作对谈判的成功起着至关重要的作用。本章主要讲述谈判的背景调查、人员组织及商务谈判计划书的制订。其中，商务谈判的背景调查重点介绍市场行情调查、对谈判对手的调查以及对谈判者自身的了解；人员组织主要介绍商务谈判人员应该具备的专业素质、能力素养以及人员之间的分工与合作；最后详细介绍了商务谈判计划书的基本内容、基本格式以及如何进行模拟谈判。

知 识 强 化 训 练

一、重点概念题

1. 谈判目标　　　　2. 谈判议程　　　　3. 商务谈判方式
4. 模拟谈判　　　　5. 谈判议题

二、单项选择题

1. 价格条款的谈判应由(　　)承担。

A. 法律人员　　　　　　　　B. 商务人员

C. 财务人员　　　　　　　　D. 技术人员

2. (　　)是商务谈判必须实现的目标。

A. 最高目标　　　　　　　　B. 最低目标

C. 可接受目标　　　　　　　D. 实际需求目标

3. 国际商务谈判人员具备的最佳知识结构是(　　)。

A. "T"型知识结构　　　　　B. "X"型知识结构

C. "Y"型知识结构　　　　　D. "Z"型知识结构

4. 关于客场谈判，下列说法错误的是(　　)。

A. 由于与公司本部相距遥远，某些信息的传递、资料的获取比较困难，某些重要问题也不易及时磋商

B. 谈判人员对当地环境、气候、风俗、饮食等方面会出现不适应，再加上旅途劳累、时差等因素，会使谈判人员身体状况受到不利影响

C. 通常被相互关系不融洽、信任程度不高的谈判双方所选用

D. 在谈判场所和谈判日程的安排等方面处于被动地位

5. 在谈判时间的选择上，一般来说应注意以下情况(　　)。

A. 在准备不充分时应随机应变

B. 避免在情绪低落时进行谈判

C. 如是卖方谈判者，应避开卖方市场

D. 在用餐时进行谈判，有利于促成谈判

三、多项选择题

1. 谈判议程的内容包括(　　)。

A. 模拟谈判　　　　　　　　B. 时间安排

C. 确定谈判议题　　　　　　D. 确定谈判人员

E. 谈判问题的顺序

2. 选择自己所在单位作为谈判地点的优势有(　　)。

A. 便于侦察对方　　　　　　B. 能保持正常的生活状态

C. 易向上级请示汇报　　　　D. 方便查找资料与信息

E. 能获取直接的、第一手的信息资料

3. 制订谈判方案的基本要求包括(　　)。

A. 具体　　　　　　　　　　B. 全面

C. 灵活　　　　　　　　　　D. 简明　　　　　　　　E. 扼要

4. 谈判班子的组织成员一般包括(　　)。

A. 技术人员　　　　　　　　B. 商务人员

C. 法律人员　　　　　　　　D. 翻译人员　　　　　　E. 首席代表

5. 谈判目标的制定应遵循的原则包括(　　)。

A. 针对性　　　　　　　　　B. 实用性

C. 合法性　　　　　　　　　D. 合理性　　　　　　　E. 有效性

四、简答题

1. 简述国际商务谈判准备阶段的主要工作内容。

2. 简述谈判组织的人员构成。

3. 如何选择谈判时间？

4. 如何选择谈判地点？

5. 简述谈判方案包括的主要内容。

五、案例分析题

购买组合炉的谈判

　　我国某冶金公司要向美国购买一套先进的组合炉，派一位高级工程师与美商谈判。为了不负使命，这位高级工程师做了充分的准备工作。他查找了大量有关冶炼组合炉的资料，花了很大的精力对国际市场上组合炉的行情及美国这家公司的历史和现状、经营情况等了解得一清二楚。谈判开始，美商一开口要价 150 万美元。中方工程师列举各国成交价格，使美商目瞪口呆，最终以 80 万美元达成协议。当谈判购买冶炼自动设备时，美商报价 230 万美元，经过讨价还价压到 130 万美元，中方仍然不同意，坚持出价 100 万美元。美商表示不愿继续谈下去了，把合同往中方工程师面前一扔，说："我们已经做了这么大的让步，贵公司仍不能合作，看来你们没有诚意，这笔生意就算了，明天我们回国了。"中方工程师闻言轻轻一笑，把手一伸，做了一个优雅的请的动作。美商真的走了，冶金公司的其他人有些着急，甚至埋怨工程师不该抠得这么紧。工程师说："放心吧，他们会回来的。同样的设备，去年他们卖给法国只有 95 万美元，国际市场上这种设备的价格 100 万美元是正常的。"果然不出所料，一个星期后美方又回来继续谈判了。工程师向美商点明了他们与法国的成交价格，美商又愣住了，没有想到眼前这位中国人如此精明，于是不敢再报虚价，只得说："现在物价上涨得厉害，比不了去年。"工程师说："每年物价上涨指数没有超过 6%。一年时间，你们算算，该涨多少？"美商被问得哑口无言，在事实面前，不得不让步，最终以 101 万美元达成了这笔交易。

问题：请分析中方在谈判中取得成功的原因及美方处于不利地位的原因。

实 践 技 能 训 练

训练项目　谈判方案实训

1. 实训目的

(1) 进一步强化学生对国际商务谈判沟通准备中谈判方案制订知识的理解。

(2) 使学生学会谈判方案写作，为将来工作中进行商务谈判做必要的能力积累。

(3) 培养和锻炼学生的分析能力、观察能力、组织能力和语言文字的表达能力。

2. 实训要求

(1) 教师在课上讲明谈判方案的写作要求，学生在课下用 2～4 个课时进行准备，课上用 1～2 个课时进行宣讲。要求内容充实，格式正确，语言顺畅。

(2) 根据班级人数把学生分组，以 3～5 人为宜，选出谈判组长或首席谈判代表。要求每两个小组为一个大组分成甲乙双方，根据下列谈判内容，写作谈判方案，组内同学要有分工协作，每个同学根据要求完成相应的工作。如有必要可以在此基础上进行模拟谈判。

(3) 每个同学根据自己的谈判情况或观摩情况写出实训报告或观摩报告，老师做批改和点评。

3. 实训内容

紧固件贸易谈判

2008 年 9 月迪拜某公司向大连市某公司订购紧固件，双方约定在美丽的海滨城市大连进行谈判。大连公司在以最短的时间内得到对方谈判人员信息后便开始对本方谈判人员做出安排。鉴于迪拜方前来考查谈判的四人中有一人是公司董事副总裁，一位是在采购部任经理的华裔，另有翻译和随从人员各一名，大连公司委派一名资深的董事副总裁作为主谈人，派另一位熟悉各工厂情况的采购部经理参与谈判，全程负责陪同考察事宜，并在与迪拜方接触过程中摸清对方底细，进一步了解对方谈判人员的性格、脾气、爱好，以便制定对策。同时，大连公司的谈判保障人员认真分析了解了对方人员生活、宗教、文化等方面的情况，在酒店、餐饮、接机、参观考察等方面做了很充分的准备。

大连方谈判人员在接到谈判任务后，认真分析了迪拜方的具体情况，经过和公司有关部门商榷形成以下意见：

(1) 谈判目标。最高目标是按高出国际市场同类商品价格 10%的价格成交；第二目标是按与国际市场同类商品持平的价格成交；最低目标是按高出紧固件出厂价格的 15～20%，约比国际市场价格低 8%的价格成交。

(2) 谈判议程。首次非正式谈判安排在迪拜方公司代表抵达大连后的午宴中进行，主要是先沟通一下谈判要点和日程安排，不直接涉及最敏感的价格问题。第二次正式谈判安排在迪拜方代表天津考察返回大连的次日上午 10 点进行，谈判时间可能要持续到下午四点左右，地点在大连的公司总部会议室，主要内容是对交易方式和主要条款进行磋商。第三次谈判安排在第二次谈判的次日下午 2 点进行，以便有更多的时间最后敲定交易的各项细节，如无异议直接签约。

(3) 谈判策略。由于对方经过了工厂生产程序的实地考察，对原料采购和运输成本的价格构成比较了解，对方谈判主角的性格比较温和，精于算计，因此，谈判的宗旨是开诚布公，尽量避免在枝节性问题上纠缠，控制好谈判时间，视对方日后购进的数量多少，灵活调整交易方式，底线是保小利而谋长久的供货合作关系。

(4) 人员分工。公司董事副总裁担任每次会晤的主谈。采购部经理作为辅谈人员，负责全程陪同考察并参与谈判，对技术指标和价格构成进行分析和解释，拟定交易协议。另有翻译、记录人员各一名。

4. 实训考核

表 6-2　实训项目考核表

考核内容	分　　数	得　　分
态度是否端正	10	
发言是否积极	10	
语言是否流畅	20	
观点是否正确	20	
创新是否突出	20	
知识把握是否准确	20	
合　　计	100	

第七章　国际商务谈判的开局

【学习目标】

1. 知识目标

(1) 了解国际商务开局阶段的主要目标和基本任务。

(2) 掌握良好谈判开局气氛的特点和营造的具体要求。

(3) 掌握常见的谈判开局阶段的策略及适用。

2. 能力目标

(1) 能够设计和营造良好的谈判开局气氛。

(2) 能够恰当地选择和使用谈判开局策略。

3. 素质目标

(1) 培养学生一定的军事思维谋略。

(2) 培养学生针对不同的谈判对手，随机应变的谈判作风。

第一节　国际商务谈判的开局阶段

商务谈判的开局阶段主要是指谈判双方见面后，在讨论具体的、实质性的交易内容之前，相互介绍、寒暄以及就会谈的目标、计划、进度和参加人员等问题进行讨论并尽量取得一致意见的这段时间。这一阶段主要为后续的磋商奠定基础，也称非实质性谈判阶段。

微视频 7-1
国际商务谈判
的开局阶段 1

一、商务谈判开局阶段的主要目标和基本任务

开局是整个国际商务谈判的起点，开局的效果如何在很大程度上决定着整个谈判的走向和发展趋势。然而，在谈判的开局阶段，谈判者初到一起，双方了解甚少，一开始往往都是相互提防与戒备，谈判气氛一般都比较沉闷甚至消极。因此，如何打破这种沉闷和消极，形成一个良好的开局，对谈判顺利进入实质性磋商阶段甚至是对谈判的成功有着非常重要的意义。开局阶段的这一特点就决定了这一阶段的目标。这一阶段的目标主要是：

(1) 对谈判程序和相关问题达成共识。

(2) 双方人员互相交流，创造友好合作的谈判气氛。

(3) 分别表明己方的意愿和交易条件，摸清对方的情况和态度。

在国际商务谈判开局阶段，以上目标能否实现基本取决于商务谈判人员在开局阶段的基本任务能否完成。在国际商务谈判开局中，谈判人员主要有营造开场气氛、交换意见和开场陈述三项基本任务。这三项任务的内容相辅相成，共同构成了一个良好的谈判开局。

二、良好的商务谈判开局气氛的营造

谈判气氛的营造应该服务于谈判的方针和策略，服务于谈判各阶段的任务。不同的国际商务谈判面临的政治形势、经济形势、市场变化、文化氛围、实力差距不同，同时还要受所面临的场所、天气、时间、突发事件等的影响。这些客观环境对谈判双方的心理都有着重要的影响，也会影响到谈判的进程和结果。这就要求谈判双方根据谈判的性质、目的要求和客观情况的变化营造适宜的谈判气氛。特别是在开局阶段，由于双方还处于摸索探测对方的不熟悉阶段，良好气氛的营造对于谈判目标的实现就显得更加重要。谈判气氛在不同特点的谈判中的要求是不一样的。即使在同一个谈判的过程中，谈判双方情绪、情感的变化，谈判话题的重要程度不同，谈判的阶段性目标和任务的不同，都会导致对谈判气氛的不同要求。那么什么样的谈判开局气氛是比较合理的呢？根据国际商务谈判的实践，我们从以下几个方面进行考察。

1. 谈判开局气氛的类型

在国际商务谈判实践中，根据谈判内容、形式和地点不同，开局阶段的气氛大致可以分为四类：

(1) 积极友好、和谐融洽的谈判气氛。在这种气氛中，谈判人员谈判态度真诚、心情愉快、语气热情，谈判双方互相信任、互相谅解、精诚合作，交谈融洽，会谈有效率、有成果。

(2) 平淡自然、严肃谨慎的谈判气氛。在这种谈判气氛中，谈判人员情绪比较平静、自然，谈判态度认真严肃，表达极为严谨，会谈有秩序、有效率。

(3) 松松散散、旷日持久的谈判气氛。在这种谈判气氛中，谈判人员缺乏主动进取的精神状态，漫不经心，态度敷衍，谈判进展缓慢、效率低下。

(4) 消极冷淡、紧张对立的谈判气氛。在这种谈判气氛中，谈判人员讲话语气、语调咄咄逼人，态度强硬、谈判双方互不信任，满腹猜疑，谈判破裂一触即发。

2. 谈判开局良好气氛的特点

根据开局阶段的性质、地位和进一步磋商的需要，一般来说谈判良好的开局气氛有以下几个特点：

(1) 礼貌、尊重。谈判双方在开局阶段要营造出一种尊重对方，彬彬有礼的气氛。这是对谈判双方最起码的要求。开局阶段谈判可以让高层领导参加，以示对对方的尊重。谈判人员服饰仪表要整洁大方，无论是表情、动作还是说话语气都应该表现出尊重、礼貌。不能流露出轻视对方，以势压人的态度，不能以武断、蔑视、指责的语气讲话，以便使双方能够在文明礼貌、相互尊重的气氛中开始谈判。

（2）自然、轻松。开局初期常被称为"破冰"期。谈判双方抱着各自的立场和目标坐到一起谈判，极易出现不适应、紧张甚至是冲突和僵持。这就需要良好的谈判气氛来调节。如果一开局气氛就非常紧张、僵硬，可能会过早地造成情绪激动和对立，使谈判陷入僵局。过分的紧张和僵硬还会使谈判者的思维偏激、固执和僵化，不利于细心分析对方的观点，不利于灵活地运用谈判策略。所以，谈判人员在开局阶段首先要营造一种平和、自然、轻松的气氛。例如，随意谈一些题外的轻松话题，松弛一下紧绷的神经，不要过早与对方发生争论。语气要自然平和，表情要轻松亲切，尽量谈论中性话题，不要过早刺激对方。

（3）友好、合作。谈判开局阶段要创造一种让双方有"有缘千里来相会"的氛围，双方都愿意友好合作，都愿意在合作中共同受益。因此谈判双方实质上不是"对手"，而是"伙伴"。基于这一点，营造友好合作的气氛并不仅仅是出于谈判策略的需要，更重要的是双方长期合作的需要。尽管随着谈判的进行会出现激烈的争辩或者矛盾冲突，但是双方是在友好合作的气氛中去争辩，不是越辩越远，而是越辩越近。因此，要求谈判者真诚地表达对对方的友好愿望和对合作成功的期望。此外，热情的握手、热烈的掌声、信任的目光、自然的微笑都是营造友好合作气氛的手段。

（4）积极进取。谈判虽然应该在轻松愉悦的气氛中进行，但谈判毕竟不是社交沙龙，谈判者都肩负着实现己方利益的重要使命，因此在谈判中要付出巨大的努力去完成各项重要任务，双方都应该在积极进取的气氛中认真工作。谈判者要准时到达谈判场所，仪表端庄整洁，精力充沛，充满自信，坐姿要端正，发言要响亮有力，要表现出追求进取、效率和追求成功的决心。不论有多大分歧，有多少困难，相信一定会通过双方的努力而获得双方都满意的结果。谈判就该在这样一种积极进取、紧张有序、追求效率的气氛中开始。

3. 谈判良好开局气氛的营造

形成谈判气氛的关键时间是短暂的，可能只有几秒钟，最多也不超过几分钟。实际上，从双方走到一起准备洽谈时，洽谈的气氛就已经形成了，而且一旦延续下去，以后很难改变。在开局阶段建立的气氛是最关键的，因为这种气氛奠定了谈判的基础。建立良好的开局气氛应从以下几个方面努力。

微视频 7-2
国际商务谈判
的开局阶段 2

（1）谈判者应该以饱满的精神状态径直步入会场，以开诚布公，友好的态度出现在对方面前。肩膀要放松，目光的接触要表现出可信、可亲和自信。心理学家认为，谈判人员心理的微妙变化，都会通过目光表示出来，饱满的精神状态能使对方兴奋，活跃谈判会场的气氛。

（2）行动和谈吐要轻松自如，不要慌慌张张。可谈论些轻松的、非业务性的中介性话题，如来访者旅途的经历、体育表演或文艺消息、天气情况、私人问题以及以往的共同经历和取得的成功等。这样的开场白，可以使双方找到共同语言，为心理沟通做好准备。实际上，在闲聊中，双方已经开始传递无声的信息了。这时，谈判双方的姿势还可以反映出其是信心十足还是优柔寡断，是精力充沛，还是疲惫不堪等。反映这些情绪的关键部位是头部、背部和肩部。

(3) 谈判者要塑造符合自己形象的仪表。服饰要美观、大方、整洁，颜色不要太鲜艳，式样不能太奇异，尺码不能太大或太小。各国、各地区的经济发展水平和风俗习惯不同，服饰方面也不能一概而论，但干净、整洁在任何场合都是必要的。

(4) 控制好开场白的节奏。在正式开始谈判前，双方的谈判人员都难免会有点紧张，容易出现冷场或尴尬。一段轻松适宜的开场白，可以舒缓双方谈判人员的神经，营造融洽的气氛，也为谈判步入正题做好了铺垫。开场白要对内容、表述和时间做好控制。内容上要尽量避免消极的话题。表述上既不能慌慌张张、唯唯诺诺，也不能滔滔不绝、夸夸其谈。时间上要和具体的谈判相适宜。如果谈判时间不超过一天，开场白的时间控制在总时间的5%以内比较合适；如果谈判时间持续更长，可以组织一个专门的接风宴会，进行充分沟通，以增进双方的感情，从而营造出热烈、友好的谈判气氛。

(5) 注意手势和触碰行为。双方见面时，谈判者应毫不迟疑地伸右手与对方相握。作为一个很简单的动作，握手可以反映出对方是强硬的，还是温和的、理智的。在西方，一个人如果用右手与对方握手的同时，又把左手放在对方的肩膀上，说明此人精力过于充沛或权力欲很强，对方会认为"这个人太精明了，我得小心一点"。同时要注意，最忌讳的莫过于拉下领带、解开衬衫纽扣、卷起衣袖等动作，因为这会给别人留下你已精疲力竭、厌烦等印象。

(6) 运用合理的座位安排，创造一种和谐、平等的谈判环境。谈判场所的布置，座位的安排大有讲究，也是影响谈判气氛的重要因素。在安排时不要出现座位一高一低、一大一小。座位的高低大小都代表着不同的地位暗示，不要使对方一开始就感到不愉快；不要让阳光直射一方的眼睛，阳光直射的一方会明显感到不舒适。设计谈判场所时有时会撤掉桌子，因为有桌子在中间把谈判双方隔开容易产生距离感，有时把杯子和放文件的桌子放在侧面或后面，其目的都在于消除双方的距离感。如果有一方是比较保守的人，没有了类似桌子的物品，会使其有一种失落感，这时就要安排桌椅，但可以适时适量地提供一些茶点或冷饮，以冲淡桌子造成的距离感。有时为了消除双方的困窘，可也以在面前摆桌子，但谈判双方不面对面坐立。

(7) 利用新闻媒体制造谈判气氛或舆论。也就是说，谈判主体通过传播媒体向对方甚至公众传递自己的意图，施加心理影响，制造有利于自己的谈判背景或谈判气氛。在现代社会，许多谈判在没有正式开始前已经先行进行报道甚至是炒作了。这样有时会对推进和控制谈判进程起到重要的作用。但是，在这方面要注意把握好由谁来运作媒体，制造谈判舆论和气氛，利用什么工具来传播这种新闻和舆论，让什么人作为媒体传播的受众，采用何种方式来有效地影响谈判对象并控制谈判目的的实现。媒体传播时要注意媒体的可控制性，避免出现负面的信息传播。不要过分传播或弄虚作假使自己无法控制局面。

三、交换意见的具体内容

在建立了良好的谈判气氛后双方谈判人员相继落座，一个谈判过程即将开始。双方为了缓合开局时的紧张气氛，可稍作寒暄，之后切忌离题太远，应尽量将话题集中在四个主要方面，即谈判的目的(Purpose)、计划

微视频 7-3
国际商务谈判
的开局阶段 3

(Plan)、进度(Pace)及成员(Personalities)，也被称为"4P"。

(1) 谈判目的。谈判目的因各方出发点不同而有不同类型。例如，探测型旨在了解对方的动机，创造型旨在发掘互利互惠的合作机会，执证型旨在说明某些问题，还有达成原则协定型、达成具体协定型、批准草签的协定型、回顾与展望型、处理纷争型等。谈判的目的既可是上述的一种，也可能是其中的几种。

(2) 谈判计划。谈判计划是指议程安排，其内容包括议题和双方人员必须遵循的规矩。

(3) 谈判进度。谈判的进度是指会谈的速度或是会谈前预计的洽谈速度。

(4) 谈判人员。谈判人员是指每个谈判小组的成员情况，包括姓名、职务及其在谈判中的地位与作用。

上述问题也许在谈判前双方就已经讨论了，但在谈判开始时，仍有必要就这些问题再协商一次。最为理想的方式是以轻松、愉快的语气先谈双方容易达成一致意见的话题。例如，在谈判开始时，先问一下对方："咱们先确定一下今天的议题，如何？""先商量一下今天的大致安排，怎么样？"这些话从表面上看好像无足轻重、分量不大，但这些要求往往最容易引起对方肯定的答复，因此比较容易创造一种一致的感觉。如果对方急于求成，一开局就喋喋不休地大谈实质性问题，己方应巧妙地避开对方肯定答复的要求，把对方引到谈判目的、议程上来。如对方一开始就说："来，咱们雷厉风行，先谈价格条款。"我方可以接口应道："好，马上谈，不过咱们把会谈的程序和进度先统一一下，这样谈起来效率更高。"这也是防止谈判因彼此追求的目标、对策相去甚远而在开局就陷入僵局的有效策略。

四、领会开场陈述的基本要领

在正式磋商和报价前双方为了了解对方对本次谈判的原则和态度，可安排开场陈述。所谓开场陈述就是指在谈判正式开始前，双方分别说明自己对谈判有关问题的原则和看法并提出倡议的过程。

1. 了解开场陈述的目的

之所以安排开场陈述的主要目的在于：

(1) 提示本次谈判所要涉及的全部问题，使谈判双方明确对方谈判的原则、立场和主要观点。

(2) 倾听对方的观点，探究对方的真实意图，就一些原则性的分歧发表建设性的意见。

2. 掌握开场陈述的主要内容

在开场陈述中双方陈述的主要内容包括以下几个方面：

(1) 己方对谈判所涉及问题的性质、地位的理解。

(2) 己方希望通过谈判得到的利益和谈判的立场。

(3) 己方认为至关重要的问题。

(4) 己方可以向对方做出的让步和商谈事项。

(5) 己方想通过什么措施为双方共同的利益做出自己的努力。

(6) 双方在以前所做出的努力、合作的成果和双方合作可能会出现的良好机会及面临的问题和障碍等。

3. 把握开场陈述的基本原则

开场陈述的重点是己方的利益，但这时的陈述一般是原则性的，不是具体的。既要体现一定的原则性，又要体现合作的意愿，具有一定的灵活性。在开场陈述中要注意以下几个基本原则。

(1) 准确传递。谈判不是聊家常，不允许戏言与随意后悔。因此，在开场陈述中说的每一句话、叙述的每一件事、列举的每一个数字，以至于每一个承诺，都代表己方的立场，都是需要负责的。因此开场白所传递的信息要准确，要恰如其分，要完整鲜明，从语言、语法、逻辑上都要经得起推敲，要让对方真正完全懂得你所要表达的真实意思，因为任何一个谈判对手都不会接受他们不了解、不明白的事情。

(2) 简洁鲜明。在开场陈述中要紧扣谈判的主题，不要拐弯抹角，不要让与主题无关的话题冲淡、掩盖中心意思。否则，对方容易误认为你是在有意拖延时间或是企图浑水摸鱼，从而使谈判气氛受到影响与破坏。

(3) 讲究策略。谈判的竞技性很强，因此要取得更好的谈判效果，就要在开场陈述中重视语言策略的运用。从陈述时间上双方要平分秋色，切忌一方独霸会场。发言中不要把自己摆放在绝对正确、以我为主的位子上，以免让对方感到我方以势压人，而导致谈判气氛紧张。在用词和态度上要尽量轻松幽默，减少对方的紧张和不满。要舍弃那些绝对的语言，为彼此留有余地，避免因失实而弄出笑话，失去对方的信任。结束语要认真斟酌，要明确表达己方的陈述只是为了使对方明白自己的意图，而不是向对方挑战和施加压力。在一方陈述结束后，要留出一定的时间让对方表述自己的意见和看法。

(4) 观察对方。在陈述时不要只顾自己的陈述，要注意观察对方对自己陈述的反应，从对方的表情、动作甚至语言中捕捉对方的心理变化。对重点问题要放慢语速、加重语气，对对方表示的不解和疑问要耐心细致地予以解答和说明并从中观察和了解对方的目的和动机及与己方的差距。

(5) 认真倾听。在对方陈述时要认真倾听。听的时候一方面要集中精力听对方阐述的问题，而不要把精力集中到寻找对策上。另一方面要全面掌握对方陈述的内容，不要挂一漏万；对不清楚的问题可以直接提问，也可以先简单做一个记录，等对方陈述完成后再向对方提问；还要做好归纳，善于抓住主要问题和关键问题。

双方陈述结束后，需要做出一种把双方引向寻求共同利益的陈述，即倡议。倡议时双方提出各种解决问题的设想和方案，然后再在设想和符合商业标准的现实之间搭起一座通往成交的桥梁。

第二节　商务谈判良好开局的营造

商务谈判的开局阶段虽然没有进入实质性的磋商阶段，但开局效果的好坏直接影响整个谈判的走向。良好的开局将为谈判的顺利进行和成功奠定坚实的基础；因此任何一次谈判的开局都应重视。在开局阶段中，谈判人员为实现开局的基本目标，完成开局的基本任务而潜心策划、努力工作，

微视频 7-4
商务谈判良好
开局的营造

试图取得预期效果。本节将详细讲述商务谈判良好开局营造中应注意的重点问题和一些常用的策略。

一、营造商务谈判良好开局的注意事项

谈判开局，谈判人员不仅要把精力放在建立好的谈判气氛上，还要注意以下几点。

1. 注意了解对方实力

谈判人员要通过对方的言谈举止，观察和分析对方，掌握对方的性格、态度、意向、策略、风格以及经验等各个方面的情况，采取相应措施，用自己的方式给对方施加影响并使这种影响贯穿谈判的全过程。谈判人员的经验和技巧通过其行为和语言可以反映出来。谈判者的姿态、表情以及开局的表达能力都是很重要的信号。如果对方在寒暄时，不能应付自如、瞻前顾后、优柔寡断或是锋芒毕露、赤膊上阵，那么，很显然他是一个新手；相反，如果双方一见面，对方即从容自若、侃侃而谈，可以设法调动谈判者的兴趣、探测对手的实力，那么他肯定是一位行家里手。

2. 注意对方的谈判风格

不同的人，谈判风格不一样。在谈判的开始阶段就可以发现对方的谈判风格并采取相应的方式使谈判健康发展。为了寻求双方合作，在开始谈判时，谈判高手经常谈论一些一般的话题来给对方施加影响。他们一开始就会极力探求哪些是己方的优势，哪些是劣势，哪些是对方的立场、原则或需要，以及在那些问题上对方可以让步。他们不仅会了解对方的整体情况，而且会把个人的背景、价值观以及能否加以利用的事项，都搞得一清二楚。在这个阶段，谈判者千万不要把对方的意图看成是固定的想法。谈判者不可能在一开始就将对方的所有情况摸清，了解到的信息仅能引导大概的方向，随着洽谈的不断深入，这种了解才能使自己避开对方锋芒，获知对方的真正需要，最终使双方走向合作。

3. 注意进入议题的时机

当双方步入谈判室，一方面要为创造气氛而努力，另一方面也要为开场破题做准备。这一阶段，双方多是站着寒暄，为双方调整接触角度提供机会。一旦双方坐下来，彼此的阵容和个人的地位也就确定下来了，并且会自然而然地从一般性交谈转入正式的业务谈判，精力也就随即集中起来。进入谈判议题的时间长短要根据谈判的性质和谈判总时间长短来确定，一般来说，控制在谈判总时间的 5%以内比较合适。如果将进行两个小时的洽谈，则需要 6 分钟左右；如果谈判将持续几天，双方可以在开始谈判前举行一个轻松的聚会，如接风宴会等。谈判参与人员较多时，应该分组阐明谈判的议题。小组间的谈判，人多嘴杂，很容易出现混乱局面。在这种情况下，最好先将谈判双方编成几个组，然后分别在较小的范围内会面，这样有助于双方的实际沟通。双方有秩序地相互交谈所发出的嗡嗡声，使人们觉得从一开始就建立起了热烈的、便于交流的友好气氛，也更有利于阐明谈判的议题。

二、商务谈判良好开局的策略

谈判开局策略是谈判者谋求谈判开局有利形势和实现对谈判开局的控制而采取的行

动方式或手段。营造适当的谈判气氛实质上就是为实施谈判开局策略打下基础。商务谈判开局策略一般包括以下几个方面。

1. 协商式开局策略

协商式开局策略是指以协商、肯定的语言进行陈述，使对方对己方产生好感，创造一种双方对谈判的理解充满"一致性"的感觉，从而使谈判双方在友好、愉快的气氛中展开谈判工作。

协商式开局策略比较适用于谈判双方实力比较接近，过去没有商务往来的经历，第一次接触，都希望有一个好的开端的情况。要多用外交礼节性语言、中性话题，使双方在平等、合作的气氛中开局。比如，谈判一方以协商的口吻来征求谈判对手的意见，然后对对方意见表示赞同或认可，双方达成共识。要有充分尊重对方意见的态度，语言要友好礼貌，但又不刻意奉承对方。姿态上应该是不卑不亢、沉稳中不失热情、自信但不自傲，把握住适当的分寸，顺利打开局面。

2. 坦诚式开局策略

坦诚式开局策略是指在谈判开始时以开诚布公的方式向谈判对手陈述自己的观点或意愿，尽快打开谈判局面。

坦诚式开局策略比较适合双方过去有过商务往来，而且关系很好，互相了解较深的谈判。在谈判中将这种友好关系作为谈判的基础，在陈述中可以真诚、热情地畅谈双方过去的友好合作关系，适当地称赞对方在商务往来中的良好信誉。由于双方关系比较密切，可以省去一些礼节性的外交辞令，坦率地陈述己方的观点以及对对方的期望，使对方产生信任感。

坦诚式开局策略有时也可用于实力不如对方的谈判者。本方实力弱于对方，这是双方都了解的事实，因此没有必要掩盖。坦率地表明己方存在的弱点，使对方理智地考虑谈判目标。这种坦诚也表达出实力较弱的一方不惧怕对手的压力，充满自信和实事求是的精神，这比"打肿脸充胖子"大唱高调掩饰自己的弱点要好得多。

3. 慎重式开局策略

慎重式开局策略是指以严谨、慎重的语言进行陈述，表达出对谈判的高度重视和鲜明的态度，目的在于使对方放弃原来的某些不愉快和不适当的意图，以达到把握谈判的目的。

慎重式开局策略适用于当谈判双方过去有过商务往来，但和对方曾有过不太令人满意的经历时，这时己方要通过严谨、慎重的态度，引起对方对某些问题的重视。例如，可以对过去双方业务关系中对方的不妥之处表示遗憾，希望通过本次合作改变这种状况。可以用一些礼貌性的提问来考察对方的态度、想法，不急于拉近关系，注意与对方保持一定的距离。这种策略也适用于己方对谈判对手的某些情况存在疑问，需要经过简短的接触摸底的谈判。当然慎重并不等于没有谈判诚意，也不等于冷漠和猜疑，而是有所保留地向对方传递模糊的信息，为下一步谈判留有余地。这种策略是为了寻求更有效的谈判成果而使用的。

4. 进攻式开局策略

进攻式开局策略是指通过语言或行为来表达己方强硬的姿态，从而获得谈判对手必要的尊重，并借以制造心理优势，使谈判顺利进行下去。这种进攻式开局策略只有在特殊情况下使用。例如，发现谈判对手居高临下，以气势压人，有不尊重己方的倾向，如果任其发展下去，对己方极为不利。这时就要变被动为主动，不能被对方气势压倒，要采取以攻为守的策略，捍卫己方的尊严和正当权益，使双方站在平等的地位上进行谈判。进攻式策略要运用得当，必须注意有理、有利、有节，不能使谈判一开始就陷入僵局；要切中问题要害，对事不对人，既表现出己方的自尊、自信和认真的态度，又不能过于咄咄逼人，使谈判气氛近于紧张；一旦问题表达清楚，对方也有所改观，就应及时调节一下气氛，使双方重新建立起一种友好、轻松的谈判气氛。

5. 保留式开局策略

保留式开局策略是指在谈判开始时对谈判对手提出的关键问题不做彻底的、确切的回答，而是有所保留，从而给对手造成一种神秘的感觉，以吸引对手步入谈判的策略。保留式开局策略适用于低调谈判气氛和自然谈判气氛，不适用于高调谈判气氛。

使用保留式开局时要注意以诚信为本。向对方传递的信息可以是模糊信息，但不能是违背商业道德的虚假信息。否则，会使自己陷于非常难堪的局面之中。

6. 挑剔式开局策略

挑剔式开局策略是指开局时对对手的某项错误或礼仪上的失误严加指责，使其感到内疚，从而达到营造低调气氛，迫使对方让步的目的。

本 章 总 结

谈判的开局是整个国际商务谈判的起点，开局的效果如何在很大程度上决定着整个谈判的走向和发展趋势。这一阶段谈判的目标主要是对谈判程序和相关问题达成共识，双方人员互相交流，创造友好合作的谈判气氛，分别表明己方的意愿和交易条件，摸清对方情况和态度。谈判开局中商谈判人员的主要任务是营造开场气氛、交换意见和开场陈述三项基本任务。要创造商务谈判良好开局必须注意了解对方的实力和谈判风格，把握进入议题的时机。要形成商务谈判的良好开局，必须要很好地运用协商式开局策略、坦诚式开局策略、慎重式开局策略、进攻式开局策略、保留式开局策略和挑剔式开局策略。

知 识 强 化 训 练

一、重点概念题

1. 谈判的开局阶段　　　2. 谈判开局策略　　　3. 开场陈述
4. 慎重式开局策略　　　5. 进攻式开局策略　　　6. 坦诚式开局策略
7. 挑剔式开局策略

二、单项选择题

1. 发现谈判对手居高临下，以某种气势压人，有某种不尊重己方的倾向时应采取的策略是(　　)。

　A. 进攻式开局策略　　　　　　　　　　B. 慎重式开局策略

C. 坦诚式开局策略　　　　　　　　　　　D. 协商式开局策略

E. 挑剔式开局策略

2. 会影响谈判者的情绪和行为方式，进而影响到谈判发展的是(　　　)。

A. 谈判者性别　　　　　　　　　　　　B. 谈判气氛

C. 谈判者年龄　　　　　　　　　　　　D. 使用语言

3. 开场陈述的重点是(　　　)。

A. 己方对谈判所涉及问题的性质、地位的理解

B. 己方认为至关重要的问题

C. 己方的利益

D. 己方希望通过谈判想得到的利益和谈判的立场

4. 适用于谈判双方过去有过商务往来，但和对方曾有过不太令人满意的经历时的开局策略是(　　　)。

A. 进攻式开局策略　　　　　　　　　　B. 慎重式开局策略

C. 坦诚式开局策略　　　　　　　　　　D. 保留式开局策略

5. 如果谈判时间不超过一天，开场白的时间比较合适的是(　　　)。

A. 控制在总时间的 1%以内　　　　　　B. 控制在总时间的 10%以内

C. 控制在总时间的 20%以内　　　　　　D. 控制在总时间的 5%以内

6. 在谈判开局，交换意见时理想的方式是以轻松愉快的语气先谈(　　　)。

A. 双方容易达成一致意见的话题　　　　B. 双方不容易达成一致意见的话题

C. 双方感兴趣的话题　　　　　　　　　D. 双方迫切需要解决的话题

三、多项选择题

1. 国际商务谈判开局阶段的基本任务有(　　　)。

A. 创造良好的谈判气氛　　　　B. 交换意见

C. 制定谈判策略　　　　　　　　D. 开场陈述　　　　　E. 进行讨价还价

2. 开场陈述的原则包括(　　　)。

A. 准确传递　　　　　　　　　　B. 简洁鲜明

C. 确定谈判议题　　　　　　　　D. 观察对方　　　　　E. 讲究策略

3. 保留式开局策略适用于(　　　)。

A. 低调谈判气氛　　　　　　　　B. 自然谈判气氛

C. 坦诚式开局气氛　　　　　　　D. 高调谈判气氛　　　E. 积极谈判气氛

4. 开局气氛应该有以下几个特点(　　　)。

A. 礼貌、尊重的气氛　　　　　　B. 自然、轻松的气氛

C. 友好、合作的气氛　　　　　　D. 积极进取的气氛

E. 双赢、互利的气氛

5. 在对方陈述时要认真倾听，主要在以下几方面下功夫(　　　)。

A. 注意他的表情，不必记录　　　B. 听的时候要集中精力

C. 要全面掌握对方陈述的全面内容　　D. 对对方陈述的不明白问题要发问

E. 做好记录，要做好归纳

6. 下列属于开局气氛中的中性话题的是(　　)。

A. 自己的旅游经历　　　　　　　B. 昨晚的足球比赛

C. 个人的爱好兴趣　　　　　　　D. 个人的政治立场

E. 两个国家的传统文化

四、简答题

1. 简述国际商务谈判开局阶段的主要目标。

2. 简述开场陈述的主要内容。

3. 简述谈判开局阶段应该注意的重点事项。

4. 简述谈判开局阶段可以采取的策略。

五、案例分析题

会说话的小赵

某品牌啤酒进入中山市场大餐饮企业的任务落到了该品牌啤酒销售副经理小赵的身上。要让餐饮企业推荐他们的啤酒，还真的需要下功夫做好老板的工作。

小赵："哟，这么多空酒瓶！老板，一看中午客人喝空了这么多瓶酒，就知道你的生意做得红红火火。现在啤酒销量不错吧？"小赵说话语音洪量、真诚，让人听起来很受用。

马老板"马马虎虎，请问有什么事？"

小赵："噢，我是××啤酒集团的小赵，早就听说您是中山餐饮业起步最早、做得最好的老板，今天来拜访您，跟您学学生意经，交个朋友。"

马老板："没有什么经验，只是踏踏实实地做生意罢了。"

小赵："这才是最宝贵的经验，也是做生意最基本的原则。正是因为您的实在、讲信誉，顾客才信任您，愿意和您打交道，您的生意才越做越大了。"

马老板："还是你们文化人会总结。"

小赵："文化高不能决定事业的成功，关键是做事和做人，听说您就是凭借着一个'义'字把生意做大了？"

马老板一听很高兴，急忙把小赵让到办公室里商谈，结果没有费多大的劲，小赵就和马老板签订了每年销售10万元啤酒的大订单。

问题：

(1) 该案例中小赵对马老板采用的是什么样的开局策略？

(2) 结合该案例分析小赵对马老板所采用的策略优势和注意事项是什么？

实 践 技 能 训 练

训练项目　商务谈判的开局和策略实训

1. 实训目的

(1) 掌握如何营造商务谈判的气氛，以及它的作用和分类。

(2) 使学生更加准确地把握国际商务谈判开局阶段的相关知识并将其转化为技能。

(3) 培养和锻炼学生的观察能力、组织能力和语言文字的表达能力。

2. 实训要求

(1) 在课上 1～2 个课时，课下 2～4 个课时。

(2) 根据班级人数把学生分组，以 4～6 人为宜。

(3) 要求每个小组去现场或利用网络资源观摩一个商务谈判，每个同学根据要求完成相应的工作。

(4) 每个同学根据自己的观摩情况和分析写出观摩报告。

(5) 老师做批改并选取好的或在某一方面有可取之处的报告向班级推荐并请该报告的作者做中心发言，其他同学在听其发言后指出其不足并提出建议。

(6) 老师做好点评并给出实训成绩。

3. 实训内容

每组学生自己去现实中去观摩一个真实的商务谈判或网上寻找一个商务谈判的案例，对其中商务谈判的开局过程按下列线索进行分析。

(1) 商务谈判的开局的目标是什么？

(2) 开局气氛是怎么营造的？

(3) 运用了什么开局策略？

(4) 开局的整体情况效果如何？

(5) 分析其开局过程的利弊得失。

4. 实训考核

表 7-1　实训项目考核表

考核内容	分　数	得　分
态度是否端正	10	
发言是否积极	10	
语言是否流畅	20	
观点是否正确	20	
创新是否突出	20	
知识把握是否准确	20	
合　计	100	

第八章　国际商务谈判中的磋商

【学习目标】

1. 知识目标

(1) 了解报价的依据和原则。

(2) 了解让步的原则和要求。

(3) 了解谈判僵局产生的原因。

(4) 掌握报价、讨价、还价、让步及化解僵局的策略。

2. 能力目标

(1) 能够运用报价的策略在谈判中获取较大的利益。

(2) 能够运用讨价和还价的策略尽可能实现买方的目标。

(3) 能够运用恰当的策略和方法在谈判中合理地让步或者获得对方较大的让步。

(4) 能够运用合理的策略打破僵局,达成协议。

3. 素质目标

(1) 培养学生良好的专业素质。

(2) 培养学生不卑不亢、不畏困难和挫折的职业品质。

商务谈判的磋商阶段是谈判的实质性阶段,是指谈判开局以后到谈判终局之前,谈判双方就实质性问题进行磋商的全过程,是谈判的中心环节。谈判者的才能和智慧要在这一阶段中得到充分的发挥,谈判者的需求能否得到满足或者在多大程度上得到满足归根结底要看在这一阶段中的磋商结果,谈判者以前所做的一切准备要在这一阶段得到检验。

微视频 8-1
国际商务谈判
中的报价 1

商务谈判的磋商阶段是继谈判开局阶段以后,议题不断深入的谈判实践阶段。它不仅是谈判主体间实力、智力和技术的具体较量阶段,而且也是谈判主体间求同存异、让步妥协的阶段。由于此阶段是全部谈判活动中最为重要的阶段,故在这一阶段谈判者投入精力最多、占用时间最长、涉及问题最多。同时,磋商阶段贯穿着你来我往的拉锯战,充满着复杂的斗智场面,策略和技巧的作用在本阶段得到了充分的体现。

第一节　国际商务谈判中的报价

谈判双方在结束非实质性交流后，要将话题转向有关交易内容的正题，即开始报价。报价及随后的磋商可以说是整个谈判过程的核心和关键环节。这里的报价不但指双方在谈判中提出的价格条件，而且指谈判一方向对方提出自己的所有要求，包括商品的数量、质量、包装、价格、运输、保险、索赔等交易条件。当然，在所有这些要求中，价格是核心。

一、报价的依据和原则

(一) 报价的依据

1. 成本因素

成本是影响报价的最基本因素，商品的报价是在成本的基础上加上合理的利润。成本越低，盈利越多；成本越高，盈利越少。低于成本的报价会导致经营的亏损。当商品的成本一定时，降低报价价格是增强商品的竞争能力、占领市场、战胜竞争对手的行之有效的方法。因此，在进行报价时，不仅要考虑现在的成本、将来的成本以及降低成本的可能性，而且要考虑竞争对手的成本。要依据有关成本的资料，恰当地报出商品的价格。

2. 市场行情

市场行情是指谈判标的物在市场上的一般价格及其波动范围。国际市场的行情处于不断的变化之中，这种错综复杂的变化通常会通过价格的涨跌和波动表现出来；同时，价格的波动反过来又会影响市场的全面波动。因此，谈判人员要在搜集、积累有关信息、情报和资料的基础上，注意分析和预测市场动向，主要是研究有关商品的国际市场供求关系及其动态。此外，对该商品或其代用品的生产技术(如有重大突破和革新的征兆)也应密切关注。总之要全面、准确、及时掌握好产品价格变动的幅度，使其报价合理、科学、盲目性小，以免给对方以可乘之机。

3. 产品因素

产品的结构和性能越复杂，制造工艺越精细，工艺要求越高，成本、价值及其价格就会越高，该产品成本核算和价值估算就比较困难，可以参照的同类产品也比较少，价格标准的伸缩性也就较大。另外，货物的新旧程度以及产品的附带条件和服务也会对价格产生影响。货物越新，价格越高。产品的附带条件和服务，如质量保证、安装调试、免费维修、供应配件等能降低产品的价格水平在人们心目中的地位和减缓价格谈判的阻力。

4. 竞争因素

商品竞争的激烈程度不同，对报价的影响也不同。竞争越激烈，对报价影响就越大。由于竞争影响价格，因此要使报价对己方更有利，除了考虑商品成本、市场需求及品质外，还必须注重竞争对手的价格，特别是竞争对手的报价策略以及是否有新的竞争对手加入市场。

5. 政策因素

每个国家都有自己的经济政策，对市场价格的高低和变动都有相应的限制和法律规定。同时，国家还利用生产、市场、货币金融、海关等经济手段间接调节价格，因而在报价时必须遵守国家的政策要求。例如，国家对某种商品的最高限价和最低限价的规定就直接制约着报价的高低。在国际贸易中，各国政府对价格的限制就更多了，卖方更应了解买方所在国对进口商品的限制并以此作为自己报价的依据。在国际市场中，垄断组织也常常采用各种手段对价格进行调节。他们利用竞争，通过限制或扩大商品的生产和销售，巧妙地利用库存和其他方式，创造己方所需的供求关系并以此来调节价格。

另外，在报价时，除了以上因素之外，对方的内行程度、对方可能的还价、谈判双方相互信任的程度及合作的前景、交易的次数等都应是考虑的因素。

(二) 报价的原则

报价的基本原则是：通过反复比较和权衡，设法找出价格与其被接受的成功率之间的最佳结合点。一方向另一方报价时，不能信口开河，而要仔细分析、精心梳理，不仅要考虑能够获得的利益，还要考虑该报价能否被对方接受，即报价能够成功的概率。具体来说，报价应遵守以下几项原则。

1. 报价的"最高"或"最低"原则

如果我方是卖方，开盘价为我方订出了一个最高价，最终双方的成交价格肯定低于此开盘价；如果我方是买方，开盘价为我方订出了一个最低价，最终双方的成交价格肯定高于此开盘价。开盘价会影响对方对我方提供商品或劳务的印象和评价。从人们的观念上来看，"一分价钱一分货"是大多数人信奉的观点。开价高，人们就会认为商品质量好，服务水平高；开价低，人们就会认为商品质量一般(或有瑕疵、样式过时等)，服务水平低。开盘价对最终成交价具有实质性影响。开盘价高，最终成交价就较高；相反，开盘价低，最终成交价就较低。

2. 报价必须合情合理

报价要报得高一些，但绝不能漫天要价、毫无节制。它必须合乎情理，要能够讲得通。如果报价过高又讲不出道理，对方必然认为己方缺少谈判的诚意，甚至中止谈判扬长而去；或者对方会以其人之道还治其人之身，相应地来个"漫天杀价"，或者一一提出质问，使我方无言可答，从而丧失信誉并很快被迫让步。在这种情况下，有时即使已将交易条件降到比较公平合理的水平上，对方仍会认为尚有"水分"可挤而穷追不舍。同时，报价留出虚头的主要目的是为以后的谈判留出余地，过高或过低的报价都将为谈判造成困难。虚头留出多少，要视具体情况来定，竞争对手的多少、货源的情况、对手要货的用途、关系的远近等都会影响虚头的大小。

3. 报价内容要明晰、完整，态度要坚定

内容要明晰，是要求谈判人员在报价时运用的概念和言辞准确，提建议时条理清楚，需特别注意用词不要有歧义，以免引起对方曲解。报价的内容通常包括价格、交货条件、支付手段、质量标准和其他内容。报价时，要把开盘的几个要件一一讲清楚、完整。态度要坚定，是要求谈判者报价时不要犹犹豫豫、吞吞吐吐，否则会被对方视为信心不足，从

而提高了对方的自信。报价时态度坚决，则能增强自己的谈判砝码，提升对方对己方实力的评估，进而有利于己方争取到更多的利益。

4. 报价时不解释，不说明

谈判人员对自己的报价一般不做任何主动的说明或解释。因为，不管我方报价的水分多少对方都会提出质疑。如果在对方还没有提出问题之前，便主动加以说明，会提醒对方意识到我方最关心的问题，而这种问题有可能是对方尚未考虑过的问题。因此，有时过多的说明和解释，会使对方从中找到破绽或突破口，向我方猛烈反击。

上述四项原则为商务谈判的一般原则。报价在遵循上述原则的同时，必须考虑当时的谈判环境和与对方的关系状况。如果对方为了自己的利益而向我方施加压力，我方就必须以高价向对方施加压力，以保护本方的利益；如果双方关系比较友好，特别是有过较长的合作关系，那么报价就应当稳妥一些，出价过高会有损于双方的关系；如果我方有很多竞争对手，那就必须把报价压低到至少能受到邀请而继续谈判的程度，否则会被淘汰出局，失去谈判的机会。

二、报价的策略

一般情况下，报价阶段的策略主要是卖方抬高价格，买方压低价格。但是，不论抬高还是压低，都要围绕市场的平均价格上下浮动，不能漫天要价，也不能盲目杀价。这就要求谈判者采用一定的策略来迫使对方尽可能地接受己方的价格要求。

微视频 8-2
国际商务谈判
中的报价 2

1. 先报价策略

谈判双方谁先报价的问题十分微妙，报价的先后在某种程度上会对谈判结果产生实质性影响。其实，先报价一方等于为谈判划定了一个框架或基准线，最终的协议也将在这个范围内达成。先报价的行为如果出乎对方的预料和设想，往往会打乱对方的原有部署，甚至动摇对方原有的期望值，使其失去信心。当然，先报价也存在一些不利之处。谈判对方在听到第一口价后，可以对自己原有的想法重新部署，修改原来准备的报价，从而获得本来得不到的好处；另外，谈判对手亦可能会采取一切手段，集中力量攻击先报出的价格，迫使报价方一步步降价，却不透露自己的价格底线。

实际上，到底哪方先报价是通过分析双方的谈判实力来决定的。如果己方的谈判实力强于对方，或者与对方相比处于有利地位，那么己方先报价有利。尤其是在对方对本次交易情形不太熟悉的情况下，己方要尽量争取先报价。如果双方谈判实力相当，谈判过程一定会竞争得十分激烈，此时也应争取先报价，以获得更大的主动权。如果己方的谈判实力明显弱于对方，尤其是在缺乏经验的情况下，应先让对方报价。这样，可以通过对方的报价来观察对方，同时扩大己方的思路，然后再相应地对己方的报价做调整。

2. 虚报底价策略

这是一种在报价阶段经常被采用的策略，它是指一方有意虚报底价，引诱对方进入自己的迷阵，进而从中得利的策略。这种策略一般可以在以下情况使用：

(1) 己方处于劣势和不利地位。当己方急需购买或是出售某种商品，迫切希望成交时，

往往会被对方察觉，己方在谈判中就会处于被动的不利地位。这时，己方可以采用虚报底价的策略，故意提出一个令对方意想不到的条件，使己方的态度与对方所掌握的情况不一致，迷惑对方，这样一来，己方就拥有了反击的机会。

(2) 对方不肯亮底价，迫使对方报价。对方如果对己方了解甚少，可能会有所戒备，不肯亮出底价，并且想方设法诱使己方报出底价，从中获取信息。这种情况下，己方大可不必推辞，应欲擒故纵，故意虚报底价，来观察对方的反应，提高己方的要价水平。

(3) 双方都不愿先报价。当双方的谈判实力旗鼓相当时，首先亮出底价的一方会明显处于不利地位。这时，可以采取虚报底价的策略，来动摇对方的信念。

需要注意的是，在采用虚报底价策略时，谈判人员一定要注意语言的运用，语气要沉稳干脆，语言要坚决果断，使对方认为所报底价代表了报价方的真实意图，很难再有更改。如果在虚报底价时优柔寡断、犹豫不决，势必会让对方看出破绽或是认为这是心虚的表现，使得对方对己方的报价不屑一顾。

3. 价格解释策略

在谈判一方(通常是卖方)报价后，另一方(通常是买方)可要求其做出价格解释。所谓价格解释，就是对报价的内容构成、报价基础、价格的计算方式做分解说明。对卖方而言，可以通过价格分解来表明自己所报价格的真实性、合理性，增强说服力，迫使买方接受该价格或尽量缩小其压价的期望值。为此，卖方应准备好各种实质性、掩护性的材料，并对对方可能提出的问题做事先估计，做到有问必答，而且所作回答要有助于己方在价格上的主动地位。对买方而言，可以通过买方的价格分解来了解其实质和可信度，掌握对方的弱点，进而估计出还价的余地，确定价格评论的重点。为此，买方要善于发问，不管对方如何躲闪，买方都要变换话题，采用迂回的方法，引导对方回答己方所关注的问题。价格分解的内容一般集中于货物价格、技术费用、商品流通费用等方面。谈判人员在进行价格分解时，一定要做到层次分明，最好按报价次序逐一解释，同时遵守言简意赅的原则，即不问不答、有问必答、避虚就实、能言不书。

4. 采用心理价格策略

通常，人们在心理上认为 9.90 元比 10 元便宜，而且零头价格精确度高时给人以信任感，容易使人产生便宜的感觉。这种在十进位以下的、被人们认为较小的价格叫做心理价格。因此，市场营销中有基数定价这一策略。例如，标价 49.00 元而不是 50.00 元，标价 19.90 元而不是 20.00 元。这 1 分钱、1 角钱或者 1 元钱之差，给人"大大便宜"的感觉。心理价格在国内外都已被广泛采用。

5. 差别报价策略

对于同样的商品，因客户性质、购买数量、需求急缓程度、购买时间、交货地点和支付方式的不同，可形成不同的购销价格。这种价格差别体现了商品交易中的市场需求导向，在报价策略中要很好地运用。例如，对于老客户或有大批量需求的客户，为巩固良好的客户关系或建立稳定的交易联系，可适当给予折扣，价格可以报得较低些；对新客户，有时为了开拓市场，亦可给予适当让价；对于某些需求弹性较小的商品，可适当实行高价策略；当谈判对手急需某种商品时，价格问题就不再是其所关心的重点问题了，这时价格不宜下降；对于交货地较远的客户，应适当加价。此外，还应考虑支付方式对报价的影响，一次性付款较分期或延期付款者，价格须给予优惠等。谈判者可以灵活运用差别报价策略。

6. 报价时机策略

在谈判的报价阶段，报价时机是一个策略性很强的问题。报价前，一定要先把商品的使用价值说清楚，待对方对产品有所了解，对产品产生交易欲望后再提出价格。有时，在谈判开始时对方就会询问价格，这时最好的策略是充耳不闻。因为，此时对方对于己方的商品或是项目还缺乏真正的兴趣，过早报价可能会增加谈判阻力。应当首先介绍商品或项目能为交易者带来的利益，待对方的交易欲望被充分调动起来后再报价格。当然，如果对方坚持即刻报价，也不可故意推脱，否则就会使对方感到不被尊重，甚至产生反感。这时，要采用建设性的态度，将价格和对方能够获得的利益联系起来，就可以达到更好的效果。

三、正确应对对方报价的策略

在对方报价时，要认真倾听并尽力完整、准确、清楚地把握住对方的报价内容。在对方报价结束之后，对某些不清楚的地方可以要求对方予以解答。同时，应尽可能地将本方对对方报价的理解进行归纳和总结并力争加以复述，以便对方确认己方的理解准确无误之后，方可进行下一步工作。

在对方报价完毕之后，一般的做法是不急于还价，而是要求对方对其价格的构成、报价依据、计算的基础以及方式方法等做出详细的解释，即所谓的价格解释。通过对方的价格解释，可以了解对方报价的实质、态势、意图及其诚意，以便从中寻找破绽，从而动摇对方报价的基础，为己方争取重要的利益。在进行完价格解释之后，针对对方的报价，有两种选择。一是要求对方降低其要价。这是一种比较有利的选择，因为这实质上是对对方报价的一种反击。如果反击成功，即可争取到对方的让步，而己方既没有暴露自己的报价内容，也没有做出任何相应的让步。二是提出自己的报价。这种做法不十分讲究，除非特殊情况，否则采用此方法会对己方不利。

第二节　国际商务谈判中的讨价和还价

在国际商务谈判中，双方争论最激烈、谈判实力最能得到充分发挥的就是讨价还价阶段。每一次讨价还价都意味着有一定的物质损益在谈判各方之间发生。讨价和还价阶段贯穿着你来我往的拉锯战，充满着错综复杂的斗智场面。

微视频 8-3
国际商务谈判中
的讨价和还价 1

一、国际商务谈判中的讨价

讨价是指谈判的一方报价后另一方要求报价方改善报价的行为。谈判中，一般卖方在首先报价并进行价格解释之后，买方如认为离自己的期望目标太远，或不符合自己的期望目标，必然在价格评论的基础上要求对方改善报价。如果说，报价后的价格解释和价格评论是价格磋商的序幕，那么，讨价便是价格磋商的正式开始。

1. 讨价的方法

买方的讨价一般分为三个阶段，不同的阶段采用不同的讨价方法。

(1) 磋商初期。由于讨价刚开始，对卖方价格的具体情况尚欠了解，因而讨价的方法是全面讨价，即要求对方从总体上改善价格，重新报价。

(2) 务实阶段。讨价进入具体内容，这时的讨价方法是针对性讨价，即在分析对方价格的基础上，逐项找出明显不合理的地方，然后要求对方将虚高的价格水分挤出去，以改善其报价。

(3) 最后阶段。讨价方提出的质疑和要求在得到对方答复或解释后，应立即对其答复进行分析，看报价是否有实质性的调整。这一阶段的讨价方法是全面讨价，因为经过针对性讨价，水分大的项目价格已降下来，只能从总体上要求对方改善价格。

讨价过程尽管从理论上讲可以分为这三个阶段，但从时间上看却不是很长，只要对方能及时修改自己的报价，就可以很快结束。

2. 讨价的次数及结束

从讨价的过程可见，讨价的次数要取决于买方对卖方价格的评价。只要买方对卖方的报价还有分析降价的依据，讨价过程就不能结束。因此，讨价的次数没有统一标准，但一般不只一次，多数谈判的讨价在 2～3 次。

从卖方的角度讲，做了两次价格改善后就会"封门"，要求买方尽快还价。这时，买方只要觉得卖方的价格没有明显改善，即对价格分析出的报价虚头没有做超过半数以上的修改，就不能停止讨价。具体办法上，可以说对方的计算有错误，应该重新核算后再报价；或者说对方价格中的水分太大，所报的价格仍高于竞争产品，因而还应继续改善。当然，卖方总会留有余地，在价格改善到一定程度便会停止。这时，买方也应该停止讨价而开始还价。

3. 讨价的态度

讨价方在磋商中既要据理力争，又要尊重对方。具体注意以下几点：

(1) 态度和蔼。俗话说和气生财，因此避免在讨价初期撕破脸皮，使谈判陷入僵局。

(2) 保持期待。讨价方以分析和建议的方式，及时打开对方欲关闭的变价闸门，让对方感到期盼与其合作的诚意。

(3) 好好商量。强硬压迫对方会导致谈判崩溃，应当以循循善诱的方式，诱导对方降价。

二、国际商务谈判中的还价

还价，一般指针对卖方的报价买方做出的反应性报价。还价是商务谈判中交易磋商的一个必备环节，它是整个谈判的中心。还价要力求给对方造成较大的压力和影响或改变对方的期望；同时，又应着眼于使对方有接受的可能，并愿意向双方互利性的协议靠拢。因此，还价前的筹划，就是要通过对报价内容的分析和计算，设计出各种相应的方案和对策，使谈判者在还价过程中得以贯彻，以发挥"后发制人"的威力。

1. 还价前的准备

谈判的一方发盘(报价)以后，在多数情况下，另一方不会马上回答，而是根据对方的发盘，再针对自己先前的想法加以调整，准备好一套方案后，再进行还价，以实现"后发制人"。如果说发盘划定了讨价还价范围的一个边界，那么还价将划定与其对立的另一条边界，双方将在这两条边界所规定的界区内展开激烈的讨价还价。还价策略的精髓在于"后发制人"。要想发挥"后发制人"的威力，就必须针对对方的发盘做出周密的筹划：

(1) 根据自己所掌握的市场行情及商品比价资料，对发盘内容进行全面的分析，从中找出突破口和发盘中相对薄弱的环节，作为己方还价的筹码。

(2) 根据所掌握的信息对整个交易做通盘考虑，估量对方及己方的期望值和保留价格，制定出己方的最高目标、中间目标和最低目标。

(3) 根据己方的目标设计出几种不同的备选方案，以保持己方谈判立场的灵活性，使谈判的斗争与合作充满各种可能性，使谈判协议更易于达成。

2. 还价的基本要求

还价不是一种简单的压低价格的过程。它必须建立在企业的利益分析、市场调查和货比三家的基础上。

(1) 明确对方报价的具体含义。在清楚了解对方报价的全部内容后，就要透过其报价的内容来判断对方的意图，并在此基础上分析怎样能使交易既对己方有利又能满足对方的某些要求。也就是说，谈判人员要将双方的意图和要求逐一进行比较，弄清双方分歧之所在以及对方的谈判重点等相关内容。

(2) 统筹兼顾。由于价格既涉及技术问题，又涉及策略问题，包含的内容非常广泛。因此，在还价中，不能仅仅把目光集中在价格上，还应当通盘考虑，把价格与技术、商务等各个方面结合起来，统筹兼顾，才能使谈判更加富有意义，同时也可以缓和还价中存在的难度和矛盾。

3. 还价的方式

还价中，谈判者要确保自己的利益和主动地位，就应善于根据交易内容、所报价格以及讨价方式，采用不同的还价方式。按照谈判中还价的依据，还价方式分为按可比价还价和按成本还价两类。

(1) 按可比价还价。按可比价还价是指买方无法准确掌握所谈商品本身的价值，而只能以相似的同类商品的价格或竞争者商品的价格作参照进行还价。这种方式的关键是所选择的用以参照的商品的可比性及其价格的合理性，只有可比价格合理，还价才能使对方信服。

(2) 按成本还价。按成本还价是指买方能计算出所谈商品的成本，以此为基础再加上一定比率的利润作为依据进行还价。这种还价方式的关键是所计算成本的准确性，成本计算得比较准确，还价的说服力就比较强。

4. 还价的起点

还价方式确定后，关键的问题是要确定还价的起点。还价起点即买方的初始报价。它是买方第一次公开报出的打算成交的条件，其高低直接关系到买方的经济利益，也影响着价格谈判的进程和成败。

(1) 确定还价起点的原则。还价起点要低。还价起点低，能给对方造成压力并影响和改变对方的判断及盈余的要求，能利用其策略性虚报部分为价格磋商提供充分的回旋余地和准备必要的交易筹码，对最终达成成交价格和实现既定的利益目标具有不可忽视的作用。

还价起点要接近成交目标，至少要接近对方的保留价格，以使对方有接受的可能性。否则，太低的价格会使对方失去交易兴趣而退出谈判，或者己方不得不重新还价而陷于被动。

(2) 确定还价起点的参照因素。

① 报价中的含水量。价格磋商中，虽然经过讨价，报价方对其报价做出了改善，但改善的程度各不相同，因此，重新报价中的含水量是确定还价起点的第一项因素。对于所含水分较少的报价，报价起点应当较高，以使对方同样感到交易的诚意；对于所含水分较多的报价，或者对方报价只做出很小的改善，便千方百计地要求己方立即还价者，还价起点就应较低，以使还价与成交价格的差距同报价中的含水量相适应。同时，在对方的报价中，会存在不同部分含水量的差异，因而，还价起点的高低也应有所不同，以此可增强还价的针对性并为己方争取更大的利益。

② 成交差距。对方报价与己方准备成交的价格目标的差距，是确定还价起点的第二项因素。对方报价与己方准备成交的价格目标的差距越小，其还价起点应当较高；对方报价与己方准备成交的价格目标差距越大，还价起点就应较低。当然，不论还价起点高低，都要低于己方准备成交的价格，以便为以后的讨价还价留下余地。

5. 还价的次数和幅度

(1) 还价的次数。还价多少次并无一定的规定，关键要看谈判者首次还价后的余地有多大。首次还价离报价差距越大，手中还价的余地就越大，还价的次数也比较多；反之，还价的次数会比较少。

(2) 还价的幅度。还价幅度，一般视交易品种和标的性价比确定。普通初级产品都有国际市场价做参考，上下不会差距太大，还价的幅度也有限；而技术含量较高的工业制成品和大型的成套机械设备，总价往往很高，所含水分也较大，磋商时一般以 5%～10%的幅度为一档，或视具体情况而定，分几次进行还价。

微视频 8-4
国际商务谈判中
的讨价和还价 2

6. 还价的策略

(1) 投石问路策略。投石问路是指通过提出一些假设或者变更一些条件，询问对方对其报价的改变程度。投石问路策略多用在讨价阶段及还价的初期。此时，谈判双方对于价格的磋商刚刚开始，对对方的具体情况还不够了解，使用投石问路策略正是为了试探对方的虚实，获得更多的信息。

投石问路的关键，在于选择合适的"石"，提出的假设应该是己方所关心的而且是对方无法拒绝回答的问题。很多时候，如果提出的问题正好也是对方关心的，那么也容易将己方的信息透露给对方，反而为对方创造了机会。所以，在使用投石问路策略时，也应该谨慎，并且注意不要过度。

买主运用投石问路策略，通常都能问出很有价值的资料，这样知道的资料越多，就越

能做出有利的选择。例如：

　　① 如果我们订货的数量加倍，或者是减半，那么价格呢？

　　② 如果我们建立长期合作关系，会不会有更多优惠呢？

　　③ 如果我们分期付款，能不能获得更多折扣呢？

　　(2) 吹毛求疵策略。这种策略就是故意挑毛病，在商务谈判中被广泛使用。买方通常会利用吹毛求疵的战术来和卖方讨价还价。买方会一再挑剔，提出一大堆问题和要求。这些问题有些是真实的，有的只是虚张声势。他们之所以这么做，无非是想让卖方将价格降低，为自己争取更多讨价还价的余地。实践证明，此方法行之有效。破解对方的吹毛求疵策略，需注意以下几点：谈判人员一定要有耐心，那些虚张声势的问题会随着谈判的深入而渐渐露出马脚，失去影响；对某些问题和要求，谈判者要学会避重就轻或视若无睹地一笔带过；当对方故意拖延时间、做无谓的挑剔和无理的要求时，要及时给予对方提醒；同时，己方可以提出一些虚张声势的问题来加强自己的议价力量。

　　(3) 最大预算策略。这种策略通常用在还价中，一方面表示对卖方的商品及报价的兴趣，另一方面又以自己的最大预算为由来迫使卖方最后让步和接受自己的出价。例如，经过讨价，卖方将某货物的报价由 10 万元降至 8.5 万元，买方便说："贵方这批货物我们很想购买，但是，目前我公司总共只有 7.8 万元的购货款了，如果能按这个价格成交，我们愿今后与贵方保持合作关系。"这样，买方采用最大预算的技巧做出了 7.8 万元的还价，实现了交易。

　　运用这种策略时应注意：

　　① 掌握还价时机。经过多次价格交锋，卖方报价中的水分已经不多，此时以最大预算的方法还价，最后一次迫使卖方做出让步。

　　② 判断卖方意愿。一般卖方成交心切时，易于接受己方最大预算的还价。否则，卖方会待价而沽，"少一分钱也不卖"。

　　③ 准备变通办法。万一卖方不管我方最大预算真假如何，仍坚持原有立场，买方需有变通办法：一是固守最大预算，对方不让步，己方也不能让步，只好以无奈为由中断交易；二是维护最大预算，对方不让步，己方做适当让步，可以酌减某项交易内容或者后补价款，便于以此为台阶实现交易。

　　(4) 感情投资策略。在商务谈判中，双方的磋商和辩论似乎只是实力和意志的较量，谈不上感情因素的作用。其实不然，许多谈判的顺利推进，以至于一些棘手问题的最终解决，往往凭借当事双方业已存在的感情基础和良好的关系。事实上，谈判中的人际关系因素至为重要。要想影响对方，那么，首先就应该被对方所认可、欢迎；想使自己在谈判中提出的各种理由、各项意见能被对方认真倾听和充分接受，那么，最有效的办法是首先必须与谈判对手建立起信任和友情。从还价的角度来说，感情投资能够为对方接受还价铺平道路。

　　还价时，正确运用感情投资的方法一般有以下要求：

　　① 要正确对待谈判和对手。整个谈判过程中，要遵循平等互利原则，从大局出发，互谅互让；要把谈判中的各种分歧视为合作的机缘，善于寻求共同利益，求同存异。同时，对于谈判对手，必须充分尊重而绝不敌视，要做到台上是对手，台下是朋友，要注重展示自己的修养和人格魅力。

② 价格谈判中，对于一些较为次要的问题，不可过分计较，要主动迎合对方，使对方觉得己方能站在他们的角度考虑问题，从而赢得其好感。

③ 注意利用谈判中的间隙机会，谈论业务范围以外对方感兴趣的话题，如体育比赛、文艺节目、时事新闻及当地的土特产、名吃、名胜古迹等，借以增加交流、增进友情。

④ 若彼此之间有过交往，要常叙旧，回顾以往合作的经历和取得的成功，增强此次合作的信心。

(5) 红白脸策略(软硬兼施策略)。该策略是指在同一谈判小组中，由某一成员扮演固执己见的角色，由另一成员扮演通情达理的角色，两人一唱一和，让对手虚实难辨的谈判策略。运用此策略时，要求谈判人员要密切配合。担任红脸角色的人，在谈判中立场要坚定、强硬，不能轻易让步；担任白脸角色的人要尽量表现出在帮对方说话，降低对方心理上的防备。简单来说，该策略是通过"先兵后礼"的举措来压迫或感化对方，促使其转变立场，最终达成交易。因此，这种策略往往对于缺乏经验、迫切需要达成协议的对手很奏效。

如果发现对方采用软硬兼施的策略，可以采取如下应对策略。首先，要明确不管怎样红白脸属于同一战线，目的都是想得到他们想要的利益；其次，可以适当放慢让步的速度，不要在对方的强硬态度下轻易让步；第三，可以采用相同的策略，扮演白脸给对方以反击；最后，面对"红脸"的表演要表现出不理不睬的态度，相信对方必定会换上"白脸"进行调和。

(6) 欲擒故纵策略。该策略是指谈判的一方想要达成某项协议，但却装出并不在乎的样子，以达到削弱对方谈判力量的目的。谈判开始时不动声色，竭力创造一个良好的谈判气氛，以取得对方的信任，使之放松警惕。对于志在必得的交易谈判，运用欲擒故纵的策略会让对手感到己方满不在乎的态度，从而压制对手的要价期望，确保交易在预想条件下成交。要想把欲擒故纵策略运用得恰到好处，谈判者就要将自己的态度放轻松，显示出一种不紧不慢、半热半冷的状态，而且还要注意以下几点：

① 目的在"擒"，但要表现出"纵"来激起对手的成交欲望。具体做法是：一方面要表现出己方的不在乎，利益关系不大；另一方面要尽可能揭示对方的利益，处处为其着想。

② 在冷漠之中要给对方机会，只不过应在其等待、努力之后再把机会和条件让给对方，使其感到来之不易。

③ 注意语气的把握，讲话要掌握好火候，要有分寸，"纵"时的语气要尊重对方，切记不可羞辱对方。

三、讨价还价中应注意的事项

在谈判中的讨价还价阶段，双方发生对峙、激烈竞争时，应正确驾驭谈判的议程。在谈判磋商的过程中，谈判双方各自以自己的利益为出发点，唇枪舌剑，左右交锋，竭力使谈判向有利于自己的方向发展。所以，在这一阶段，应注意以下几个问题。

1. 注意调整谈判计划

谈判磋商阶段，需要根据谈判的发展变化，对谈判计划、谈判方案、

微视频 8-5
国际商务谈判中
的讨价和还价 3

谈判人事安排以及谈判的其他方面进行分析、谈判和重新调整。这项工作之所以重要，是因为无论前面的工作做得如何充分、仔细、全面，都无法穷尽实际谈判过程中的每一个细节并适应每一种变化。谈判一旦进入实战阶段，必然会出现始料未及的新情况、新变化。如果谈判者不想在谈判中墨守成规，处境被动，就应当伴随谈判磋商阶段的讨价还价和信息交流，不断调整原定计划中的不适之处。要做好评估调整工作，可以从以下几个方面进行：

(1) 研究对方的报价资料，判断其真假虚实，对己方的报价进行重新认识、调整。

(2) 整理谈判资料档案，把谈判中新获取的资料信息随时收入档案，并撤出那些已被证明是虚假的、无用的信息资料。

(3) 结合新情况、新问题，修改或制定新计划、新方案，并在谈判人员中进行论证，反复调整。

(4) 根据报价过程中已结束的情况，重新评价双方是否存在谈判的协议区及协议区的大小，以决定谈判是否应继续下去。如果继续下去，应如何调整谈判的起点、界点和争取点等。

(5) 认真总结前面的经验教训，堵塞工作漏洞，调整工作方法，确保谈判向更有利于己方的方向进行。

(6) 根据需要，调整谈判人员，既要保证谈判团体的相对稳定性，又要保证谈判团体的活力。

2. 注意把握谈判进程

谈判过程中，如双方发生争执，剑拔弩张，可能会破坏谈判的气氛；或者双方争论起来不着边际，使谈判失去控制。因此，双方应注意驾驭谈判局面，控制谈判过程。如能很好地做到这一点，就会赢得谈判中的主动地位。要把握好谈判的局面，可以从以下几个方面进行：

(1) 对前面的工作进行回顾和总结，可以提醒或引导对方认识所处的谈判阶段，拨正双方谈判的议题。

(2) 强调双方共同的利益。谈判双方在分歧加大时，可以利用强调共同利益的策略，来暗示两败俱伤的后果。

(3) 拨正议题。如果谈判偏离了正常航道，可以及时进行拨正。

(4) 更换人员。有时为了控制局面，可以考虑变更谈判人员，使相互不让步的议题暂时搁置。

3. 注意避免僵局

谈判者在谈判开始之后，在维护己方实际利益的前提下，应尽量避免由于一些非本质性的问题而坚持强硬的立场，以导致谈判的僵局，一旦谈判陷入僵局，谈判各方应探究原因，积极主动地寻找解决的方案。打破僵局可采用以下一些办法：

(1) 更换话题。谈判过程中，由于某个议题引起争执，一时又无法解决，这时谈判各方为了寻求和解，可以变换一下议题，把僵持的议题暂时搁置，等其他议题解决好，再在友好的气氛中讨论、解决僵持的问题。

(2) 更换谈判的主谈人。有时谈判的僵局系主谈人的个人因素所造成。僵局一旦形成，主谈人的态度便不易改变，有时会滋生抵触情绪，有损谈判。此时，应考虑更换主谈人。新的主谈人以新的姿态来到谈判桌上，可以使僵局得以缓解。

（3）暂时休息。谈判各方由于一时冲动，在感情上"较劲"之时，应当从谈判的实际利益出发，考虑暂时休会，等气氛缓和下来再谈。在冷静、平和的气氛中，谈判各方才会为了自身的利益求同存异。

（4）寻找其他的解决方案。谈判各方在坚持自己的谈判方案且互不相让时，谈判就容易陷入僵局。此时，最好的解决办法是，放弃自己的谈判方案，共同来寻求一种可以兼顾各方利益的第三种方案。

（5）由各方专家单独会谈。谈判者可依据谈判僵局所涉及的专门问题，提请有关专家单独会谈。

第三节　国际商务谈判中的让步

让步是商务谈判中的普遍现象，如果谈判双方都坚持自己的原始报盘，那么，协议将无法达成，谈判中的物质利益也无从分割。因此，从某种意义上说，让步是谈判双方为达成协议而必须承担的义务。商务谈判各方要明确己方所追求的最终目标，以及为达成该目标可以或愿意做出哪些让步。让步本身就是一种谈判策略，体现了谈判人员通过主动满足对方需要来换取自己需要满足的精神实质。如何把让步作为谈判中的一种基本技巧和手段加以运用，是让步策略的基本意义。

微视频 8-6
国际商务谈判
中的让步 1

一、让步的基本原则

在谈判中，让步需遵循以下一些原则：

（1）让步要三思而行。在商务谈判中一般不要做无谓的让步。让步有时是为了表达一种诚意，有时是为了谋取主动权，有时又是为了迫使对方做相应的让步。

（2）让步要分轻重缓急。每做出一项让步，都必须使对方明白，我方的让步是不容易的，而对对方来说这种让是可以接受的。

（3）让步要选择恰当的时机。让步要选择适当的时机，力争做到恰到好处，同时要谨防对方摸出我方的虚实和策略组合。

（4）让步要有利于创造和谐的谈判气氛。

（5）己方的让步形态不要表现得太清楚。

（6）双方共同做出让步。在商务谈判中让步应该是双方共同的行为，一般应由双方共同努力，才会达到理想的效果。任何一方先行让步，在对方未做相应的让步之前，一般不应做继续让步。

（7）不要让对方轻易得到好处。没有得到某个交换条件，永远不要轻易让步。

（8）如果做出的让步欠周密，要及早收回，不要犹豫。

（9）要严格控制让步的次数、频率和幅度。

（10）让步的目标必须反复明确。

（11）不要执著于某个问题的让步。

（12）在接受对方让步时要心安理得。

(13) 对对方的让步，期望要高些。只有保持较高的期望，在让步中才有耐心和勇气。

二、让步的实施步骤

明智的让步是一种非常有力的谈判工具。让步的基本哲理是"以小换大"。谈判人员必须把以局部利益换取整体利益作为让步的出发点，所以把握让步的实施步骤是必不可少的。

(1) 确定谈判的整体利益。该步骤在准备阶段就应完成，谈判人员可从两方面确定整体利益。一是确定此次谈判对谈判各方的重要程度。可以说，谈判对哪一方的重要程度越高，那么，这一方在谈判中的实力越弱。二是确定己方可接受的最低条件，也就是己方能做出的最大限度的让步。

(2) 确定让步的方式。不同的让步方式可传递不同的信息，产生不同的效果。在现实的商务谈判中，由于交易的性质不同，让步没有固定的模式，通常表现为多种让步方式的组合，并且这种组合还要在谈判过程中依具体情况不断进行调整。

(3) 选择让步的时机。让步的时机与谈判的顺利进行有着密切的关系，根据当时的需要，己方既可先于对方让步，也可后于对方让步，甚至双方同时做出让步。让步时机选择的关键在于应使己方的小让步给对方带来大满足的感受。

(4) 衡量让步的结果。它可以通过衡量己方在让步后具体的利益得失与己方在做出让步后所取得的谈判地位，以及讨价还价力量的变化来进行。

三、让步的方式

让步是一个很复杂的问题，不但与买卖的物品有关，而且还涉及市场行情、谈判当事人的性格与心理等因素。一般说来，应该根据买卖双方的不同情况，把让步巧妙地组织成幅度大小不一的一连串的行动。

1. 让步的具体方式及其优缺点

常见的八种让步方式有冒险型让步方式、等额型让步方式、诱发型让步方式、小幅递减型让步方式、强势递减型让步方式、快速型让步方式、反弹型让步方式和危险型让步方式。

现在假定有一位卖主，在原来报价的基础上，总体让步数额为 80 元，分四次让出，比较典型的让步方式如表 8-1 所示。

表 8-1　让步次数及幅度列表

让步方式	让步幅度			
	第一轮让步	第二轮让步	第三轮让步	第四轮让步
冒险型	0	0	0	80
等额型	20	20	20	20
诱发型	10	17	24	29
小幅递减型	29	24	17	10
强势递减型	35	26	15	4
快速型	75	0	0	5
反弹型	50	30	-10	10
危险型	80	0	0	0

现根据表 8-1，来讨论分析八种让步方式的优点和缺点。

(1) 冒险型让步方式。该方式是在让步的最后阶段一步让出全部可让利益，让买方一直认为不妥协的希望极小。只有买家坚强地坚持下去，冒形成僵局的危险，才能迫使卖主做最后的让步。这种让步方式的优点是：首先，在起初阶段寸利不让，坚持几次说"不"之后，一次让出己方的全部可让利益，对方会有险胜感，因此会特别珍惜这种让步，不失时机地握手言和；其次，这种方式会给对方既强硬又出手大方的强烈印象。其缺点是：由于谈判让步的开始阶段一再坚持寸步不让的策略，可能失去伙伴，具有较大的风险性；同时，易给对方传递己方缺乏诚意的信息，进而影响谈判的和局。这种让步策略适用于对谈判的投资少、依赖性差，且在谈判中占优势的一方。

(2) 等额型让步方式。等额平均的让步，是鼓励对手继续期待的一种让步。其优点是：首先，由于这种让步平稳、持久，本着步步为营原则，因此不会让买主轻易占了便宜；其次，对于双方充分讨价还价比较有利，容易在利益同沾的情况下达成协议；再次，遇到性情急躁或无时间长谈的买主时，往往会占上风，削弱买方的议价能力。此种让步方式的缺点是：首先，每次让利的数量相等，速度平稳，给人的感觉平淡无奇，容易使人产生疲劳厌倦之感；其次，该种让步效率极低，通常要浪费大量的精力和时间，因此谈判成本较高；再次，买方每讨价还价一次，都有等额利润让出，这样会给对方传递这样一种信息，即只要耐心地等待，总会有希望获得更大的利益。

(3) 诱发型让步方式。这是一种不明智的让步行为。这种让步类型往往会导致买主期望越来越大，不利于守住底线。其优点是：具有很大吸引力，对买方产生一种诱惑力，使对方沿着我方思路往前走。其缺点是：会导致对方的期望增大，这在心理上强化了对手的议价能力。这种方式一般适用于陷入僵局或危难性的谈判。

(4) 小幅递减型让步方式。这种方式中让步的幅度以一定的速度递减，卖方在让步中暗示买方底线位置所在。其优点是：让步的起点比较恰当、适中，能够给对方传递可以合作并有利可图的信息；让步的幅度越来越少可以给对方造成一种接近尾声的感觉，容易促使对方尽快拍板，最终保护住己方的较大利益。其缺点是：由于这种策略表现为由多到少，容易让买方失望。

(5) 强势递减型让步方式。这种方式体现了卖方的诚意，同时也显示了卖方立场愈来愈坚定，有利于卖方守住底线。其优点是：给人顺其自然、无需格外劳神之感，同时也易为人们所接受；由于让利的过程中采取了先多后少的策略，往往有利于促进和局；采取一次比一次更为审慎的让步策略，一般不会产生让步上的失误，同时也可以防止对方猎取超限的利益；最后，有利于谈判各方在等价交换、利益均沾的条件下达成协议。其缺点是：这种让步由大到小，对于买主来讲，越争取，利益越小，因而往往会使买主感觉不好，终局情绪不会太高；这是谈判让步中的惯用方法，缺乏新鲜感，也比较乏味。此方式一般适用于商务谈判的提议方。

(6) 快速型让步方式。这种方式一开始就做出让步，接着是拒绝让步，让买方感觉到让步已经到位。最后 5 元的让步是去掉零头的处理，给买者一种多得优惠的感觉。其优点是：由于谈判的让步起点较高，富有较强的诱惑力，一般的买主都会较满意，因此谈判的成功率较高；经过大幅度的让步以后，到最后一轮仅让微利，给对方传递了已基本无利可让的信息，因此比较容易使对方产生优胜感而达成协议。此种让步的缺点是：由于此种让步方式一开始让步很大，容易给强硬的买主造成我方软弱可欺的不良印象，因而容易加强对手的进攻性；头一步让大利与后两步不让利形成了鲜明的对比，容易给对方造成我方诚心不足的印象。此种策略一般适用于合作为主的谈判。这种让步类型较为冒险，一旦运用成功，会有收获。

(7) 反弹型让步方式。这种让步方式是在第三轮设一个加价，以暗示前两次让步已经过分。第四次为了表示诚意，去掉加价因素，也可以让买者有多得一份优惠的感觉。其优点是：换得对方回报的可能性较大，有可能打消对方进一步要求再一次让利的期望；而最后让出小利，既显示了己方的诚意，又会使通达的谈判对手难以拒绝签约，因此往往收效不错，表现了以和为贵的温善态度。其缺点是：由于开始时表现软弱，大步让利，在遇到贪婪的对手时，会刺激对手变本加厉、得寸进尺。这种让步方式可能由于第三轮让步遭受拒绝后，导致谈判僵局或败局的出现。此种让步方式一般适用于在谈判竞争中处于不利境地但又急于获得成功的一方。

(8) 危险型让步方式。这种方式是一开始就拿出全部可让利益的策略。此种让步方式的优点是：由于谈判者一开始就亮出底牌，让出自己全部可让的利益，比较容易打动对方采取回报行为，以促进和局；率先做出让步榜样，富有强大的诱惑力，给对方以合作感、信任感，有利于获取长远利益；最后，由于谈判者一步让利，坦诚相见，因而会提高谈判效率。其缺点是：这种让步方式操之过急，对于买主会有极强的影响和刺激，可能给买方传递有利可图的信息，因而导致买主期望值过高，从而继续讨价还价；由于一次性大步让利，可能失掉本来能够力争到的利益；在遇到强硬而又贪婪的买主情况下，在卖方一次让步后，可能会变本加厉，以争取更大的让步。

此种方式一般适用于己方处于谈判的劣势或谈判各方之间的关系较为友好的情况。综观上述谈判中不同的让步方式，可以从中得到几点有益的启示：

(1) 千万不要做出一次性的巨大的让步，也不要进行大起大落式的让步，应该把谈判过程中的让步组织成一串巧妙的于己最有利的链条。

(2) 理想的让步方式是：假如是买主，应当慢慢地开始报价，在长时间内缓缓地让步；假如是卖主，先做一点大的让步，然后在长时间内有条不紊地让步，最好其中能上下浮动一两次，而最后一次一定是要做一点让步的。

(3) 在日常生活中，富有经验的商场售货员在给顾客称东西时，都是秤完之后再抓一点上去，顾客就很满意了。如果秤完之后再从秤盘抓一点出来，尽管是很少一点，顾客心理反应就会完全不同。在谈判过程中，最后做一点让步的道理就在这里。

2. 迫使对方让步的方式

迫使对方让步的方式可以分为温和式和强硬式两大类。具体又可以分为以下 6 种类型。

(1) 戴高帽。"戴高帽"是以切合实际甚至是不切实际的好话颂扬对方，使对方产生一种友善甚至是受到恩宠的好感，进而放松思想警戒，软化对方的谈判立场，从而使己方目标得以实现的做法。可以用来"戴高帽"的有对手的公司形象、规模和主谈人的个人能力、才干等。恭维对方应该恰到好处、不露声色。如果恭维过了头，不但起不到正面作用，反而会让对

微视频 8-7
国际商务谈判
中的让步 2

方觉得恶心，效果就会适得其反。

(2) 磨时间。磨时间是以时间作论战工具，即在一段时间里表示同一观点，等对方改变。这种方式对身处异地或异国谈判的人压力很大。

(3) 恻隐术。恻隐术即通过装扮可怜相、为难状，唤起对方同情心，从而达到迫使对方让步的做法。恻隐术的运用要注意人格，在用词与扮相上不宜太过。特别是当谈判者作为政府或国有企业代表时，除了人格之外，还有国格之分寸，在此种情况下，就不能采用这种恻隐术。此外，还应看谈判对象，毫无同情心的谈判对手非但不吃这招，反而会讥笑这种行为。

(4) 发抱怨。发抱怨即在商务谈判中数落抱怨，分为两大类：一类是真正的不满；另一类则是隐藏性的拒绝。

(5) 情绪爆发。谈判中利用人们在冲突的巨大压力下容易退却以逃避冲突和压力的特点，就可以采用"情绪爆发"策略，作为逼迫对方让步的手段。在谈判过程中，情绪的爆发有两种：一是情不自禁的爆发，另一种是有目的的爆发。前者是在谈判过程中，一方的态度和行为引起了另一方的反感，或者一方提出的谈判条件过于苛刻而引起的，是自然的、真实的情绪发作。后一种是谈判人员为了达到自己的谈判目的而有意识地进行的情绪发作，是一种谈判的策略，有意制造僵局。在运用这一策略时，必须把握住时机和情绪爆发的程度。无由而发会使对方一眼看穿。程度过小，起不到威慑对方的作用；程度过大，会让对方觉得是在小题大做，失去真实感，可能使谈判陷入破裂而无法修复。当对方利用情绪爆发向己方进攻时，其应对方法是：①泰然处之，冷静处理；②宣布暂时休会，给对方冷静平息的时间，然后再指出对方行为的无礼，重新进行实质性问题的谈判。

(6) 激将法。以话语刺激对方的主谈人或其重要助手，使其感到坚持自己的观点和立场会直接损害其形象、自尊心和荣誉，从而态度动摇或改变其所持的条件。运用激将法时，要善于运用话题，而不是态度；话语应掌握分寸，不应过分牵扯说话人本身，以防激怒对手并引起迁怒。

3. 让步的策略

谈判中的让步是有高低之分的。在谈判场上常可以见到许多这样的让步现象：有时，甲方做了让步，乙方并未感觉到甲方的让步；有时，甲方做了很大的让步，乙方却一点儿都不领情；有时，一方做了一点儿似乎微不足道的让步，却带来全线的崩溃，不得不节节让步、处处让步；有时，甲方做出了让步，乙方非但不做出让步来回报，反而提出更多、更高的要求等。诸如此类的让步，就是没有达到目的的让步，是失败的让步。使对方了解到我方的诚意，感受到我方的宽宏大量，体会到我方在做自我牺牲，这样的让步才是达到目的的让步，是比较成功的让步。但是这样的让步必须以牺牲自己的利益为代价。如果让步并不减少我方的利益，甚至我方未做任何让步，对手却感到我方在让步，这样的让步就是比较高级的让步，是具有艺术性的让步。这种让步虽然并不多见，但也并非天方夜谭。这里介绍几种常见的让步策略。

(1) 无损于己方利益的让步策略。这是指所做出的让步不会给己方造成任何损失，同时还能满足对方一些要求或形成一种心理影响，产生诱导力。当谈判对手就某一个交易条件要求我方做出让步，且其要求确实有一定的道理，但是己方又不愿意在这个问题上做出实质性让步时，可以采取一些无损让步方式。下面就卖方而言，介绍几种不损害自己利益的，实际上未做让步却还对方感觉到了让步的"让步"：

① 向对手说明，其他大公司或者有地位、有实力的人也接受了相同的条件。

② 明示或者暗示这次谈判成功将会对以后的交易产生有利的影响。

③ 反复向对手保证其享受了最优惠的条件。

④ 尽量圆满、严密、反复地解释自己的观点、理由，详尽地提供有关证明、材料，但是，不要正面反对对方的观点(这是关键，否则所做的工作全是白费)。

⑤ 反复强调本方的完美、周到以及突出的某些条件，如交货日期、付款方式、运输问题、售后服务甚至保证条件等。

⑥ 努力帮助对方了解我方产品的优点和市场行情。

⑦ 全神贯注地倾听对方的讲话，不要打岔，不要中途反驳。打岔会使对手不快，中途反驳会使对手生气，都是得不偿失的行为。

⑧ 在恰当的时候重述对方的要求和处境。人们都喜欢自己被别人了解，所以这是于己无损的妙法。有个伟人说过："人们满意时，就会付出高价。"所以，以上方法都会使买主满意，但都于己无损，并往往能让对方做出让步来回报。

(2) 互惠互利的让步策略。从本质上讲，双方或多方坐在一起进行商务谈判，就是希望能够达成一个对双方或多方均有利的协议。谈判不会是仅仅有利于某一方的洽谈。一方做出了让步，必然期望对方对此有所补偿，获得更大的让步。这其实就是互利互惠让步的实质。所谓互利互惠的让步策略是指以己方的让步换取对方在某一问题上的让步的策略。从理论和实践的综合角度来看，能否争取到这种互利互惠的让步方式，很大程度上取决于商谈的方式。一种方式是横向式商议，即采取横向铺开的方法，将几个谈判议题同时加以讨论，也就是每个议题同时取得进展，然后再统一向

微视频 8-8
国际商务谈判
中的让步 3

前推进；另外一种方式是纵向深入式商谈，即先集中谈判重要的原则，再开始解决其他议题。很显然，采用纵向商议方式，比较容易使双方产生对某一问题的纠缠，容易争执不休，在经过一番努力之后，往往会出现单方让步的局面。相反，如果采用横向商谈方式，把整个谈判的内容、议题集中在一起同时展开商谈，双方很容易在各个不同的议题上进行利益交换，从而达到互利互惠的让步。

人们所需要的满足并非能简单地表现出来，因此，在没有做出让步之前，先仔细想想应该怎样做。让每次让步都给对方某种好处，同时，又能使己方有所得。在实际谈判中，适当的让步会使对方人员之间发生分歧，从而产生互利互惠的结果。

争取互利互惠的让步，不仅要看谈判议题的商议方式，还需要谈判者有开阔的思路和视野。除了某些己方必须得到的利益须坚持以外，不要太固执于某一个问题的让步，在一个问题上卡死。要将谈判看成一盘棋，即整个合同的各个具体问题更加重要。要分清楚利害关系，避重就轻，向对方阐明各个问题上所有的让步要视整个合同是否令人满意而定。因此在进行让步时，要灵活地使己方的利益在其他方面能够得到补偿。

为了能够顺利地争取到互利互惠的让步，从商务谈判的实践来看，通常采用的技巧是：

① 当己方谈判人员做出让步时，应向对方表明：做出这个让步是与公司政策或公司

主管的指示相矛盾的。因此，己方只同意这样一个让步："贵方也必须在某个问题上有所回报，这样我们回去也好有个交代。"

② 把己方的让步与对方的让步直接联系起来，表明只要在己方要求对方让步的问题上能达成一致，己方可以做出这次让步。

对于这两种最常用的技巧，在实际运用中，第一种方法比较容易取得对方的理解，其给人的感觉是言之有理且言中有情，因此比较容易取得成功。第二种方法则给人以坦率的印象，交易色彩有余且态度比较生硬、人情不足，运用起来技巧性较差，但在环境及谈判气氛适当时运用，也可起到较好的效果。

(3) 给予远利谋取近惠的让步策略。谈判者就如同证券市场中的投资者，都是为了利润而投资，只不过在谈判桌上，利润是指欲望的满足，而不仅仅是金钱的获得。谈判者的让步，实际上也是给对方一种满足。满足感有两种，对现实的满足和对未来的满足。对未来的满足程度完全凭借谈判人员自己的感觉。

在谈判中，直接给对方的某种让步，是一种现实的满足。但是，理论和实践证明，也可以通过给予其期望的满足或未来的满足而避免给予其现实的满足，即为了避免现实的让步而给予对方以远利。其实，银行很早就注意到了这一点，在办理抵押贷款的时候，人们往往比较关心能够借到的贷款数目，而不太关心利率。这是因为利息要经过很长一段时间，一个月一个月地累积计算。他们很少考虑到以后若还不上贷款时，将会发生什么事情。当对方在谈判中要求己方在某一问题上做出让步时，己方可以强调保持与己方的业务关系将能给对方带来长期的利益，而本次交易对是否能够成功地建立和发展双方之间的长期业务关系是至关重要的。如此这般地向对方言明远利和近利之间的利害关系，对方多半会取远利而弃近惠的。其实，对己方来讲，采取予远利谋近惠的让步策略，并未付出现实的东西却获得近惠，何乐而不为呢？

(4) 声东击西的让步策略。就军事方面来讲，声东击西是指当敌我双方对阵时，为更有效地打击敌人，造成一种从某一方向进攻的假象，借以迷惑对方，然后攻击其另一方向。而让步中的声东击西是指将相关的条件一起提出来，以对自己并不重要的条件作为砝码或掩护，去求得对方在重要条件上的让步。这实际上是一种所谓的"佯攻"。作为"声东"或"佯攻"的条件，应该具有一定程度的可信性，才能达到"击西"的真正目的。例如，买方发现软磨硬泡都不起作用，卖方仍坚持提价时，便将"货期"与"提价"联系在一起，以推迟货期作为条件，来达到让对方减少提价的目的，利用此因素的让步去换取其他因素上的进展。

4. 阻止对方进攻的方式

(1) 防范式。

① 先苦后甜。先苦后甜是一种先用苛刻的虚假条件使对方产生疑虑、压抑、无望等心态，大幅度降低其期望值，然后在实际谈判中逐步给予优惠或让步，使对方满意地签订合同，而己方从中获取较大利益的策略。

② 先斩后奏。实力较弱的一方往往通过一些巧妙的办法使交易已经成为事实，然后在举行的谈判中迫使对方让步。"先斩后奏"策略的实质是让对方先付出代价，并以这些代价为"人质"，扭转本方实力弱的局面，让对方通过衡量已付出的代价和中止成交所受

损失的程度，被动接受既成交易的事实。注意要尽量避免"人质"落入他人之手，让对方没有"先斩"的机会。

③ 后发制人。后发制人策略就是在交锋中的前半部分时间里，任凭对方施展各种先声夺人的占先技巧，本方仅是专注地倾听和敷衍应对，集中精力从中寻找对方的破绽与弱点；然后在交锋的后期，集中力量向对方的破绽与弱点展开大举反攻，用防守反击的战术去获取决定性的胜利。此策略一般是在对方攻势强盛，或本方处于弱势的情形下使用。

(2) 阻挡式。

① 资料不足。利用资料等其他方面限制因素阻止对方进攻，包括自然环境、人力资源、生产技术要求、时间等。

② 不开先例。不开先例策略是指在谈判中以没有先例为由来拒绝对方的过高要求。要注意对所提的交易条件应反复衡量，说明不开先例的事实与理由，表述时态度要诚恳，可伴之施用苦肉计。

③ 最后价格。向对方说明这是最后的价格，已经没有讨价还价的余地，也可以在报出最后的价格时，向对方说明这是最后价格的原因。

(3) 对攻式。

① 针锋相对。谈判中往往可以发现有些"难缠"的人往往报价很高，然后在很长的时间内拒不让步。对这类人，如果按捺不住做出让步，他们就会设法迫使我们接着做出一个又一个的让步。所以，要采取针锋相对的策略。

② 以一换一。在对方就某个问题要求己方让步时，己方可以把这个问题与另外一个问题联系起来，要求对方在另一个问题上让步，即以让步易让步。

③ 开诚布公。这种方式在本方处于劣势或双方关系较为友好的情况下使用。它所具有的优点是：首先，比较容易感动对方，使对方也采取积极行动，促成和局；其次，使对方感到在谈判桌上有一种强烈的信任、合作、友好的气氛，易于交谈；再次，具有强烈的诱惑力，会给对方留下一步到位、坦诚相见的良好印象，有益于提高谈判效率、速战速决、降低谈判成本。但这种方法也存在缺点：易使对方感到还是有利可图，继续讨价还价；不利于本方在谈判桌上讨价还价。

第四节　国际商务谈判中僵局的化解方法

商务谈判僵局是指在商务谈判过程中，双方对所谈问题的利益要求差距较大，各方又都不肯做出让步，导致双方因暂时不可调和的矛盾形成对峙，而使谈判呈现出一种不进不退的僵持局面。出现僵局不等于谈判破裂，但它严重影响谈判的进程，如不能很好地解决，就会导致谈判破裂。要突破僵局，必须对僵局的性质、产生原因等进行透彻的了解和分析，才能正确地加以判断，从而进一步采取相应的策略和技巧，选择有效的方案，适时避免和打破僵局，重新回到谈判桌上来，保证谈判的顺利进行，最终达成交易。

微视频 8-9
国际商务谈判中
僵局化解的方法 1

一、僵局产生的原因

在谈判进行过程中，僵局无论何时都有可能发生，任何主题都有可能形成分歧或对立。造成谈判僵局的原因可能是多方面的，僵局也并不总是由震惊世界的大事或者重大的经济问题才造成的，而常常是因细微的事情引起的。一般商务谈判中僵局产生的原因不外乎以下几种。

1. 人为制造

这是一种带有高度冒险性和危险性的谈判战略，即谈判的一方为了试探出对方的决心和实力而有意给对方出难题，甚至引起争吵，迫使对方放弃自己的谈判目标而向己方目标靠近，使谈判陷入僵局。其目的是使对方屈服，从而达成有利于己方的交易。

2. 观点分歧

在讨价还价的谈判过程中，如果双方对某一问题各持己见，那么越是坚持各自的立场，双方之间的分歧就会越大。这时，双方真正的利益被这种表面的立场所掩盖，于是谈判变成了一种意志力的较量，当冲突和争执激化、互不相让时，便会出现僵局。

3. 待遇不公平

在商务谈判中，由于谈判双方地位、实力的差异，谈判不一定会在平等的气氛中展开。特别是当谈判中的一方同时与几个不同的谈判对手进行谈判时，对待不同的对手难免会有情感上的偏向，从而导致受到不公平待遇的一方产生不快。而一旦这种不快加剧到其无法承受，就会导致谈判中的争执。随着争执的持续和冲突的升级，谈判很可能会陷入僵局。

另外，在商务谈判中，由于谈判人员因民族差异、文化反差、个性差异多少存在一些偏见，因而在谈判时态度有所倾向，最终造成不公平的待遇，导致僵局的形成。

4. 沟通不畅

沟通不畅就是谈判双方在交流彼此情况、观点，洽商合作意向、交易条件等的过程中，由于主观或客观的原因所造成的理解障碍。由于谈判双方在谈判时大多数时候是通过口头方式来进行交流的，而双方人员的背景、理解能力和出发点或多或少存在差异，所以，在交流时常常会因为沟通不充分而产生障碍，进而产生分歧。

某跨国公司总裁访问一家中国著名的制造企业，商讨合作发展事宜。中方总经理很自豪地向客人介绍说："我公司是中国二级企业……"此时，翻译人员很自然地用"Second-class Enterprise"来表述。不料，该跨国公司总裁，原本很高的兴致突然冷淡下来，敷衍了几句后立即起身告辞。在归途中，他抱怨道："我怎么能同一个中国的二流企业合作？"可见，一个小小的沟通障碍，会直接影响合作的可能性。

5. 环境改变

当谈判的外部环境，如价格、通货膨胀等因素发生变化时，谈判的一方不愿按原有的承诺签约，也会导致僵局产生。

6. 利益差距

即使双方都表现出十分友好、坦诚与积极的态度，但是如果双方对各自所期望的收益存在很大差距，那么谈判就会搁浅。当这种差距难以弥合时，合作必然走向失败，僵局便会产生。

二、僵局处理的策略

当发现有产生僵局的可能或前兆时，应及时有效地避免僵局产生。此时，可以采取以下一些策略。

1. 了解利益分歧

分歧是产生僵局的根本原因。所以，当谈判人员发现谈判双方的利益有较大分歧时，应及时分析双方的利益所在，寻求双方利益的平衡点。然后，一方面调整己方的利益诉求，另一方面建议对方也调整利益诉求，从而寻求双方利益的协调，缩小双方利益分歧，避免僵局的产生。

2. 培养双赢心态

由于谈判双方的关系有合作也有对立，所以，在商务谈判中，谈判双方对于某些问题的观点难免不一致。如果一味坚持己方的观点，排斥对方的观点，会令谈判对手无法接受，从而使谈判有陷入僵局的可能。如果最后还是无法达成一致，则谈判双方应该各自在可以接受的范围内进行让步，力求获得一个双方都能接受的共识。

3. 避免冲突恶化

如果谈判冲突已经发生，并且有向着僵局发展的迹象，为了避免僵局的产生，应该避免冲突的恶化。避免冲突恶化的途径有：立即停止容易导致冲突升级的争执、争吵行为；冷静思考冲突发生的原因以及化解冲突的可能；双方重新开始对于这一议题的讨论，寻找一个更能为双方接受的结果，并且注意态度、言辞的表达。由于隐性冲突比显性冲突更容易导致僵局，所以，还要求谈判人员能够及时发现谈判中的隐性冲突，并且尽快化解这种冲突。

三、打破谈判僵局的策略

谈判出现僵局进而影响谈判协议的达成，无疑是谈判人员都不愿看到的。因此，在双方都有诚意的谈判中，应尽量避免出现僵局。但是，有时僵局的出现不可避免。因此，仅有主观愿望是不够的，也是不现实的。必须掌握处理谈判僵局的策略与技巧，从而更好地争取主动，为谈判协议的签订铺平道路。

微视频 8-10
国际商务谈判中
僵局化解的方法 2

1. 采取横向式的谈判

把谈判的面撒开，撒开争执的问题，先谈其他问题，而不是盯住一个问题不放，不谈妥誓不罢休。例如，在价格问题上互不相让而陷入僵持时，可以先将其暂时搁置，改谈交货期、付款方式等其他问题。如果在这些议题上对方感到满意了，再重新回过头来谈价格问题，阻力就会小一些，商量的余地也更大些，从而弥合分歧，使谈判出现新的转机。

2. 借用外力

在政治事务中，特别是在国家或地区间冲突中，由第三者出面作为中间人进行斡旋，往往会获得意想不到的结果。谈判也完全可以运用这一方法来帮助双方有效地消除谈判中的分歧，特别是当谈判双方进入立场严重对峙、谁也不愿让步的状态之际，找到一位中间人来帮助调解，有时可以使双方立场很快出现松动。当谈判双方严重对峙并陷入僵局时，双方信息沟通就会发生严重障碍，互不信任，互相存在偏见甚至敌意，此时由第三者出面斡旋，可以为双方保全面子，使双方感到公平，信息交流可以变得畅通起来。中间人在充分听取双方解释、申辩的基础上，能很快找到双方冲突的焦点，分析其背后所隐含的利益性分歧，据此寻求弥合这种分歧的途径。谈判中的双方之所以自己不能这样做，主要还是由于"不识庐山真面目，只缘身在此山中"。

与政治事务冲突不同，商务谈判的中间人主要是由谈判者自己挑选的。不论是哪一方，所确定的斡旋者应该是对方所熟识，为双方所接受的角色，否则就很难发挥其应有的作用。在选择中间人时不仅要考虑其能否体现公正性，还要考虑其是否具有权威性。这种权威性是使双方逐步受中间人影响，最终转变强硬立场的重要力量。而主动地运用这一策略的谈判者就是希望通过中间人的作用，将自己的意志转化为中间人的意志来达到自己的目的。在实际谈判过程中，中间人可以是独立于谈判双方的第三方，也可以是与双方都有利益者，甚至可以选择一位对方集团中具有实际影响力的关键人物作为突破口，借以劝服对方撤走设置在谈判桌上的防线，这往往是一种非常有效而又简捷的做法。

3. 改变谈判环境与气氛

正式的谈判场所，容易给人带来一种严肃而一本正经的气氛。特别是当谈判双方各执己见、互不相让，甚至因话不投机而横眉冷对时，紧张的谈判气氛容易使人产生一种压抑、沉闷的感觉和烦躁不安的情绪。遇到这种情形，作为东道主的一方，可以建议把手头的问题放一放，组织双方人员共同去游览观光、出席冷餐会或参加文娱活动等，让绷紧的神经松弛一下。即使在游乐的过程中，双方也不妨不拘形式地就某些僵持的问题继续交换意见，在融洽、轻松的气氛中消除障碍，使谈判出现新的转机。

4. 叙述旧情，强调双方的共同点

通过回顾双方以往的合作历史，强调和突出共同点和合作的成果，可以削弱彼此的对立情绪，达到打破僵局的目的。

5. 寻找替代法

俗话说"条条大路通罗马"，用在谈判上也是恰如其分的。谈判中一般存在着多种可以满足双方利益的方案，而谈判人员经常只是简单地采用某一种方案，当这种方案不能为双方同时接受时，僵局就会形成。谈判不可能总是一帆风顺的，双方磕磕碰碰是很正常的。这时，谁能创造性地提出可供选择的方案，谁就掌握了谈判中的主动权。当然这种替代方案一定要既能有效地维护自身利益，又能兼顾对方利益。不要试图在谈判开始就明确最佳方案，这往往会阻止许多其他可做选择的方案的产生。相反，在谈判准备时期，如果能构思对彼此有利的更多方案，往往会使谈判如顺水行舟；而一旦遇有障碍，只要及时拨转船头，就能顺畅无误地到达目的地。

6. 从对方的漏洞中借题发挥

在一些特定的形势下，抓住对方的漏洞，小题大做，会让对方措手不及，对突破谈判僵局起到意想不到的效果。这就是所谓的从对方的漏洞中借题发挥。虽然有时被看作是一种无事生非、有伤感情的做法，然而，针对某些有不合作态度或试图恃强欺弱的对手运用这种方法做出反击，往往可以有效地使对方有所收敛。相反，不这样做反而会招致对方变本加厉的进攻，从而使我们在谈判中进一步陷入被动局面。事实上，当对方不是故意为难，而己方又不便直截了当地提出时，采用这种旁敲侧击的做法，往往可以使对方知错就改、主动合作。

7. 角色移位法

所谓角色移位，简单地说就是要设身处地地从对方角度来观察问题。这是谈判双方实现有效沟通的重要途径。当更多地从对方角度思考问题，或设法引导对方站到己方的立场上来思考问题时，彼此就能多一些了解，消除双方的误解与分歧，找到更多的共同点、构筑双方都能接受的方案。尽管困难，可是唯有具备这种能力，才有可能成为一个成功的谈判者。只知道对方会以与自己不同的眼光看待事物是不够的，还要想办法改变或影响对方的观点。想要改变或影响对方的观点，就必须了解对方在多大程度上坚持其见解，同时还需努力地去掌握对方的心理，只有这样才能掌握对方的意向。特别是在涉外谈判时常常出现这种情况。谈判陷入僵局时，应先审视己方所提的条件是否合理，是否有利于双方合作关系的长期发展，然后再从对方的角度分析其所提的条件是否合理。如果善于用对方思考问题的方式进行分析，就会获得更多突破僵局的思路。换位思考一方面可以使自己保持心平气和的态度，在谈判过程中以通情达理的口吻表达我们的观点；另一方面可以从对方的角度提出解决僵局的方案，这些方案有时的确是对方所忽视的，所以一旦提出，就很容易为对方所接受，使谈判顺利地进行下去。

例如，近年来，一些新兴的工业国家迅速崛起，我国同这些国家的商务交往越来越多，这些国家的厂商有时会提出一些过分的要求，如要求购买与我方要求相距甚远、虽非常先进却不太经济的设备。此时，我们需设法引导他们设身处地从我们的角度考虑："我们投在这个项目上的资金是有限的。我们国家目前的状况同你们国家在经济起飞时的那段时期的情形相似，你们国家当初要发展，也是非常希望获取高投入产出比的。为什么今天我们要把一分钱掰作两半用时，你们就不能理解了呢？"这样的提问容易使对方产生一种认同感，因而把合作的条件恢复到合理的水准上来。

本 章 总 结

良好的开局之后，谈判进入各方为达到自己目的的具体磋商阶段，这一阶段是谈判中耗时最长、困难最多、直接影响谈判结局的关键阶段。在这一阶段中首先要注意自己的报价策略，可以选择先报价策略、虚报底价策略、价格解释策略、采用心理价格策略、差别报价策略和报价时机策略等。在对方报价时要正确应对对方报价的策略，一般的做法是不急于还价，要求对方对其价格的构成、报价依据、计算的基础以及方式方法等做出详细的解释(即所谓的价格解释)，从中了解对方的真实意图。在一方报价后开始讨价还价，在讨价时要态度和蔼、保持期待，还价时要充分准备、有理有据、符合实际。同时要在必要时做出让步，让步的基本哲理是"以小换大。"注意运用无损于己方利益的让步策略、互惠互利的让步策略、给予远利谋取近惠的让步策略和声东击西的让步策略。在让步时要注意防范因对方的步步紧逼而陷入被动。磋商一旦陷入僵局要注意化解僵局，可以采取横向式的谈判、借用外力、改变谈判环境与气氛、叙述旧情、寻找替代、角色移位法和从对方的漏洞中借题发挥等方法盘活僵局，使谈判得以继续进行，进而接近谈判目标。

知 识 强 化 训 练

一、重点概念题

1. 磋商阶段　　　　　　2. 讨价　　　　　　　3. 还价

4. 商务谈判僵局　　　　5. 冒险型让步方式　　6. 恻隐术

7. 投石问路策略　　　　8. 反弹型让步方式

二、单项选择题

1. 国际商务谈判的实质性阶段是(　　　)。

A. 准备阶段　　　　　　　　B. 磋商阶段

C. 开局阶段　　　　　　　　D. 结束阶段

2. 报价的要求中，核心是(　　　)。

A. 商品质量　　　　　　　　B. 数量

C. 价格　　　　　　　　　　D. 包装

3. 商品的报价是在(　　　)的基础上加上合理的利润。

A. 现在的成本　　　　　　　B. 将来的成本

C. 竞争对手的成本　　　　　D. 成本

4. 讨价的次数没有统一标准，但一般不只一次，多数谈判的讨价在(　　　)次。

A. 3～4 次　　　　　　　　　B. 4～5 次

C. 2～3 次　　　　　　　　　D. 1～2 次

5. 价格谈判中，对于一些较为(　　　)的问题，可不过分计较并主动迎合对方，使对方觉得己方能站在其角度考虑问题，从而赢得其好感。

A. 次要　　　　　　　　　　B. 重要

C. 重要　　　　　　　　　　D. 核心

6. 在谈判讨价还价阶段，双方发生对峙、激烈竞争时，应正确驾驭谈判的(　　　)。

A. 主题　　　　　　　　　　B. 议程

C. 议题　　　　　　　　　　D. 目标

7. (　　　)让步方式是一种不明智的让步行为。这种让步类型往往会导致买主期望越来越大，不利于守住底线。

A. 诱发型　　　　　　　　　B. 等额型

C. 小幅递减型　　　　　　　D. 强势递减型

三、多项选择题

1. 报价的依据有(　　)。

A. 成本因素　　　　　　　　B. 市场行情

C. 产品因素　　　　　　　　D. 竞争因素

E. 政策因素

2. 报价的原则有(　　)。

A. 最高或最低原则　　　　　B. 合情合理

C. 内容明晰、完整　　　　　D. 态度坚定

E. 报价时不解释、不说明

3. 还价的策略有(　　)。

A. 投石问路　　　　　　　　B. 吹毛求疵

C. 最大预算　　　　　　　　D. 红白脸

E. 欲擒故纵

4. 明智的让步方式有(　　)。

A. 诱发型　　　　　　　　　B. 小幅递减型

C. 强势递减型　　　　　　　D. 危险型

E. 等额型

5. 迫使对方让步的方式有(　　)。

A. 戴高帽　　　　　　　　　B. 磨时间

C. 激将法　　　　　　　　　D. 情绪爆发

E. 恻隐术

6. 僵局产生的原因有(　　)。

A. 人为制造　　　　　　　　B. 观点分歧

C. 待遇不公平　　　　　　　D. 沟通不畅

E. 利益差距

四、简答题

1. 报价的依据有哪些？报价遵循的原则有哪几种？报价的策略都有什么？

2. 还价的基本要求是什么？还价都有哪些策略？

3. 讨价还价中应注意哪些事项？

4. 国际商务谈判中让步实施有哪些步骤？让步有哪些方式？

5. 简述谈判僵局产生的原因及化解僵局的策略。

五、案例分析题

中韩丁苯橡胶出口讨价还价策略

中方某公司向韩国某公司出口丁苯橡胶已一年。第二年，中方公司根据国际市场行情将价格从前一年的成交价每吨下调了 120 美元(前一年为 1200 美元/吨)。韩方感到可以接受，建议中方到韩国签约。

中方人员一行二人到了首尔该公司总部，双方谈了不到 20 分钟，韩方说："贵方价格

仍太高，请贵方看看韩国市场的价格，两元以后再谈。"

中方人员回到饭店后有一种被戏弄的感觉，很生气。但人已来到首尔，谈判必须进行，中方人员通过有关协会收集到韩国海关丁苯橡胶的进口统计，发现从哥伦比亚、比利时、南非等国进口量较大，从中国的进口量也不小，中方公司是占份额较大的一家。从价格方面来看南非最低，但高于中国产品价。哥伦比亚、比利时价均高出南非价。在韩国市场的调查中，批发和零售价均高出中方公司现报价的30%～40%。市场价虽呈下降趋势，但中方公司的给价是目前世界市场最低的。

为什么韩国人员还这么说？中方人员分析，对手以为中方人员既然来了首尔，就肯定急于拿合同回国，可以借此机会再压中方一手。那么韩方会不会为了不急于订货而找理由呢？

中方人员分析，韩方若不急于订货，为什么邀请中方人员来首尔？再说韩方人员过去与中方人员打过交道，有过合同且执行顺利，对中方工作很满意，这些人会突然变得不信任中方人员吗？从态度上来看不像，他们来机场迎接中方人员且晚上一起用餐，保持了良好的气氛。

从上述分析中，中方人员一致认为：韩方意想利用中方人员的出国心理再压价。根据这个分析，中方人员决定在价格条件上做文章。总之，态度应强硬(因为在来之前对方已表示同意中方报价)，不怕空手而归。其次，价格条件还要涨回市场水平(即 1200 美元/吨左右)。再者，不用几天后给韩方通知，仅一天半后就将新的价格条件通知韩方。

在一天半以后的中午之前，中方人员打电话告诉韩方人员调查已结束，得到的结论是：我方来首尔前的报价低了，应涨回到去年成交的价格，但为了老朋友的交情可以下调 20 美元，而不再是 120 美元。请贵方研究，有结果请通知我们，若我们不在饭店，则请留言。

韩方人员接到电话一个小时后，回电话约中方人员到其公司会谈。韩方认为，中方不应把过去的价格再往上调。中方认为，这是韩方给的权力。我们按韩方要求进行了市场调查，结果应该涨价。韩方希望中方多少降些价，中方认为原报价已降到最低。经过几回合的讨论，双方同意按中方来首尔前的报价成交。这样，中方成功地使韩方放弃了压价的要求，按计划拿回合同。

试分析：本案中，韩方人员在中方人员到达首尔后为什么仍要求中方降价？中方针对韩方人员抛来的问题如何应对的？

实　践　技　能　训　练

训练项目　国际商务谈判中的磋商实训

1. 实训目的

(1) 进一步强化学生对国际商务谈判中谈判的报价、讨价还价、让步、打破僵局的原则、策略等知识要点的理解和认识。

(2) 使学生更加准确地把握国际商务谈判中谈判的报价、讨价还价、让步、打破僵局的方式、策略这些知识要点的运用。

(3) 培养和锻炼学生在国际商务谈判中磋商的实践能力。

2. 实训要求

(1) 在课上 1～2 个课时，课下 2～4 个课时。

(2) 要求每个小组模拟演练一个国际商务谈判的磋商阶段，每个同学根据要求完成相应的工作。

3. 实训内容

(1) 根据班级人数把学生分组，以 3～5 人为宜。

(2) 每组学生根据教师指定的国际商务谈判真实案例进行模拟演练，重点演好磋商的过程，包括报价、讨价还价、打破僵局、让步的策略和技巧，其他小组对其进行打分评价，指出其值得借鉴的做法和需要改进的地方。

(3) 教师根据每个小组的表现，及时引导并最终做出点评。

4. 实训考核

表 8-2　实训项目考核表

考核内容	分　数	得　分
角色把握是否到位	10	
方法策略运用是否恰当	20	
语言表达是否流畅	20	
谈判能力是否突出	20	
态度是否适合情境	10	
知识把握是否准确	20	
合　　计	100	

第九章　国际商务谈判的结束

【学习目标】

1. 知识目标

(1) 掌握国际商务谈判结束的方式和判断方法。

(2) 了解加速国际商务谈判结束的策略。

(3) 掌握国际商务谈判中促成签约的策略。

(4) 掌握国际商务谈判中合同的起草、审核和签约仪式的筹备。

(5) 了解国际商务谈判的评价原则和标准。

2. 能力目标

(1) 能够运用谈判结束的判断方法和加速谈判结束的策略，掌控谈判的节奏。

(2) 能够起草和审核国际商务谈判合同，策划签约的过程和仪式。

(3) 能够运用国际商务谈判的评价原则和标准对谈判的效果进行评价。

3. 素质目标

(1) 培养学生做事形成完整闭环的思维，做事善始善终。

(2) 培养大局观念，树立互利共赢的合作理念。

第一节　国际商务谈判结束的判断

经历了开局阶段、报价和磋商阶段以后，谈判进入结束阶段。在结束阶段，一个有经验的谈判者会善于"见风使舵"适时地判断谈判的结束和选择最终的结束方式，或双方做出让步促成签约以实现双方的谈判目的，或双方由于利益分歧太大且没有办法调和而使谈判暂时搁置，或双方僵持不下谈判最终破裂从而使双方在无休止又无结果的磋商中解脱出来。

微视频 9-1
国际商务谈判
的结束 1

一、国际商务谈判的结束方式

在国际商务谈判中，双方经历多轮磋商最后结束。一般情况下，国际商务谈判有成交、中止、破裂三种结束方式。

1. 成交

成交即谈判双方达成协议，交易得到实现。成交的前提是双方对交易条件经过多次磋商达成共识，对全部或绝大部分问题没有实质上的分歧。成交的结果是双方签订具有高度约束力和可操作性的协议书，为双方的商务交易活动提供操作原则和方式。由于商务谈判内容、形式、地点的不同，成交的具体做法也有区别。

2. 中止

中止谈判是谈判双方因为某种原因未能达成全部或部分成交协议而由双方约定或单方要求暂时终结谈判的方式。如果整个谈判在进入最后阶段、在解决最后分歧时发生中止，就是终局性中止，并作为一种谈判结束的方式被采用。中止可分为有约期中止与无约期中止。

(1) 有约期中止。有约期中止谈判是指双方在中止谈判时对恢复谈判的时间予以约定的中止方式。如果双方因认为成交价格超过了原规定计划或让步幅度超过了预定的权限，或者尚需等待上级部门的批准，使谈判难以达成协议，而双方均有成交的意愿和可能，于是经过协商，一致同意中止谈判。这种中止是一种积极姿态的中止，其目的是促使双方创造条件最后达成协议。

(2) 无约期中止。无约期中止谈判是指双方在中止谈判时对恢复谈判的时间无具体约定的中止方式。无约期中止的典型是冷冻政策。在谈判中，由于交易条件差距太大或者存在特殊困难，而双方又有成交的需要而不愿使谈判破裂，于是采用冷冻政策暂时中止谈判。此外，如果双方对造成谈判中止的原因无法控制时，也会采取无约期中止的做法。例如，国家政策、经济形势突然发生重大变化等超越谈判者意志的重大事件发生时，谈判双方难以约定具体的恢复谈判的时间，只能表述为："一旦形势许可"或"一旦政策允许"择机恢复谈判。这种中止是双方均出于无奈，对谈判最终达成协议造成一定的干扰和拖延，是被动式中止。

3. 破裂

谈判破裂是指双方经过最后的努力仍然不能达成共识和签订协议，交易不成，或友好而别，或愤然而去，从而结束谈判。谈判破裂的前提是双方经过多次努力之后，没有任何磋商的余地，至少在谈判范围内的交易已无任何希望，谈判再进行下去已无任何意义。谈判破裂依据双方的态度可分为友好破裂结束谈判和对立破裂结束谈判。

(1) 友好破裂结束谈判。友好破裂结束谈判是指双方互相体谅对方面临的困难，讲明难以逾越的实际障碍而友好地结束谈判的做法。在友好破裂方式中，双方没有过分的敌意态度，只是各自坚持自己的交易条件和利益，在多次努力之后最终仍然达不成协议。双方态度始终是友好的，能充分理解对方的立场和原则，能理智地承认双方客观利益上的分歧，对谈判破裂抱着遗憾的态度。谈判破裂并没有使双方关系破裂，反而通过充分的了解和沟通，产生了进一步合作的愿望，为今后双方再度合作留下可能的机会。我们应该提倡这种友好的破裂方式。

(2) 对立破裂结束谈判。对立破裂结束谈判是指双方或单方在对立的情绪中愤然结束未达成任何协议的谈判。造成对立破裂的原因有很多。例如，对对方的态度强烈不满，情绪激愤；在对待对方时不注意交易利益实质性内容，较多责怪对方的语言、态度和行为；

一方以高压方式强迫对手接受己方条件，一旦对方拒绝，便不容商量断然破裂；双方条件差距很大，互相指责对方没有诚意，难以沟通和理解，造成破裂。不论何种原因，双方在对立情绪中使谈判破裂毕竟不是好事，这种破裂不仅没有达成任何协议，而且使双方关系恶化，今后很难再次合作。所以，在破裂不可避免的情况下，首先要尽力使双方情绪冷静下来，不要使用过激的语言，尽量使双方能以友好态度结束谈判，至少不要使双方关系恶化；其次，要摆事实讲道理，不要攻击对方，要以理服人、以情感人、以礼待人，这样才能体现出谈判者良好的修养和风度。

二、谈判结束阶段的判断

不管是成功还是失败，国际商务谈判都不能无休止地进行下去，因此在谈判的尾声阶段双方必须按事先的约定、交易的条件、谈判的策略和另一方发出的信号及己方的需要对谈判是否结束做出必要的判断，主动把握结束谈判的时机。

1. 从交易条件上判断

从谈判所涉及的主要交易条件是否逐项都进行了磋商，是否大多数都达成了一致，来对谈判是不是接近尾声做出判断。这是谈判结束阶段的一种常见方法。

从谈判涉及的交易条件的解决状况来看，可以大致判断出谈判是否进入终结阶段。具体判断标准如下。

(1) 根据对方价格条件是否进入本方成交价位区间做出判断。成交价位区间是指本方可以接受的最差交易条件，是本方预先设定的达成交易的价格范围上限。如果对方确认的交易条件进入本方成交价位之内，便意味着彼此有了最低限度达成交易的可能性。此时应把握这一时机，小心地争取进一步扩大这种态势。如果能争取到更有利的交易条件当然更好，但还要综合考虑各种因素，切勿因贪求最佳成果而使谈判重陷僵局，从而丧失有利的成交时机。

(2) 从双方分歧条件的质与量上进行判断。从数量上比较分歧条款占达成共识条件的比例。如果绝大多数条款已有共识，存在分歧的条款只占极小部分，基本上可以判断谈判已进入终局阶段。但数量判断并不完全可靠，因为关键问题没有解决仍然无法成交，因此还需从质量上进行判断。如果交易条件中关键的问题已取得共识，仅剩下一些非实质性的分歧条款，则可以判定谈判已进入收尾阶段。

2. 从谈判时间上判断

(1) 按共同约定的时间。谈判之前或之初，各方可以共同商定此次谈判所需要的时间。如果谈判进程完全按约定进行，当磋商接近规定的时限时，谈判自然进入结束阶段。按约定时间结束谈判的好处是可以提高谈判效率，避免谈判磋商久拖不决；缺点是，如果屈从于时间压力而匆忙签约，可能因考虑不周而留下隐患。正确的解决办法是，约定的时间仅作为一个大致的节点，别勉强在规定期限内达成协议，谈不拢时可以先暂时告一段落，或另约时间再谈，或宣布谈判破裂。

(2) 按单方设定的时间。通常由谈判中占有优势的一方，或者出于本方利益考虑必须在一定时间内结束谈判的一方，向对方提出何时应当结束谈判。例如，客方声称已订好某日的回程机票，必须在那一天结束谈判。单方限定谈判时间显然会给对方造成压力。当然，对方可以接受，也可以趁机向对方提出"交换条件"，以对方的某个让步换取本方在时间上的配合。假如时间限定方以此为手段要挟对方，很可能引起对方反感，使谈判破裂。对方其实大可不必太在乎所谓的单方时间节点，订好的机票也是可以延期的。

(3) 形势突变的时间。在谈判过程中突然遭遇特殊情况，如市场行情突变、公司内部发生重大变故、遭遇天灾人祸等，谈判一方或各方不得不提前终止谈判。这种由于外部因素的突然变化而导致的谈判时间的改变，并非某一方故意所为。对此，一般有两种处理方法：要么快刀斩乱麻，在可接受的范围内立即达成协议；要么中止谈判，另改时间再谈。

3. 从谈判策略上判断

在谈判中旨在结束谈判的策略称为终局策略。如果一方在谈判进入尾声阶段选择使用了这种策略，就意味着想要结束谈判。常见的终局策略有以下两种。

(1) 折中策略。通常是取双方谈判条件差距之间的中间条件，作为继续谈判或妥协的策略。该策略在国际商务谈判中较为常见。这种策略是在谈判各方意见僵持不下时，快速解决分歧的一种办法，但需注意：这种方法只能在经过几轮磋商，差距最终已缩小到一定程度时方可使用，过早或差距过大时使用这种"平均法"策略，很容易招致对方得寸进尺的反击，使本方牺牲更多利益。

(2) 最后通牒。双方在多轮磋商后仍然无法达成共识的情况下，一方亮出自己的"底牌"——要么以准备让步的条件成交，要么宣告谈判失败。这种最后通牒策略显然是谈判终结的信号。但需注意，使用该策略风险很大，时机的把握也很关键。谈判各方只有在经过充分磋商，一方已做出相当大的让步，且断定对方不想使谈判破裂时，方可使用该策略。否则，一方面会过早暴露底线，丧失回旋的余地；另一方面，如果对方根本无动于衷，其结果是自己毁掉了这场谈判。因此，使用最后通牒策略应慎之又慎。

4. 从一方发出的收尾信号判断

与上述十分明显的结束方式不同，当处在高调或自然气氛中的谈判进行到一定阶段，在各方均做出一些让步，仅差最后的细节需要敲定的情况下，一方发出某种带有暗示性的成交信号，以促使对方做出接受与否的回应。常见的暗示信号有以下几种：

(1) 不留余地。尽量简短回答对方问题，譬如"是"或"否"，向对方表明已经没有折中的余地了。

(2) 最后承诺。简单阐明本方立场并包含一定的承诺意思。例如，"这是本方最后的意见，您的看法如何？"

(3) 收拾资料。示意对方：我们的意见已经表达完了，谈判该结束了。对方通常会知趣地予以回应。

(4) 提出完整建议。这当然需要费些口舌，但不应有任何模糊之处。不过，这比"最后通牒"要缓和多了，但结果同样是对方要么接受建议而签约，要么拒绝建议而终止谈判。

(5) 摆出结束姿态。以一种坚定的语气结束谈话，然后把文件放在一旁，以背靠座椅、双臂交叉的姿势，双目直视对方。

三、加速谈判结束的方法

在谈判中如果一方要结束谈判，可以通过以下方式把想结束谈判的信号放出去，让对方明白自己要结束谈判了。

微视频 9-3 国际商务谈判的结束 3

1. 发出信号

谈判将要结束时，谈判者通常会发出以下几种成交信号：

(1) 谈判者用最少的话语，阐明己方的立场，谈话中表达出一定的承诺意思。回答对方的问题也尽可能简单，常常只回答一个"是"或"否"，使用短词，很少谈论据，表明这已经是底线了。

(2) 谈判者所提出的建议是完整明确的，如果其建议不被接受，除非中断谈判，否则没有别的出路。

(3) 谈判者在阐明自己的立场时，以一种最后决定的语调，坐直身体，双臂交叉，文件放在一边，两眼紧盯对方，不卑不亢。

发出这些信号，目的在于推动对方脱离勉勉强强或惰性十足的状态，设法使对方行动起来而达成一个承诺。这时应注意的是，如果过分使用高压政策，有些谈判对手就会退步；如果过分表示希望成交的热情，对方就有可能会一步不让地进攻。

2. 最后的总结

在交易达成的会谈之前，有必要进行最后的回顾和总结，其主要内容包括明确是否所有的内容都已谈妥，是否还有一些未能得到解决的问题以及这些问题的最后处理；明确所有交易条件的谈判结果是否已达到己方期望的交易或谈判目标；最后的让步项目和幅度；决定采用何种特殊的结尾技巧；着手安排交易记录事宜。这种回顾的时间和形式取决于谈判的规模，如可以将其安排在一天的谈判结束后的 20 分钟休息时间里，也可以将其安排在一个正式的会议上。

3. 最后一次报价

在这个阶段，谈判双方都要做最后一次报价，最终报价需要注意：

(1) 不要过于匆忙地报价。过于匆忙的报价会被认为是另一个让步，对方会希望再得到些东西；如果报价过晚，对局面就不起作用或影响很小。为选好时机，最好把最后的让步分为两步走，主要部分在最后期限之前提出，刚好给对方留一定时间回顾和考虑；次要让步，作为最后的好处，安排在最后时期做出。

(2) 要把握合适的最后让步的幅度。合适的让步幅度不能太大，也不能太小。如果让步幅度比较大，会使对方认为还有让步的空间，从而继续坚持谈判以求得到更大的好处；如果让步幅度太小，会让对方认为缺乏达成谈判的诚意，并且无法满足较高职位谈判者维持其地位和尊严的需要，而导致谈判破裂。

(3) 让步与要求同时并提。除非让步是全面接受对方现时的要求，否则必须让对方知道，我方所做出的最后让步是指望对方予以响应，做出相应的让步。比如，在提出我方让步时，示意对方这是谈判者个人的主张，很可能会受到上级的批评，所以要求对方予以同样的回报。

四、谈判结束阶段应注意的问题

在谈判结束进入尾声阶段，可能签约近在眼前了，但双方仍未最后签约，变数依然很大，因此谈判者还是要小心谨慎，保持足够的注意力，决不可掉以轻心，否则可能前功尽弃。

1. 不能有大的单方面的让步

如果在收尾阶段突然有一个大的单方面让步，容易让对方认为己方还有可以让步的空间，进而逼迫己方进一步让步，不利于达成协议。

2. 认真回顾双方达成的协议

谈判的最后阶段容易出现两个问题，一是谈判的破裂，二是内部态度不统一。为避免出现上述问题，就需要认真回顾双方达成的协议。例如，针对议程上各个事项，清点达成共识的有多少，通过多提问、多说的方式，利用澄清事实的方法，利用证明、说服的方法，建立良好的谈判气氛。尤为需要注意的是我们的态度和情绪不要被对方的拖延或犹豫影响，避免因此而功亏一篑。

3. 澄清所有模棱两可的事情

很多谈判人员在实操中常不愿澄清那些模棱两可之处，期望先签下合同，之后再相机而动。这样做虽然短期内似乎达成了协议，但从长远来看会为合同的履行埋下祸根，最终无论谁输谁赢都不利于合同的履行。所以，应当澄清所有模棱两可的事情，减少误会。

4. 避免时间不够带来的被动

到最后阶段仍有繁杂的事务需要处理，所以要避免时间不够的情况发生。不要让对方误认为己方急着签约，最好是说："经过双方的沟通，事情谈得差不多了，双方工作人员共同起草了个文本草案，您看看还有什么地方要修改吗？如果没有，咱们就签字。"

5. 谈判记录及整理

由于国际商务谈判涉及的内容广、细节多，各方均应在谈判过程中做好记录，如在每一次洽谈之后写一份简短的报告或纪要并向双方公布。在一项长期而复杂，有时甚至包含若干次会谈的大型谈判中，每当一个问题谈妥之后，都要通读双方的记录，查对一致，以避免含混不清的地方，这样可以确保协议不致以后被撕毁。在谈判结束后也要及时地对这些记录做好整理工作，对谈判中的要点和关键梳理清晰，这既是对谈判过程的记载和备忘，又为起草合同文本打下了基础。

谈判者通常要争取自己一方做记录。谁保存会谈纪要，谁就握有一定的主动权。如果对方出示他们的会谈记录，那就必须认真查看，要将自己的记录与对方的加以校核，发现偏差就应指出和要求修正。在最后阶段双方检查、整理记录，共同确认记录准确无误，所记载的内容便是起草书面协议的主要依据。

第二节　完成谈判最终签约的要领

一、促进签约的策略

商务谈判即将结束阶段，作为谈判人员，除了要学会判断结束时机是否成熟，预测谈判结束方式外，还应该具有恰当结束谈判的能力，促成谈判顺利、圆满地结束。常见的结束谈判策略有以下几种。

微视频 9-4
完成谈判最终
签约的要领 1

1. 时间期限策略

时间期限策略就是要抓住谈判双方在时间上的共性和特点，适时地明确谈判的结束时间，促使双方在互利互让的前提下，及时和圆满地结束谈判。

在运用时间期限策略时要注意以下要点：

(1) 要仔细观察和分析对方的既定截止期限。对方可能在谈判开始时提出一个截止日期，也可能不明确截止期限，还可能以截止期限作为一种战术给己方施加压力，但不管对方采取何种做法，他们总是有一个预定的截止日期。正确地推测对方的既定截止日期，有助于己方掌握谈判的主动权。

(2) 己方要根据谈判的实际情况，合理地确定一个截止日期，但要避免暴露己方的这一截止日期，以便能够主动地促进谈判进程。

(3) 在给对方一个最后期限时，讲话要委婉和自然，不要引起对方不满。要向对方表明，此做法的目的在于提高谈判的效率，从而迫使对方尽快亮出底牌。

(4) 要加强与对方人员之间的交流，联络感情，增进友谊，从侧面促进谈判尽早成交。

2. 优惠劝导策略

优惠劝导策略就是通过向对方提供某种特殊的优惠，促成其下决心尽快签订合同的策略。例如，常见的打折、附送零配件、提前供货、赠送礼品、免运费等方式。

3. 最后立场策略

最后立场策略，是一种在谈判中以谈判破裂相威胁而施压于对方，迫使对方让步的结束谈判的策略。如果谈判经多次磋商仍无结果，谈判一方阐明其最后立场，说明其只能让步到某种程度，如果对方不接受，谈判即宣布破裂；如果对方接受条件，那么谈判以成交方式结束。

运用这种最后立场策略应慎之又慎。如果双方并没有经过充分的磋商，还不具备进入终结阶段的条件，一方提出最后立场就含有威胁的意味，不仅不能达到预期目标，还会过早暴露己方的最低限度条件，而使己方陷入被动局面，这是不可取的。

4. 折中进退策略

折中进退策略是根据双方立场不同和条件的差距，取中间条件作为双方共同进退或妥协的标准，以解决余留问题的结束谈判策略。例如，谈判双方经过多次磋商，互有让步，但还存在余留问题，而谈判时间已剩余不多，为了尽快达成一致，实现合作，谈判一方提出一个比较简单易行的方案，即双方都以同样的幅度做出让步，如果对方接受此建议，即可促成交易。

应当注意，不能完全以形式来判断折中即为终局。在形式折中之外，还应判断其过渡状态，即折中方案前的铺垫。如果已具有互相让步、各自坚持、时间消耗量所剩不多这三个条件，那么这时运用折中策略，谈判成交的可能性将会增大。

折中进退策略往往在双方很难说服对方，各自坚持己见的情况下运用，是尽快解决分歧的一种方法。其目的就是化解双方矛盾，比较公平地让双方各自做出一定的让步，避免在余留问题上过多地耗费时间和精力。

5. 总体条件交换策略

总体条件交换策略，又称一揽子交易策略，顾名思义，即双方谈判至最后或临近预定谈判结束时间时，以各自坚持的条件做整体的进退交换，以求达成协议的结束谈判策略。如果双方谈判内容涉及许多项目，在每一个项目上都已经进行了多次磋商和讨价还价，这时双方可以将全部条件通盘考虑。例如，涉及多个内容的成套项目交易谈判、多种技术服务谈判、多种货物买卖谈判，可以统筹全局，总体一次性进行条件交换。这种策略其实是从总体上展开了一场全局性磋商，使谈判进入收尾成交阶段。

二、做好签约前的准备工作

签约也就是签订合同，是指双方经过磋商谈判的过程，对交易各个细节均达成一致的意见后，把这些细节意见概括起来形成书面文件，经双方签字确认并产生约束力的过程，是国际商务谈判成功的结果，也是最终实现本方利益和权利的重要保证。谈判双方对签约都极其重视，因此，必须认真做好签约前的准备工作。

微视频 9-5
完成谈判最终
签约的要领 2

签约前的准备工作主要有两个大的方面，一是合同文本的制作和审查，二是签约仪式的设计。

1. 合同文本的准备

(1) 合同的形式。

在国际商务谈判中，书面协议文件的名称和内容往往各有区别。比如，在国际货物买卖谈判中，书面协议文件大多称为购销合同或销货确认书；在合资企业谈判中需要签订协议、合同和章程三种文件。

《联合国国际货物销售合同约定》第 11 条规定：销售合同无需以书面形式订立或证书证明，其形式也不受其他任何条件的限制，销售合同可以用包括人证在内的任何方式证明。然而，我国在核准该公约时对这一条款提出了保留意见。根据我国《合同法》的规定，涉外经济贸易合同应采取书面形式。所以我国的各类公司和个人同外商订立的买卖合同必须采取书面形式。书面合同的作用在于，可以在双方发生争议时起证明作用。

一般来说，在国际货物交易中，凡金额较大、条件较复杂或者履行期限较长的交易，都应采用书面合同的形式。某些国家(美、英、日、俄)的法律也都规定了在一定情况下必须采用书面合同。例如，《美国统一商法典》第 2-201 条规定：凡交易金额在 500 美元以上

的买卖合同，如果没有书面材料，法院在诉讼中不予强制执行。同时规定，对一年内不能履行完毕的合同，也都必须采用书面形式。

书面合同由哪一方起草没有统一规定，在有我国参与的国际商务谈判中，习惯上一般由我方负责起草。参加谈判的业务人员必须具备起草合同的知识和技能。

在国际货物买卖谈判中，书面合同通常采用我方或对方印好的现成格式的合同加以填写。但在其他各类商务谈判(如大型设备或生产线的买卖)中的书面合同很少有固定格式，一般都需从头到尾起草。

在现实中常见的书面合同通常采用以下方式，其中以前两种为主。

① 正式合同。正式合同也称全式合同，一般有一定的具体格式。正式合同条款较多，内容全面、完整，并且对交易双方的权利、义务以及出现争议后的解决方案都有明确的规定，买卖双方只要按谈好的交易条件逐项填写，经双方签署后即可。一般卖方制作的合同称为销售合同，买方制作的合同称为购货合同。书面合同的正本通常为一式两份，签署后双方各保留一份，作为履约和处理争议的依据。有时需要三份正本，除买卖双方各持一份外，还需要一份办理出口或进口许可证。目前我国从国外进口商品的交易，大都签订正式进口合同。在出口业务中，一部分签订正式合同，一部分签订成交确认书。通常的做法是交易谈判结束后，我方起草销售合同并盖章后，将正本一式两份(或三份)递交对方签署后返回一份(或两份)，作为履约的依据或作为办理出口许可证的文件。

② 成交确认书。成交确认书也称为简式合同，在国际贸易中常简写为 S/C，确认书(Confirmation)较正式合同简单，是买卖双方在通过交易磋商达成交易后，寄给双方加以确认的列明达成交易条件的书面证明。经买卖双方签署的确认书，是法律上有效的文件，对买卖双方具有同等的约束力。由卖方制作的称为销售确认书，由买方制作的称为购货确认书，正本一式两份或三份，发出一方填制并盖章(签字)后寄给对方，对方盖章(签字)确认后保存一份，并将另一份(或两份)寄回。实际操作中，也可以用传真机传接文件。

③ 协议。协议在法律上与合同同义，都是双方经过磋商达成一致意见的产物。只要其对买卖双方的权利和义务已经做出明确、具体的规定，就与合同一样对买卖双方产生约束力。

④ 备忘录。备忘录是进行交易磋商时用来记录磋商内容，以备今后核查的文件。它是书面合同的形式之一，但在外贸业务中一般运用较少。如果经过当事人磋商，对某些事项达成一致或一定程度的理解，并冠以"备忘录"的名称记录下来，它在法律上不具有约束力。如果双方当事人把磋商的交易条件完备、具体、明确地记入备忘录，并经过双方签字确认，那么这种备忘录的性质和作用与合同一样在法律上有约束力。

⑤ 订单。订单是指由进口商或实际买主拟制的货物订购单。由代理商或佣金商代替客户拟制购买货物的订单称为委托订单。在进出口业务中，有的客户往往发出订单，要求我方签回。这种经磋商后的订单实际上是购买的确认书或合同。对未经过磋商的客户直接寄来的订单或委托订单我方应按内容区别其是询盘还是发盘，考虑是否同其交易，而决定如何答复和处理。

(2) 合同文本的内容。国际商务合同种类繁多，标准各异，但就其结构而言，一般都由四部分组成，即约首、正文、约尾和附件。

微视频 9-6
完成谈判最终
签约的要领 3

① 合同的约首。国际商务合同的约首也就是合同前言部分，主要包括两方面的内容：其一，主要载明合同当事人的名称或者姓名、国籍、主营业务或者住所；其二，合同签订的日期、地点。以上两项内容主要解决以下法律问题：合同的主体是谁；订约人是否具有合法主体资格，合同及合同争议应适用的法律；合同履行地点；合同生效、终止、履行日期及争议时的司法管辖权等。因此双方的名称应用全称，而不能用简称；地址因涉及合同的管辖权问题，要详细列明，不能马虎。有时还在这部分里注明据以签订合同的有关函电的日期和编号，合同中有关概念的定义和解释等。

② 合同的正文。国际商务合同的正文部分是合同的实质性条款，通常由以下内容组成：

第一，合同的类型和合同标的的种类、范围。起草这部分内容，应注意几个问题。首先，合同的类型是指合同是属于国际货物销售合同、专有技术许可证合同、成套设备技术引进合同还是其他合同。其次，合同标的是指合同当事人各方权利、义务所指向的对象，没有标的或标的不明确的合同是无法履行的。起草合同时，应明确标的种类是物、行为、劳务还是无形财产以及标的物的范围。

知识拓展 9-1
讨论合同常用
的英文句型

第二，合同标的的技术条件、质量数量、标准规格。合同标的的数量和质量，是确定合同标的特征的最重要的条件。涉外合同要有明确、具体的数量和质量要求。标的的技术条件、标准和规格构成了合同标的的品质。涉外合同中表示标的的品质方法多种多样，可以由当事人协商确定。

第三，合同履行的期限、地点和方式。履行期限主要指履行合同义务的时间界限，这是确定合同是否按时履行或延迟履行的标准。履行地点是指约定履行义务的地方。国际商务合同的履行地点往往涉及不同国家或地区，直接关系到当事人各方所应承担的风险责任和费用。在起草合同时，要根据合同的性质约定出合理的合同履行期限和地点。履行方式，是指完成合同约定义务的方式方法，如货物支付是一次性履行还是分期分批履行。

第四，合同价格条件、支付金额、支付方式和各种附加的费用。这项内容实质上由两部分组成，即价格条款和支付条款。价格条款往往涉及许多复杂的内容。有时，它不仅是个价格问题，而且涉及合同各方应承担的责任、风险和费用等问题。例如，国际货物销售合同中常用的两个价格术语 FOB 和 CIF，当事人选择不同的价格术语，其承担的责任是截然不同的。因此，价格条款往往是双方当事人商谈的重点。支付条款也是涉外合同中较敏感的条款，它不仅涉及不同国家的货币、外汇制度，还涉及结算方式等一系列复杂的问题。因此，在起草这部分条款时，应详细规定支付金额、支付工具、支付时间、支付地点和支付方式。

第五，合同能否转让和合同转让的条件。合同转让实质上是一种特殊的合同变更，即合同条款一方将合同中的权利或义务的全部或部分转让给合同另一方或合同以外第三方，是主体的变更。在起草这部分内容时，可以明确约定合同可以转让以及转让合同的条件和程序，但这些约定必须依法进行。如果需要经审批机构批准的要办理审批。

第六，明确不可抗力事件的范围和措施。国际商务合同的履行，大多数时限长、路途远，发生各种不可抗力风险的可能性更大。为了使风险造成的损失及时得到经济上的补偿，就需要办理保险。在国际商务合同中应该明确不可抗力事件的范围、发生不可抗力事件的

当事人就采取的措施、第三方机构对不可抗力事件的证明等进行明确界定。在保险方面除了按国际贸易术语的规定来处理外，双方如果认为有必要时也可以在合同中增加相应内容的条款。

第七，合同的有效期限，以及可以延长合同期限和提前终止合同的条件。对于需要较长期间连续履行的合同，当事人可以约定合同的有效期限，并可以约定有效期限届满时，延长合同期限的条件或提前终止合同有效期的条件。需要较长期间连续履行的合同，主要指合资经营企业合同合作经营企业合同、成套设备技术引进合同、国际承包工程合同等。

第八，违反合同的赔偿和其他责任。违反涉外合同的责任是指涉外合同的当事人不履行合同、不完全履行合同、不符合双方在合同中约定的条件时，依有关法律的规定或合同的约定应当承担的赔偿责任或其他经济责任。在涉外合同中明确约定违反涉外合同应承担的经济责任，对于保证合同的履行，促使合同当事人全面履行合同中约定的义务有着重要的意义。当事人可以约定若一方违反合同应承担的责任和承担责任的方式，如约定违约金、赔偿损失，也可以约定支付利息或解除合同。

第九，法律的适用和争议的解决方法。国际商务合同应约定法律适用和争议解决的方法，以便双方在争议发生后根据一定的法律采取适当的措施解决争议。双方可以选择某一国家或某法域的法律，也可以使用国际实体法。在合同发生争议时，其解决有四种方式：和解(Conciliation)、调解(Mediation)、仲裁(Arbitration)和诉讼(Lawsuit)。在起草国际商务合同时，应明确约定争议的解决方法。如果是国际货物买卖合同还应该在合同中明确商品的包装与唛头、运输方式、单证的交付、品质保证与检验、索赔等相关内容。

③ 合同的约尾。合同的约尾，也称合同最后条款，写在合同的结尾部分。结尾条款主要应明确的内容有：合同使用的文字及其效力、订约时间和地点、生效时间、附件的效力及双方签字等。这也是合同不可缺少的部分。合同订立的地点往往涉及合同依据的法律问题，因此要慎重对待。除了明确使用的文字及其效力外，有时还应订立对合同进行修改或补充的内容。

国际商务合同的成立一般是以签字为成立要件，而不是以盖章为成立要件的。所以，在合同的结尾部分还应明确规定：合同在双方授权代表签字后正式生效。

④ 合同附件。附件是合同标的有关条款的相关说明材料和证明材料，如技术性较强的商品买卖合同需要用附件或附图形式来说明标的的构成、技术指标等具体情况。它不是合同的必备条款，视具体情况和需要而定。但如果合同中订有附件，应在合同中另立一章列出附件的具体内容，并明确在合同的结尾说明这是合同不可分割的组成部分。合同附件随合同而产生与合同有相同的效力。

三、完成签约的过程

1. 主办好签约仪式

双方经过磋商，对交易的细节均达成了一致并对合同文本进行了认真的审核，就应该准备签约了。签约虽然是一种形式，但是必不可少。一方面可以通过签约使已经成立的合同书面化，形成具有法律约束力的文件，

微视频 9-7
签约的过程

便于下一步履行和双方责任的认定；另一方面也可以通过签约的良好气氛加深双方的感情，不仅为合同的履行也为双方的进一步合作奠定了坚实的基础。因此签约不可小视，作为主方应认真准备和周密安排。签约中场地的准备，场景的布置、座位的排列、着装礼仪及签约后庆贺等都应该策划周全。

因为谈判的种类、内容、影响力不同，相应协议的签约仪式也不同。在面对面谈判成交的情况下，由主谈判人与对方在同一时间内先后签字、盖章即可。仪式可以简单一些，经常安排在谈判地点直接进行。有时为了庆祝谈判成功，可以签约后到饭店用餐商讨进一步的合作问题。大额合同或大型设备进出口谈判合同的签署，由领导出面签字时要选择恰当的签字场所，精心安排隆重热烈的专门签约仪式。一般情况下可在谈判房间、宴请的宾馆设置签字桌，举行相对简单的签字仪式。

在有政府官员出席的情况下(特别重大的合同)，应选择比较高级的饭店或较为隆重的礼堂。签字在一个厅，宴会应安排在另一个厅。选择安静、明亮的场所和宽大的签字桌；桌子中间摆放两国的小型国旗，备好钢笔或签字笔；每个签字人面前摆放姓名标识牌，表明签字人的身份；签字时要照相、录影留念等。视情况需要，可安排相应等级的政府官员会见对方代表团的成员，以显重视和尊重。必要时安排席间祝酒以及签字后的宴请，为与会嘉宾排宴请桌次、座次时要严格按照来宾身份进行。双方代表在宴会前祝词。根据宣传需要或保密要求决定是否安排电视台或新闻记者采访、报道等事项。签字后，签约双方亲切握手并站在签字桌后微笑合影，双方嘉宾站在领导人身后鼓掌，照相留念，以示隆重和庆祝。

签约仪式的繁简并无严格规定，要根据双方的态度而定。当对方提出要求时，应尽力配合，最好不要在这个阶段因签字仪式问题产生不愉快。应该注意礼宾程序，不可擅作主张，事先向上级申请有关事项安排的审批，事后及时汇报情况。

2. 签约的注意事项

签约时应注意以下三个问题：

(1) 大型的签约活动一定要注意安全。在大型的签约活动中，可能有一些重要人士、特邀嘉宾到场。因此，在筹划时要考虑到安全的因素。人员通行的管理、交通的调度、安全警卫等都要妥善安排。对新闻稿件的发布要注意审稿，如果双方都想在报刊上发稿，事先应该征求对方的同意，或双方事先统一稿件的内容，或双方共同安排相关的采访报道。

(2) 签约时不能过分喜形于色。签约过程中，应当着对方主谈人上司或其同事的面称赞对方相关人员的才干，这样做会减少对方因为收获少而导致的心理失衡，使对方逐渐由不满意转为满意。即使是己方的利益得到较好的满足，也要保持谨慎的乐观，绝不能喜形于色，而加剧对方的心理不平衡，同时也会使自己显得过于肤浅。

(3) 不能只为自己庆祝。签约本身是双方共同努力的结果，应该是双赢的。因此，在签约前和签约后双方要共同庆祝，如相互握手、拥抱、举杯饮香槟酒和说祝贺语等。特别是签约后的庆祝仪式上要尽可能地表现出共同庆祝的喜悦气氛，从而使双方更加友好，为下一步的履约和更深一步的合作奠定坚实的基础。一方特别是主方决不能无视对方的存在而肆无忌惮地、欢天喜地庆祝。主谈人虽然在谈判中功不可没，但也要保持良好的矜持。

一方面要注意和对方有关人员的良好沟通和庆祝，表现出应有的热情；另一方面也要照顾好同事的感受，推功揽过，形成友好、和谐的气氛。

第三节　国际商务谈判的评价标准

国际商务谈判是综合运用各种谈判技巧和策略进行磋商以实现谈判目的的过程。在一个谈判过程结束后谈判人员或其所属公司必须对这一谈判的过程和结果进行综合评价，总结经验、教训和利弊、得失，这些经验、教训对将来的谈判是一笔宝贵的财富。

微视频 9-8
国际商务谈判
的评价标准

一、国际商务谈判成功的评价原则

国际商务谈判的过程中虽然双方为自己目的的实现你争我夺、寸步不让，但从谈判的最终结果和长远利益来看应是相互交流、沟通、获得双赢的过程。谈判成功是谈判各方努力合作、互惠互利的结果。因此，评价商务谈判成功的基本原则应该以谈判结果是否保证了双方的效益目标为前提。谈判成功的首要原则是谈判结果是否满足了谈判双赢的原则。

1. 效益目标原则

谈判的效益是指谈判结果对目标效益的实现程度。谈判的效益有两种，一种是谈判近期目标的实现，另外一种是远期目标的实现。近期目标的实现是指谈判结果对谈判者预期目标的影响以及谈判中预期目标的实现程度。远期目标是指谈判结果为谈判方带来的潜在的效益和影响。近期目标的实现对远期目标的发展有着深远影响。评价谈判成功时既要考虑到双方近期目标的实现程度，又要考虑谈判带来的远期发展效益。

2. 双赢原则

评价谈判成功的另一原则就是双赢原则。双赢是指谈判双方在谈判中都获得了利益和满足。双赢是谈判的最高境界。谈判双方通常在利益和需求上都存在一定的差异，需要通过合作，共同去寻找能够满足双方利益目标和需求的合理方案。要达到双赢，谈判双方要寻求合理的利益分配和求同存异。

(1) 合理的利益分配。谈判应是平等互利的，即谈判双方在谈判中都有所得和付出。成功的谈判不是单方面的赢或输，不是一方占尽优势，不顾对方利益。如果一方想单方面地达到预期目标，而忽略对方的利益或是迫使对方接受一些不合理的谈判条件，这样的谈判，即使达到了协议，也是不成功的谈判。成功的谈判应是谈判双方在谈判过程中，共同寻求合理的方案和方法来解决己方和对方的利益目标和需求。那么，成功的谈判应该是建立在满足对方需求的基础之上，同时又能使双方在利益分配上相对平等，各有所得，从而达到双赢。

(2) 求同存异。谈判中，谈判双方希望取得的利益往往会相互冲突。谈判中，谈判者在追求利益和满足既定目标时，往往会产生共鸣，能满足各自需求的共同点，这就是所谓的共同利益。谈判的结果可以是你输我赢、我输你赢、你输我输或你赢我胜四种结果。谈判中，谈判双方的利益所得只能是各有所得，而不能是双方都拿到相等的利益。谈判中，谈判双方都想得到的利益，往往就是谈判中的矛盾点，也是谈判利益中存有异议的部分。成功的谈判中，谈判双方需就利益共同点合作，就利益矛盾点存异，尽量将双方能取得的利益扩大，最终达到双赢。

二、国际商务谈判成功的评价标准

谈判是双方或多方的行为，因此一场谈判的成功不是依据其中一方的观点或感受来评价的，而是由各方所达到的谈判预期目标的实现、结果满意度、效率高低、投入成本多少和双方合作关系发展等标准来评价的。

1. 预期目标实现的评价标准

衡量国际商务谈判成功与否的首要标准就是对谈判预期目标的实现。在正式磋商前，谈判各方都会制定或确立谈判目标。在成功的谈判中，无论谈判各方采用何种谈判技巧和策略，其最终目的都是实现预期目标，为己方创造最大利益。如果谈判的一方为了实现己方的预期目标和最大利益，而把谈判对方逼得无路可走、无利可图，甚至导致谈判破裂。此种状况下，不仅没有实现谈判的预期目标，反而可能会为实现己方预期目标带来更多麻烦。还有一种情况就是，谈判的一方为了与谈判对象达成协议而没有守住己方起码的目标，这同样也是没有实现谈判目标。成功的谈判应该是既达成协议又能实现己方的预期目标，同样还保障对方预期目标的实现。这是最好的谈判结局，保证了双方的利益，可谓是"皆大欢喜"。

2. 谈判结果的评价标准

谈判结果的评价标准主要是指谈判结果能使谈判双方都满意，并达成协议。这也是人们经常在谈判中所说的实现"双赢"。

中国有些学者认为，谈判是人们为了协调彼此之间的关系，满足各自的需要，通过协商而争取达到意见一致的行为和过程。马斯洛的需要层次理论有两个基本点：一是人人都有需要，某层需要获得满足后，另一层需要才出现；二是在多种需求都没获得满足前，首先要解决的是满足迫切需要。人的基本需求是生理需求。例如：一个百万富翁被困于沙漠中好几天，他身上带有很多现金和一只金表，但唯独没有带水。就在他生命垂危的时候，一个身无分文的穷人路过，穷人随身带了足够的水。富翁与穷人商量用自己的现金和金表换穷人些水，并希望穷人能带自己走出沙漠。穷人欣然答应，双方达成协议。在这一案例中，虽然富翁失去了金钱，但他的生理需求却得到了满足；穷人虽然失去了一些水，但却拿到了钱。双方对谈判结果都很满意，这也就是前面所说的通过协调谈判双方之间的关系，满足各自的需求，从而实现了"双赢"。

3. 谈判效率的评价标准

谈判效率也是评价谈判成功与否的重要因素之一。谈判效率是指谈判各方在有效的时间内达成协议的效率。这也是取得双赢的内容之一。

谈判中的任何一方如果为了达到己方的预期目标或是利益最大化或是为了一个无关轻重的让步而无限期地拖延谈判进程，有时甚至会导致谈判破裂，我们称之为无效率的谈判。有效率的谈判不是说不顾一切地加速谈判进程，而是在有效的时间内实现己方效益最大化。谈判中小小的让步可能会直接加速谈判最终达成协议，也为己方争取了更多的时间以便开拓更有效益的业务。

4. 投入成本的评价标准

谈判中投入成本的多少需要与其产出成正比。谈判投入成本指的是谈判中所耗费的人力、物力、财力和时间等各项成本之总和。在谈判中，人们往往只侧重于要不要做出让步，而忽视了己方所投入的各项成本，无休止地"谈判"，谈后又"谈"。成功的谈判就是能利用少量的成本投入，产出高效益，这种谈判是经济的、高效率的。如果成本投入很高，而产出效益很低，没有与成本成正比，那么谈判是不成功、不经济、低效率的。

5. 双方合作关系的发展的评价标准

尼尔伦伯格说："成功的谈判是合作的利己过程。"谈判是一个利己的过程，但成功的谈判不但是要保障己方的利益，而且还要发展与对方继续合作的关系。建立稳定的、互惠互利的合作关系也是谈判成功与否的关键要素之一。

生意不是一锤子买卖，要看长远的效益。因此，在谈判中，谈判双方要明确己方的目标，具有长远的战略眼光。成功的谈判不单单要看双方利润分配额、出价高低等指标，还要看谈判结果是否促进和加强了双方互惠互利的关系。如果在谈判中一味地追求己方利润最大化，有可能会削弱或瓦解双方的合作关系。在谈判中，优秀的谈判人员往往会着眼于长远利益，而不是追求一时的利益，将维护双方的合作关系作为企业长远发展的战略目标。

总之，评价谈判的成功是从不同方面综合考虑的，而不是说达到了其中某一项标准，就是一个成功的谈判。因此，在评价一个谈判过程和结果时，应把以上几方面结合起来加以考虑。

本 章 总 结

谈判结束阶段是谈判者最容易忽视而又最容易出问题的阶段。一方面，认为谈判已大功告成，紧张的情绪松弛下来，此时的精力已不充沛，注意力很容易分散，很容易出现差错和漏洞，为谈判下一步的进行留下隐患。另一方面，如果盲目乐观或盲目悲观，不能适可而止地终结谈判或抓住机遇促成签约，就会前功尽弃，实现不了谈判目标。所以在谈判结束阶段，谈判者务必集中精力，正确判断谈判终结的时机，确定谈判结束的方式，运用正确的策略和技巧来促成谈判、争取签约。在签约阶段，合同既是体现双方谈判结果的法律文件，又是下一步履行合同和处理纠纷的法律依据，双方都不可掉以轻心，要认真做好合同文本的起草和审核工作，认真策划和准备签约仪式，使双方在和谐友好的气氛中最终结束谈判，为将来的合作奠定坚实的基础。在谈判结束后，有关谈判人员和所在公司应根据双方效益的原则和双赢的原则，从预期目标、谈判结果、谈判效率、投入成本和双方合作关系的发展等方面对谈判进行评价，总结经验教训。

知 识 强 化 训 练

一、重点概念

1. 谈判结束的折中策略　　　2. 谈判有约期中止　　　3. 谈判友好破裂

4. 时间期限策略　　　　　5. 优惠劝导策略　　　　6. 最后立场策略

7. 一揽子策略　　　　　　8. 折中进退策略

二、单项选择题

1. 经过谈判，双方最希望也是最理想的结束方式应该是(　　)。

A. 中止　　　　　　　　　　　B. 成交

C. 破裂　　　　　　　　　　　D. 终止

2. 谈判结果中的成交前提是(　　)。

A. 双方对交易条件经过多次磋商达成共识

B. 双方对全部或绝大部分问题完全没有的分歧

C. 双方就交易签订了合同

D. 双方就交易达成了意向

3. 在国际商务谈判结束时，下列策略中较常用的是(　　)。

A. 折中策略　　　　　　　　　B. 最后通牒

C. 最后承诺　　　　　　　　　D. 不留余地

4. 在谈判中以破裂相威胁，迫使对方让步的结束谈判的策略是(　　)。

A. 最后立场策略　　　　　　　B. 折中进退策略

C. 优惠劝导策略　　　　　　　D. 一揽子交易策略

5. 国际商务谈判的结果和国际商务合同的内容应该(　　)。

A. 二者可以有所不同　　　　　B. 二者基本相同

C. 二者要完全一致　　　　　　D. 二者没有关系

6. 在国际商务合同的内容中，最主要的部分是(　　)。

A. 约首　　　　　　　　　　　B. 正文

C. 约尾　　　　　　　　　　　D. 标题

7. 谈判成功的首要原则是谈判结果是否满足了(　　)。

A. 谈判双方的效益目标原则　　　B. 谈判双方的合法原则

C. 谈判双方的双赢原则　　　　　D. 谈判双方的平等互利原则

8. 评价商务谈判成功的基本原则是谈判结果是否保证了(　　)。

A. 以双方的效益目标为前提　　　B. 以己方的谈判目标为前提

C. 谈判双方的双赢原则　　　　　D. 谈判双方的平等原则

三、多项选择题

1. 谈判是否应该结束可以从(　　)。

A. 从交易条件上判断　　　　　　B. 从谈判时间上判断

C. 从谈判策略上判断　　　　　　　　D. 从一方发出的收尾信号判断

E. 从会场的谈判气氛上判断

2. 商务谈判结束的方式有(　　　)。

A. 成交　　　　　　　　　　　　　　B. 破裂

C. 中止　　　　　　　　　　　　　　D. 建立关系

E. 终止

3. 谈判破裂依据双方的态度可分为(　　　)。

A. 友好合作结束谈判　　　　　　　　B. 非合作结束谈判

C. 友好破裂结束谈判　　　　　　　　D. 对立破裂结束谈判

E. 双方保持克制中止谈判

4. 从谈判策略上判断谈判结束时应注意的策略是(　　　)。

A. 折中策略　　　　　　　　　　　　B. 收拾资料

C. 不留余地　　　　　　　　　　　　D. 最后通牒

E. 最后承诺

5. 在谈判的最后一次报价中要注意的问题是(　　　)。

A. 不要过于匆忙地报价　　　　　　　B. 让步与要求同时并提

C. 要把握合适的最后让步的幅度　　　D. 要在这一次把价格报到最优惠

E. 可以由主要决策人来做出报价

6. 在国际商务谈判中常见的、主要约合同形式有(　　　)。

A. 正式合同(全式合同)　　　　　　　B. 确认书

C. 协议书　　　　　　　　　　　　　D. 条约

E. 备忘录

7. 谈判的结束阶段，在使用折中进退策略时要考虑的条件是(　　　)。

A. 双方没有让步　　　　　　　　　　B. 具有互相让步

C. 各自坚持　　　　　　　　　　　　D. 时间消耗量所剩不多

E. 双方正在做出让步

四、简答题

1. 如何判断国际商务谈判的结束？

2. 在国际商务谈判的结束阶段，可以通过哪些信号判断对方要结束谈判了？

3. 从交易条件上如何判断对方要结束谈判？

4. 简述在国际商务谈判的结束阶段应注意的问题。

5. 简述国际商务谈判中加速结束谈判的方法。

6. 简述国际商务合同的文本的内容。

7. 简述在签约前应做好的准备工作内容。

8. 简述在签约中注意的事项。

9. 简述在国际商务谈判中评价谈判成功与否的标准。

五、案例分析题

艾柯卡的"最后通牒"

美国汽车界名人艾柯卡在接手管理濒临绝境的克莱斯勒公司时,感到必须降低工人的工资,才能保证企业的正常运转。他首先将自己的工资年薪从 36 万降低到 10 万美元,又降低了高级职员的工资。随后他和工会领导说:"17 美元一小时的活有的是,20 美元 1 小时的活 1 件也没有。现在好比我拿着手枪顶着你们的脑袋,你们不是聪明的。"工会并没有答应他的条件。双方僵持了近一年的时间,最后形势逼迫艾柯卡发出"最后通牒"。一天晚上 10 点,艾柯卡找到工会谈判委员会,对他们说:"明天早晨以前,你们非做出决定不可。如果你们不帮我的忙,我也让你们不好受。明天上午我就可以宣布公司破产,你们还有 8 小时的考虑时间,怎么办好,你们自己看着吧!"最后工会答应了艾柯卡的要求。

✍ 问题:请根据所学的商务谈判结束阶段的有关知识,来说明一下艾柯卡这一招是什么策略?为什么能收到如此之效果?

◆ 实 ◆ 践 ◆ 技 ◆ 能 ◆ 训 ◆ 练

训练项目　晶体罩密封继电器引进项目谈判实训

1. 实训目的

通过此训练任务,有助于学生:

(1) 了解商务谈判中的结束阶段的时机选择和策略,拓展、丰富相关知识,加深对商务谈判结束阶段的深入理解。

(2) 运用相关商务谈判的结束阶段的技巧和策略,开展商务谈判活动,并逐渐形成谈判中的谈判力和控制力。

2. 实训要求

(1) 教师给出《晶体罩密封继电器引进项目谈判》的背景案例,拟定需要讨论分析的问题。

(2) 确定训练组织形式:将学生分组(每组 4～6 人),各组在熟悉背景案例的基础上集体讨论给定的问题。组长负责做好讨论形成的主要观点的记录。

(3) 教师主持课堂案例讨论,各小组选出一名代表阐明本小组的分析要点。

(4) 教师进行最后点评总结,实训考核。

3. 实训内容

根据所学知识,按下列思路分析案例内容,得出自己的结论。

(1) 该案例中工厂位于陕西,陕西人待人朴实厚道,对德方的接待很好,但怎么使"礼貌"不被对方误会己方有求于他,生怕不成交呢?

(2) 在中方工厂人员多而外方人员少的条件下,如何统一部署、相互配合,在谈判形势的判断上保持一致呢？

(3) 在这场谈判中，德方在战略上使用了什么策略？中方应对得如何？

(4) 中方应该如何利用己方与德方在技术费上已达成协议，德方人员到中国谈判，德方第一次进入中国市场等背景，使设备报价再降一些呢？

(5) 如何评价中方主谈与厂长的谈判意识和态度？

(6) 德方为什么对"信用证和保函格式"是否写入合同的态度那么强硬呢？中方既然最终让步，为什么不早些结束这个问题的谈判呢？

4. 实训考核

表 9-1　实训效果考核表

考核内容	权重	同学评价	教师评价	综合得分
态度是否端正	10%			
参与是否主动	10%			
语言是否流畅	10%			
观点是否正确	10%			
创新是否突出	20%			
内容是否充分	20%			
知识把握是否准确	10%			
分析是否有逻辑性	10%			
合计	100%			

注：综合得分满分为 100 分，由同学评价和老师评价分数各占 50% 形成。

背景案例 9-1

晶体罩密封继电器引进项目谈判

谈判双方

德方：德国 L 公司总裁、专家、律师、中文译员一行四人。

中方：中国 T 企业厂长、总工程师、副总工程师、引进办公室主任、外贸公司商务负责人、专家等一行十几人。

谈判背景

双方已进行过晶体罩密封继电器技术交流，中方工程技术人员也到德方工厂考察过，双方已在德国把技术费用基本谈好，但设备费仅有报价，尚未进行谈判。德方第一次与中国做技术转让的生意，其技术水平较高，适于军需和民用，且费用比其他国家都便宜，总体报价 360 万美元。其中，技术费和服务费 110 万美元，设备费 250 万美元。中方 T 企业认为该价格可以接受，且工厂急等该项目上马投产。此次德方派团到北京，意在与中方确定设备价格及细节，最后签订合同文本。

谈判进程

由于企业急等该技术和设备，所以在接待上充分表现了主人的礼节。在安排了较好的住宿条件后，企业每天接送德方到谈判地点，中午还招待德方较高层次的午餐，晚上安排具有中国特色的文化娱乐活动。

德方对中方的接待很满意，双方谈判气氛也不错。然而，德方在第一天开始谈判后即提出将在德国双方谈判时的设备报价提高 8%。中方对德方的提价行为十分意外，在谈判无果之后建议休息。

中方内部商讨应对德方条件的对策，T 工厂认为早签合同是第一要紧的事，可以同意提价 2%~4%。据此商务主谈归纳出具体对策为：首先，确定技术费，稳住对方，也缩小谈判范围。其次，鉴于设备费过去对方有报价，我们没有谈判过，可以针对原报价要求对方降价 5%。最后，为了确保技术转让成功，要求在支付条件上暂扣对方 10%的合同价款作为保证金。

恢复谈判后，面对中方提出的谈判方案，德方态度很强硬，不把中方放在眼里，对中方人员的发言不注意听，甚至时而用"停止谈判"来打压中方，而这一招正打中方 T 工厂代表的要害，中方最怕的就是对方拖，唯恐合同签不下来，交不了差，所以一看到德方强硬就做解释，请求对方耐心听。中方工厂厂长甚至在散会后追到德方住宿的饭店表示价格好商量，暗示设备价可以上涨。德方要走的声音小了，但对商务主谈来讲，困难却增大了许多。

德方认为这天上午应该决战了，谈判可以结束了。因为前一晚中方厂长表达的意思是基本同意德方要求的条件。于是在会上先做了最后的陈述："同意付款条件中扣 10% 作为保证金，但各种罚款 —— 迟交索赔、设备索赔等只能在生产线验收后一起结算，设备价格提高 2%。"表面看该条件接受了中方的一条要求，又降低了己方提价 8%的条件，不失为一个改善性条件。

中方肯定了德方条件的改善，提出己方意见："同意 10% 扣款，也同意其他罚款可以在生产线验收后一并结算，不过要加计自发生罚款后到支付时所产生的利息；设备价可以不降 5%，但应维持原报价，也就是说不能提价 2%。其理由是：从上次报价到今天会谈，没有发生什么变化，报价应有效，提价无道理。"中方的条件也有改善。

然而，德方对中方的条件反应很强烈，从脸部表情到肢体语言，让人看了很不舒服，他们反复强调的是："我方的条件已考虑贵方要求且改善了条件，中方能接受就签合同，不能接受就要回国了。"中方商务主谈针锋相对，认为"双方均在努力，不仅德方，中方也做了很大让步。德方谈与不谈都是德方的权利，但不谈造成的后果是德方的责任。"最后请德方考虑后再谈。面对中方不妥协而又礼貌的态度，德方的不满很难发泄，谈判空气一下子凝固了。德方总裁突然站起，表示要走。中方主谈也站起来，表情由发怒转为平静，诚恳地提醒德方主谈此举的后果，并阐述他已得到的好处，请他从长远合作考虑。德方主谈冷冷地回答道："我们认为名誉、信誉不值钱，我是做生意的，只看利益。"面对这种唯利是图的说法，中方主谈心中不禁又升起了怒火，决定以"硬"碰硬。双方站在谈判桌两边相对而视，片刻后，中方主谈轻声而礼貌地表示："我方的态度已表明，是走是留贵方请便。贵方认为什么是利益，主意自己拿，不过后果也自负。"看到中德双方商务主谈的强硬态度，双方一环扣一环的对话，T 厂厂长不知从何插嘴，只好瞪眼看着眼前局势的发展。德方面对中方的说法，无法反驳，站着走不得，又不想坐下，态度从怒变为怨："昨天晚上，厂长跟我讲价格问题不大，怎么今天你来谈，就把问题搞糟了。"看到德方主谈从怒变怨，站着不走，中方主谈平静的脸上挂起了笑容，应道："我也认为价格问题不大，贵方为什么要在原报价提高 2%呢？不提高不就行了？况且贵方提价没道理。还是请贵方好好考虑一下吧！"看中方态度不变，德方只好告辞。

德方一走，中方内部炸了锅，中方厂长又气又急，指责商务主谈太武断，并说，要不是出于礼貌，刚才他就当面同意德方条件了。提价 2%不过多花几万美元，要是为这 2%搞不成项目问题就大了。看到工厂厂长着急的样子，商务主谈耐心解释："第一，对方提价是不合理的，这次不谈好，以后执行合同时，德方还会欺负人。第二，他们不会跑，否则也太笨了。不会因微小之差而丢失大买卖。第三，目前的条件，德方已有利可图。"厂长气急交加、生病了，退席不参加讨论(直到合同谈成才出面)。中方人员继续商议如何下台阶。当时决定带德方人员出去逛公园，消消气再谈。最多让出 2%，仍由 T 工厂厂长出面给出该条件。当 T 厂的讨论会还未结束时，德方派中文翻译来转告：建议晚上继续谈判。这个消息一下子使中方人员转忧为喜。原来德方人员离开会议室在办公楼前等车时，新鲜空气使他们冷静了许多，清醒了许多，决定继续谈判。针对这一消息，中方又调整了谈判方案：决心去掉对方 2%的提价。因为德方的主动建议说明对方已"投降"了，也证明中方的判断是正确的，方案也是正确的。

晚上，在德方住处继续谈判，话题从闲聊转到正题。因为是德方建议晚上继续谈的，所以德方三谈先说"可以不提价 2%，但暂扣价款 10%的保证金太多，使我方回收资金不利，希望中方降低该条件。"大问题解决了！支付条件可以改，中方主谈心想扣 8%也可以，不过支付条件在上午的谈判中已为对方认可，表明对方思想上有接受的准备，只不过想通过讨价还价再捞一把。于是在肯定了放弃 2%提价后，集中从双方的风险大小论证 10%保证金的合理性，德方主谈几次动摇，但均被其律师以各种辩词又坚定下来，又使谈判陷于僵持局面。

针对德方律师的表现，中方主谈把矛头指向他："请问律师的职业准则是什么？"

律师："为其雇主利益服务。"

中方主谈："你违背职业准则，为了雇主利益，无视法律上的准则可以理解，但你是否真正为了雇主的利益服务呢？"

律师："当然。"

中方主谈："那你认为你雇主的利益是什么呢？"

律师："我应为减少雇主的风险而考虑。"

中方主谈："你是为雇主的小利而工作，却丢了大利于不顾。"

律师："为什么？"

中方主谈："今天的讨论是为了求得合同，若因你的这些枝节把雇主的客人赶跑了，使他的合同签不成，那你就帮倒忙了，你也没有很好为雇主服务，我认为你的一切工作应当是以合理的条件说服雇主的顾客，争取签合同。"

律师哑然。这时，雇主——德方主谈插话："X 先生，你的谈话是在挑拨我们之间的关系，我表示不满。"中方主谈说："Y 先生，我讲的是职业标准。要是挑拨离间，就不会当你的面，在这么多人面前谈这个问题了。"

这一番论战，给律师套上了"枷锁"——怕破坏签合同的罪名，怕"帮倒忙"的顾虑，不再轻易发言插话了，谈判少了一层纠缠的因素，对方同意保留10%的保证金，但中方做了一些文字让步，避免"无理由扣留"的承诺。双方很快就达成了协议。

双方随即进入合同文本的谈判。由于与律师达成了"公正均衡"的原则，所以合同文字约定进展很快，只是德方为了保证收款安全，在"信用证与保证函"问题上要求较多。

德方要求把"信用证格式"列入合同，而中方认为只需把"保证函格式"列入合同，并强调这是惯例，两方为此进行了激烈的交锋，甚至花了一整天讨论这些要求的必要性。

德方坚持信用证的格式以及支付条件全文必须附入信用证支付方式中的条件，甚至书面表示，倘若中方不同意，就不签合同。中方认为条件订得过死，对德方使用信用证也不利——会经常出现不符点。因为这些条件与合同执行有关。本无原则问题，但双方的理解不同，已结束的商务谈判又进入剑拔弩张的地步。最后中方做出妥协，方才结束谈判。

第四篇

国际商务谈判综合实训

第十章　国际商务谈判综合实践能力训练

【学习目标】

1. 知识目标

(1) 进一步强化、巩固前面所学的国际商务谈判知识。

(2) 使学生对国际商务谈判知识形成系统化、整体化的认识。

2. 能力目标

(1) 能够完成国际商务谈判的相关文件制作、方案策划、脚本演练和综合模拟谈判。

(2) 能够完整地演练国际商务谈判的全部流程与环节。

3. 素质目标

(1) 培养学生良好的国际商务谈判文件写作素养。

(2) 培养学生国际商务谈判的综合职业素质。

第一节　典型案例分析

一、实训目的

本任务是在全面学习国际商务谈判基本知识，具备国际商务谈判初步能力的基础上进行的，其主要目的在于：

(1) 通过老师引导学生对现实中国际商务谈判实战案例的分析和总结来体会和感悟谈判中具体原则、方法、策略、技巧的运用。

(2) 通过对案例的分析，吸取其经验和教训，培养学生分析和解决谈判中所面临的实际问题的能力和素质。

(3) 为下一步模拟谈判以及将来从事国际商务谈判工作奠定基础。

二、实训要求

(1) 教师先引导学生阅读国际商务谈判示范性案例分析的内容，讲解案例分析的切入点，分析的要点、分析的方法和写作案例分析报告的具体要求。

(2) 使学生在充分理解案例示范分析报告的基础上，根据给定的背景案例独立完成分析并完成案例分析报告。

(3) 根据学生完成案例分析报告的情况，教师向学生展示优秀的分析报告并做好讲评，给定实训成绩。

三、完成国际商务谈判案例示范性分析

1. 实训步骤

【第一步】教师要引导学生充分认识案例分析的重要作用。

【第二步】教师引导学生认真阅读下列国际商务谈判的案例和示范性分析报告，明确进行案例分析的环节和要点。

【第三步】使学生充分掌握案例分析报告的写作要点、方法及注意事项，为独立完成案例分析奠定基础。

2. 案例

IBM 公司与中国移动公司的谈判

傲视全球的 IBM 公司，应中国移动的邀约参加该公司关于电脑硬件的全国性大型采购项目招标。IBM 公司的业务员和电信行业销售总监 Tony 领导谈判团队一起代表 IBM 公司与客户中国移动谈判。此单一旦成功，IBM 公司将赢得对手原来占据的中国移动公司的电脑份额。在全国性采购招标中，参与投标的公司所报产品协议折扣的高低，将直接关系到投标的成败。

第一日谈判，酒店的大堂已经挤满了各个厂商的队伍。中国移动公司的秘书首先把 IBM 的谈判代表请进会议室。中国移动公司已经派出了采购处处长领衔的主力阵容。

第一个回合，IBM 的策略是高价开垦。中国移动方看到初始价格后，非常不悦，直接要把 IBM 赶出谈判会议室。经 Tony 软言周旋，对方要求先降低服务费。Tony 他们知道服务费永远是最后的暴利，因为在谈判阶段，客户可以控制购买价格，但成交后，就丧失了对服务价格的控制权，这就是所谓上船容易下船难。

随后是 IBM 的竞争对手 H&P 的谈判团队进入会议室。Tony 第一时间向后方老板汇报，并得到同意降价的肯定答复。团队很快改完了报价。Tony 让团队现场休息。不久后中国移动叫他们重新报价，而他们推脱说上面还没批准降价。这种拖延战术在谈判中经常使用，为的是让客户知道降价很难。大概 30 分钟后，H&P 的谈判队伍也离开了会议室。所有卖家都遭到了类似的待遇。预示了这场谈判注定是一场艰苦的拉锯战。

第二回合，中国移动方对 IBM 只降了服务费并不满意。出了会议室，Tony 等人商议，先不着急，给对方最后决策人留点砍价的空间。

进入第三回合，对方看到 IBM 的新报价后，极为不满。除了价格，中国移动对产品的性能并不感兴趣，他们告知 IBM 的人，晚上 8 点，最后一次报价机会。价格不入围者将被踢出局。在会议室外，IBM 的人紧急磋商，认为客户只是假意威胁，不可能真的把他们踢出局，因为如果这样 H&P 就一家独大了。IBM 业务员还打听到这间会议室已经被中国移动预订一周，由此说明中国移动做好了认真谈判的打算。于是 IBM 业务员放了心，

静观其变。

第四回合，中国移动的谈判决策人告诫 IBM 的人，抓住机会，抢占在中国移动的市场份额，并要求他们根据各个省份的需求，重新报上一份配置和报价单，包含全中国所有省份的新平台和替换方案。同时中国移动又要求投标方明天上午 10 点将报价单准时交到招标小组，迟到者按废标处理，价格报错者，所有产品按最低报价处理。原来这份只包括 IBM 目标省份的报价单和方案就已经让整个团队忙了整整一周，现在的任务是把全国 23 个省、5 个自治区、4 个直辖市、661 个市、1800 多个网点、3000 多个终端的新购、硬件、软件、服务、升级等全部重新报一遍。一晚上根本不可能完成。

IBM 一行人疯狂拼凑最新方案和价格，一夜无眠。第二日上午 10 点 Tony 把熬夜做好的报价单交给对方。中国移动的决策人把 IBM 的方案丢到秘书手里，示意需要 IBM 拿出一套全新的方案并强调说 IBM 必须在中午一点前交出最新方案，不能出错，不能迟交。IBM 谈判代表意识到对方明摆着要打体力战，消耗谈判对手的体力，击溃他们的生理和心理防线，特别是使大脑的逻辑思维能力降到最低，这是谈判的致命武器。

第六回合。由于 IBM 公司的报价少计算了一个省的软件，根据规定，IBM 所有软件的平均折扣降低 0.1 个百分点。中国移动招标小组的秘书拿着新改的折扣让 Tony 代表 IBM 在上面签字确认。中国移动方步步紧逼，说如果 IBM 不给出一个竞争性的价格，集团不会给他们参加全国设备竞标的机会，并把 IBM 从供应商名单中删除，有效期 5 年；同时说下午 6 点前给 IBM 最后一次机会，如果还不降价，直接踢出名单。

由于摸不清楚客户的底线，IBM 谈判团队无奈做出了第 3 套报价单。在得知其他厂商目前为止都没降价的消息后，在最后关头，即第七回合，他们报了最高价方案。对方对最新报价不置一词，又要求免费赠送一部分软件。Tony 先假意向上申请，拖延一会儿之后，同意赠送，并签字确认免费赠送价值 5 百万元的软件。中国移动方得寸进尺，要求将赠送的软件改为同价值的硬件。内行都知道，软件就是张光盘，成本极低。而硬件则不同，成本高。如果 IBM 不接受，就等于承认软件的暴利，那软件价格还得降，无奈只好答应。整个过程中国移动方什么让步都没做，七个回合，就让 IBM 麻利地降了五百万元。接着中国移动方再次拿出了一个新的方案，并说招标工作紧急，明天早上六点，IBM 必须把新的方案和报价交到这里。看着这个新方案，IBM 所有人都大吃一惊，它既没有标明省份，需求也和以前完全不同，这明摆着中国移动要耗死所有人。

第三天早上六点，中国移动的谈判小组居然换了批人马，只是最终决策人还在，典型的车轮战术。中国移动如此这般折腾了足足五天，三波人轮着和各个厂商的人展开了车轮战。

第六天晚上十点，Tony 报出了比之前稍高的价格，理由是公司马上会发布一系列新产品，所以价格策略有所调整，是经美国总部申请特批的，但中国移动方并不相信，要求见 IBM 的亚太区老总。

第八天上午九点，IBM 亚太区老总如约而至。正谈判时，中国移动决策人抓起 IBM 的标书，狠狠地扔了出去，"滚，就你们这破价格还有脸来和我谈。"所有人都被中国移动决策人这个意外举动吓到了。IBM 谈判小组所有人的心理和生理防线统统被摧毁了。中国移动方的战术很简单，先拖垮对手的生理防线，再彻底摧毁其心理防线，下面再开始只有招标的战役，因为投标方肯定都得被修理得服服帖帖，任由其摆布。

　　IBM 意识到再次降价是必须的，但必须要找到合理的理由。这次中国移动谈判的决策者真正的需求是要高调地完成谈判任务，为本公司在即将来到的电信重组中增加筹码。痛定思痛，IBM 公司谈判团队传真中国移动招标组，表达了 IBM 愿意积极配合移动总部顺利完成全国集采的愿望，并说明到目前为止，IBM 在本次集采中提供了最为优惠的价格，希望能在后续的工作中继续为中国移动总部提供更多的产品和服务。这封正式的信函，满足了中国移动高层的想法，也给决策人减轻了谈判压力。这次谈判不涉及实际采购，谁都不可能给出底牌。这其实就是让中国移动谈判决策人完成谈判任务，留住面子。价格肯定还是要降，等客户闹完了，然后再减价，就皆大欢喜了。

　　在最后一个回合的谈判桌上，IBM 业务员故意将自己的 U 盘留在谈判室。诱导中国移动按照 U 盘里的价格尝试砍价，这就为 IBM 降价找到了一个合理的理由。事实证明，IBM 的判断基本正确。那份传真被中国移动集采谈判小组作为政绩的一部分向上级交了差事，决策人也算是完美完成了总部交给的谈判任务。H&P 的框架性协议价格低于前一年平均成交价的 8%，IBM 更是比 H&P 的价格低了 12%，其他的各大厂商也都有相应幅度的减价。中国移动总公司高度赞扬了本次集采的试点所带来的模范式效应，全国各个省分公司的实际项目招标都纷纷进入了日程表。结果是 IBM 和 H&P 瓜分了中国移动这个总投资超过一亿元人民币的大项目。

3. 示范性分析报告

示范性分析报告如表 10-1 所示。

表 10-1　国际商务谈判案例分析报告

报告人		学　号	
专　业		班　级	
案例名称	IBM 公司与中国移动公司的谈判		

谈判主体： 己方：IBM 销售总监，IBM 亚太区老总率领的团队
　　　　　　对方：中国移动公司决策人和采购处处长率领的招标组
谈判客体： 中国移动公司对电脑硬件进行全国性的大规模的招标
谈判议题： 中国移动公司全国性的电脑采购
谈判地点： 北京
谈判准备： 大家在来之前已经拿到了客户总部的预算和各个省份的预算；每个部门制定至少五套价格方案，随时应对客户的每轮砍价；安插内线，随时掌握事态动向。
　　谈判成功的卖点： 打破了 H&P 公司对中国移动公司的长期垄断，并为中国移动挣到了面子和政绩，为其在电信重组中增加了筹码。
　　谈判障碍： 这次谈判，IBM 公司最大的阻碍不是来自劲敌 H&P 公司，而是由于客户中国移动的"对外封锁投标各方消息，对内高压逼迫"的战术。这次采购，因为中国移动总部没有决定权，地方分公司并不希望总部的采购价过低，这样他们就没有了可控空间，所以不论是 IBM 还是 H&P，都不敢轻易降价得罪地方客户。IBM 决定高价开场，在总部这里价格不动，回到地方再降价。不熟悉对手的组织结构，也是谈判

时处于劣势的原因之一。

不利因素： IBM 自有的官僚程序，如谈判小组没有决定权，每下一步棋都要向上级报告请示；又如总部批准降价必须有逻辑和证据支持。

我方的利益： 中标则获得更大的市场份额，填补 IBM 在中移动的产品空白。

使用的策略： 首先，报最高价的方案，拖延每轮回应让步的时间，打持久战，暗中联系客户内部的人，了解其他竞争者的报价情况，知己知彼。其次，摸清对方真正的需求，一举拿下订单。

运用的技巧： Tony 采用拖延战术；Tony 计算对手和客户的谈判时间，并和自己所用时间进行对比，用以评估局势；Tony 以公司名义发正式函，向客户明示底线，观察客户反应；故意泄露价格机密，让对方开出具体价格要求，使谈判明朗化。

谈判分工： IBM 亚太区老总是价格决策者；其他人有的负责打通客户关系、安插内线；有的负责拟订销售方案并制定价格；Tony 作为谈判首席代表，负责发言。

谈判原则： 我方拿下订单，并为地方集采留有价格空间。

谈判风格印象： 正式而严肃，身心疲惫，惊心动魄，威逼利诱，无间道。

礼仪提示： 私企人员的穿着总是规范、正式；而国企人员对于礼仪要求不是太严格。

禁忌提示： 谈判进行了很久，我方一直没有搞清楚这次谈判中客户的决策人是谁，其真正的需求又是什么；不熟悉对手的组织结构，也是谈判时处于劣势的原因之一。

谈判结果： IBM 的谈判团队拿下订单，其他的各大厂商也都有相应幅度的降价。中国移动高度赞扬了本次集采的试点所带来的模范式效应，全国各个省份分公司的实际项目招标都纷纷进入了日程表。

经验教训： 在客户一对多的招标项目谈判中，最大的成功障碍是对其他竞争对手的竞标价不知情，必须千方百计得到敌方的底线，而在此之前，不可轻易被客户唬人的表现吓倒。

必须了解客户方的决策者是谁，其真正需求又是什么。顺应对方的意图，满足对方需要，避免盲目服从，被对方牵着鼻子走。

谈判者不可以简单相信委托人的说辞，必须有自己清醒的判断。

谈判者必须小心应对各种意想不到的突发状况，要做好各种情况的后备方案。如得知不利信息后迅速做出反应并形成解决方案。

评语：

评　　分：＿＿＿＿＿＿＿

指导教师：＿＿＿＿＿＿＿

注：本案例分析是站在 IBM 的角度进行分析的，同学们不妨站在中国移动的角度再进行一次分析，看看有什么不同。

四、完成国际商务谈判案例自主性分析

1. 实训步骤

【第一步】教师引导学生认真阅读下列国际商务谈判的案例。

【第二步】学生在教师指导下，参考前面的示范性案例分析独立完成案例分析报告。

【第三步】教师对案例分析报告进行评点，选择优秀作品进行展示。

【第四步】在时间允许的情况下，可请部分学生谈谈分析的体会和收获。

2. 案例

阿曼德·哈默曾在谈判中栽过一个不大不小的跟头

美国实业界"经营之神"和"幸运之神"阿曼德·哈默(Armand Hammer，1898—1990)曾在谈判中栽过一个不大不小的跟头。

在第二次世界大战中，吃到一块好牛排委实不易。受此启发，哈默踏入养牛业这一行。牛能否卖得出好价钱，很大程度上取决于种牛的血缘和品质。

正好，当时有一头名叫"埃里克王子"的得奖种牛在密苏里州拍卖，这头种牛被养殖专家誉为本世纪最佳种牛。哈默很想以 1.5 万元买下，但一个叫奥布莱恩的企业家以更高的价格 3.15 万元将其买下。哈默退而求其次以 2.75 万元买了前一年国际种牛赛冠军——"野蛮王子"来繁殖牛群，到后来一年收入上百万元。这使他更加感到"埃里克王子"的可贵。正在这时，哈默得到一个好消息："埃里克王子"患了阳痿病，而且据兽医分析它的病仅是心理上的，而非生理上的，还可利用其精液进行人工授精。

听到这个消息，哈默当即打了电话给奥布莱恩要买"埃里克王子"。奥布莱恩同意卖，但出价 10 万元。这一棒把哈默简直打昏了。他不由吼骂起来："您疯了吧？我刚听说您的这头牛不能再交配了，而且一年多没有交配过了。""那您为什么要买呢？"对方竟反击说。"我知道您想干什么。大学里已经派人来讲过，'埃里克王子'还可以做人工授精的种牛呢！"原来对方已洞察了自己的心理！哈默有些气馁了。他当即以很委婉的语调向对方讨价还价："我也仅仅是碰运气而已。谁也没真正证明它还能生育。这样吧，'埃里克王子'已给您服务这么久了，我一分不少，照原价给您，怎么样？""10 万元。"对方寸步不让。咬咬牙，哈默立即将价格拉了一倍多："我们折中一下，7.5 万元，不过您得让我做次实验，好不好？"奥布莱恩稍微沉吟了一会，接着说："好吧，你来吧。"哈默苛着兽医去了，试验结果十分满意。于是他掏出 7.5 万元的支票交给奥布莱恩。奥布莱恩接过支票看了看，又把它还给哈默："钱不够。""怎么，不是讲好 7.5 万元的吗？""不，我没有讲同意 7.5 万元成交，我只是同意你到这里来做试验。"这简直是十足的无赖！哈默气昏了，转身就走。奥布莱恩在背后微笑着目送他。他已经看准了哈默对"埃里克王子"志在必得的心理。

次年 12 月，最负盛名的芝加哥国际牲畜展览会开幕了，哈默带着一头年轻母牛参展。此时的哈默，尽管在养牛界已很有名气，但可惜的是他的牛却从未得过芝加哥展览会的世界冠军。这一次却大不相同，这头母牛也是"埃里克王子"的后裔，作为牛犊时，哈默就出了 5000 元的高价将它买下，同时他又请了一些最有名望的专家来饲养。他志在必得，养牛界

的许多同行也认为冠军非它莫属。可没料到，这头母牛仅得到亚军。冠军还是被"埃里克王子"的另一个"女儿"抢走了。这次对哈默的打击太大了。回到旅馆，他一头倒在床上，半晌不动。终于，他再次拨通奥布莱恩的电话……这笔生意最终还是以 10 万元价格成交了。

3. 实训考核

本实训效果考核表如表 10-2 所示。

表 10-2　实训效果考核表

考核内容	分　　数	综合得分
态度是否端正	15	
格式是否正确	15	
语言是否流畅	15	
创新是否突出	20	
策略技巧分析是否恰当	20	
要点分析是否全面	15	
合　　计	100	

第二节　国际商务谈判策划书的制作

一、实训目的

谈判策划书的写作任务是在全面学习国际商务谈判基本知识，具备国际商务谈判基本能力的基础上进行实际技能的训练，其目的在于：

(1) 进一步巩固和强化前面所学国际商务谈判的知识，认识和感受国商务谈判的步骤、环节和策略技巧的实际运用，培养学生从事和驾驭国际商务谈判的能力和素质。

(2) 使学生学会国际商务谈判策划书的写作方法、要点和格式。

(3) 为下一步模拟谈判中谈判的准备、报价、磋商和签约各阶段中的方法、策略、技巧的运用奠定基础，培养学生的谈判意识和谈判能力。

二、实训要求

(1) 教师先引导学生阅读国际商务谈判示范性策划书的内容，讲解谈判策划书的内容和写作的要点、方法、注意事项等具体要求。

(2) 使学生在充分理解示范性谈判策划书的基础上，根据给定的案例独立完成谈判策划书的写作。

(3) 根据学生完成策划书的情况，教师选择优秀的作品向大家展示，并做好讲评，给定实训成绩。

三、实训考核

本实训效果考核表如表 10-3 所示。

表 10-3　实训效果考核表

考核内容	分　数	综合得分
态度是否端正	10	
格式是否正确	15	
语言是否流畅	15	
创新是否突出	15	
策略技巧是否恰当	15	
知识把握是否准确	15	
团队意识是否具有	15	
合　　计	100	

四、感悟国际商务谈判策划书的制作

1. 实训步骤

【第一步】引导学生回顾前面所讲的谈判策划书内容、格式、注意事项等知识要点。

【第二步】引导学生认真阅读下列谈判策划书的范文，领会谈判策划书准备和写作的要领。

【第三步】学生分析策划书的篇章结构，包含的内容、策略原则等，为自己独立完成谈判策划书的制定奠定基础。

2. 谈判策划书范文

上海 XX 科技有限公司

美国 XX 通讯设备公司

国际商务谈判策划书

专业：＿＿＿＿＿＿＿＿＿＿

班级：＿＿＿＿＿＿＿＿＿＿

学号：＿＿＿＿＿＿＿＿＿＿

姓名：＿＿＿＿＿＿＿＿＿＿

目　录

一、谈判双方公司背景

(一) 行业状况

我们对捷波朗(Jabra)、缤特力(Voyager)、诺基亚(NOKIA)等公司的蓝牙耳机进行价位对比发现，美国××公司的蓝牙耳机要比其他公司的贵5美元左右，但是现在的市场主流都采用美国××的蓝牙耳机，像苹果、三星手机配备的蓝牙耳机的采购已经占据了××公司的大部分产能。

(二) 对方企业背景

××是一家美国的通信设备技术研发公司，成立于1985年5月，在以技术创新推动通信设备向前发展方面扮演着重要的角色。该公司十分重视研究和开发，并已为一百多家手机制造商供应蓝牙耳机，涉及全球大多数电信设备和消费电子设备的品牌，如HTC、索尼、诺基亚、三星、OPPO等全球品牌智能手机。在国内，华为、中兴、联想、××、海信、海尔等厂商的智能手机也大多采用该公司的蓝牙耳机。××是全球大牌高端手机采用最多的蓝牙耳机品牌，相当于智能手机芯片行业的英特尔。

(三) 我方企业背景

上海××科技有限责任公司由前谷歌、微软、金山等公司的顶尖企业合资组建，是国内一家专注于研发新一代智能手机软件开发与热点移动互联网业务运营的公司。2010年7月公司正式启动，已经获得知名科创投资人及风险投资IDG、软银的巨额投资。此外，××公司还推出杜比定向逻辑四声道立体声音乐手机。这款手机在智能音乐手机排行榜中享有很好的排名。

二、谈判主题

上海××科技有限公司向蓝牙耳机供应商美国××通信设备公司采购高端蓝牙耳机，上海××科技有限公司希望将采购数量从13万提高到20万，蓝牙耳机价格从35美元降低到 23 美元。

三、谈判目标

最理想的价格：23 美元。

实现目标价格：30 美元。

可接受价格：23~32 美元。

四、谈判团队组成

首席代表：甲，公司谈判全权代表。

财务顾问：乙，负责重大问题的决策。

技术顾问：丙，负责技术问题。

法律顾问：丁，负责法律问题。

销售顾问：戊，负责市场分析。

(建议加限**人)

五、双方利益及优劣势分析

(一) 我方利益

要求以较低的价格进口蓝牙耳机。

(二) 对方利益

用最高的价格销售，增加利润。

(三) 我方优势

(1) 一家新兴的科技创业公司，有活力，充满激情。

(2) 有雄厚的资金和研发实力。公司已经获得知名科创投资人及风险投资 IDG、软银的巨额投资，而且公司高管和工程师由前谷歌、微软、金山等公司的顶尖高手组建；公司研发了杜比定向逻辑四声道立体声音乐手机，针对原来的手机播放器进行改进，需要最高端的蓝牙耳机配置，进而为国内的手机用户提供新的智能音乐手机体验。

(3) 有粉丝基础，网上很多论坛有很多米粉和发烧级手机用户。

(4) 中国智能音乐手机广阔的市场前景。

(5) 网上销售。通过线上销售的方式，省去了渠道商和广告的成本，从而让 XX 智能音乐手机更具有竞争力。

(6)采购蓝牙耳机的数量大。

(四) 我方劣势

(1) 新兴公司很难取得像美国××这样的国际大公司的信任。

(2) 互联网起家的公司做音乐智能手机缺乏更多的实际经验，存在很大的风险。

(3) 网上销售的模式有待考证。

(五) 对方优势

(1) 国际性大公司，值得信任。

(2) 科技研发和资金力量雄厚。

(3) 公司在通信设备蓝牙耳机市场占据很大的份额。对方是全球大牌高端手机采用得最多的蓝牙耳机品牌，相当于智能手机芯片行业的英特尔。

(六) 对方劣势

(1) 最新杜比音效的蓝牙耳机还未曾投入过量产，蓝牙耳机性能有待检验。

(2) 该性能蓝牙耳机，其他公司的定价要比××公司的低 5 美元左右，而且其他公司为了争夺市场份额甚至愿意在此基础上再降低蓝牙耳机价格。

(3) 由于还有其他公司和××公司预订该蓝牙耳机，因此产能是否满足需求还不能确定。

六、谈判安排

(一) 谈判期限

20××年××月××日—20××年××月××日。

(二) 谈判议程

时间安排：

(1) ××月××—××日，双方协商蓝牙耳机价格和我方采购数量。

(2) ××月××—××日，双方协商蓝牙耳机的良品率要求及工艺设计上的要求。

(3) ××月××日 ，签订采购合同。

七、开局及谈判策略

(一) 开局策略

方案一：感情交流式开局策略。

通过谈及双方合作情况形成感情上的共鸣，把对方引入较融洽的谈判气氛中。

方案二：采取称赞对方的开局策略。

营造和谐谈判气氛，称赞××是全球大牌高端手机采用得最多的蓝牙耳机品牌，相当于智能手机芯片行业的英特尔。投其所好，即选择那些对方最引以为豪的话题。

我方报出 13 万的蓝牙耳机采购数量和 20 美元的报价，同时我们要表现出合作的诚意，20 美元的报价对方难以接受，我们可以提高到 23 美元。

(二) 中期阶段策略

策略一：软硬兼施策略。

通过我们先前的调查不难发现，市场上蓝牙耳机的基本价位应该在 18 美元左右。按照以往的惯例，美国××公司能够承受的价格大概为 32 美元，因而对方在价格上不占有优势。因此，我方由两名谈判成员中的一名充当红脸，一名充当白脸辅助协议的谈成，适时将谈判话题定位到双方长远利益上来，把握住谈判的节奏和进程，从而占据主动。

策略二：静观其变。

让对方尽情提出要求，我方以不变应万变。

策略三：把握让步原则。

明确我方核心利益所在，实行以退为进策略，退一步进两步，做到迂回补偿，充分利用手中筹码。我方通过两次提高采购数量来迫使对方在价格上做出让步，第一次提高 2 万，对方如能把价位降到 30 美元，我方可再提高 3 万副蓝牙耳机的采购量。

策略四：制造竞争。

罗列与我方要合作的其他通信设备供应商。

策略五：打破僵局。

重新理清谈判的关键问题，冷静应对。合理利用暂停，首先冷静分析僵局原因，再运用肯定对方形式、否定对方实质的方法解除僵局，适时用声东击西策略，打破僵局。明确最终谈判结果，我方一共提高 8 万副蓝牙耳机采购量，而我方的要求是对方把价格降低到 28 美元。

(三) 最后谈判阶段策略

策略一：把握底线。

适时运用折中调和策略，严格把握最后让步的幅度，在适宜的时机提出最终报价，使用最后通牒策略。

策略二：抓住契机。

在谈判中形成一体化谈判，以期建立长期合作关系。

策略三：最后通牒。

明确谈判结果，给出最后态度。

我方已经表现出了最大的合作诚意，28 美元的报价是我们的底线。如若这次我们合作成功，以后我们会成为固定的合作伙伴，今后我们公司智能音乐手机的蓝牙耳机将只向贵公司采购。而且中国的智能音乐手机用户已经超越美国，成为了世界第一大智能音乐手机市场，发展潜力巨大，我们向贵公司采购的可能不仅仅是 20 万副蓝牙耳机，有可能是几百万，甚至更多，希望贵公司能从长远的利益出发。如果贵公司坚持自己的报价，我们只能表示很遗憾，但是，正如中国的一则俗语所说，"生意不成情谊在"，期待以后还能够有机会合作。

八、应急预案

(一) 存在偏见或意见

我方有人认为 34 美元的价格相对于其他公司的蓝牙耳机仍然显得高，这可以从两方面来说。首先××智能音乐手机的定位是为热爱音乐的年轻人而生，所以蓝牙耳机的质量要达到最好，音效质量要达到最高，而且这为手机的销售制造了卖点。对方对我公司的信誉和资金实力表示怀疑。我方出具公司有关执照和投资人证明，可以找第三方担保人。

(二) 谈判中滥施压力和设置圈套

(1) 在谈判中我方应该有意识地暗示对方，我公司能够选择的蓝牙耳机供应商有很多家，而且其他家在价格上更具有竞争优势。如果美国××公司不能在价格上做出让步，他们很有可能会失去我们这个非常具有发展潜力的合作伙伴。

(2) 美国××公司的产品在业界有良好的口碑，我们相信你们产品的质量才选择和你们合作，所以你们要对你们的产品质量有所担保，我们不希望不合格的产品出现在消费者的手中，相信贵公司也不希望这种情况发生。

(3) 据我们了解美国××公司旨在向国内具有创新精神的公司投资并与之开展合作，目标公司特别定位在处于发展早期到中期的中国公司。我们是一家有活力和创新精神的公司，所以也希望得到你们的支持。

五、完成国际商务谈判策划书的制作

1. 实训步骤

【第一步】教师引导学生回顾前面所讲的谈判策划书的内容、格式、注意事项、制作要求等知识要点。

【第二步】教师引导学生认真阅读下列谈判案例，抓住其中主要内容和关键点。

【第三步】学生在教师的指导下完成谈判策划书的制定，并形成规范的书面文件。

【第四步】教师批阅学生制作的谈判策划书，选出优秀作品进行展示，并做好讲评。

【第五步】学生完成实训报告。

2. 案例

中国奥康与意大利 GEOX 的谈判

2003 年，浙江奥康集团与意大利 GEOX 公司进行了一场成功的谈判。浙江奥康集团是国内知名鞋业生产企业，GEOX 公司是意大利排名第一的功勋企业、世界鞋业巨头之一。2003 年 2 月 14 日，两家企业达成协议：奥康负责 GEOX 在中国的品牌推广、网络建设和产品销售，GEOX 借奥康之力布网中国，而奥康也借 GEOX 的全球网络走向全球。

在中国入世之初，GEOX 把目光对准了中国，意图在中国建立一个最大的生产基地。2002 年开始，GEOX 总裁 Polegato 先生开始到亚洲的市场调研。经过一段时间的实地考察，他将目标对准了中国奥康集团。奥康能否接住 GEOX 抛来的红绣球，实现企业发展的国际化战略，最终起决定作用的是对商务谈判原则的精彩应用。

GEOX 公司曾用两年时间对中国市场进行调研，先后考察了 6 家中国著名鞋业公司，为最终坐到谈判桌前进行了周密的准备。其在谈判中能把几十页的谈判框架、协议条款熟练背出，令在场的人叹为观止。Polegato 的中国之行排得满满的，去奥康考察只有 20% 的可能，谈判成功的预期更是很低，对一个合作可能如此小的企业，Polegato 竟做了如此周密的准备，是值得国内企业老总们学习和借鉴的。

尽管奥康对与 GEOX 合作成功的心理预期也是极低的，但他们的宗旨是即便是 0.1% 的成功机会也绝不放过。奥康为迎接 GEOX 公司进行了周密的准备和策划。首先，他们通过一位中国香港翻译小姐全面了解了对手公司的情况，包括对手的资信情况、经营状况、市场地位、此行目的以及谈判对手个人的一些情况。其次，为了使谈判对手有宾至如归的感觉，奥康公司专门成立了以总裁为首的接待班子，拟定了周密的接待方案。从礼仪小姐给刚下飞机的谈判方 Polegato 一行献上的鲜花，到谈判地点的选择、谈判时间的安排、客人入住酒店的预订，整个流程都是奥康公司精心策划、刻意安排的。同时，奥康在上海黄浦江以包下豪华邮轮的方式宴请谈判对手，借游船赏月品茗之美好气氛消除利益冲突引发的对抗，平衡谈判双方实力，结果使得谈判对手"一直很满意"。这为谈判最终获得成功奠定了基础。

同时，谈判毕竟不是为交友而来，谈判者花在联络感情上的时间总是有限的，如果找一种方法，能够用较少的成本赢得对手的友谊和好感，那就非赠送礼物以表情达意莫属了。奥康总裁王振滔选择寓含奥康和 GEOX 合作完美无缺之意的"花好月圆"青田玉雕，送给 Polegato 先生。礼物虽轻，但表达了赠送人的情真意切。

在谈判中，奥康总裁王振滔努力寻找奥康与 GEOX 公司的共同点，并把此次谈判的成功归结为除了缘分，更重要的是两家公司确实有太多相似的地方。GEOX 公司以营销起家，短短十年时间年产值就达 15 亿欧元，产品遍及全球 88 个国家和地区，由一家酿酒企业跨入世界一流制鞋企业行列。而奥康则是从 3 万元起家，以营销制胜于中国市场，8 年的发展，产值超过 10 亿元。年轻、富有远见和同样的跳跃式增长轨迹，是奥康与 GEOX 的最大相似点。

GEOX 公司有备而来，拟订了长达几十页的协议文本，每一条都相当苛刻，为了达成合作，双方都进行了让步。但在两件事上出现了重大分歧，一是对担保银行的确认上，奥康一方提出以中国银行为担保银行，对方不同意，经过权衡，双方本着利益分享、风险共担的原则，最后以中国香港某银行为担保行达成妥协。另一个是双方关于以哪国法律解决日后争端的问题，此问题使谈判一度陷入破裂边缘。GEOX 公司提出必须以意大利法律为准绳，因王振滔对意大利法律一无所知而予以坚决抵制。王振滔提议用中国法律，也因GEOX 公司对中国法律一窍不通而遭到了坚决反对。眼看所做的努力将前功尽弃，最后还是双方各让了一步，以第三国(英国)法律为解决争端法律依据而达成妥协。

王振滔认为，GEOX 公司看中的不仅仅是奥康的"硬件"，更多的还是其"软件"，是一种积极向上、充满活力的企业精神，还有奥康人一直倡导的"诚信"。而奥康看中的则是 GEOX 公司这艘大船，他要借船出海，走一条迅速国际化的捷径。从表面看谈判双方既得利益是不均衡的，奥康所得(借船)远远低于 GEOX 公司所得(奥康的"硬件"和"软件")。因此，引得诸多专业人士或担忧或谴责。王振滔平和的背后并不缺少商人的精明。许多人预言说"我们'引狼入室'，我们是'与狼共舞''携狼共舞'。"与狼共舞也好，携狼共舞也好，都需要有掌控狼的本领和能力。奥康有没有这种本领和能力我们暂不评说，这里可以分析一下奥康冒此巨大危险，追逐的潜在利益究竟是什么。

王振滔认为奥康与 GEOX 公司合作，就等于与世界最先进行业技术合作，因为世界鞋业首推意大利，意大利一流鞋业当属 GEOX 公司。通过合作，奥康可以轻而易举地获得行业第一流的技术支持，不出家门就可以学习世界先进的管理经验，并且可以实现销售淡旺季互补。

事实上，这是一场双赢的博弈。与之合作有风险，而放弃让他与别人合作风险更大。与其被动等待别人来撬动蛋糕，不如与之共同分享蛋糕，王振滔心里比谁都清楚。

"双赢才能共生，共生才能长久"，这是王振滔的考虑，也是 GEOX 的追求。在国际化路径的选择上，奥康走出了自己坚实而又睿智的一步。通过成功的策划，这次谈判实现了奥康梦寐以求的强强联合的国际化道路，其中诸多谈判原则的有效运用是值得其他企业借鉴的。

第三节　国际商务合同的制定

一、实训目的

国际商务合同是谈判最终结果的集中和规范的体现。起草国际商务合同的任务是在全面学习国际商务谈判基本知识，掌握各种国际贸易要点，了解国际商务法律规则的基础上进行的实际技能的训练，目的在于：

(1) 使学生进一步认识和掌握规范的国际商务合同的写作方法、要点、格式和技巧，能够独立完成国际商务合同的制作和签约的组织准备。

(2) 培养学生驾驭语言文字和写作的能力、逻辑思维能力和对分散的谈判结果进行归纳总结的能力，为将来在国际商务谈判中独立完成合同的制作和组织签约奠定坚实的基础。

二、实训要求

(1) 教师先引导学生阅读国际商务谈判示范性合同文本的内容，讲解合同文本的内容和写作的内容、要求、方法和注意事项等具体要求。

(2) 使学生在充分理解示范性商务谈判合同的基础上，独立完成谈判合同的写作。

(3) 教师根据学生完成合同书的情况，向学生展示优秀的合同书，并由优秀作品的作者自我讲解其写作的过程和体会，最后教师做好讲评并给定实训成绩。

三、实训考核

实训效果考核表见表 10-4。

表 10-4　实训效果考核表

考核内容	分　数	得　分
态度是否端正	10	
格式是否正确	15	
语言是否准确	15	
要件是否全面	15	
知识运用是否恰当	15	
是否印证谈判结果	15	
逻辑关系是否严密	15	
合　　计	100	

四、国际商务合同文本的制作

1. 实训步骤

【第一步】教师引导学生回顾前面所讲的国际商务合同的内容、格式、注意事项等知识要点。

【第二步】教师引导学生认真阅读下列国际商务合同的范文，领会国际商务合同写作的要领和原则要求。

【第三步】学生分析国际商务合同范文中的篇章结构、包含内容、策略技巧等，为独立制作国际商务合同奠定基础。

2. 示范性合同文本

外贸合同　　Contract(Sales Confirmation)

合同编号(Contract No.)：_____

签订日期(Date)：_____

签订地点(Signed at)：_____

买方：_____

The Buyer：_____

地址：_____

Address：_____

电话(Tel)：_____传真(Fax)：_____

电子邮箱(E-mail)：_____

卖方：_____

The Seller：_____

地址：_____

Address：_____

电话(Tel)：_____传真(Fax)：_____

电子邮箱(E-mail)：_____

买卖双方同意按照下列条款签订本合同：

(The Seller and the Buyer agree to conclude this Contract subject to the terms and conditions stated below：)

1. 货物名称、规格和质量(Name,Specifications and Quality of Commodity)：

2. 数量(Quantity)：

允许_____的溢短装(_____% more or less allowed)

3. 单价(Unit Price)：

4. 总值(Total Amount)：

5. 交货条件(Terms of Delivery)：

FOB/CFR/CIF_____

6. 原产地国与制造商(Country of Origin and Manufacturers)：

7. 包装及标准(Packing and Standard)：

货物应具有防潮、防锈蚀、防震并适合于远洋运输的包装，由于货物包装不良而造成的货物残损、灭失应由卖方负责。卖方应在每个包装箱上用不褪色的颜色标明尺码、包装箱号码、毛重、净重及"此端向上""防潮""小心轻放"等标记。

(The packing of the goods shall be preventive from dampness,rust,moisture,erosion and shock,and shall be suitable for ocean transportation/multiple transportation. The Seller shall be liable for any damage and loss of the goods attributable to the inadequate or improper packing. The measurement,gross weight,net weight and the cautions such as "Do not stack up side down","Keep away from moisture","Handle with care" shall be stenciled on the surface of each package with fadeless pigment.)

    8. 唛头(Shipping Marks)：

    9. 装运期限(Time of Shipment)：

    10. 装运口岸(Port of Loading)：

    11. 目的口岸(Port of Destination)：

    12. 保险(Insurance)：

    由＿＿＿＿＿＿＿按发票金额110%投保＿＿＿＿＿＿＿险和＿＿＿＿＿＿＿附加险。

(Insurance shall be covered by the＿＿＿for 110% of the invoice value against＿＿＿Risks and＿＿＿＿Additional Risks.)

    13. 付款条件(Terms of Payment)：

    (1) 信用证方式：买方应在装运期前/合同生效后＿＿＿＿＿＿日，开出以卖方为受益人的不可撤销的议付信用证，信用证在装船完毕后＿＿＿＿＿＿日内到期。

(Letter of Credit:The Buyer shall,＿＿＿＿＿days prior to the time of shipment /after this Contract comes into effect, open an irrevocable Letter of Credit in favor of the Seller. The Letter of Credit shall expire＿＿＿days after the completion of loading of the shipment as stipulated.)

    (2) 付款交单：货物发运后，卖方出具以买方为付款人的付款跟单汇票，按即期付款交单(D/P)方式，通过卖方银行及＿＿＿＿＿＿＿银行向买方转交单证，换取货物。

(Documents against payment:After shipment,the Seller shall draw a sight bill of exchange on the Buyer and deliver the documents through Sellers bank and＿＿＿＿＿Bank to the Buyer against payment,i.e D/P. The Buyer shall effect the payment immediately upon the first presentation of the bill(s) of exchange.)

    (3) 承兑交单：货物发运后，卖方出具以买方为付款人的付款跟单汇票，付款期限为＿＿＿＿＿＿后＿＿＿＿＿＿日，按即期承兑交单(D/A＿＿＿＿＿＿日)方式，通过卖方银行及＿＿＿＿＿＿＿银行，经买方承兑后，向买方转交单证，买方在汇票期限到期时支付货款。

(Documents against Acceptance:After shipment,the Seller shall draw a sight bill of exchange,payable＿＿＿＿days after the Buyers delivers the document through Sellers bank and Bank to the Buyer against acceptance (D/A＿＿＿days). The Buyer shall make the payment on date of the bill of exchange.)

    (4) 货到付款：买方在收到货物后＿＿＿＿＿＿天内将全部货款支付卖方(不适用于 FOB、CRF、CIF 语)。

(Cash on delivery (COD):The Buyer shall pay to the Seller total amount within＿＿＿＿＿days after the receipt of the goods (This clause is not applied to the Terms of FOB,CFR,CIF).)

    14. 单据(Documents Required)：

    卖方应将下列单据提交银行议付/托收：

(The Seller shall present the following documents required to the bank for negotiation /collection:)

    (1) 标明通知收货人/受货代理人的全套清洁的、已装船的、空白抬头、空白背书并注明运费已付/到付的海运/联运/陆运提单。

(Full set of clean on board Ocean/Combined Transportation/Land Bills of Lading and blankendorsed marked freight prepaid/ to collect.)

(2) 标有合同编号、信用证号(信用证支付条件下)及装运唛头的商业发票一式_____份。

(Commercial Invoice marked with Contract No.,L/C No.(Terms of L/C) and shipping marks in _____ copies;)

(3) 由_____出具的装箱或重量单一式_____份。

(Packing list/weight memo in _____copies issued by_____.)

(4) 由_____出具的质量证明书一式_____份。

(Certificate of Quality in_____copies issued by_____.)

(5) 由_____出具的数量证明书一式_____份。

(Certificate of Quantity in_____copies issued by_____.)

(6) 保险单正本一式_____份(CIF 交货条件)。

(Insurance policy/certificate in_____copies (Terms of CIF).)

(7)_____签发的产地证一式_____份。

(Certificate of Origin in_____copies issued by_____.)

(8) 装运通知(Shipping advice):

卖方应在交运后___小时内以特快专递方式邮寄给买方上述第___项单据副本一式一套。

(The Seller shall,within _____ hours after shipment effected,send by courier each copy of the above mentioned documents No._____.)

15. 装运条款(Terms of Shipment):

(1) FOB 交货方式:

卖方应在合同规定的装运日期前 30 天,以_____方式通知买方合同号、品名、数量、金额、包装、毛重、尺码及装运港可装日期,以便买方安排租船/订舱。装运船只按期到达装运港后,如卖方不能按时装船,发生的空船费或滞期费由卖方负担。在货物越过船弦并脱离吊钩以前一切费用和风险由卖方负担。

(The Seller shall,30 days before the shipment date specified in the Contract,advise the Buyer by_____of the Contract No.,commodity,quantity,amount,packages,gross weight,measurement and the date of shipment in order that the Buyer can charter a vessel/book shipping space. In the event of the Seller's failure to effect loading when the vessel arrives duly at the loading port,all expenses including dead freight and/or demurrage charges thus incurred shall be for the Seller's account.)

(2) CIF 或 CFR 交货方式:

卖方须按时在装运期限内将货物由装运港装船至目的港。在 CFR 术语下,卖方应在装船前2天以_____方式通知买方合同号、品名、发票价值及开船日期,以便买方安排保险。

(The Seller shall ship the goods duly within the shipping duration from the port of loading to the port of destination. Under CFR terms,the Seller shall advise the Buyer_____of the Contract No.,commodity,invoice value and the date of dispatch two days before the shipment for the Buyer to arrange insurance in time.)

16. 装运通知(Shipping Advice):

一旦装载完毕,卖方应在_____小时内以_____方式通知买方合同编号、品名、已发运数量、发票总金额、毛重、船名/车/机号及启程日期等。

(The Seller shall,immediately upon the completion of the loading of the goods, advise the Buyer of the Contract No.,names of commodity,loading quantity,invoice values, gross weight, names of vessel and shipment date by _____within _____hours.)

17. 质量保证(Quality Guarantee):

货物品质规格必须符合本合同及质量保证书之规定，品质保证期为货到目的港个月内。在保证期限内，因制造厂商在设计制造过程中的缺陷造成的货物损害应由卖方负责赔偿。

(The Seller shall guarantee that the commodity must be in conformity with the quality,specifications and quantity specified in this Contract and Letter of Quality Guarantee. The guarantee period shall be_____months after the arrival of the goods at the port of destination, and during the period the Seller shall be responsible for the damage due to the defects in designing and manufacturing of the manufacturer.)

18. 检验(Inspection)(以下两项任选一项):

(1) 卖方须在装运前_____日委托_____检验机构对本合同之货物进行检验并出具检验证书，货到目的港后，由买方委托_____检验机构进行检验。

(The Seller shall have the goods inspected by_____days before the shipment and have the Inspection Certificate issued by_____. The Buyer may have the goods reinspected by_____after the good arrival at the destination.)

(2) 发货前，制造厂应对货物的质量、规格、性能和数量/重量做精密全面的检验，出具检验证明书，并说明检验的技术数据和结论。货到目的港后，买方将申请中国商品检验局(以下简称商检局)对货物的规格和数量/重量进行检验，如发现货物残损或规格、数量与合同规定不符，除保险公司或轮船公司的责任外，买方得在货物到达目的港后_____日内凭商检局出具的检验证书向卖方索赔或拒收该货。在保证期内，如货物由于设计或制造上的缺陷而发生损坏或品质和性能与合同规定不符时，买方将委托中国商检局进行检验。

(The manufacturers shall,before delivery,make a precise and comprehensive inspection of the goods with regard to its quality,specifications,performance and quantity/weight, and issue inspection certificates certifying the technical data and conclusion of the inspection. After arrival of the goods at the port of destination, the Buyer shall apply to China Commodity Inspection Bureau (herein after referred to as CCIB) for a further inspection as to the Specifications and quantity/weight of the goods. If damages of the goods are found, or the specifications and/or quantity are not in conformity with the stipulations in this Contract, except when the responsibilities lies with Insurance Company or Shipping Company, the Buyer shall, within _____ days after arrival of the goods at the port of destination, claim against the Seller, or reject the goods according to the inspection certificate issued by CCIB. In case of damage of the goods incurred due to the design or manufacture defects and/or in case the quality and performance are not in conformity with the Contract, the Buyer shall, during the guarantee period, request CCIB to make a survey.)

19. 索赔(Claim):

买方凭其委托的检验机构出具的检验证书向卖方提出索赔(包括换货)，由此引起的全部费用应由卖方负担。若卖方收到上述索赔后_____天未予答复，则认为卖方已接受买方索赔。

(The buyer shall make a claim against the Seller (including replacement of the goods) by the further inspection certificate and all the expenses incurred therefrom shall be borne by the Seller. The claims mentioned above shall be regarded as being accepted if the Seller fail to reply within _____days after the Seller received the Buyer's claim.)

20. 迟交货与罚款(Late delivery and Penalty)：

除合同第 21 条不可抗力原因外，如卖方不能按合同规定的时间交货，买方应同意在卖方支付罚款的条件下延期交货。罚款可由议付银行在议付货款时扣除，罚款率按每____天收____%，不足____天时以____天计算。但罚款不得超过迟交货物总价的____%。如卖方延期交货超过合同规定____天时，买方有权撤销合同，此时，卖方仍应不迟延地按上述规定向买方支付罚款。买方有权对因此遭受的其他损失向卖方提出索赔。

(Should the Seller fail to make delivery on time as stipulated in the Contract, with the exception of Force Majeure causes specified in Clause 21 of this Contract, the Buyer shall agree to postpone the delivery on the condition that the Seller agree to pay a penalty which shall be deducted by the paying bank from the payment under negotiation.The rate of penalty is charged at% for everyday, odd days less than _____days should be counted as _____ days.But the penalty, however, shall not exceed_____% of the total value of the goods involved in the delayed delivery. In case the Seller fail to make delivery ____ days later than the time of shipment stipulated in the Contract, the Buyer shall have the right to cancel the Contract and the Seller,in spite of the cancellation, shall nevertheless pay the aforesaid penalty to the Buyer without delay.The buyer shall have the right to lodge a claim against the Seller for the losses sustained if any.)

21. 不可抗力(Force Majeure)：

凡在制造或装船运输过程中，因不可抗力致使卖方不能或推迟交货时，卖方不负责任。在发生上述情况时，卖方应立即通知买方，并在_____天内，给买方特快专递一份由当地民间商会签发的事故证明书。在此情况下，卖方仍有责任采取一切必要措施加快交货。如事故延续_____天以上，买方有权销合同。

(The Seller shall not be responsible for the delay of shipment or non-delivery of the goods due to Force Majeure, which might occur during the process of manufacturing or in the course of loading or transit. The Seller shall advise the Buyer immediately of the occurrence mentioned above and within____days thereafter the Seller shall send a notice by courier to the Buyer for their acceptance of a certificate of the accident issued by the local chamber of commerce under whose jurisdiction the accident occurs as evidence thereof. Under such circumstances the Seller,however, are still under the obligation to take all necessary measures to hasten the delivery of the goods. In case the accident lasts for more than _____days the Buyer shall have the right to cancel the Contract.)

22. 争议的解决(Arbitration)：

凡因本合同引起的或与本合同有关的任何争议应协商解决。若协商不成，应提交中国国际经济贸易仲裁委员会深圳分会，按照申请仲裁时该会现行有效的仲裁规则进行仲裁。仲裁裁决是终局的，对双方均有约束力。

(Any dispute arising from or in connection with the Contract shall be settled through friendly negotiation. In case no settlement is reached, the dispute shall be submitted to China International Economic and Trade Arbitration Commission (CIETAC),Shenzhen Commission for arbitration in accordance with its rules in effect at the time of applying for arbitration. The arbitral award is final and binding upon both parties.)

23. 通知(Notices)：

所有通知用_____文写成，并按照如下地址用传真/电子邮件/快件送达给各方。如果地址有变更，一方应在变更后_____日内书面通知另一方。

(All notice shall be written in _____ and served to both parties by fax/courier according to the   following addresses. If any changes of the addresses occur, one party shall inform the other party   of the change of address within _____days after the change.)

24. 本合同使用的 FOB、CFR、CIF 术语系根据国际商会《2010 年国际贸易术语解释通则》。

(The terms FOB,CFR,CIF in the Contract are based on INCOTERMS 2010 of the International Chamber of Commerce.)

25. 附加条款 (Additional clause)：

本合同上述条款与本附加条款抵触时，以本附加条款为准。

(Conflicts between Contract clause here above and this additional clause, if any, it is subject to this additional clause.)

26. 本合同用中英文两种文字写成，两种文字具有同等效力。本合同共_____份，自双方代表签字(盖章)之日起生效。

(This Contract is executed in two counterparts each in Chinese and English, each of which shall deemed equally authentic. This Contract is in_____copies, effective since being signed/sealed by both parties.)

买方代表(签字)：

Representative of the Buyer (Authorized signature)：

卖方代表(签字)：

Representative of the Seller(Authorized signature)：

五、完成国际商务合同文本的制作

1. 实训步骤

【第一步】教师引导学生回顾前面所讲的商务谈判合同的内容、格式、注意事项、制作要求等知识要点。

【第二步】教师引导学生认真阅读下列谈判案例，抓住其中主要内容和关键点。

【第三步】学生在教师的指导下完成国际商务谈判合同的制作并形成书面文件。

【第四步】教师批阅学生制作的谈判合同，选出优秀作品进行展示并做好讲评。

【第五步】学生完成实训报告。

2. 案例

中意关于丝绸贸易的商务谈判

2013 年 5 月 26 日，意大利飞凡古琦国际服饰有限公司以亚洲区副总经理为首席谈判代表的谈判小组一行 6 人来到杭州，拟与中国杭州千禧丝绸有限公司就购买杭州千禧丝绸有限公司生产的 32-D5 型提花绸进行谈判，杭州千禧丝绸有限公司由总经理等 6 人组成了和对方对等的谈判小组。双方于当月 27 日在杭州千禧丝绸有限公司贵宾室开始谈判。由于双方谈判所涉及的数量大、价格高，再加上东西方文化差异及对丝绸的认识和具体操作等方面存在不少问题，谈判经过 3 天紧张磋商，于 30 日下午才对各交易条件达成一致。

中方秘书对谈判结果进行梳理后，向双方阐述了下列总结内容：

意大利飞凡古琦国际服饰有限公司向我公司一次性采购 32-D5 型提花绸 400 000 码，小型纸箱包装，内置防潮袋。采用班轮运输，20 英尺集装箱装船。数量和信用证都允许 5%的增减。到达意大利热那亚港口时间为 2013 年 7 月 15 日以前。采用 50%的即期信用证，50%的即期付款交单的支付方式，以美元结算。我方将在货物装船前向中国人民保险公司办理投保手续，所有的产品按 10%加成投保水渍险和淡水雨淋险，保险费用由我方承担。贵方合同签订以后十天内开立信用证，我方立即做装船准备。贵方在货物到达热那亚港后 48 小时内进行复检。银行在议付货款时扣除不可抗力因素造成的违约金。合同适用《联合国国际货物买卖合同公约》，公约中没有规定的事项适用中国大陆相关法律。仲裁交国际商会仲裁院按联合国国际贸易委员会仲裁规则解决。

双方对以上阐述均未提出异议。

第四节　国际商务谈判的综合项目操作

一、实训目的

本实训是在全面学习国际商务谈判基本知识，具备国际商务谈判初步能力的基础上进行的，目的在于：

(1) 巩固和强化前面所学国际商务谈判的准备、报价、磋商和签约各阶段中的方法、策略、技巧等知识的理解和记忆，感受国际商务谈判的过程，培养学生驾驭国际商务谈判的能力和素质。

(2) 通过模拟演练使学生尝试运用前面所讲的谈判的准备、报价、磋商和签约各阶段中的方法、策略、技巧，培养学生的谈判意识和谈判能力，为将来从事国际商务谈判工作奠定基础。

（3）使学生体会、感受主、客方谈判的环境、语言、语气、策略、技巧和职责的差别，体会和感受谈判小组中不同职位的语言、策略、关注重点和地位等方面的差别，以便将来在谈判中做好角色定位。

二、实训要求

（1）该实训在国际商务谈判实训室进行，学生要按国际商务谈判的要求布置场地、安排座位、着装和佩戴饰品，在谈判的整个过程中要按国际商务谈判的标准礼仪进行。

（2）学生按国际商务谈判的标准和案例中的角色自己分组选择角色，进行模拟谈判练习，选出优秀的一组在全班公开演示模拟谈判。

（3）不参加公开模拟谈判的同学观摩模拟谈判，也可以选择做谈判一方后援团，但要注意做好记录，不要干扰谈判的进行。在谈判结束后根据观察做出点评并写出实训报告。

（4）每个谈判组要写出详细的谈判计划书，要求格式正确、内容充实、可操作性强，要注意谈判各个环节的原则、策略、技巧的运用。

（5）教师要注意控制模拟谈判的局面，认真观摩谈判，做好记录，在引导学生点评的基础上做好点评。

（6）参加模拟谈判的学生完成实训报告的写作，要详细认真地描述谈判的过程、自己的体会、切身的感受、获得的收益、存在的不足等。

（7）由教师和学生按实训成绩评定表的要求给出实训成绩，最后的综合得分按本人20%、同伴30%、教师50%的评分权重得出本次实训成绩。

（8）如果可能，可以请从事国际商务谈判的专业人士进行辅导后进行模拟谈判，并请其观摩、点评和评分。

三、感受国际商务谈判角色的综合模拟谈判

1. 实训步骤

【第一步】教师带领学生回顾国际商务谈判需应用的阶段性策略、技巧和要求。

【第二步】学生自主对上面案例中的国际商务谈判阶段性策略与技巧进行补充分析和角色分析，可根据实际情况进行增减。

【第三步】学生自行分组、分配角色并排练，利用课下时间进行角色扮演和感受练习，老师做好指导。

【第四步】选出优秀的学生组成谈判组，进行模拟谈判，其他学生观摩谈判，结束后撰写实训报告。

【第五步】指导教师、学生本人、同伴评价实训结果。教师、学生本人、同伴根据《实训效果考核评价表》的要求，从个人参与度、表演投入度、团队合作度、理论应用度、实训效果(实训报告)等方面进行分析和评价。

2. 实训考核

实训效果考核评价参表见表10-5。

表10-5　实训效果考核评价表

考核内容	权重	本人评价	同伴评价	教师评价	综合得分
个人参与度	10%				
服饰正确度	10%				
语言恰当度	10%				
表演投入度	10%				
角色把握度	10%				
团队合作度	10%				
理论应用度	20%				
实训效果	20%				
合计	100%				

注：本人、同伴、教师各自评分满分均为100分，综合得分为本人20%、同伴30%、教师50%。

3. 背景资料

(1) 我方公司作为主方的谈判脚本。

中意关于丝绸贸易的商务谈判

杭州千禧丝绸有限公司　　　　　意大利飞凡古琦国际服饰有限公司

1. 总经理(General Manager)　　　1. 亚洲区副总经理(Deputy General Manager of Asia)

2. 财务总监(CFO)　　　　　　　　2. 财务总监(CFO)

3. 市场部部长(Market Minister)　　3. 采购部部长(Procurement　Minister)

4. 技术总监(CTO)　　　　　　　　4. 技术总监(CTO)

5. 法律顾问(Counselor)　　　　　　5. 法律顾问(Counselor)

6. 秘书(Secretary)　　　　　　　　6. 秘书(Secretary)

谈判地点：中国杭州黄龙饭店一号洽谈室

(双方进入洽谈室，入座)

中方总经理：欢迎来自意大利佛罗伦萨的各位谈判代表来杭州进行业务洽谈。我是杭州千禧丝绸有限公司的总经理××。首先，由我来介绍我方的谈判代表，这位是……(中方谈判人员介绍，按照上方人员职位。)

意方副总经理：很高兴来到中国美丽的杭州。我是意大利飞凡古琦国际服饰有限公司亚洲区副总经理。下面由我来介绍我方谈判代表。这位是……(意方谈判人员介绍，按照上方人员职位。)

中方总经理：不知贵方代表对我方安排的杭州之行还满意吗？

意方副总经理：非常满意。贵方考虑得很周到！

中方总经理：×××先生过奖了。希望我们此次谈判也能够让双方感到满意！

意方副总经理：我方同样很期待！

中方总经理：(微笑点头)好的，那么我们开始吧！

(意方副总点头同意)

中方总经理：首先，关于此次谈判，我方希望在谈判过程中的贸易解释规则为《2020年国际贸易术语解释通则》，不知道×××先生是否同意？

意方副总经理：当然可以。

（中方总经理点头，并示意对方开始。）

意方副总经理：我方在前次广交会上得到贵公司生产的提花绸。此次是慕名前来采购一批该类型的品质优良的面料。恳求贵方详细介绍贵公司吧！

中方市场部部长：杭州千禧丝绸有限公司是一家集设计、生产、销售及产品代理为一体的综合型现代企业。主要产品有精选多种原料、采用多种生产工艺精心制作的适合四季穿戴的围巾、披肩及各种高档真丝面料。公司以精湛的制造工艺，为不断推出各类高档优质的面料提供了保障，并坚持不懈地走"品牌化"道路。公司运作十多年以来，始终以优质服务取胜，凭借快捷的供货渠道和新颖适时的产品赢得了众多客户的青睐。

意方副总：请再详细介绍贵方的提花绸。

中方技术总监：与绸面印上花纹的印花绸大类不同，提花绸是用提花机把经纬线交错点织成各种花纹图案的绸缎，是绸缎中的一个大类。关于提花绸，除了闻名中外的传统品种的织锦缎、古香缎、克利缎、金宝地、天鹅绒等外，还有热销世界的花皱缎、万寿缎、九霞缎、花广绞、花软缎等。目前提花加印花的绸缎在西欧十分流行。各种提花绸可以满足各种内外服饰和装饰方面生产商的需求。我公司生产的提花绸质量上乘，多年来在世界各国的客户中享有良好声誉。

意方技术总监：怎么能确定贵方产品和承诺的一样拥有最优质的品质呢？

中方技术总监：我们的产品质量良好的原因在于我方的质量检验系统是最先进的。在产品生产的每个环节中，都有训练有素的分析师专门做品质分析。

意方技术总监：看来贵公司的生产是值得信赖的。

中方技术总监：关于产品的质量请各位放心(秘书起立分发资料，并分发到位。)请大家看看手中相关资料，这是我公司生产的所有种类的提花绸样品册。图片下方均标注了所用的原料、组织机构的详细数据。若贵方有定制提花绸的要求，我方也愿意与贵方详谈。

意方技术总监：(向副总点头示意)

意方副总经理：看来贵公司提供的提花绸产品能够满足我方的采购要求，请问贵方报价如何？

中方市场部部长：不知贵公司此行的采购计划……(故意停顿)

意方采购部部长：我方暂定采购 32-D5 型提花绸 300 000 码，目的港为热那亚(Genoa)，装运期为 2022 年 7 月 15 日之前。

中方财务总监：我方的报价是 4.5 美元/码 CIF 热那亚港。

意方财务总监：我们认为你方的报价太高，我方难以接受。根据我们所掌握的行情，国际市场的平均价格也只有 3.0 美元/码。况且，贵方的提花绸并没有什么特殊之处。

中方市场部部长：贵方有所不知，按提花花型的大小可以分为大提花和小提花。我们的提花绸是大提花，大提花的图像有花卉、龙凤、动物、山水、人物等，在织物的全幅中有独花、两花、四花或更多的相同花纹，采用提花织造机织造，经纱循环数从几百根到千根以上。而且我方产品的真丝含量很高，在保证强度的基础上，让布料更加柔软，布面丝光柔滑，穿着更加舒适。而小提花图案多为点子花或小型几何图案，用 16～24 页多臂织机织造，由于受所用综框页数的限制，织成的花纹较为简单。

意方副总经理：这也不是贵方价格高的理由。

中方技术总监：据我们所知，贵公司致力于棱织女衬衫的生产，通常采用的色织布都是纯棉质地，能吸汗但不宜排汗，天热的时候衬衫黏在身上很不舒适，而我方的提花绸更重要的是高档真丝的加入，让面料更加美观、柔软，丝光让女式衬衫更添优雅气质。请看幻灯片(示意对方观看 PPT)。这是许多企业采用我们的提花绸面料制成的衬衫。显而易见，我方生产的提花绸品质明显高于其他品种。

中方总经理：根据上面的介绍，贵方应该能了解我方产品价格高的原因。因此，我方的报价是非常合理的。

意方副总经理：贵方的报价如此离谱，还算合理吗？我实在怀疑贵方的诚意。

意方采购部部长：贵方一味强调商品的优质性，完全忽视了我方的利益。

中方总经理：×××先生(×××回头不说话)(对秘书低声示意)百闻不如一见。贵方远道而来，想必也不想空手而归吧！成大事者不拘小节，何必在一个问题上大动干戈呢？让我们先来看看我方生产的提花绸样布吧。(秘书上呈样布)

意方技术总监：贵方的制造工艺精湛、技术娴熟，产品质量果然不错。

中方总经理：很高兴贵方能喜欢我方产品，如此高档的提花绸想必我们双方都不愿意放弃吧！

意方副总经理：当然。我方不远万里来到贵地，难道我们只是为了观光吗？

意方采购部部长：贵公司拥有近千亩的种植和养蚕基地，听说这一季桑蚕已结茧，收成应该不错吧！如果不尽快寻找销售渠道，贵方所承受的成本和风险将会更大。相信我方庞大的销售网络和成熟的营销技能必定能够给予贵方一定的帮助。

中方市场部部长：感谢贵方为我们精打细算。我们也从未质疑贵方的能力。我们知道，贵公司是世界著名的女装生产商，销售面覆盖欧盟、美国、日本等国家和地区在内的所有女装市场。我方也希望通过贵公司将我公司的高品质提花绸推向国际市场。

中方总经理：考虑到我们双方的相互需求，为表诚意，我方愿意将原报价降至 4.2 美元/码。

意方财务总监：每码仅让 0.3 美元？贵方未免太小气了吧！

中方财务总监：贵方认为什么样的价格才算合理呢？

意方财务总监：我方认为合理的报价应该是 3.5 美元/码。如果不能以此价格达成协议，那么很遗憾，我们只能去其他地区看看了。

中方市场部部长：贵方的报价也不见得合理呀！不瞒您说，有很多国外经销商也在与我方洽谈关于该提花绸的采购问题，而且他们开出的条件都比贵方优越。况且，贵方如在其他地方采购，根本不可能有我方这样大的供应量。(合起文件夹，意思是要撤)

意方采购部部长：即便如此，贵方的报价也应该具有参考性吧？我方提出的价格是有理有据的，根据目前的市场情况来看，中高档提花绸的平均价格应该在 3.12 美元/码。由中国大陆海运至我国北部港口，运费大约为 400 美元/公吨(0.03 美元/码)，而一般纺织类产品的保险在 530 美元/公吨(0.04 美元/码)，这样看来，怎么也达不到贵方的报价啊！

中方财务总监： 3.5 美元？不知贵公司是从何处采购到如此便宜的高档提花绸呢？根据我方统计，我国官方网站披露出的信息是(示意看屏幕)：像我们这样真丝含量的提花绸，不考虑人工费用成本就高于 3.3 美元/码。贵方这样的计算报价实在让我们很为难。

(意方沉默)

意方副总经理： ××先生，3.6 美元每码。这可是我们能够承受的最高价格了，超出此价格就不是我职权范围所能够决定的了。

中方总经理： 虽然贵方已经做出了一定的让步，但是此价格我们难以接受。通过刚才的分析，相信贵方也明白我方报价的合理性。如果贵方坚持原价格，我们以 FOB 价格成交。

意方副总经理： 那不行！如果换贸易术语，我方坚决不同意。不过如果贵方愿意将价格降至我方刚才的报价，我方愿意将采购数量提高到 400 000 码，并愿意与贵公司建立长期的合作关系。

(中方人员上来，中方市场部部长递交资料给总经理)

中方总经理： 如果贵方愿意一次性购买 400 000 码该种提花绸，我方愿意将价格降至 4.0 美元/码。要知道，这可是市场上罕见的低价啊！

意方副总经理： 好吧！但是为确保合理降低风险，我方要求所有产品按 10%加成投保水渍险和淡水雨淋险，保险费用贵方承担。

中方总经理： 没有问题。按照我公司出口惯例，我方将在货物装船前向中国人民保险公司办理投保手续。请贵方放心！

意方副总经理： (同意点头)那就好。

意方采购部部长： 在包装方面我方希望采用纸箱包装，内置防潮塑料袋。按班轮运输采用 20 英尺集装箱装船。

中方总经理： 我方同意。运输方面采用班轮运输一次性到达，提花绸共计 400 000 码，分别允许有 5%的增减幅度，由买方选择，增减部分按合同价格计算。

(意方副总点头同意)

意方采购部部长： 好的。我方要求数量和信用证都允许 5%的增减。

中方总经理： 嗯，可以，现在就支付方式进行磋商吧！

意方财务总监： 我方会在签约后十天内开立以贵方为受益人的不可撤销远期信用证，以美元结算。同时，开证行、议付行由我方指定。

中方财务总监： 我方不同意，我们所能接受的是即期信用证支付方式，并且议付行只能为中国工商银行。

意方财务总监： 贵方对我方条件实在太过苛刻了，要知道，即期支付会占用我方很大资金，这实在难以实现。

中方财务总监： 但我公司规模不大，无法承受如此大的风险，希望贵方可以考虑我方的难处。

意方财务总监： 要不我们各退让一步，50%的即期信用证，剩下的用即期付款交单，如何？

(中方人员商量)

中方总经理： 考虑到我们双方的友好关系和各自的疑虑，我方破例接受贵方提出的支付方式。

意方技术总监：关于检验，我方希望采用在中国上海港纺织品服饰检验检疫局初检，在意大利热那亚港口局复检的方式。

(双方交换检验检疫标准)

意方技术总监：贵方真是爽快，我方对此十分满意，也充分相信贵方提花绸的质量。

中方法律顾问：但我方希望在货物到达热那亚港口 48 小时内进行复检，超过检验期限但未进行检验，由此造成的后果，责任不由我方承担。

意方法律顾问：好的，我方同意。关于合同的履行和索赔，我方希望与贵方订立的合同使用《联合国国际货物买卖合同公约》，若将来由本合同发生的或与本合同有关的任何争议、争端或请求，或有关本合同的违约、终止或失败，应当按照目前有效的联合国国际贸易委员会仲裁规则，并由国际商会仲裁院予以解决。

中方法律顾问：我方同意，但是公约中没有规定的事项应当适合中国大陆相关法律。不知贵方有无争议？

意方法律顾问：我方同意贵方的建议。

中方法律顾问：我方希望银行在议付货款时扣除不可抗力因素造成的违约金。

意方法律顾问：好的，我方同意。

中方总经理：下面由我方的秘书总结此次谈判的结果。

中方秘书：下面由我总结此次谈判的结果：

意大利飞凡古琦国际服饰有限公司向我公司一次性采购 32-D5 型提花绸 400 000 码，小型纸箱包装，内置防潮袋。采用班轮运输，20 英尺集装箱装船。数量和信用证都允许 5%的增减。到达意大利热那亚港口时间为 2022 年 7 月 15 日以前。采用 50%的即期信用证，50%的即期付款交单的支付方式，以美元结算。我方将在货物装船前向中国人民保险公司办理投保手续，所有的产品按 10%加成投保水渍险和淡水雨淋险，保险费用由我方承担。贵方合同签订以后十天内开立信用证，我方立即作装船准备。贵方在货物到达热那亚港后 48 小时内进行复检。银行在议付货款时扣除不可抗力因素造成的违约金。合同适用《联合国国际货物买卖合同公约》，公约中没有规定的事项适用中国大陆相关法律。仲裁交国际商会仲裁院按联合国国际贸易委员会仲裁规则解决。

中方总经理：不知贵方有无异议？

意方副总经理：没有异议。

中方总经理：那么请贵方到会议室休息片刻，接下来进行签约仪式。(起立，做出伸手请的动作，走向意方副总经理)合作愉快！

意方副总经理：(起立，向前，同中方总经理握手)合作愉快！

(双方并肩离开会议室，中方服务人员做签约前的准备。)

(2) 我方公司作为客方的谈判脚本。

劳力士手表买卖的谈判

瑞士劳力士钟表有限公司(瑞方)　　　　　　北京时达贸易有限公司(中方)

1. 副总经理(Deputy General Manager)　　1. 总经理(General Manager)
2. 财务总监(CFO)　　　　　　　　　　　2. 财务总监(CFO)
3. 市场部部长(Market Minister)　　　　　3. 采购部部长(Procurement Minister)
4. 法律顾问(Counselor)　　　　　　　　　4. 法律顾问(Counselor)
5. 技术总监(CTO)　　　　　　　　　　　5. 技术总监(CTO)
6. 秘书(Secretary)　　　　　　　　　　　6. 秘书(Secretary)

谈判地点： 瑞士日内瓦劳力士钟表有限公司洽谈室

(双方进入洽谈室，入座)

瑞方副总经理： 欢迎来自北京时达贸易有限公司的各位谈判代表来我公司进行业务洽谈。我是瑞士劳力士钟表有限公司的副总经理×××。首先，由我来介绍我方的谈判代表，这是······(瑞方谈判人员介绍，按照上方人员职位。)

中方总经理： 大家好，我是来自北京时达贸易有限公司的总经理×××。首先感谢贵方的热情款待。下面由我来介绍我方谈判代表。这位是······(中方谈判人员介绍，按照上方人员职位。)

瑞方副总经理： 我们得知北京地处暖温带半湿润地区，气候受蒙古高压的影响，属大陆性季风气候，而我们这里是海洋性气候，四季气候落差大。不知贵方对两个国家的气候骤然变化是否适应？

中方总经理： 虽然贵地气候湿润多雨，但由于贵方细心周到的接待，我方很快就适应了贵国的气候。今天天气就格外的好，希望我们的谈判也像天气一样"顺风顺水"！

瑞方副总经理： 我方同样期待！

中方总经理： 日内瓦是瑞士第二大城市，湖光山色四季皆具有吸引力，也是世界各国际机构云集的国际化城市。感谢贵方让我们有机会领略这里的异国风情。

瑞方副总经理： 感谢贵方的赞美，这是我方特别为贵公司准备的瑞士特色的小礼物，希望贵方能够笑纳。

中方总经理： 十分感谢，我们期待与贵公司有一个圆满合作。

瑞方副总经理： 那么我们言归正传。此次谈判，我方希望在谈判过程中的贸易解释规则为《2020年国际贸易术语解释通则》，不知×××先生是否同意？

中方总经理： 可以。先介绍贵公司及产品吧。

瑞方副总经理： 我公司的国际知名度和品牌影响力，贵方是有目共睹的。劳力士手表在世界市场上一直都很受欢。考虑到中国强大的潜在市场，此次谈判，我方希望能与贵方达成大批量的交易。下面请市场部部长给贵方介绍我方的最新产品。

(秘书起立分发资料)

瑞方市场部部长： 这是我公司最新的产品目录和样品册。劳力士手表是瑞士产的名贵手表。其设计、制作始终保持传统的风格，庄重、实用、不显浮华。另外，其性能包括全自动、单历、双历、防水、防尘等，做工精益求精，特别的表盘以及表带雕刻成的王冠，更是其高品质的标志。

中方技术总监： 但我想确认它们是否经过高精度全钢抛光表扣处理，是否具有高硬度蓝宝石水晶防眩表面，三针走时是否精准，以及是否有三点位置日历显示功能。

瑞方技术总监：这些方面贵方不用担心。我们拥有多种系列，各具特色。例如，探险家型附带 24 小时红色辅助针，以便探险爱好者辨别日夜；潜航者型，防水深度超过 300 米；游艇名仕型，配有可旋转外圈，方便计算时差；宇宙计型，为一款多功能手表，能满足工程、运动及商业等多种需要。

中方技术总监：贵方的产品真是种类繁多呀！据我们了解，格林尼治型，其可转动外圈及 24 小时指针，不仅同时显示两个时区时间，更可将时针独立移动至另一时区，而无需移动分针及秒针。关于质量认证呢？

瑞方技术总监：我公司产品的质量均符合质量保证标准，即 GB/T 19001—ISO9001。质量认证体系与国际接轨，生产过程都严密把关，采用 GB 标准和行业标准双向准线，所有产品都出具第三方检测机构书面检测报告，贵方完全不必顾虑产权和质量问题。

中方总经理：贵方的产品符合我方采购要求，目前我方对格林尼治型和宇宙计型两种手表颇感兴趣，恳请贵方对此类产品进行报价。

瑞方市场部部长：请问贵方此次的采购量是多少？

中方采购部部长：我方拟购格林尼治 II 系列 116718LN 和宇宙计型 116505BH 两种型号的手表各 1000 块，目的港为天津港口，最后装运期为 2022 年 5 月底。

瑞方财务总监：我方报价为：格林尼治 II 系列 116718LN 3000 美元/块 CIF 天津；宇宙计型 116505BH 4000 美元/块，CIF 天津。

中方财务总监：我们承认贵方产品具有良好的品质和性能。但贵方报价未免太高了，我方希望贵方能给予我们最优惠的价格。

瑞方财务总监：考虑到以后我们双方会有长期友好的合作，我们给予 0.5%的优惠。

中方财务总监：我方最近在韩国和美国市场上做过调查，发现贵方的此类产品报价均低于您报价的 3%～5%。虽然市场价格呈上涨之势，但贵方的报价目前仍高于世界市场的平均价格。

瑞方财务总监：优质优价，贵方应有所耳闻吧。

中方财务总监：此话不假，虽然贵方的产品能够满足我方的要求，但并不意味着这是最好的产品。最近我们也和欧洲、美国的钟表经销商有联系，他们表示非常乐意和我方建立业务关系。如果用贵方所报的价格购买这批货，我们可以买到比贵方更好的产品了。

瑞方财务总监：如果贵方坚持不让步，我们很难做成生意。我建议我们可以休息一下再谈。

（中瑞双方休会之后，双方继续谈判。）

瑞方副总经理：经讨论，我方一致同意为了我们双方长期互利关系的开始，我方就给个最优惠的价格，再降 2%，如何？

中方财务总监：由于受到疫情的影响，全球经济都有所衰退，国际消费水平严重缩水，我公司的利润规模当然也远不如以前。再加上我公司近来资金十分紧张，希望贵方考虑我们是第一次合作，能不能再给予更多的优惠呢？再说，如果贵方的条件太苛刻，我们回国也无法向上级交差呀！

瑞方副总经理：听起来，贵方的道理似乎令人信服，但我也不能保证主管部门领导和我感觉一样。

中方总经理：坦率地讲，再降 3%。这也是我方最后的让步了，不能再退了，我已退到悬崖边上，再退就要掉下去了。这个价格能兼顾我们双方的利益。

瑞方副总经理：好吧。接着我们谈下一个议题。

中方技术总监：那就谈谈包装吧。行内人都知道，在一定程度上包装同产品同等重要。

瑞方市场部部长：英雄所见略同。包装有助于推销产品。人们购买这种商品通常用来馈赠亲友，所以精美高雅的包装设计至关重要。请问您对产品的包装有什么特别要求呢？

中方技术总监：我方希望使用原装盒子包装，这样具有品质保证。采用班轮运输，20英尺集装箱装船。

瑞方技术总监：劳力士表的包装附有包装纸盒、内盒、小枕头或者夹子、COSC 漆牌、防水标签、证明书/COSC 证书、说明书。

中方技术总监：包装必须很坚固，以防在粗暴装卸中货物有所损害。

瑞方技术总监：我们知道买方通常很注重包装问题。许多国外客户都已经认可我们标准化的包装。

中方技术人员：但对于宇宙计型和格林尼治型这两款，我方建议能否根据其特有的风格进行包装设计，使其别致且引人注目。

瑞方技术总监：这点请放心！根据每款的特有性能我方都有独特的包装。

中方技术总监：包装能否防水、防震、防磁？贵方都能面面俱到吗？另外，要以蓝色作为基调，因为蓝色在我国非常受欢迎。

瑞方技术总监：当然可以，我方会尽快按贵方要求进行设计，保证给贵方一个满意的创新样品。

中方总经理：好吧，我们已经谈妥了品名、价格、质量、数量和包装问题，现在让我们来谈谈付款条件。

瑞方财务总监：我公司的规定是：对于出口的订单，一贯接受不可撤销即期信用证。

中方财务总监：贵方能否考虑除信用证支付之外的其他支付方式，如承对交单或付款交单。信用证会增加我方进口货物的成本。开立信用证时，我方必须付一笔押金。

瑞方财务总监：您可以与开证行协商，能否将押金减少到最低限度。

中方财务总监：即使那样，开立信用证还要付银行手续费。倘若贵方能够接受承兑交单或付款交单，那就为我方解决了这个棘手的问题。

瑞方财务总监：既然这样，我们就退让一步。同意货价的 30%用不可撤销即期信用证支付，其余的必须用即期付款交单。

中方财务总监：好的，既然贵方表现得这么有诚意，我们也不能表现得不近情理。

瑞方副总经理：接下来谈一谈运输和保险两项事宜吧！我公司一直专营劳力士手表，它的特性要求国际运输过程中必须是防水的、安全的。尤其是海运时间长、风险多，没有过硬的运输技术是不行的。我方长期与运输巨头——马士基公司有良好的业务关系，在以前的对外贸易中没有出现产品损坏的事情。所以在运输方面贵方可以完全放心。那保险？

中方总经理：按你方惯例，贵方只按发票金额的 110%进行投保，按综合险投保。我方希望以发票金额的 120%投保，额外保费由我方承担。

瑞方副总经理：为了今后有更多的贸易往来，我们破例一次。

中方法律顾问：关于检验，我方希望采用瑞士通用公证行(SGS)初检，在中国天津出入境检验检疫局复检的方式。

瑞方法律顾问：好的。这是我国制定的出口钟表手表检验检疫标准。

中方法律顾问：这是我国的进口钟表手表检验检疫标准。为确保万无一失，也请贵方严格照标准进行核查。

(双方交换检验检疫标准)

瑞方法律顾问：但我方希望贵方在货物到达天津港口 48 小时内进行复检，超过检验期限但未进行检验，由此造成的后果，责任不由我方承担。

中方法律顾问：好的，我方同意。关于合同的履行和索赔，我方希望与贵方订立的合同使用《联合国国际货物买卖合同公约》。若将来发生与本合同有关的任何争议、争端或请求，或有关本合同的违约、终止或失败，应当按照目前有效的联合国国际贸易委员会仲裁规则，并由国际商会仲裁院予以解决。

瑞方法律顾问：我方同意。但是公约中没有规定的事项应当适用英美法系和相关法律，不知贵方有无异议？同时，我方希望银行在议付货款时扣除不可抗力因素造成的违约金。

中方法律顾问：好的，我方同意。

瑞方总经理：下面由我方来总结此次谈判的结果。

瑞方秘书：下面由我来总结本次谈判的结果：

北京时达贸易有限公司一次性向我公司采购格林尼治Ⅱ系列 116718LN 和宇宙计型 116505BH 手表各 1000 块，原装盒子包装。目的地为天津港口，最后运装期为 2022 年 5 月 31 日以前。采用班轮运输，20 英尺集装箱装船。采用 30%的不可撤销即期信用证，70% 的即期付款交单，以美元结算。我方将在货物装船前向苏黎世保险公司办理投保手续，产品按发票金额 120%投保综合险。额外保险费由买方承担。贵方在合同签订以后 15 天内开立信用证，我方立即做装船准备。贵方在货物到达天津港口后 48 小时内进行复检。合同适用《联合国国际货物买卖合同公约》，公约中没有规定的事项使用英美法系和相关法律。仲裁交国际商会仲裁院按联合国国际贸易委员会仲裁规则解决。

中方总经理：我们对合同各项条款全无异议。

瑞方副总经理：我相信我们的洽谈是富有成效的，真诚地希望我们之间的交易额在不久的将来可以扩大！

中方总经理：谢谢合作！

瑞方副总经理：不客气！

(双方起立握手，双方谈判代表走出洽谈室，瑞方工作人员做签约前的准备工作)

四、完成国际商务综合模拟谈判

1. 实训步骤

【第一步】教师带领学生回顾前面实训中谈判计划书的写作，以及两个根据脚本进行的模拟谈判的过程中谈判阶段性策略与技巧的应用。

【第二步】学生自主对下面给定的案例中的国际商务谈判阶段性策略与技巧进行分析，并站在不同的角度进行角色分析。可根据实际情况进行增减，并考察其效果。

【第三步】学生自行分组，进行角色分配；小组讨论制作谈判计划书并利用课下时间进行角色扮演练习和排练，老师做好指导。

【第四步】根据国际商务谈判的要求，准备着装和在实训室布置谈判场地、签约场地。

【第五步】进入实训室按所掌握的国际商务谈判要求进行模拟谈判，完成合同制作和签约仪式。

【第六步】学生撰写实训报告。要详细认真地描述谈判的过程、自己的体会，切身的感受、获得的收益、存在的不足等。

【第七步】指导教师、学生本人、同伴评价实训结果。教师、学生本人、同伴根据《实训效果考核评价表》的要求，从个人参与度、表演投入度、团队合作度、理论应用度、实训效果(实训报告)等方面进行分析和评价。

2. 实训考核

实训效果考核评价表见表 10-6。

表 10-6　实训效果考核评价表

考核项目	权　重	本人评价(20%)	同伴评价(40%)	教师评价(40%)	综合得分
个人参与度	10%				
表演投入度	10%				
团队合作度	10%				
理论应用度	20%				
着装礼仪	10%				
谈判控制	10%				
文件规范	10%				
实训效果	20%				
合计	100%				

注：本人、同伴、教师各自评分满分均为 100 分，综合得分比例为本人 20%、同伴 40%、教师 40%。

3. 案例 1

关于铁矿石价格的谈判

世界铁矿石三大供应巨头之一的澳洲必和必拓公司上周末发布消息称：5 月 26 日必和必拓已与日本、韩国和欧洲钢厂达成 2006 合同年度铁矿石价格协议，必和必拓供应的块矿和粉矿价格比 2005 年价格上涨 19%。巴西淡水河谷昨天又通过英国《金融时报》等媒体高调宣布：淡水河谷已经向中国宝钢的谈判代表发出了"最后通牒"，要求限期结束铁矿石谈判。

中国钢协副秘书长戚向东对外表示，虽然谈判形式对中国极为不利，但到目前为止中国并未答应接受这一涨幅，仍然决心继续与之谈判，坚持拒绝涨价。作为世界上最大的铁矿石买家，2005年中国钢铁企业进口铁矿石2.75亿吨，占全球铁矿石海运贸易量的43%。谈判尚未结束，不考虑中国市场的情况做出的铁矿石价格决定，中国钢铁企业是不会接受的。

某钢铁企业的一位不愿透露姓名的高层人士对记者说：目前，日本、韩国和中国台湾地区的中华钢铁公司都先后接受了今年铁矿石价格再涨19%的协议，留给中国钢铁企业的谈判时间和回旋余地确实不多了。

"去年铁矿石涨价71.5%，中国钢铁企业为此多付出100亿元的成本。如果2006年下半年一开始供过于求，中国接受19%的涨价就得不偿失了。"一直密切关注谈判进展的北京科技大学冶金学院教授、钢铁专家许中波表示，中国一定要将谈判继续下去，打破传统的定价体系，追求与欧洲不同的价格变动。

淡水河谷公司(CVRD)首席财务官巴尔沃萨26日高调宣布："法国阿赛洛、韩国浦项制铁、德国蒂森·克虏伯，以及全球最大的钢铁制造商米塔尔已在短短的一周时间内被相继突破，纷纷同意今年铁矿石价格上涨19%。现在正努力与中方在谈判中取得进展，既然同其他钢铁制造商谈的都是19%的涨幅，我们就不可能区别对待。"

许中波认为巴方采取的是"分化对手、各个击破、曲线围攻"的策略。他说："最先接受19%涨幅的德国的蒂森·克虏伯公司以前并未参与过谈判，也不是主要的需要方谈判代表，而且蒂森·克虏伯与CVRD在巴西有合资钢厂，这样的利益相关事实同样让这一谈判结果不具有代表性。这只是CVRD针对中国的一种策略。5月23日，淡水河谷结束了与世界第二大钢厂阿赛洛的铁矿石价格谈判，并达成了19%的涨幅。其实阿赛洛正忙于应付米塔尔的收购，现在根本无心于铁矿石价格的谈判。"

面对巴方的高调姿态，另一铁矿石供应方澳洲的必和必拓则暂离谈判桌，采取"坐收渔利"策略。必和必拓总裁Chip Goodyear表示："最近一些欧洲和亚洲钢厂与必和必拓和淡水河谷达成19%的铁矿石涨幅，而中国钢厂作为世界上最大的铁矿石进口方，希望能和铁矿石供应商达成的价格涨幅低于19%。在整个铁矿石谈判过程中必和必拓的做法是正确的。目前谈判仍在进行中，如果暂时离开谈判桌对我来说不失为上策。"

4．案例2

组建绿茶保健品合资企业的国际投资谈判

谈判A方：中国某绿茶公司

谈判B方：美国某投资公司

1．背景资料

A方背景资料：

(1) 品牌绿茶产自美丽而神秘的某省，它位于中国的西南部，海拔超过2200米。在优越的气候条件下生长出优质而且纯正的绿茶，它的茶多酚含量超过35%，高于其他(已被发现的)茶类产品。茶多酚具有降脂、降压、减少心脏病和癌症发病率的功效。同时，它能提高人体免疫力，并对消化、免疫系统有益。

(2) 已注册生产某一品牌绿茶，品牌和创意都十分不错，品牌效应在省内初步形成。

(3) 已经拥有一套完备的宣传战略。

(4) 已经初步形成了一系列较为顺畅的销售渠道。在全省一知名连锁药房及其他大型超市、茶叶连锁店都有设点，销售状况良好。

(5) 品牌的知名度还不够，但相信此品牌在未来几年内将会有非常广阔的市场前景。

(6) 缺乏足够的资金。需要引进资金，用于扩大生产规模，加强宣传力度，进行品牌建设，增加产品的市场影响力。

(7) 现有的品牌、生产资料、宣传策划方案、营销渠道等一系列有形资产和无形资产，估算价值为 1000 万元人民币。

B 方背景资料：

(1) 美国风险投资公司。

(2) 由于近几年来以绿茶作为原材料的保健品市场走俏，B 方有意将资金投向绿茶保健品行业。

(3) 对绿茶市场的行情和行业现状只做过初步的了解，对绿茶保健品的功能、研发、营销渠道也不十分清楚，但 A 方向其提供了产品、绿茶保健品和行业情况的相应资料，并且 B 方比较感兴趣。

(4) 据调查得知 A 方的绿茶产品已经初步形成一系列较为完整的产业链和顺畅的销售渠道，在全省某一知名连锁药房销售状况良好，但市场占有率、品牌知名度还有待提高。

2. 双方预期利益

A 方谈判预期利益：

(1) 要求 B 方出资额不低于 800 万元人民币。

(2) 保证控股。

(3) 对资产评估的 1000 万元人民币进行合理的解释(包含品牌、营销渠道等无形资产，现有的茶叶及制成品、生产资料等有形资产)，并争取得到对方的认可。

(4) 由 A 方负责进行生产、宣传以及销售和今后服务等事项。

(5) B 方可以取得的年收益率不高于 25%。

(6) 风险分担问题，可以通过购买企业经营保险来转移经营和不可抗力导致的风险，保险费用可计入成本。超出保险额度的风险由双方共同承担，分担比例为各占 50%。

B 方谈判预期利益：

(1) 投资额预计在 600～800 万元人民币。

(2) 希望在一年内能够收到回报，并且年收益率在 25%以上。

(3) A 方向 B 方对获得资金后的使用情况(包括产品开发、技术改造、营销策划、品牌建设、公共关系)进行解释。

(4) 风险分担问题，可以通过购买企业经营保险来转移经营和不可抗力导致的风险，保险费用可计入成本。超出保险额度的风险双方共同承担，分担比例为 A 方 60%，B 方 40%。

3. 谈判目标

通过谈判，解决双方合资前的疑难问题，进而达到 A 方以现有的产业链、产品、资产和市场出资，B 方以货币出资，建立绿茶保健品研发和生产合资公司的目的，并就经营管理、营销策划、品牌建设、利润分成、风险分担等做出安排。

附录 A　国际商务谈判实训报告模板

××××学院

国际商务谈判实训报告（　）

专　　业＿＿＿＿＿＿＿＿＿＿＿＿＿＿＿＿＿＿

班　　级＿＿＿＿＿＿＿＿＿＿＿＿＿＿＿＿＿＿

学生姓名＿＿＿＿＿＿＿＿＿＿＿＿＿＿＿＿＿＿

指导教师＿＿＿＿＿＿＿＿＿＿＿＿＿＿＿＿＿＿

报告时间＿＿＿＿＿＿＿＿年＿＿＿＿月＿＿＿＿日

实训项目	
实训目的	
实训时间		实训地点	

一、实训背景材料

二、实训内容
(1) 谈判主体(包括谈判组织成员)

(2) 谈判主题、目标

三、实训步骤、方法、手段

四、实训总结(谈判过程中运用的策略和技巧分析)

五、学生自评(学生对自己在实训过程中的表现进行自我评价)

六、同伴互评(学生对同伴在实训过程中的表现进行评价)

签字:

年　月　日

七、教师评价(教师应从理论应用程度、团队合作程度、个人参与程度和实训成果等方面进行全面评价和总结)

签字:

年　月　日

八、实训成绩(百分制或优、良、中等、及格、不及格)

签字:

年　月　日

附录 B　国际商务谈判人员能力自我测试题、计分标准及计分表

一、测试题

1. 你过去参加谈判时，是否先做好准备，然后再进行商谈？（　　　）

A. 每次　　　　　　　　　　　　B. 时常

C. 有时　　　　　　　　　　　　D. 不常　　　　　　　　　E. 都没有

2. 在谈判中，当面对直接的冲突时你有何感受？（　　　）

A. 非常不舒服　　　　　　　　　B. 相当不舒服

C. 虽然不舒服，但还是正视它　D. 有点喜欢这种挑战　　　E. 非常喜欢这种感受

3. 你是否相信在谈判中对方告诉你的话？（　　　）

A. 不，我非常怀疑　　　　　　　B. 一般怀疑

C. 有时候不相信　　　　　　　　D. 基本相信　　　　　E. 永远相信

4. 你认为，在谈判时被对方喜欢是否重要？（　　　）

A. 非常重要　　　　　　　　　　B. 相当重要

C. 一般　　　　　　　　　　　　D. 不太重要　　　　　E. 一点都不重要

5. 商务谈判时，你是否常关心乐观的一面？（　　　）

A. 几乎每次都关心　　　　　　　B. 相当关心

C. 关心程度一般　　　　　　　　D. 不太关心　　　　　E. 根本不关心

6. 你对商务谈判的看法怎样？（　　　）

A. 高度的竞争　　　　　　　　　B. 大部分竞争，小部分合作

C. 大部分合作，小部分竞争　　D. 高度合作　　　　　E. 一半合作，一半竞争

7. 你赞成哪一种交易？（　　　）

A. 对双方都有利的交易　　　　　B. 对自己较为有利的交易

C. 对对方较为有利的交易　　　　D. 对自己较为有利，对对方不利的交易

E. 为自己打算的交易

8. 你是否喜欢和对手谈判？（　　　）

A. 非常喜欢　　　　　　　　　　B. 喜欢

C. 不喜欢也不讨厌　　　　　　　D. 相当不喜欢　　　　E. 厌恶

9. 如果某次交易对对方很不利，你是否会让对方再和你谈判其他交易？（　　　）

A. 很愿意　　　　　　　　　　　B. 有时候愿意

C. 不愿意　　　　　　　　　　　D. 几乎从未有过　　　E. 那是对方的问题

10. 商务谈判时，你是否有威胁别人的倾向？（　　　）

A. 常常如此　　　　　　　　　　B. 大多如此

C. 偶尔如此　　　　　　　　　　D. 不常有　　　　　　E. 几乎没有

11. 你是否能适当地表达自己的立场和观点？（　　　）

A. 经常能够　　　　　　　　　　B. 超过一般水平

C. 一般水平　　　　　　　　　D. 低于一般水平　　　　E. 相当差

12. 你是不是一个很好的倾听者？（　　　）

A. 是非常好的倾听者　　　　　B. 比一般人好

C. 普通水平　　　　　　　　　D. 低于一般人　　　　　E. 相当差

13. 面对语义含糊不清的语句，其中既有赞成，又有反对的意见，你有何感受？（　　　）

A. 非常不舒服　　　　　　　　B. 相当不舒服

C. 不喜欢但可以接受　　　　　D. 一点不受干扰，很快就会习惯

E. 喜欢如此，事情本来就该如此

14. 当对方陈述与你不同的观点时，你能够倾听吗？（　　　）

A. 完全不听　　　　　　　　　B. 很难听进去

C. 听一点，但不大注意　　　　D. 合理倾听　　　　　　E. 很注意地倾听

15. 谈判开始前，你是否与其他谈判成员讨论谈判的目标和议程？（　　　）

A. 适当讨论，讨论得很好　　　B. 经常讨论，讨论得很好

C. 经常讨论　　　　　　　　　D. 不常讨论

E. 不讨论，谈判时执行上级要求

16. 你所在的单位要求你在谈判商品价格时要高价，你的感觉如何？（　　　）

A. 不愿意参加此类谈判　　　　B. 不喜欢，但会不情愿地做

C. 勉强做　　　　　　　　　　D. 尽力做好　　　　　　E. 喜欢这个考验

17. 你是否喜欢在谈判中利用专家？（　　　）

A. 非常喜欢　　　　　　　　　B. 相当喜欢

C. 偶尔为之　　　　　　　　　D. 需要时利用　　　　　E. 非常不喜欢

18. 你是不是一个好的谈判小组的领导者？（　　　）

A. 非常好　　　　　　　　　　B. 相当好

C. 公平的领导者　　　　　　　D. 不太好　　　　　　　E. 很糟糕的领导者

19. 置身于压力下，你的思路是否仍然很清楚？（　　　）

A. 是的，很清楚　　　　　　　B. 比大部分人清楚

C. 一般程度　　　　　　　　　D. 一般程度以下　　　　E. 根本不行

20. 你认为你的商务洽谈能力如何？（　　　）

A. 非常好　　　　　　　　　　B. 很好

C. 一般，和大部分人一样　　　D. 不太好　　　　　　　E. 我想我不行

21. 你对于自己"自我尊重"的评价如何？（　　　）

A. 高度的自我尊重　　　　　　B. 适当的自我尊重

C. 感觉太复杂搞不清楚　　　　D. 不太好　　　　　　　E. 没什么感觉

22. 你是否能获得别人的尊重？（　　　）

A. 很容易　　　　　　　　　　B. 通常能

C. 偶尔　　　　　　　　　　　D. 不经常　　　　　　　E. 很少

23. 你认为自己是不是一个会利用策略的人？（　　　）

A. 非常会　　　　　　　　　　B. 相当会

C. 合理的利用　　　　　　　　D. 经常忘记利用　　　　E. 似乎是先说后思考

24. 你是否能够广泛地听取别人的意见？（　　）

A. 非常能　　　　　　　　　B. 经常能

C. 一般　　　　　　　　　　D. 经常不听　　　　　　　　E. 固执己见

25. "正直"对于你来说重不重要？（　　）

A. 非常重要　　　　　　　　B. 相当重要

C. 重要　　　　　　　　　　D. 不重要　　　　　　　　　E. 非常不重要

26. 你认为别人的"正直"重不重要？（　　）

A. 非常重要　　　　　　　　B. 相当重要

C. 重要　　　　　　　　　　D. 不重要　　　　　　　　　E. 非常不重要

27. 你如何使用你手中的权利？（　　）

A. 尽可能运用一切手段使用权利　　B. 适当运用

C. 为了维护正义而运用　　　D. 不喜欢运用

E. 当然地把别人或者对方当作对手

28. 你对于行为语言的敏感程度如何？（　　）

A. 高度敏感　　　　　　　　B. 相当敏感

C. 一般　　　　　　　　　　D. 比大部分人差　　　　　　E. 不敏感

29. 你对于别人的动机和愿望的敏感程度如何？（　　）

A. 高度敏感　　　　　　　　B. 相当敏感

C. 一般　　　　　　　　　　D. 比大部分人差　　　　　　E. 不敏感

30. 对于以个人身份与谈判对手结交，你认为如何？（　　）

A. 我会避免如此　　　　　　B. 不太妥当

C. 不好也不坏　　　　　　　D. 我会被吸引而接近对方

E. 喜欢超出自己的立场去接近对方

31. 你洞察问题的核心内容的能力如何？（　　）

A. 通常都能　　　　　　　　B. 大多数问题都能

C. 能猜得相当准确　　　　　D. 洞察能力一般

E. 很难知道核心问题所在

32. 在谈判中，你会确定哪一种目标？（　　）

A. 很难达到的目标　　　　　B. 相当难达到的目标

C. 不太难，也不容易达到的目标　　D. 相当确切的目标

E. 比较容易的目标

33. 你是不是一个有耐心的谈判者？（　　）

A. 几乎永远都是　　　　　　B. 比一般人有耐心

C. 一般化　　　　　　　　　D. 一般程度以下

E. 我会完成交易，为什么要浪费时间

34. 谈判时你对自己的目标的执着程度如何？（　　）

A. 非常执着　　　　　　　　B. 相当执着

C. 有点执着　　　　　　　　D. 不太执着

E. 相当有弹性

35. 在谈判中，你是否坚持自己的观点和立场？（　　　）

A. 非常坚持　　　　　　　　B. 相当坚持

C. 适度坚持　　　　　　　　D. 不太坚持　　　　　　　E. 根本不坚持

36. 你对于对方的私人问题（非商业性问题）是否感兴趣？（　　　）

A. 非常感兴趣　　　　　　　B. 相当感兴趣

C. 一般　　　　　　　　　　D. 不太感兴趣　　　　　　E. 根本不感兴趣

37. 对方的满足对于你有什么影响？（　　　）

A. 非常在乎　　　　　　　　B. 我尽量不使对方受到伤害

C. 有点在乎　　　　　　　　D. 中立态度，希望对方不受到伤害

E. 个人都为自己打算

38. 在谈判中，你是否想要强调你的权利限制？（　　　）

A. 非常想　　　　　　　　　B. 通常我做的比我喜欢的多

C. 适当限制　　　　　　　　D. 我没考虑过　　　　　　E. 我通常如此想

39. 在谈判中，你是否想了解对方的权利限制？（　　　）

A. 非常想　　　　　　　　　B. 相当想

C. 我会权衡一下　　　　　　D. 这很难做，因为我不是他

E. 我会让事情在谈判时顺其自然地进行

40. 你在买东西时，是否把价钱压得很低？（　　　）

A. 极不愿意　　　　　　　　B. 不太好，但我会如此做

C. 偶尔为之　　　　　　　　D. 常常压价，而且不在乎如此做

E. 是我正常的习惯，我感觉舒服

41. 在商务谈判中，通常你如何让步？（　　　）

A. 非常缓慢　　　　　　　　B. 相当缓慢

C. 与对方同时让步　　　　　D. 我多让点步，试着使交易成功

E. 只要交易成功，我不在乎付出多大代价

42. 对于接受影响企业发展的风险，感觉如何？（　　　）

A. 比大多数人更能接受风险　B. 比大多数人更能接受相当大的风险

C. 可接受小的风险　　　　　D. 偶尔冒点风险

E. 只要交易成功，我不在乎付出多大代价

43. 对于接受财务风险的态度如何？（　　　）

A. 能接受大的风险　　　　　B. 能接受相当大的风险

C. 可接受小的风险　　　　　D. 偶尔冒点风险　　　　　E. 很少冒险

44. 面对谈判对手中地位高的人，你的感觉如何？（　　　）

A. 非常舒服　　　　　　　　B. 相当舒服

C. 复杂的感觉　　　　　　　D. 不舒服　　　　　　　　E. 相当不舒服

45. 你要购买价值较大的商品的时候，准备工作会做得怎样？（　　　）

A. 很彻底　　　　　　　　　B. 相当好

C. 一般　　　　　　　　　　D. 不太好　　　　　　　　E. 没有准备

46. 对方告诉你的话，你会调查到什么程度？（　　　）

A. 调查得很彻底   B. 调查到大部分清楚

C. 调查某些话   D. 知道应该调查，但做得不多   E. 没有调查

47. 对于解决问题，你是否有创见？（   ）

A. 非常有   B. 相当有

C. 有时候有   D. 不太多   E. 几乎没有

48. 在谈判中你是否有足够的领导力，人们是否尊重你并服从你的领导？（   ）

A. 非常有   B. 相当有

C. 一般   D. 不太有   E. 一点没有

49. 与一般人相比，你是否有谈判经验？（   ）

A. 很有经验   B. 比一般人有经验

C. 一般   D. 经验比一般人少   E. 没有什么经验

50. 你对谈判小组的领导人有何感觉？（   ）

A. 舒服而且自然   B. 相当舒服

C. 复杂的感觉   D. 存在某种成见   E. 成见相当深

51. 没有压力时，与一般人相比，你的思考能力如何？（   ）

A. 非常好   B. 比大部分人好

C. 普通程度   D. 比大部分人差   E. 不太好

52. 在谈判中，你兴奋时是否很激动？（   ）

A. 很镇静   B. 原则上镇静，但容易被对方激怒

C. 与大部分人相同   D. 性情有点急躁   E. 与大部分人不相同

53. 在社交场合，人们是否喜欢你？（   ）

A. 非常喜欢   B. 相当喜欢

C. 普通程度   D. 不太喜欢   E. 相当不喜欢

54. 你对工作的安全性要求如何？（   ）

A. 非常安全   B. 相当安全

C. 一般安全   D. 不安全   E. 相当不安全

55. 当对方跟你解释了四遍，你还是不懂，你的感觉如何？（   ）

A. 糟糕透顶   B. 相当不好意思

C. 不好意思继续问   D. 会继续问，不会觉得有何不妥

E. 直接告诉对方还是不懂

56. 你对困难问题的处理能力如何？（   ）

A. 非常好   B. 超过一般人

C. 一般   D. 一般以下   E. 很糟糕

57. 你是否能提出探索性问题？（   ）

A. 擅长此道   B. 相当不错

C. 一般程度   D. 不太好   E. 不擅此道

58. 对于企业交易中的秘密，你能否守口如瓶？（   ）

A. 非常保密   B. 相当保密

C. 一般程度   D. 常常说的比应该说的多   E. 说得实在太多了

59. 你对于掌握本行业的知识信心如何？（　　　）

A. 比大多数人有信心　　　　　　B. 相当有信心

C. 有信心程度一般　　　　　　　D. 有点缺乏信心

E. 没有信心

60. 你准备修房子，因为你太太有意见，原先的设计图纸要做些修改。承包商要求你为修改图纸多付一点钱，如果又非找他做不可的话，对他要求加价一事，你所做的反应是？（　　　）

A. 欣然接受　　　　　　　　　　B. 以温和的态度和他商量

C. 不满意但可接受　　　　　　　D. 非常不满意

E. 不想再见他

61. 你是否容易将内心的感受流露出来？（　　　）

A. 非常容易　　　　　　　　　　B. 比大部分人容易

C. 普通程度　　　　　　　　　　D. 不太经常

E. 几乎没有

二、计分标准和计分表

测试时间：　　　　　年　　月　　日

答案 得分题号	1	2	3	4	5	6	7	8	9	10
A	+20	−10	+10	−14	−10	−15	0	+3	+6	−15
B	+15	−5	+8	−8	+10	+15	+10	+6	+6	−10
C	+5	+10	+4	0	+10	+10	−10	+6	0	0
D	−10	+10	−4	+14	−5	−15	+5	−3	−5	+5
E	−20	−5	-10	+10	−10	+5	−5	−5	−10	+10

答案 得分题号	11	12	13	14	15	16	17	18	19	20
A	+8	+15	−10	−10	+8	−10	+12	+12	+10	+20
B	+4	+10	−5	−5	−10	+5	+10	+10	+5	+15
C	0	0	+5	+5	+20	+10	+4	+5	+3	+5
D	−4	−10	+10	+10	+15	+13	−4	−5	0	−10
E	−15	−15	+10	+15	−20	+10	−12	−10	−5	−20

答案 得分题号	21	22	23	24	25	26	27	28	29	30
A	+5	+12	+6	+10	+15	−10	+5	+2	+15	−15
B	+10	+8	+4	+3	+10	+5	+15	+1	+10	−10
C	0	0	0	+5	+20	+5	0	+5	0	+2
D	−5	−10	−2	−5	+15	0	−5	−1	+10	+10
E	−15	−15	−4	−10	−20	−10	0	−2	−15	+15

答案	得分题号	31	32	33	34	35	36	37	38	39	40
	A	+10	+10	+15	+12	+10	+16	+12	−10	+15	−10
	B	+5	+15	+10	+12	+12	+12	+6	−8	+10	−5
	C	+5	+5	+5	+3	+4	0	0	+5	+5	+5
	D	−2	0	−5	−5	−3	−3	−2	+8	−5	+15
	E	−10	−10	−15	−15	−10	−15	−10	+12	−10	+15

答案	得分题号	41	42	43	44	45	46	47	48	49	50
	A	+15	+5	+5	+10	+15	+10	+12	+10	+5	+10
	B	+10	+10	+10	+8	+10	+10	+10	+8	+5	+8
	C	−3	0	−5	+3	+3	+3	0	+3	+5	0
	D	−10	−3	+5	−3	−5	−5	0	0	−1	0
	E	−15	−10	−8	−10	−15	−12	−15	−3	−3	−12

答案	得分题号	51	52	53	54	55	56	57	58	59	60	61
	A	+15	+0	+10	+12	−8	+10	+10	+10	+12	+15	−8
	B	+6	+8	+10	−3	+8	+8	+10	+8	+10	−6	0
	C	+4	+5	+3	+2	+3	+8	+4	0	0	0	0
	D	0	−3	−2	−5	+8	−3	0	−8	−5	−10	+5
	E	−5	−10	−6	−12	+12	−10	−5	−15	−10	−15	+8

将计分表中所选答案的得分相加，就能得到一个介于-668 和+724 之间的总分。算出总分后，就可以知道你的得分属于下面的哪一级。

第一级：+724～+376　　优秀

第二级：+375～+28　　良好

第三级：+27～−320　　及格

第四级：−668～−321　　不及格

测评后根据自己的情况，认真学习，加强训练，六个月之后再做一次，然后和现在的结果进行比较，看看进步有多大。

(此测评结果仅供学习者检测自身能力素质变化的参考，不必作为职业抉择的依据。)

附录 C　国际商务谈判人员谈判过程考核系统标准

国际商务谈判综合能力实训对学生的综合能力培养与提高是非常重要的,我们不仅要有合理的安排,还要有合理的考核,才能更好地调动学生实训的积极性,也可以更好地促进我们的教学。我们可以从以下环节对学生模拟谈判的表现进行考核。

1. 谈判总体效果(10 分)

(1) 表述的感染力和气氛调动能力。(2 分)

(2) 把握谈判议题的准确程度。(2 分)

(3) 所阐述观点的合理性及实用性。(2 分)

(4) 谈判者的谈判风格、商务风范。(2 分)

(5) 讲述的语言表达准确性和感染力。(2 分)

2. 商务礼仪(10 分)

(1) 着装恰当。(2 分)

(2) 手势合理。(2 分)

(3) 表情恰当。(2 分)

(4) 礼节适当。(2 分)

(5) 总体风貌。(2 分)

3. 谈判准备(10 分)

(1) 信息搜集程度。(2 分)

(2) 对谈判议题的理解和把握。(2 分)

(3) 谈判目标设定的准确性和合理性。(2 分)

(4) 谈判方案设计的实用性。(2 分)

(5) 小组成员的准备程度。(2 分)

4. 谈判过程(20 分)

(1) 谈判策略的设计。(2 分)

(2) 谈判技巧的运用。(2 分)

(3) 团队合作意识和策略。(2 分)

(4) 知识丰富,合理运用。(2 分)

(5) 氛围的营造,局面的掌握。(2 分)

(6) 逻辑清晰,思维严密。(2 分)

(7) 语言准确,口齿清楚。(2 分)

(8) 反应迅速,随机应变。(2 分)

(9) 表情从容,适度紧张。(2 分)

(10) 谈判进程的控制与把握。(2 分)

5. **谈判最终效果**(50 分)

(1) 己方谈判目标的实现程度。(10 分)

(2) 双方共同利益的实现程度。(10 分)

(3) 谈判结果的长期影响。(10 分)

(4) 对方的接受程度。(10 分)

(5) 团队的整体谈判实力。(10 分)

参 考 文 献

[1] 胡琳祝，段立群. 商务谈判：双语实训教程[M]. 北京：中国人民大学出版社，2021.

[2] 马俊，毕劲芳，马欣明. 国际商务谈判理论与实战[M]. 北京：清华大学出版社，2021.

[3] 刘园. 国际商务谈判[M]. 4 版. 北京：中国人民大学出版社，2019.

[4] 白远. 国际商务谈判：理论、案例分析与实践[M]. 5 版. 北京：中国人民大学出版社，2019.

[5] 吴仁波，刘昌华. 国际商务谈判[M]. 杭州：浙江大学出版社，2017.

[6] 黄卫平，董丽丽. 国际商务谈判[M]. 3 版. 北京：机械工业出版社，2016.

[7] 韩乃臣. 外贸企业商务谈判实训手册[M]. 北京：中国人民大学出版社，2019.

[8] 于国庆，田南生. 国际商务谈判 [M]. 3 版. 大连：大连理工大学出版社，2014.

[9] 刘春生. 国际商务谈判[M]. 北京：对外经济贸易大学出版社，2013.

[10] 庞海燕，岳军平. 商务谈判 [M]. 3 版. 大连：大连理工大学出版社，2012.

[11] 李炎炎. 国际商务沟通与谈判[M]. 北京：中国铁道出版社，2012.

[12] 窦然. 国际商务谈判与沟通[M]. 北京：清华大学出版社，2012.

[12] 王建明. 商务谈判实战经验和技巧[M]. 北京：机械工业出版社，2011.

[13] 李爽，于湛波. 商务谈判[M]. 2 版. 北京：清华大学出版社，2011.

[14] 张守刚. 商务谈判实训[M]. 北京：科学出版社，2011.

[15] 莫林虎. 商务沟通与交流[M]. 北京：中国人民大学出版社，2011.

[16] 王东升. 商务谈判与沟通[M]. 北京：科学出版社，2010.

[17] 丁建中. 商务谈判教学案例[M]. 北京：科学出版社，2010.

[18] 李雪梅. 国际商务谈判教学案例[M]. 北京：中国经济出版社，2010.

[19] 张秋笼，钱伟荣，魏秀敏. 商务沟通技巧[M]. 北京：对外经济贸易大学出版社，2010.

[20] 金正昆. 涉外商务礼仪教程[M]. 北京：中国人民大学出版社，2009.